Hans Schildmacher

Einführung in die Ornithologie

Bearbeitet von Hans Oehme und Holle Greil

Herausgegeben von Holle Greil

Mit 70 Abbildungen und 16 Tafeln

Gustav Fischer Verlag · Stuttgart · New York · 1982

Der Nachlaß von Professor Dr. sc. nat. Hans Schildmacher wurde bearbeitet und erweitert von

Professor Dr. sc. nat. Hans Oehme,
Forschungsstelle für Wirbeltierforschung der AdW der DDR (im Tierpark Berlin), und
Dr. rer. nat. Holle Greil, Museum für Naturkunde der Humboldt-Universität, Berlin

CIP-Kurztitelaufnahme der Deutschen Bibliothek
Schildmacher, Hans
Einführung in die Ornithologie/Hans Schildmacher. Bearb. von Hans Oehme u. Holle Greil. Hrsg. von Holle Greil. – Stuttgart; New York: Fischer, 1982.
ISBN 3-437-20266-9

NE: Oehme, Hans [Bearb.]

Ausgabe in der Bundesrepublik Deutschland

1. Auflage

Printed in the German Democratic Republic

Gesamtherstellung: Offizin Andersen Nexö, Graphischer Großbetrieb, Leipzig

ISBN 3-437-20266-9

Vorwort

Professor Dr. Hans Schildmacher hinterließ bei seinem Tode 1976 das in den Grundzügen fertige Manuskript einer Einführung in die Wissenschaft vom Vogel. Er, der sich schon als Kind vogelkundlich betätigte und für den die Ornithologie zur Leidenschaft seines Lebens wurde, wollte all denen eine Hilfe an die Hand geben, die aus Neigung und Wißbegierde mehr von den Gefiederten zu erfahren wünschen, als die nur äußerliche Begegnung zu gewinnen gestattet. Seine jahrzehntelange Erfahrung als Hochschullehrer und als Leiter der Vogelwarte Hiddensee befähigten ihn besonders zur Darstellung biologischer Grundkenntnisse, ohne die eine erfolgreiche ornithologische Arbeit nicht möglich ist. Er wendet sich mit dem kleinen Lehrbuch an den Anfänger, der die ersten Schritte auf diesem Gebiet der Wirbeltierzoologie wagt. Er wendet sich aber auch an den gestandenen Feldornithologen, dem er eine Übersicht zur Verfügung stellt, die in mannigfacher Weise zum tieferen Verständnis eigener Untersuchungsergebnisse beitragen und die Lust zum tieferen Eindringen in die vielfältigen Aspekte des Lebens der Vögel befördern kann.

Es war meinem Vater nicht vergönnt, diese seine letzte Arbeit zu beenden und ihr Erscheinen zu erleben. Ich habe versucht, in seinem Sinne den Abschluß des Buches zu Wege zu bringen. Dabei fand ich einen engagierten Helfer und Förderer in Herrn Professor Dr. Hans Oehme, dem ich für seine versierte und detaillierte Fachberatung bei der Überarbeitung und Ergänzung des nachgelassenen Manuskriptes wärmstens danke. Seiner Feder entstammen auch die seinerzeit noch fehlenden Abschnitte über das Fliegen (6.3.), die Lautäußerungen (8.6.) und den Vogelzug (10.).

Es ist mir weiterhin eine angenehme Pflicht, Frau Ingeborg Liebmann für die Gestaltung und Anfertigung der meisten Textabbildungen zu danken. Besonderer Dank gilt auch der Lektorin Frau

Johanna Schlüter für ihre verständnisvolle Beratung und Unterstützung bei der Überwindung der Schwierigkeiten, die die Herausgabe des Buches als Folge von Krankheit und Tod des Autors verzögerten.

Berlin 1981 Dr. Holle Greil geb. Schildmacher

Inhaltsverzeichnis

1. Einleitung

Die Vogelkunde ist ein Teilgebiet der Zoologie. Sie hat sich vor allem in den letzten 200 Jahren aus reiner Liebhaberei zu einer wissenschaftlichen Disziplin der Biologie entwickelt. Der Anteil der Amateure im besten Sinne des Wortes an der Entfaltung der Ornithologie kann nicht hoch genug eingeschätzt werden. Nicht zuletzt beruht die Anziehungskraft dieser „scientia amabilis“ auf dem engen Verhältnis zwischen Mensch und Vogel. Vögel sprechen durch ihre Schönheit, ihre elegante Beweglichkeit und ihre Stimme den Menschen unmittelbar an. Ihre Beobachtung erfordert weniger technischen Aufwand als die der meisten anderen Tiergruppen. So nimmt die Zahl der begeisterten Feldornithologen erfreulicherweise weiter zu. Sie liefern mit solider Artenkenntnis wichtige Beiträge zur Avifaunistik, als Beringer die Voraussetzung für eine Intensivierung der Zug- und Populationsforschung, als sachkundige und hartnäckige Beobachter vertiefte Erkenntnisse über das Verhalten und die Ökologie der Vögel, und sie sind eine Hauptstütze der Propagierung und Praktizierung des modernen Naturschutzes. Besonders die Bildung von Arbeitsgemeinschaften und ihre Einbeziehung in die Arbeitsprogramme wissenschaftlicher Einrichtungen hat sich als sehr fruchtbar erwiesen.

Die Beschäftigung mit der Vogelwelt erfordert wie jede Disziplin der Tierkunde Grundkenntnisse über Körperbau, Lebensfunktionen und Umweltbeziehungen der betreffenden Organismen. Sie sind notwendig, um eigene Beobachtungen richtig zu deuten, Ansätze für Untersuchungen zu finden und erzielte Ergebnisse einzuordnen. Sie erhöhen das Verständnis auch für allgemeinbiologische Probleme und bilden die Basis für richtige Fragestellungen.

Einer der bedeutendsten Ornithologen deutscher Zunge, Erwin Stresemann (1889–1972), hat vor knapp 30 Jahren die moderne Periode der Vogelkunde als die „Ära der Verzweigungen und Verflechtungen“ gekennzeichnet; „der Verzweigungen, weil sich aus dem Nährboden alter und neuer Probleme eigene Forschungsrichtungen entwickeln, der Verflechtung, weil beharrliches Eindringen in das Gefüge des Organischen überall an Punkte nachbarlicher Beziehungen führt". In diesem Sinne ist es das Anliegen dieser Einführung, dem Leser einen Überblick über die Vielfalt des Fachgebietes zu vermitteln und zu vertieftem Studium des einen oder anderen Teilgebietes anzuregen. Nicht zuletzt auch möchte sie überhaupt Interesse für die neben den Säugetieren am höchsten entwickelte Wirbeltierklasse wecken.

Vollständigkeit war in dem gezogenen Rahmen nie anzustreben. Viele Fragen konnten nur angedeutet werden, manche Probleme blieben bewußt unberücksichtigt. Wert wurde auf die Anführung von Beispielen für Erscheinungen und Zusammenhänge gelegt, die bei allgemeiner bekannten Arten oder Gruppen gesucht wurden. Viele Details wurden in die Abbildungen verlegt, um den Text zu entlasten. Zugleich ist es auch der Versuch, zum selbständigen Umgang mit dem Stoff anzuregen. Desgleichen wurde auf die Zitierung von Arbeiten im Text verzichtet, statt dessen eine nach Sachgebieten geordnete Auswahl weiterführender Literatur angefügt.

2. Der Bewegungsapparat

Die charakteristische Bewegungsform der Vögel ist, von einigen Ausnahmen abgesehen, das Fliegen. In engem Zusammenhang mit dem Erwerb und der Vervollkommnung der Flugfähigkeit hat sich eine Reihe Besonderheiten an fast allen Organsystemen entwickelt, insbesondere am passiven und aktiven Bewegungsapparat.

2.1. Skelett (Abb. 1)

Eine wesentliche anatomische Voraussetzung für das Fliegen ist ein möglichst leichter und elastischer Bau. Dieser wird besonders durch die Beschaffenheit der Knochen und die Art ihrer Verbindung erreicht. Vogelknochen sind leicht und hohl und führen im allgemeinen kein Knochenmark. Auf das Knochengerüst entfällt weniger als 1/10 der Gesamtmasse des Vogelkörpers (beim Menschen ist der Anteil etwa doppelt so groß).

2.1.1. Rumpfskelett

Die **Wirbelsäule** besteht aus 39 bis 63 Wirbeln. Die beiden ersten Halswirbel sind als Träger (Atlas) und Dreher (Axis) des Schädels ausgebildet. Ihnen folgen die eigentlichen, durch Sattelgelenke verbundenen und gut gegeneinander beweglichen 9 bis 23 Halswirbel. Von den Rumpfwirbeln sind die 3 bis 10 Brustwirbel teilweise starr miteinander verbunden oder sogar zu einem Notarium verwachsen. Der erste Brustwirbel ist in der Regel mit dem letzten Halswirbel, der letzte Brustwirbel mit dem folgenden **Synsacrum** verwachsen. Dieses besteht aus 9 bis 22 miteinander verschmolzenen Wirbeln der Brust-, Lenden-, Kreuzbein- und Schwanzregion. An das Synsacrum schließen sich einige frei bewegliche Schwanzwirbel an, auf

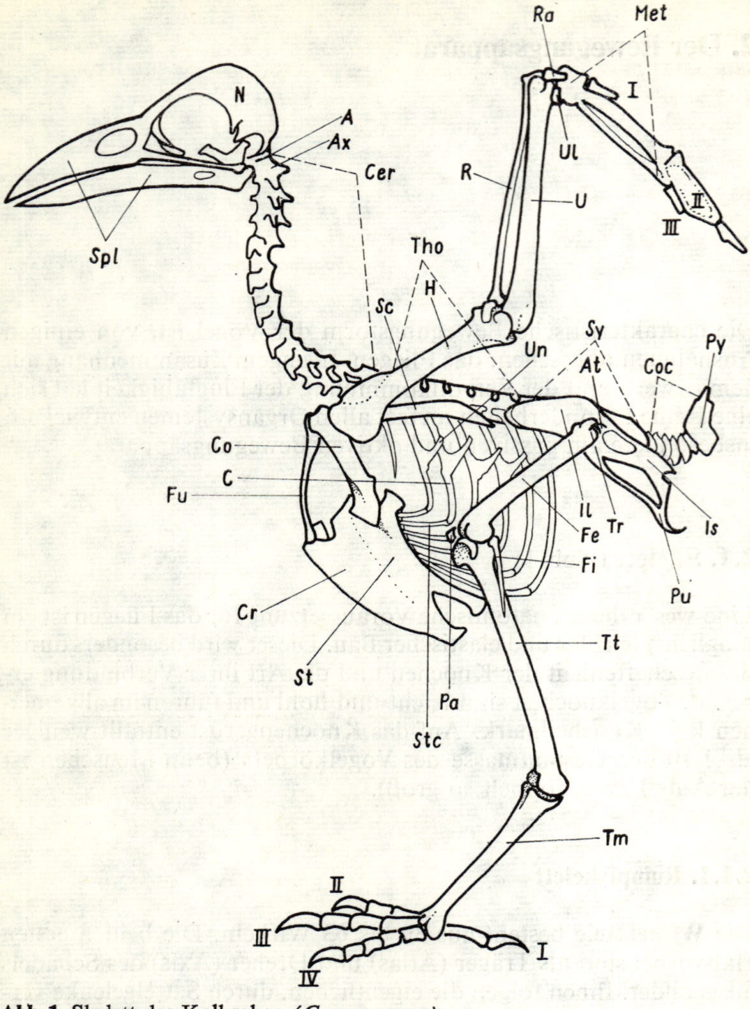

Abb. 1. Skelett des Kolkraben *(Corvus corax)*.
A Atlas; *At* Antitrochanter (Widerlager des großen Rollhügels); *Ax* Axis; *C* Costa (Rippe); *Cer* Vertebrae cervicales (Halswirbel); *Co* Os coracoides (Rabenbein); *Coc* Vertebrae coccygicae (Schwanzwirbel); *Cr* Crista oder Carina sterni (Brustbeinkiel); *Fe* Femur (Oberschenkelknochen); *Fi* Fibula (Wadenbein); *Fu* Furcula (Gabelbein); *H* Humerus (Oberarmknochen); *Il* Os ilium (Darmbein); *Is* Os ischii (Sitzbein); *Met* „Metacarpus", Ossa carpometacarpalia (Mittelhandknochen); *N* Neurocranium (Hirnschädel); *Pa* Patella (Kniescheibe); *Pu* Os pubis (Schambein); *Py* Pygostyl; *R* Radius (Speiche); *Ra* Os

welche das aus verschmolzenen Schwanzwirbeln entstandene **Pygostyl** als Abschluß folgt. Das Pygostyl liefert die Ansatzfläche für die Schwanzfedern.

Die letzten Halswirbel und der kraniale Teil des Synsacrums tragen „falsche", d.h. frei endende Rippen, wogegen die 3 bis 10 Brustrippen eine Verbindung zum Brustbein haben. Mit ihrem Wirbel sind sie jeweils durch zwei Gelenke verbunden, und zwar an ihrem Ende mit dem Wirbelkörper und in geringem Abstand davon durch ein Höckerchen mit dem Querfortsatz des Wirbels (Abb. 2). Die Rippe besteht aus zwei gelenkig miteinander verbundenen Ab-

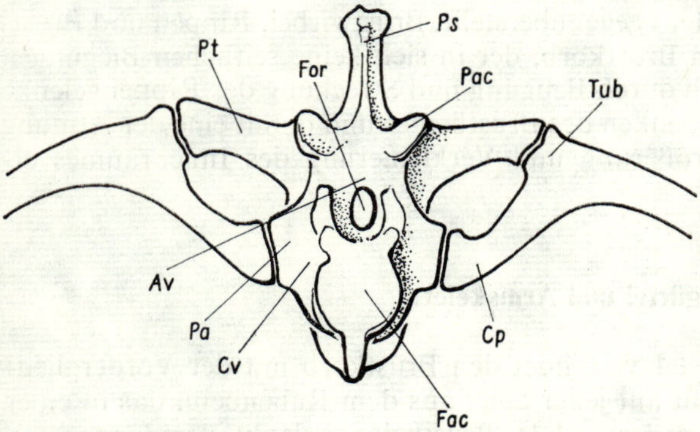

Abb. 2. Kranialansicht eines Brustwirbels der Graugans *(Anser anser)*, schematisiert.
Av Arcus vertebrae (Wirbelbogen); *Cp* Capitulum costae (Gelenkköpfchen der Rippe); *Cv* Corpus vertebrae (Wirbelkörper); *Fac* Facies articularis cranialis (vordere Gelenkfläche des Wirbelkörpers); *For* Foramen vertebrale (Wirbelkanal); *Pa* Parapophyse des Wirbelkörpers; *Pac* Processus articularis cranialis, Zygapophyse (vorderer Gelenkfortsatz); *Ps* Processus spinalis (Dornfortsatz); *Pt* Processus transversus, Diapophyse (Querfortsatz); *Tub* Tuberculum costae (Gelenkhöckerchen der Rippe).

---

carpi radiale (radialer Handwurzelknochen); *Sc* Scapula (Schulterblatt); *Spl* Splanchnocranium (Gesichtsschädel); *St* Sternum (Brustbein); *Stc* Os sternocostale („Brustbeinrippe"); *Sy* Synsacrum; *Tho* Vertebrae thoracicae (Brustwirbel); *Tm* Tarsometatarsus (Lauf); *Tr* Trochanter major (großer Rollhügel); *Tt* Tibiotarsus (Unterschenkelknochen); *U* Ulna (Elle); *Ul* Os carpi ulnare (ulnarer Handwurzelknochen); *Un* Processus uncinatus (Hakenfortsatz); *I* bis *III* am Handskelett Digiti manus (1.–3. Finger); *I–IV* am Fußskelett Digiti pedis (1.–4. Zehe).

schnitten, der oberen **Wirbelrippe** (der eigentlichen Rippe) und der unteren **Brustbeinrippe** (der Knochenverbindung zum Brustbein). Die Rippen mit Ausnahme der letzten tragen einen nach hinten gerichteten Hakenfortsatz, der sich über die folgende Rippe legt und als Ansatz für Rumpfmuskeln dient. Wirbelrippe und Brustbeinrippe sind stark gegeneinander gewinkelt. Das Brustbein trägt auf seiner Mittellinie einen mehr oder weniger weit vorragenden ventralen[1]) **Kiel** (Carina oder Crista sterni), der den Flugmuskeln zum Ansatz dient. Er fehlt bei den Straußen, Nandus, Kasuaren, Kiwis und einigen ausgestorbenen Formen, die man deshalb auch als Flachbrustvögel (Ratiten) zusammenfaßt und den Kielbrustvögeln (Carinaten) gegenüberstellt. Brustwirbel, Rippen und Brustbein bilden den Brustkorb, der in sich keine seitlichen Biegungen gestattet, jedoch durch Beugung und Streckung der Rippengelenke ein Heben und Senken des Brustbeines und damit eine der Atmung dienende Vergrößerung und Verkleinerung des Innenraumes ermöglicht.

2.1.2. Schultergürtel und Armskelett

Der **Schultergürtel** verbindet den Brustkorb mit der Vordergliedmaße. Er besteht auf jeder Seite aus dem Rabenbein, das in einer Rille mit dem Vorderrand des Brustbeines gelenkt, dem langen und schmalen Schulterblatt, das sich entlang der Wirbelsäule auf den Brustkorb legt, und dem langen und dünnen Schlüsselbein. Die beiden Schlüsselbeine sind mit ihren ventralen Enden zum **Gabelbein** (Furcula) verwachsen. Das kraniale Ende des Schulterblattes und das dorsale Ende des Schlüsselbeines artikulieren mit dem dorsalen Ende des Rabenbeines. An ihrer Verbindungsstelle bilden die drei Knochen die Gelenkpfanne für den Gelenkkopf des Oberarmknochens und lassen eine Durchtrittsöffnung für die Sehne des sogenannten kleinen Brustmuskels frei. Die Gelenkkapsel ist durch Bänder gesichert und verfügt über eine gewisse Elastizität, die die Gefahr von Brüchen bei plötzlich auf die Flügel wirkenden Kräften herabsetzt.

Der Gelenkkopf des Oberarmknochens hat zwei Gelenkflächen, von denen die eine im abduzierten Zustand im wesentlichen nur Auf- und Abbewegung, die zweite bei adduziertem Oberarm Rota-

---

[1]) Erklärung der anatomischen Lagebezeichnungen s. Skizze auf dem vorderen Vorsatz.

tion um seine Längsachse zuläßt. Das distale Ende des Oberarmknochens trägt die beiden Gelenkköpfe für Elle und Speiche, die verschieden hoch und lang sind. Dadurch wird die hinten liegende Elle bei Streckung des Flügels gegen die davorliegende Speiche nach außen verschoben. Diese Bewegung bewirkt durch Vermittlung der beiden Handwurzelknochen eine Streckung der Hand, während Beugung des Ellenbogengelenkes auch zur Beugung des Handgelenkes führt (Abb. 3). Mit diesem Mechanismus gekoppelt ist ein zweiter, der die Streckung der Hand mit dem Herunterdrehen ihres Vorderrandes (Pronation) und ihre Beugung mit dem Heraufdrehen (Supination) verbindet. Diese Kopplung ist für die Flugbewegung von Bedeutung.

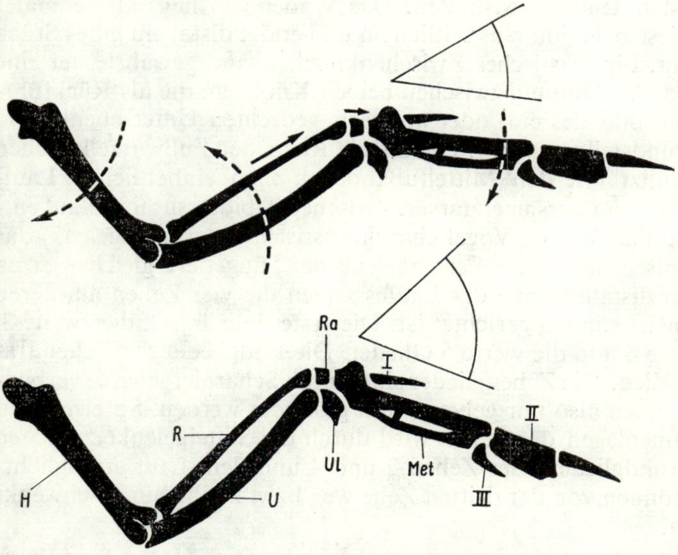

Abb. 3. Schema der Bewegungskopplung im Skelett des Armes. Bezeichnungen s. Abb. 1; die gestrichelten Pfeile zeigen die Drehrichtung, die ausgezogenen Pfeile die Richtung der Knochenverschiebung; eingetragene Winkel zwischen Radius und Metacarpus.

2.1.3. Beckengürtel und Beinskelett

Das **Becken** ist fest mit dem Synsacrum verwachsen. Jede Beckenhälfte besteht aus dem langgestreckten Darmbein, dem Sitzbein und dem stabförmigen Schambein. Diese Knochen sind ebenfalls miteinander verwachsen. An bzw. nahe ihrer Verbindungsstelle liegt die Gelenkpfanne des Hüftgelenkes, die den Gelenkkopf des **Oberschenkel**knochens aufnimmt. Dieser wird durch ein kräftiges Hüftband festgehalten. Durch einen über der Gelenkpfanne liegenden Knochenvorsprung, der als Widerlager für den großen Rollhügel des Oberschenkelkopfes dient, wird die Beugung des Oberschenkels nach vorn begrenzt und ein zu weites seitliches Abspreizen verhindert.

An seinem distalen Ende gelenkt der Oberschenkelknochen mit Schienbein und Wadenbein. Das Schienbein ist eine kräftige Säule, an deren distalem Ende während der Embryonalentwicklung die zwei proximalen Fußwurzelknochenanlagen mit ihr verschmelzen und den für die Vögel typischen verlängerten Unterschenkelknochen, den **Tibiotarsus,** bilden. Das Wadenbein liegt als schmaler Stab diesem Tibiotarsus seitlich an und endet distal ein gutes Stück vor ihm. Ein elastisches Zwischenknochenband gewährleistet eine federnde Verbindung zwischen beiden Knochen, die als Rückführmechanismus des ein- oder auswärts gedrehten Unterschenkels in die Grundstellung wirkt. Die distale Reihe der Fußwurzelknochen verschmilzt mit den Mittelfußknochen zum einheitlichen Laufknochen, dem **Tarsometatarsus.** Zwischen Tibiotarsus und Lauf entsteht so das für den Vogel charakteristische Intertarsalgelenk, das anatomisch nicht dem Fersengelenk der Säugetiere gleichzusetzen ist. Am distalen Ende des Laufes setzen die vier Zehen an, deren erste meist caudad gerichtet ist. Die erste Zehe hat 2, die zweite 3, die dritte 4 und die vierte 5 Glieder. Die Endglieder der Zehen tragen Krallen. Die Zehenglieder sind durch Scharniergelenke verbunden, können also nur gebeugt und gestreckt werden. Spreizen und Zusammenlegen der Zehen wird durch die Sattelgelenke zwischen den Grundgliedern der Zehen 2 und 4 und dem Lauf ermöglicht; diese können von der dritten Zehe weg bzw. zu ihr hin geschwenkt werden.

2.1.4. Schädel

Der Vogelschädel ist gekennzeichnet durch einen relativ großen Hirnschädel aus fest miteinander verwachsenen Knochen, durch große Augenhöhlen und einen **Schnabel** (Abb. 4). Nur bei den Urvögeln und den in der Kreidezeit lebenden Zahntauchern waren die Kiefer bezahnt. Bei rezenten Vögeln finden sich Zahnanlagen nur noch embryonal. In seinen wesentlichen Zügen ist der Aufbau des Schädels bei allen Vögeln recht ähnlich, lediglich der Bau des Gau-

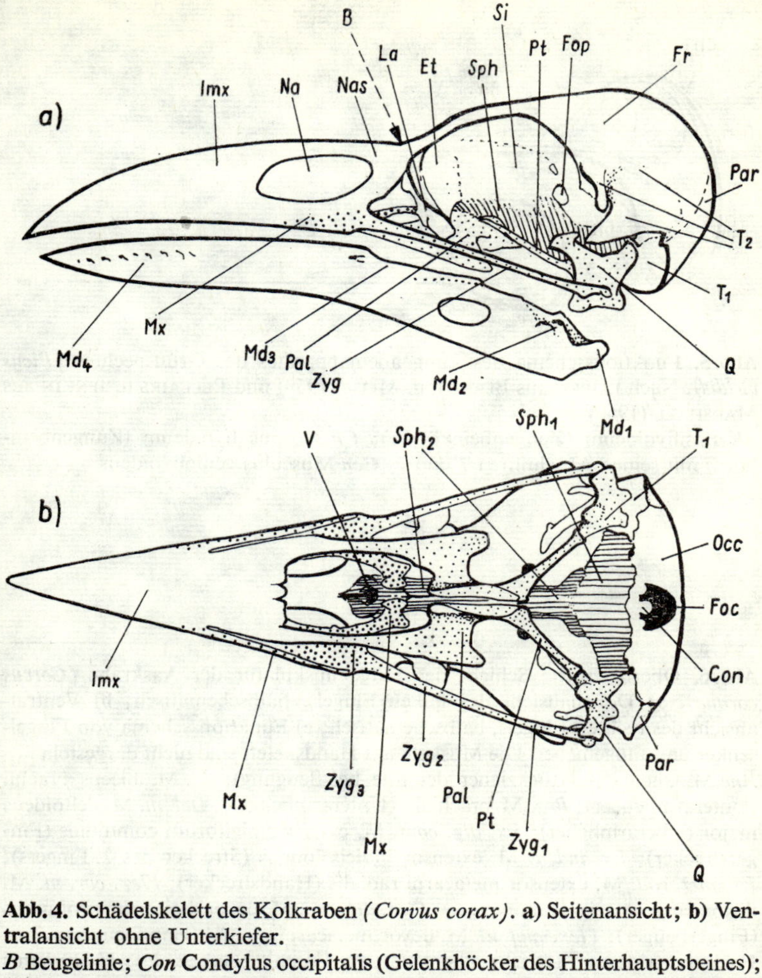

Abb. 4. Schädelskelett des Kolkraben *(Corvus corax)*. **a)** Seitenansicht; **b)** Ventralansicht ohne Unterkiefer.
B Beugelinie; *Con* Condylus occipitalis (Gelenkhöcker des Hinterhauptsbeines); *Et* Os ethmoidale (Siebbein); *Foc* Foramen occipitale magnum (Hinterhauptsloch); *Fop* Foramen opticum (Sehnervenloch); *Fr* Os frontale (Stirnbein); *Imx* Os intermaxillare (Zwischenkiefer); *La* Os lacrimale (Tränenbein); *Md* Mandibula (Unterkiefer) mit Md_1 Angulare, Md_2 Articulare, Md_3 Supraangulare, Md_4 Dentale; *Mx* Os maxillare (Oberkiefer); *Na* Nasenloch; *Nas* Os Nasale (Nasenbein); *Occ* Os occipitale (Hinterhauptsbein); *Pal* Os palatinum (Gaumenbein); *Par* Os parietale (Scheitelbein); *Pt* Os pterygoideum (Flügelbein); *Q* Os quadratum (Quadratbein); *Si* Septum interorbitale; *Sph* Os sphenoidale (Keilbein) mit Spn_1 Basisphenoidale und Sph_2 Praesphenoidale; *T* Os temporale (Schläfenbein) mit T_1 Os oticum (Ohrkapsel) und T_2 Pars squamosa; *V* Vomer (Pflugscharbein); *Zyg* Os zygomaticum (Jochbein) mit Zyg_1 Quadratojugale, Zyg_2 Jugale und Zyg_3 Processus jugale maxillaris.

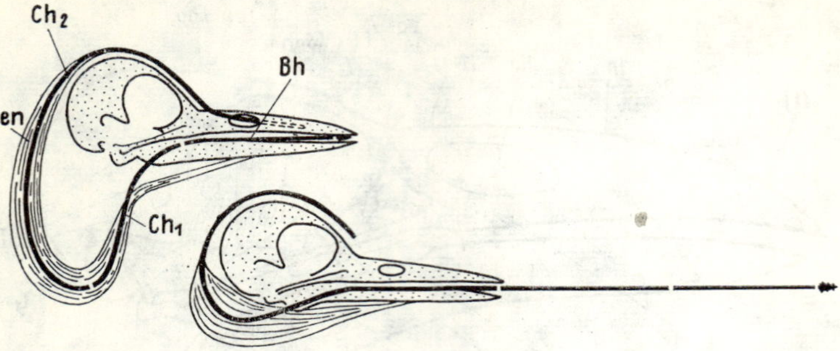

Abb. 5. Funktionsschema des Zungenbeinapparates des Grünspechtes *(Picus viridis)*. Nach LEIBER aus BERNDT u. MEISE (1959) und BELLAIRS u. JENKIN aus MARSHALL (1960).
Bh Basihyoideum (Zungenbeinkörper); *Ch* Cornus hyoideum (Zungenbeinhorn) mit seinen Abschnitten *1* und *2*; *Gen* Musculus geniohyoideus.

Abb. 6. Oberflächliche Schicht der Flügelmuskulatur der Aaskrähe *(Corvus corone)*. **a)** Dorsalansicht des linken Flügels, halbschematisch; **b)** Ventralansicht des rechten Flügels, halbschematisch; **c)** Funktionsschema von Flügelsenker und Flügelheber. Die Muskeln am Handskelett sind nicht dargestellt.
Anc M. anconeus (Rückzieher der Elle bei Beugung); *Bi.* M. biceps brachii (Unterarmbeuger); *Bra.* M. brachialis (Unterarmbeuger); *Del. m.* M. deltoideus major (Oberarmheber); *Ex. dig. com.* M. extensor digitorum communis (Fingerstrecker); *Ex. ind. l.* M. extensor indicis longus (Strecker des 2. Fingers); *Ex. met. rad.* M. extensor metacarpi radialis (Handstrecker); *Flex. car. ul.* M. flexor carpi ulnaris (Handbeuger); *Flex. dig. pro.* M. flexor digitorum profundus (Fingerbeuger); *Flex. met. ul.* M. flexor metacarpi ulnaris (Handbeuger); *Fotri* Foramen triosseum (Dreiknochenloch); *Fu* Furcula (Gabelbein); *H* Humerus (Oberarmknochen); *Lat. dor.* M. latissimus dorsi (Halter des adduzierten Oberarms); *Met* Metapatagium (hintere Flughaut); *Pat. b.* M. tensor patagii brevis (kurzer Spanner der vorderen Flughaut); *Pat. l.* M. tensor patagii longus (langer Spanner der vorderen Flughaut); *Pec.* M. pectoralis (Niederzieher des Oberarms); *Pron. pro.* M. pronator profundus; *Pron. suf.* M. pronator superficialis (Rückzieher der Speiche bei Streckung); *Prop* Propatagium (vordere Flughaut); *Sc* Sapula (Schulterblatt); *St* Sternum (Brustbein); *Suc.* M. supracoracoideus (Oberarmheber); *Tri.* M. triceps brachii (dreiköpfiger Unterarmstrecker); *Ul. met. v.* M. ulnimetacarpalis ventralis (Schutz gegen supinatorische Überdrehung des Handgelenks).

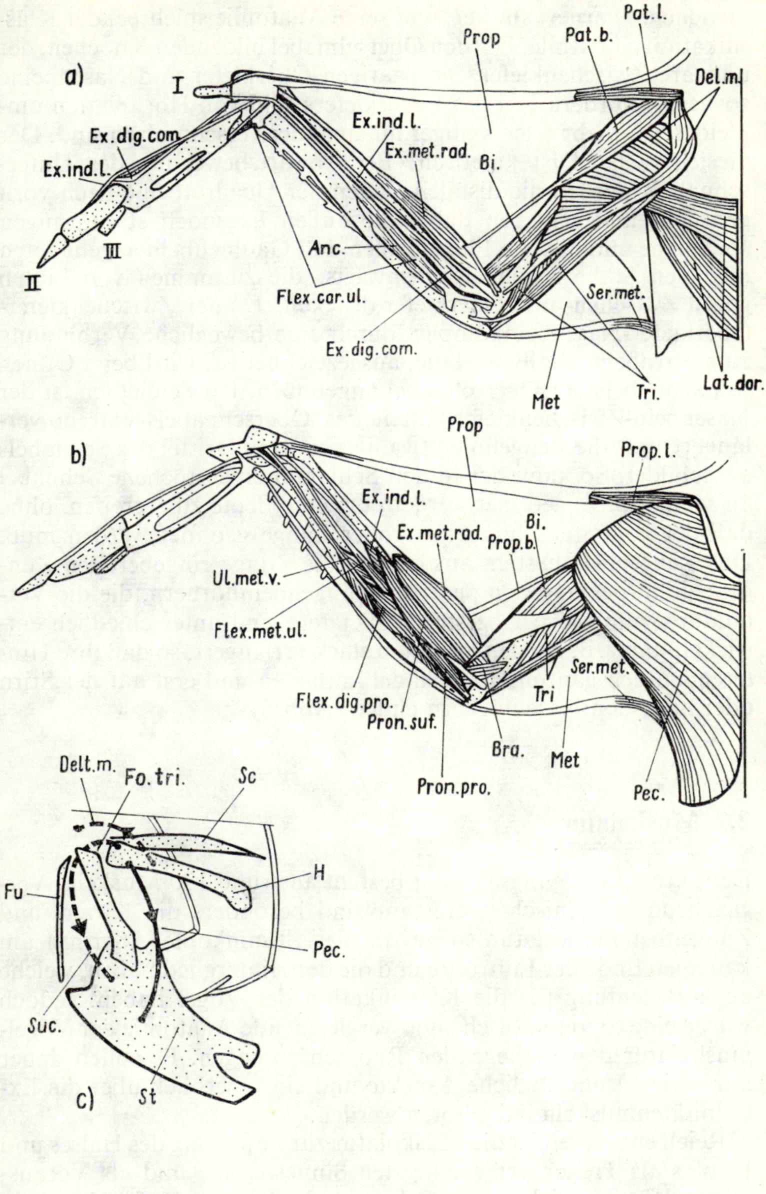
a)
I
Ex.dig.com
Ex.ind.l.
II
III
Prop
Pat.b.
Pat.l.
Del.m.
Ex.ind.l.
Ex.met.rad.
Bi.
Anc.
Flex.car.ul.
Ex.dig.com.
Ser.met.
Met
Tri.
Lat.dor.
b)
Prop
Prop.l.
Ex.ind.l.
Ex.met.rad.
Bi.
Prop.b.
Ul.met.v.
Flex.met.ul.
Flex.dig.pro.
Pron.suf.
Pron.pro.
Bra.
Tri
Ser.met.
Met
Pec.
Delt.m.
Fo.tri.
Sc
H
Fu
Pec.
Suc.
St
c)

mendaches variiert stärker, und seine Anatomie spielt bei der Klassifikation eine Rolle. Die den Oberschnabel bildenden Knochen, der unpaare Zwischenkiefer, die paarigen Oberkiefer und Nasenbeine sowie der vordere Teil des Unterkiefers sind von Hornplatten umkleidet, die mehr oder weniger miteinander verschmolzen sind. Der Gesichtsschädel ist kinetisch: Bei Abwärtsbewegung des Unterschnabels werden die distalen Enden der Quadratbeine nach vorn gedrückt und schieben dabei die außen liegenden stabförmigen Jochbeine und die von Flügelbeinen und Gaumenbeinen gebildeten medialen Stäbe schnabelspitzenwärts, die zusammen von hinten gegen Zwischen- und Oberkiefer drücken. Da der Zwischenkiefer-Oberkiefer-Nasenbeinkomplex durch eine bewegliche Verbindung zum Stirnbein, die Beugelinie, ausgezeichnet ist, wird beim Öffnen des Schnabels der Oberschnabel angehoben. Bei Schnepfen ist der Nasenbein-Zwischenkiefer-Anteil des Oberschnabels extrem verlängert und die Beugelinie etwa im vorderen Drittel des Schnabels ausgebildet. So kann der in den Schlamm eingestochene Schnabel an seiner Spitze geöffnet werden, um eine Beute zu ergreifen, ohne daß der gesamte Schnabel in voller Länge geöffnet werden muß. Das **Zungenbein** besteht aus dem in die Zunge eingebetteten Zungenbeinkörper und den paarigen Zungenbeinhörnern, die die Verbindung zum Körper herstellen. Letztere sind unterschiedlich entwickelt und z. B. bei den Spechten stark verlängert, so daß ihre Hinterenden den ganzen Hirnschädel umfassen und erst auf der Stirn oder nahe den Nasenlöchern enden (Abb. 5).

2.2. Muskulatur

Der aktive Bewegungsapparat besteht aus rund 170 Muskeln. Vergleichend-anatomisch interessant sind besonders die Kiefer- und Zungenbeinmuskulatur sowie die des Stimmkopfes (Syrinx) am kaudalen Ende der Luftröhre und die der Hintergliedmaßen, welche auch Bedeutung für die Klassifikation der Vögel haben. Jedoch würde eine topographische und vergleichende Anatomie der Vogelmuskulatur den vorliegenden Rahmen sprengen. Es sollen daher nur einige grundsätzliche Aspekte und ein Überblick über die Extremitätenmuskeln dargeboten werden.

Reich entwickelt ist die Muskulatur zur Bewegung des Halses und Kopfes als Träger der wichtigsten Sinnesorgane und als Voraussetzung für den vielseitigen Gebrauch des Schnabels. Die Muskeln des dorsalen Rumpfabschnittes sind dagegen weitgehend reduziert (starre Knochenkonstruktion). Stark entwickelt und reich gegliedert ist wiederum die Muskulatur im Schwanzteil der Wirbelsäule. Die im Vergleich zum Säugetier weniger stark entfalteten Muskeln der Brust- und Bauchwand stehen vor allem im Dienst der Atmung, die Bauchmuskulatur wirkt außerdem bei der Defäkation und bei der Eiablage des weiblichen Vogels mit (Bauchpresse).

Etwa 50 Muskeln sind an der Bewegung des Flügels beteiligt. Die größten und kräftigsten liegen am Körper oder sind möglichst weit an ihn herangerückt (Oberarmmuskeln). Die Muskeln am Unterarm sind wiederum an das Ellenbogengelenk herangerückt, und an der Hand finden sich nur sehr kleine Stellmuskeln für die Handknochen. Eine vereinfachte Übersicht der Muskeln der Vordergliedmaße zeigt Abb. 6, aus der die wichtigsten Synergisten und Antagonisten und die Kraftübertragung vom Muskelbauch auf den zu bewegenden Hebelarm durch lange Sehnen ersichtlich sind. Von den beiden wichtigsten Antagonisten des Flügelniederziehers ist nur der große Deltamuskel abgebildet. Der zweite, der M. supracoracoideus, liegt am Brustbein unter dem Flügelsenker, seine Sehne verläuft durch das Dreiknochenloch über das Schultergelenk als Umlenkrolle und inseriert gegenüber dem Ansatz des Flügelsenkers (Abb. 6c).

Das gleiche Prinzip der Verlagerung der Muskelmassen an den Körper oder in dessen Nähe findet sich bei den rund 40 der Bewegung der Hintergliedmaße dienenden Muskeln. Der dritte Hebelarm des Beines (Lauf und Zehen) besteht bis auf einige winzige Zehenmuskeln – abgesehen von Gefäßen und Nerven – nur aus Knochen, Sehnen und Haut. Eine Übersicht über die Anatomie der Beinmuskulatur vermittelt Abb. 7. Das Funktionsschema (Abb. 7c) läßt einen allgemeinen Einblick in ihre Wirkungsweise zu. Einige Muskeln wirken über zwei oder mehr Gelenke. Das Ergebnis der Kontraktion eines solchen Muskels kann sehr verschieden sein, je nachdem, ob das eine oder andere Gelenk festgestellt ist (z. B. 9, 10, 11, 14, 17, 18). Durch das Zusammenspiel synergistisch und antagonistisch arbeitender Muskeln ergibt sich das Grundschema der Bewegung des Vogelbeines: Heben (Beugen) des Oberschenkels – Strecken des Unterschenkels – Beugen des Laufes (Vorführen des Beines) bzw. Niederziehen (Strecken) des Oberschenkels – Beugen des Unterschenkels – Strecken des Laufes (Nachhintenbringen des Beines).

Die Ausbildung der Gliedmaßenmuskulatur schwankt bei den verschiedenen Vogelgruppen erheblich. Die **Flugmuskulatur** macht bei der Mehrzahl der bisher untersuchten Arten zwischen 20% und

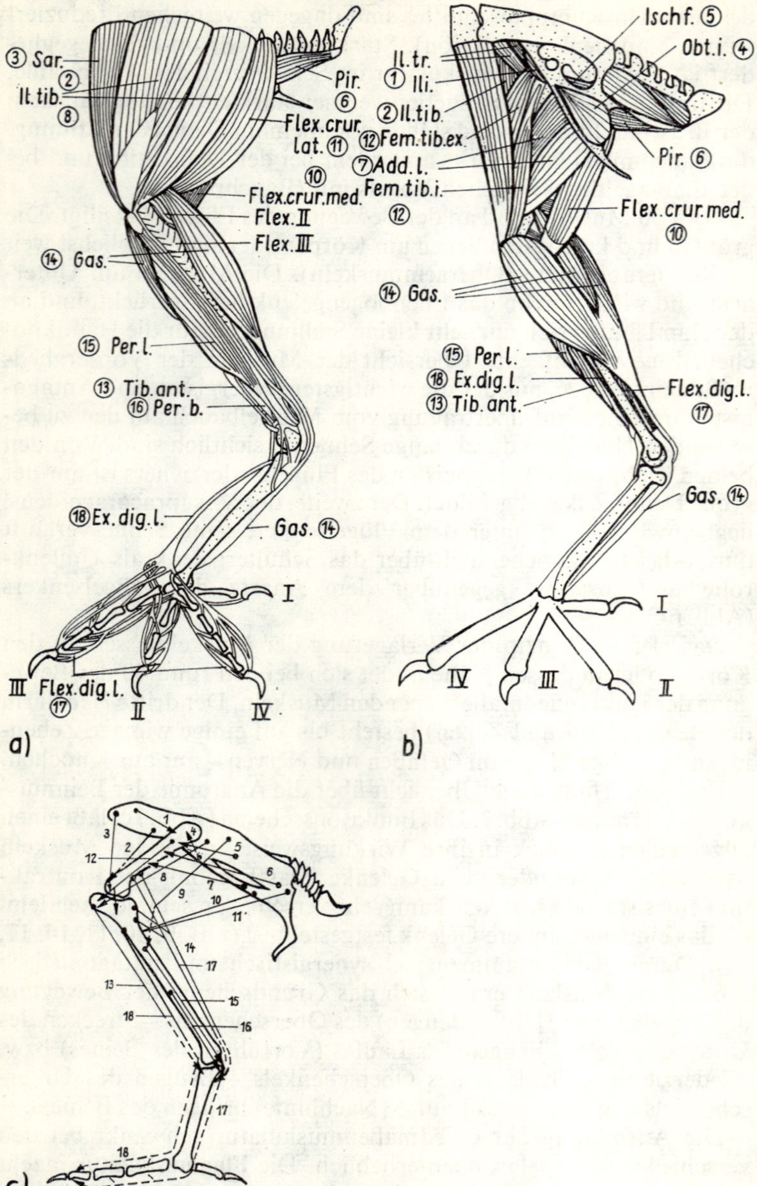

③ Sar.
②
Il. tib.
⑧
Pir.
⑥
Flex. crur.
lat. ⑪
⑩
Flex. crur. med.
Flex. II
Flex. III
⑭ Gas.
⑮ Per. l.
⑬ Tib. ant.
⑯ Per. b.
⑱ Ex. dig. l.
Gas. ⑭
I
III Flex. dig. l.
⑰
II
IV
a)
Ischf. ⑤
Obt. i. ④
Il. tr.
① Ili.
② Il. tib.
⑫ Fem. tib. ex.
⑦ Add. l.
Fem. tib. i.
⑫
Pir. ⑥
Flex. crur. med.
⑩
⑭ Gas.
⑮ Per. l.
⑱ Ex. dig. l.
⑬ Tib. ant.
Flex. dig. l.
⑰
Gas. ⑭
I
IV
III
II
b)
1
2
3
4
5
6
7
8
9
10
11
12
13
14
15
16
17
18
c)

30% der Gesamtmasse des Vogels aus, bei Kolibris teilweise über 30%, bei manchen Rallen nur 15% und weniger. Der Anteil der Beinmuskulatur ist bei Greifvögeln, Eulen und manchen Hühnervögeln mit 15% bis 20% am höchsten, Störche und Reiher haben etwa 10%, die meisten Singvögel zwischen 5% und 10%, Kolibris, Segler und Schwalben weniger als 2,5%. Eine Uniformität bestimmter Vogelgruppen hinsichtlich der Muskelentwicklung besteht jedoch nicht, und Untersuchungen an umfangreichem Material haben schon mehrfach zur Revision „geheiligter" Angaben gezwungen.

Die Benennung der Vogelmuskeln ist nichts weniger als einheitlich, da die anatomische Nomenklatur nicht durch internationale Regeln wie die zoologische Nomenklatur relativ stabilisiert ist. Änderungen der Namen für ein und denselben Muskel sind mehrfach eingetreten, aber es ist hier nicht möglich, diese Synonymie zu behandeln. Es sollte aber grundsätzlich bedacht werden, daß man keine anatomischen Bezeichnungen verwendet, die eine Homologie der betreffenden Muskeln bei Säugetieren und Vögeln impliziert, wenn Zweifel an dieser Homologie berechtigt sind oder sie sogar auszuschließen ist. So werden hier der Oberarmsenker und sein einer Antagonist (M. supracoracoideus) nicht als M. pectoralis „major" und „minor" aufgeführt, wie es vielfach noch geschieht, und ebenso sind an der Hinterextremität die aus der Säugeranatomie geläufigen Namen „quadriceps femoris" für den großen Unterschenkelstrecker und „biceps femoris", „semimembranosus" und „semitendinosus" für die langen Unterschenkelbeuger vermieden worden.

Abb. 7. Oberflächliche Schicht der Beinmuskulatur. **a)** Beinmuskeln des Blauseidenkuckucks *(Coua caerulea)*, Lateralansicht des linken Beines; **b)** Beinmuskeln der Nordamerika-Aaskrähe *(Corvus brachyrhynchos)*, Medialansicht des rechten Beines. Beides vereinfacht nach GEORGE u. BERGER (1966); **c)** Funktionsschema der Beinmuskeln. Nach BERNDT u. MEISE (1959). Die Muskeln am Fußskelett sind nicht dargestellt.

Add. l. M. adductor longus; *Ex. dig. l.* M. extensor digitorum longus; *Fem. tib. ex.* M. femorotibialis externus; *Flex. II, III* Mm. flexores perforantes et perforati digitorum II, III; *Flex. crur. lat.* M. flexor cruris lateralis; *Flex. crur. med.* M. flexor cruris medialis; *Flex. dig. l.* M. flexor digitorum longus; *Gas.* M. gastrocnemius; *Ili.* M. iliacus; *Il. tib.* M. iliotibialis; *Il. tr.* Mm. iliotrochanterici; *Ischf.* M. ischiofemoralis; *Obt. i.* M. obturator internus; *Per. b.* M. peroneus brevis; *Per. l.* M. peroneus longus; *Pir.* M. piriformis; *Sar.* M. sartorius; *Tib. ant.* M. tibialis anterior; *1–3* Oberschenkelbeuger bzw. Oberschenkelheber; *4–8* Oberschenkelniederzieher; *9–11* Unterschenkelbeuger (*9* M. iliofibularis, nicht abgebildet); *12* Unterschenkelstrecker; *13* Laufbeuger; *14–16* Laufstrecker *17* Zehenbeuger; *18* Zehenstrecker.

3. Das Gefieder

Federn sind charakteristische Hautgebilde der Klasse Aves. Das Gefieder gewährt zwei Vorteile: Es wirkt als Wärmeisolator und ermöglichte damit die Entwicklung der Warmblütigkeit (Homoiothermie), und es erlaubte die Entwicklung des Fliegens. Beides erwies sich in der Evolution als förderlich. Das läßt vermuten, daß sich die Befiederung ziemlich schnell entwickelt hat. Die Feder ist ein sehr kompliziertes totes Horngebilde mit hohem Verschleiß, das nicht nur intensive Pflege erfordert, sondern auch von Zeit zu Zeit total erneuert werden muß. Dieser Aufwand wird jedoch gerade durch die mit Hilfe des Gefieders gewonnene Homoiothermie und die damit verbundene hohe Stoffwechselintensität ermöglicht. Es handelt sich hier um einen Fall von positiver Rückkopplung.

3.1. Die Feder

Die einzelne Feder entsteht, indem sich, wie bei der Bildung einer Reptilienschuppe, durch Zellvermehrung in der Ober- und Lederhaut (Epidermis und Corium) ein Hügel bildet, der sich durch einen ringförmigen Graben gegen die übrige Oberfläche absetzt. Der Graben vertieft sich zum **Federbalg** (Follikel), und der Hügel wächst zu einer außen aus Epidermis-, innen aus Coriumzellen gebildeten Pabille, die schräg in die Haut eingesenkt ist, so daß die Spitze der wachsenden Feder caudad gerichtet ist. Sie ist außen mit einer dünnen Schutzhülle überzogen, die der Hornschicht (Stratum corneum) der Epidermis entspricht. Von der Keimschicht (Stratum germinativum) der Epidermis wird in der Papille von außen nach innen je eine Schicht Scheidenzellen, Mittelzellen und Zylinderzellen gebildet (Abb. 8). Vom Corium her wächst durch ein an der Basis verbliebenes Loch die mit Blutgefäßen durchzogene, der Ernährung der wachsenden Feder dienende **Pulpa.** Die Scheidenzellen verhor-

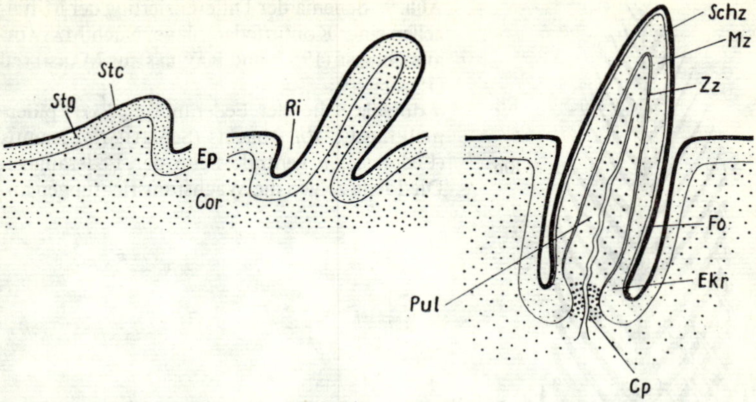

Abb. 8. Schema der Federentwicklung. Nach FRIELING (1936) und KING u. MCLELLAND (1978).
Cor Corium (Lederhaut); *Cp* Coriumpapille, bleibt nach Fertigstellung der Feder mit einer dünnen Schicht lebender Zellen des Epidermalkragens bestehen, von ihr aus erfolgt die Bildung der neuen Feder bei der Mauser; *Ekr* Epidermalkragen (Bildungszone); *Ep* Epidermis (Oberhaut); *Fo* Federfollikel; *Mz* Mittelzellen; *Pul* Pulpa; *Ri* Ringgraben; *Schz* Scheidenzellen; *Stc* Stratum corneum; *Stg* Stratum germinativum; *Zz* Zylinderzellen.

nen und bilden zusammen mit der ursprünglichen Schutzhülle (Periderm) die **Federscheide,** die später abblättert. Die Mittelzellen ordnen sich zu Leisten, die sich in die Pulpa einsenken. Aus ihnen gehen die Teile der eigentlichen Feder hervor (Abb. 9). Die innere Schicht dient dem Schutz der empfindlichen Pulpa. Kurz vor Beendigung des Federwachstums beginnt die Federscheide einzutrocknen und abzuschilfern, und die Pulpa zieht sich aus der Feder zurück unter Hinterlassung einer feinen Membran, der „Federseele". Damit ist die Feder ein totes Gebilde geworden.

Die äußere Gestalt des Vogels wird durch die Konturfedern bestimmt. Dazu gehören die Deckfedern von Rumpf, Schwanz und Flügeln (Kleingefieder) und die Schwung- und Steuerfedern (Großgefieder). Eine zweite Gruppe von Federn wird unter der Sammelbezeichnung Dunen erfaßt, bei denen sich verschiedene Formen unterscheiden lassen (Abb. 11). Außerdem gibt es noch weitere, im allgemeinen kleine Federformen wie Fadenfedern und Borstenfedern. Besondere Schmuckfedern sind meist aus umgewandelten Konturfedern entstanden.

Eine **Konturfeder** (Abb. 10) besteht aus dem Kiel (Scapus), der in

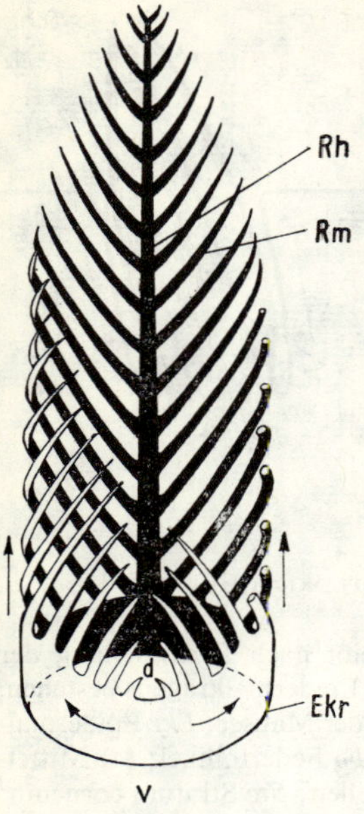

Abb. 9. Schema der Differenzierung der Mittelzellen einer Konturfederanlage. Nach MAYAUD aus GRASSÉ (1950) und RAWLES aus MARSHALL (1960).
d dorsale Seite der Federanlage; *Ekr* Epidermalkragen; *Rh* Rhachis (Schaft); *Rm* Ramus (Federast); *v* ventrale Seite der Federanlage. Die Pfeile zeigen die Wachstumsrichtungen an.

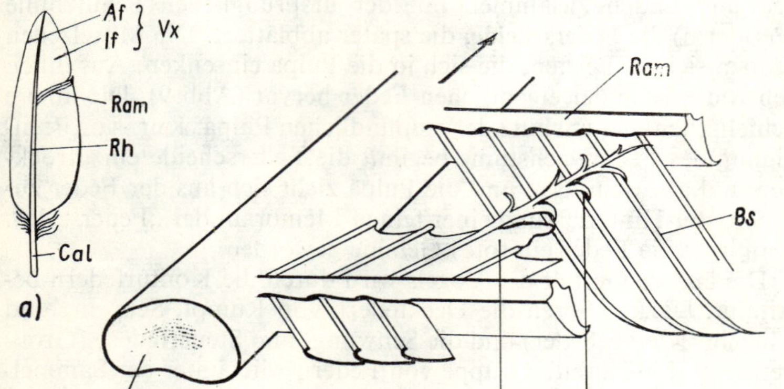

Abb. 10. Schema einer Konturfeder. **a)** Gesamtansicht; **b)** Feinstruktur.
Af Außenfahne; *Bs* Bogenstrahl; *Cal* Calamus (Spule); *Hk* Häkchen; *Hs* Hakenstrahl; *If* Innenfahne; *Ram* Ramus (Ast); *Rh* Rhachis (Schaft); *Vx* Vexillum (Federfahne). Der Pfeil zeigt zur Federspitze.

seinem oberen, außerhalb der Haut liegenden Teil, dem Schaft (Rhachis), mit einem aus Hornzellen gebildeten Mark gefüllt ist und im unteren, in der Haut steckenden Teil, der Spule, die „Seele" enthält. Der Schaft trägt beiderseits die Federfahne (Vexillum). Sie setzt sich aus zweizeilig angeordneten, schräg abstehenden Ästen

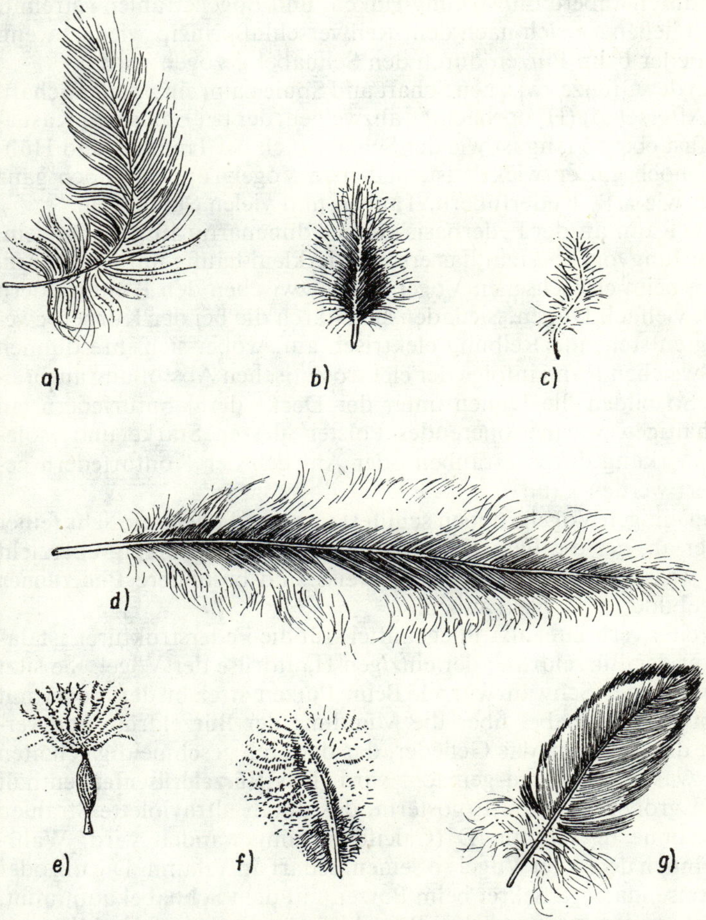

Abb. 11. Dunenformen. Dunen aus der Brustregion von **a)** Nachtreiher *(Nycticorax nycticorax)*; **b)** Steinkauz *(Athene noctua)*; **c)** Rotkehlchen *(Erithacus rubecula)*; **d)** Schmuckdune, Flamingo *(Phoenicopterus ruber)*; **e)** Puderdune, Graureiher *(Ardea cinerea)*; **f)** Pelzdune, Hockohuhn *(Crax sp.)*; **g)** Deckfeder mit duniger Basis, Kormoran *(Phalocrocorax carbo)*.

(Rami) zusammen, die, wieder zweizeilig und schräg abstehend, die Strahlen (Radii) tragen. Die zur Federbasis weisenden Radien besitzen eine Krempe (Bogenstrahlen), die zur Spitze gerichteten Häkchen (Hakenstrahlen). Diese greifen in die Rinne der Bogenstrahlen, so daß die Rami zu einer geschlossenen Fläche verhakt sind. Haben sich durch äußere Einwirkung Haken- und Bogenstrahlen getrennt, so schließen sie sich nach dem Reißverschlußprinzip wieder, wenn die Feder beim Putzen durch den Schnabel gezogen wird.

An der Grenze zwischen Schaft und Spule kann ein zweiter Schaft, der Afterschaft (Hyporhachis), abzweigen, der bei Emus und Kasuaren fast ebenso lang ist wie der Schaft, auch bei Tinamus und Hühnern noch gut entwickelt ist, manchen Vogelgruppen jedoch ganz fehlt, wie z.B. Ruderfüßern, Tauben und vielen Singvögeln.

Die Rami an der Federbasis können dunenartig ausgebildet sein. Beim Jungvogel besteht das erste Federkleid häufig nur aus **Dunen.** Auch beim erwachsenen Vogel stehen zwischen den Konturfedern noch vielfach Dunen. Sie laden sich durch die bei der Körperbewegung entstehende Reibung elektrisch auf, wobei sich ihre dünnen und weichen Rami infolge der elektrostatischen Abstoßung ausbreiten. So bilden die Dunen unter der Decke der Konturfedern ein lufthaltiges, wärmeisolierendes Polster, dessen Stärke und Isolationswirkung durch Sträuben oder Anlegen der Konturfedern geändert werden kann.

Bei einigen Vogelgruppen schilfert von den Federn ein sehr feiner Puder ab, der die Feinstrukturen der Feder gleichmäßig überzieht und wasserabstoßend wirkt. Teilweise sind besondere **Puderdunen** ausgebildet, z.B. bei Tauben.

Weiter verbreitet als „Pflegemittel" für die Federstrukturen ist das Sekret der Bürzeldrüse, der einzigen Hautdrüse der Vögel. Sie sitzt oberhalb der Schwanzwurzel. Beim Putzen streicht der Vogel mit Kopf und Schnabel über die Mündung der Bürzeldrüse und verreibt das Sekret in das Gefieder, das dadurch geschmeidig gehalten und wasserabstoßend gemacht wird. Das **Bürzeldrüsenfett** enthält einen größeren Anteil Ergosterin, das durch ultraviolette Strahlen der Sonne in Vitamin D (Calciferol) umgewandelt wird. Wahrscheinlich deckt der Vogel so seinen Bedarf an Vitamin D ganz oder teilweise, da er ja Sekret beim Putzen mit dem Schnabel aufnimmt. Vögel mit stark entwickelter Bürzeldrüse, z.B. Sumpf- und Wasservögel, haben keine oder nur spärliche Puderdunen, während bei den „Puderern" die Bürzeldrüse klein ist oder fehlen kann.

Bei Wehrvögeln, Straußen und Pinguinen stehen die Federn gleichmäßig über den ganzen Körper verteilt. Bei allen anderen Vögeln stehen sie in besonderen **Federfluren** (Pterylen), zwischen denen sich die **Federraine** (Apterien) erstrecken. Letztere können jedoch mit Dunen besetzt sein (Abb. 12). Lauf und Zehen sind meist mit Hornschildern bedeckt und unbefiedert, bei manchen Gruppen, wie z. B. Rauhfußhühnern, aber auch befiedert.

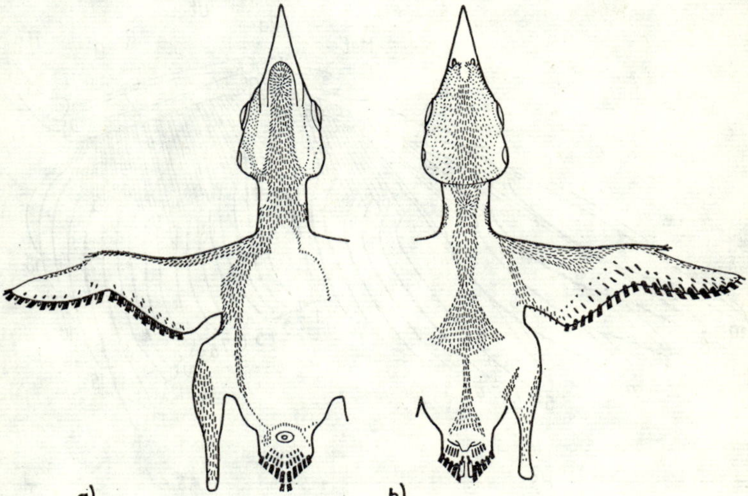

Abb. 12. Pterylose (Verteilung der Federfluren) des Louisianawürgers *(Lanius ludovicianus)*. Nach VAN TYNE u. BERGER (1959). **a)** Ventralansicht; **b)** Dorsalansicht.

3.2. Das Großgefieder

Die **Schwungfedern** inserieren mit ihren Spulen am Hinterrand von Elle, Mittelhand sowie zweitem und drittem Finger und werden in ihrer Lage durch bindegewebige Stränge (Ligamente) fixiert. Nach ihren Ansatzstellen am Skelett teilt man sie in Armschwingen und Handschwingen ein und numeriert sie vom Handgelenk aus (Abb. 13). Zu jeder Schwungfeder gehört je eine obere und untere Transversalreihe von **Deckfedern,** die man, von der Schwungfeder zum Flügelvorderrand gehend, als große, mittlere und kleine Decken bezeichnet. Die zur 5. großen Armdecke gehörende Armschwinge kann fehlen. Da man aber die Armschwingen fortlaufend numeriert, muß man in diesem Fall zwei „fünfte große Armdecken“ zählen. Ein solcher Flügel wird diastataxisch genannt (Abb. 14) im Gegensatz zum eutaxischen Flügel, bei dem 5. Armschwinge und dazugehörige große Armdecke vorhanden sind. Diastataxie oder Eutaxie können

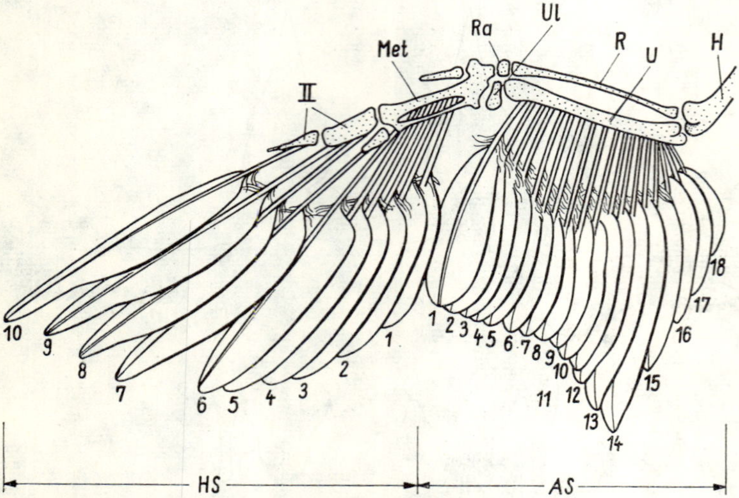

Abb. 13. Insertion der Schwungfedern. Nach Van Tyne u. Berger (1959). *AS* Remiges secundariae (Armschwingen); *HS* Remiges primariae (Handschwingen). Skelettbezeichnungen s. Abb. 1.

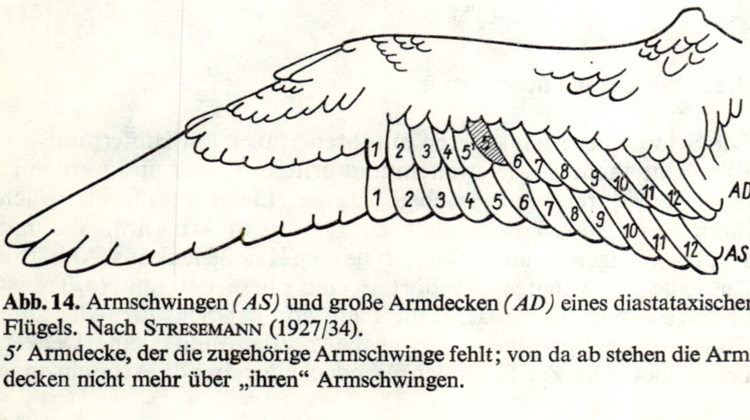

Abb. 14. Armschwingen *(AS)* und große Armdecken *(AD)* eines diastataxischen Flügels. Nach Stresemann (1927/34).
5' Armdecke, der die zugehörige Armschwinge fehlt; von da ab stehen die Armdecken nicht mehr über „ihren“ Armschwingen.

charakteristisch für taxonomische Einheiten sein, aber auch von Art zu Art wechseln.

Die Lücke zwischen Armschwingen und Körpergefieder wird durch den Schulterfittich (Oberarmfedern) geschlossen; die Federn des ersten Fingers bilden den abspreizbaren Daumenfittich (Alula). An oder nahe der Spitze des zweiten Fingers steht noch ein kleines Federchen in der Handschwingenreihe, das Remicle, das wahrscheinlich der Stabilisierung der Flügelspitze dient und von jeher klein war, vielleicht aber auch eine reduzierte Handschwinge ist. Auch die äußerste Handschwinge kann stark verkleinert und kürzer als die folgende große Decke sein.

Sowohl bei den Schwungfedern als auch bei den großen Decken ist die der Flügelspitze zugewandte Außenfahne gegenüber der Innenfahne verschmälert (Abb. 13). Die Zahl der Handschwingen beträgt 8 bis 12, meist 10, die der Armschwingen variiert von 6 (Kolibris) bis zu 37 (Albatrosse).

Die **Steuerfedern,** deren Zahl zwischen 4 beim Männchen der Wundersylphe (Kolibri) und 32 beim Bulwerfasan schwankt, meist jedoch 5 bis 6 Paare beträgt, sind am Pygostyl verankert und bilden den eigentlichen Schwanz, der gehoben, gesenkt und in sich verdreht werden kann und als Steuerorgan im Fluge sowie als „Balancierstange" beim Sitzen auf schwankenden Zweigen dient. An sie schließen die Ober- und Unterschwanzdecken an, von denen die distalen großen stark verlängert sein können. So sind die langen Schmuckfedern des Pfauhahnes nicht Steuerfedern, sondern Oberschwanzdecken.

3.3. Gefiederfärbung

Form, Färbung und Zeichnung der verschiedenen Gefiederpartien kennzeichnen Art, Alter und Geschlecht. Viele Vögel gehören zu den am prächtigsten gefärbten Wirbeltieren. Auffällige Zeichnungsmuster und Färbungen dienen als **optische Signale** bei Balz und Rivalenauseinandersetzung. Andere Zeichnungs- und Färbungsmuster bewirken die **Schutzfärbung,** die vielfach nur bei den Weibchen auftritt und die Umgebung des Vogels oft verblüffend „kopiert" – wie z. B. das Rindenmuster bei Ziegenmelkern und Eulen – oder die Körperform optisch auflöst. Diese Somatolyse ist bei jungen Lappentauchern oder Rohrdommeln gut zu beobachten.

Die Farben können reine **Pigmentfarben** sein: gelbe und rote in der Federsubstanz homogen verteilte Carotinoide, hellbraune Phaeomelanine und schwarze bis dunkelbraune Eumelanine, beide als Körnchen oder kleine Stäbchen in die Federsubstanz eingelagert. Selten sind grüne Carotinoide wie das Zooprasin am Hinterkopf des Eidererpels und das kupferhaltige Turacoverdin der Turakos, bei denen auch Porphyrine wie das rote Turacin vorkommen. Blau indessen ist eine **Strukturfarbe.** Sie kommt zustande durch Lichtstreuung in lufthaltigen „Kästchenzellen" mit verdickten, von Luftadern durchzogenen Wänden, hinter denen Melanin liegt (Abb. 15). Kombination von „Strukturblau" mit gelben Carotinoiden führt zu grüner, mit roten zu violetter Farbe. Durch die Struktur der Federstrahlen kann Seidenglanz oder Samtwirkung entstehen. Schillern entsteht als Interferenz an sehr dünnen Hornplättchen, die sich zumeist an umgewandelten Hakenstrahlen (Schillerradien) finden. Weiß entsteht durch Lichtstreuung in pigmentfreien Federn oder Federteilen.

Da die Feder ein totes Gebilde ist, ändert sich die bei ihrem Wachstum entstandene Färbung und Zeichnung nicht mehr, sie kann nur noch durch Ausbleichen heller werden. **Farbänderungen** ohne Gefiederwechsel kommen dadurch zustande, daß die Federn graue oder bräunliche Säume tragen, die die andersfarbigen Feder-

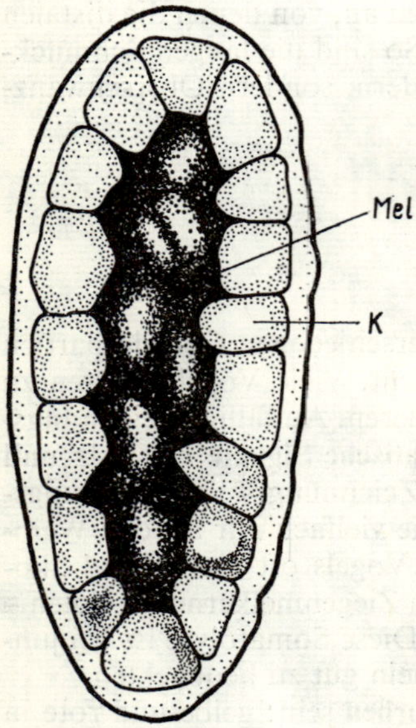

Abb. 15. Querschnitt durch einen Ramus blauer Färbung. Nach FRANK (1939). *K* Kästchenzelle; *Mel* Melanozyten (melaninhaltige Markzellen).

teile zunächst verdecken und sich im Laufe der Zeit abreiben. Beim Gartenrotschwanzmännchen sind im Herbst Stirn, Kehle und Kropfpartie graubräunlich, der Star ist ein graubrauner „Perlstar“, und der Bluthänfling hat eine graubraune Brust. Im Frühjahr tritt die eigentliche Schmuckfarbe hervor: Der Gartenrotschwanz bekommt seine weiße Stirn und schwarze Kehle, der Star sein glänzendes Kleid und der Bluthänfling seine rote Unterseite. Das Prachtkleid ist hier also nicht ein neues, sondern ein „abgetragenes“ Kleid.

Erbliche **Farbabweichungen** von der „Normalform“ einer Art oder Unterart sind gar nicht selten. Ausfall bestimmter Farbstoffe wird als Hypochromatismus bezeichnet. Hierher gehören totaler Albinismus (vollständiger Pigmentverlust in Federn, Haut und Augen: Rotäugigkeit), Leucismus (Haut und Augen pigmentiert, Federn weiß), partieller Albinismus (einzelne weiße Gefiederpartien, Sprenkelung wie z. B. bei der Amsel). Ausfall einzelner Farbstoffe führt zu ganz abweichenden Erscheinungsformen, beispielsweise zu gelben und blauen Wellensittichen. Der Gegensatz zu den Ausfallserscheinungen ist die als Hyperchromatismus bezeichnete verstärkte Pigmentbildung, vor allem des Melanins (Melanismus). Solche Schwärzlinge sind unter anderem bei Greifvögeln wie Mäusebussard und Wiesenweihe des öfteren festgestellt worden.

3.4. Mauser

Beim Federwechsel schiebt die wachsende Feder ihre Vorgängerin vor sich her, deren Spule oft noch einige Tage auf der Spitze der neuen Feder sitzt, ehe sie abfällt. Die Mauser bedeutet eine erhebliche Beanspruchung: Neue Federsubstanz muß gebildet werden, die Wärmeisolation ist herabgesetzt, und das Flugvermögen ist unter Umständen ebenfalls beeinträchtigt. Würde die Mauser mit anderen stark energiezehrenden Aktivitäten wie Fortpflanzung und Zug zusammenfallen, brächte das die Gefahr einer Überforderung des Organismus mit sich und wirkte der Arterhaltung entgegen. Hier liegt zweifellos die primäre Ursache für die **jahreszyklische Bindung** der Mauser. Der Wechsel des Großgefieders hat ebenso wie der Brutzyklus meistens eine 12-Monats-Periode. Ausnahmen verschiedener Art kommen vor. Bei der auf Ascension brütenden Population der Rußseeschwalbe, deren Brut im Abstand von 9,5 Monaten erfolgt, hat die Mauser ebenfalls diese Periodizität. Bei manchen Großvögeln wie Kranichen, Trappen, manchen Greifvögeln werden die Schwungfedern nur in jedem zweiten Jahr gewechselt. Ähnliches gilt auch für das Großgefieder mancher Eulen (z.B. Schleiereule).

Die jahreszeitliche Einordnung der Mauser ist verschieden. Wenn man die Brutzeit als Bezugspunkt für ihre zeitliche Lage wählt, so werden die im Anschluß an die Fortpflanzung ablaufenden Mauservorgänge **postnuptial,** die ihr vorausgehenden **pränuptial** genannt. Bei vielen palaearktischen Arten wie Bergfink, Buchfink, Grünling, Drosseln, Gartenrotschwanz, Rotkehlchen mausern die Altvögel postnuptial vollständig, während die Jungvögel des Jahres nur eine Teilmauser durchmachen, bei der mindestens die Handschwingen, die äußersten Armschwingen und die Steuerfedern ausgespart werden. Bei diesen Arten läßt sich der Unterschied zwischen Individuen im ersten Jahr und älteren bis ins Frühjahr hinein erkennen. Andere verlegen ihre Vollmauser ins Ruhequartier wie manche Rohrsänger, Spötter und Laubsänger. Noch im Ruhequartier kann auch eine pränuptiale Teilmauser erfolgen. Unterschiedlichen Mauserverlauf kennt man von Populationen verschiedener geographischer Breiten bei Finkenvögeln mit postnuptialer Vollmauser. In den subarktischen Gebieten reicht die Zeit zwischen Ende der Brut und Beginn des Wegzuges nicht ganz für eine Vollmauser aus. Während die Buchfinken Mitteleuropas ihren Wegzug erst nach Abschluß der Mauser antreten, sind die die Kurskaja Cosa (Kurische Nehrung) passierenden Durchzügler noch nicht alle fertig vermausert, und im Gebiet von Kandalakscha beginnt der Wegzug regelmäßig vor dem Ende der Mauser. Die isländische Population des Goldregenpfeifers und die amerikanische Präriemöwe unterbrechen die im Brutgebiet begonnene Schwingenmauser für die Dauer des Zuges und beenden sie im Ruhequartier. In anderen Fällen wird die zeitlich sehr ausgedehnte Mauser bereits während der Brut begonnen, wobei wegen der langsamen Federbildung der zusätzliche Energiebedarf in erträglichen Grenzen bleibt.

Auch die Art des Federwechsels ist verschieden. Bei fast allen Gänseartigen, bei See- und Lappentauchern, vielen Rallen und den Flamingos fallen alle Schwungfedern fast gleichzeitig in Form einer **Simultanmauser.** Der Vogel ist dann eine Zeitlang nicht flugfähig. Zumeist werden jedoch die Handschwingen deszendent, von der innersten der Reihe nach zur äußersten, gewechselt, während die Mauser der Armschwingen von mehreren Zentren aus erfolgt. Bei der transilienten Schwingenmauser wird jeweils eine Schwungfeder übersprungen und später gewechselt, z.B. bei verschiedenen Kukkucken. Schließlich kann die sogenannte **Staffelmauser** auf mehrere

Zeitabschnitte verteilt sein, oder der Gefiederwechsel kann sich kontinuierlich über einen längeren Zeitraum, bei Seeschwalben z.B. 6 bis 8 Monate, hinziehen, was mit der Notwendigkeit dauernder Flugfähigkeit zu erklären ist.

Einige Zeit vor Beginn der Mauser setzt eine verstärkte Ausschüttung des Schilddrüsenhormones Thyroxin ein. Sie erreicht ihren Höhepunkt in der ersten Hälfte der Mauser. Im Versuch kann man zu jeder Jahreszeit durch künstliche Zufuhr von Thyroxin oder Schilddrüsensubstanz bei Hühnern, Tauben, körnerfressenden Finkenvögeln und manchen anderen eine schnelle Vollmauser auslösen. Bei Insektenfressern wie Gartenrotschwanz, Rotkehlchen, Star und einigen Drosseln läßt sich die Mauser zwar ebenfalls so einleiten, es gelingt aber nur schwer, sie bis zum Ende durchzuführen, weil der sie begleitende Gewichtsverlust schon vorher zum Abbruch der Behandlung zwingt oder aber zum Tode des Vogels führt. Hier ist also noch nicht klar, wie beim freilebenden Tier die feinere Regelung vor sich geht. Es wurde auch eine hemmende Wirkung von Keimdrüsenhormonen auf die durch Thyroxin ausgelöste Mauser festgestellt. Es gibt Hinweise darauf, daß die einzelnen Federanlagen zeitlich oder quantitativ verschieden auf Thyroxin ansprechen, was eine Erklärung für eine bestimmte Reihenfolge im Wechsel der Federn geben würde.

Eine weitere **hormonale Einwirkung** finden wir überall dort, wo beide Geschlechter ständig oder während der Fortpflanzungszeit unterschiedliche Kleider tragen, ferner, wo Unterschiede zwischen Jugend- und Alterskleid bestehen. Hier wirken Keimdrüsenhormone mit, wobei das eine Kleid „Ruhekleid" ist und auch beim kastrierten Vogel unabhängig vom Geschlecht zustande kommt, während das andere nur bei intakter Keimdrüse bzw. bei Zufuhr des entsprechenden Keimdrüsenhormons angelegt wird. Zwei Typen sind zu unterscheiden. Bei Straußen, Fasanen, Hühnern, manchen Enten und Webervögeln ist das männliche Prachtkleid Ruhekleid und wird auch von Kastraten beiderlei Geschlechts angelegt, während das unscheinbare weibliche Gefieder nur bei Vorhandensein eines intakten Eierstockes zustande kommt. Der bunte Federkragen des Kampfläufers, der schwarzbraune Kopf der Lachmöwe und manche anderen männlichen Kennzeichen werden durch das männliche Keimdrüsenhormon Testosteron hervorgerufen, während das unscheinbare weibliche Kleid das Ruhekleid ist. Auch bei der weiblichen Lachmöwe ist für die Kopffärbung das im Ovar in kleineren Mengen produzierte Testosteron verantwortlich. Bei einigen Webervögeln wirken Hypophysenhormone bei der Ausfärbung mit.

Möglicherweise ist dies auch der Fall beim Zustandekommen der altersmäßig verschiedenen Jugendkleider der Großmöwen. (Über Hormone s. auch 4.3.)

Ein besonderer Fall des Gefiederwechsels ist die sogenannte **Schreckmauser.** Bei einer ganzen Anzahl von Arten können einzelne Gefiederpartien, meist sind es Steuer- und Bauchfedern, schlagartig abgestoßen werden, wenn sich der Vogel in echter oder vermeintlicher höchster Bedrängnis durch einen Freßfeind oder auch durch einen Beringer sieht. Es ist zu vermuten, daß der Schreckmauser eine ähnliche Rolle wie der Autotomie des Schwanzes der Eidechsen zukommt. Ihr Zustandekommen und ihr Ablauf sind aber noch unklar.

4. Sinnesorgane, Nervensystem und hormonales System

4.1. Sinnesorgane

4.1.1. Die chemischen Sinne

Wie das Säugetier besitzt auch der Vogel **Geschmacksknospen,** die jedoch weniger zahlreich und weniger modifiziert sind. Sie befinden sich in der Mundhöhle, am hinteren Gaumen und an der hinteren Zunge und erlauben wahrscheinlich die Unterscheidung der vier Geschmacksqualitäten süß, sauer, salzig und bitter, wenn auch, besonders im bitteren Bereich, mit relativ geringer Empfindlichkeit. Die **Riechschleimhaut** liegt im hintersten Teil der Nasenhöhle in der höckerartig ausgebildeten dritten Nasenmuschel. Sie ist bei Kiwi, Neuweltgeiern, Sturmvögeln, Gänseartigen und Fettschwalmen stärker entwickelt. Von Neuweltgeiern wird angegeben, daß sie versteckte, aber stark riechende Nahrung finden, Sturmvögel sollen auf dem Wasser Leberstücke auch bei dichtem Nebel entdecken. Enten und Gänse zeigen durch ihre Nahrungswahl ebenfalls ein Empfinden für Aromata an. Man kann annehmen, daß die Vögel sonst einen weniger guten Geruchssinn als der Mensch haben und nur geringen Gebrauch von ihm machen.

4.1.2. Mechanische Sinne

Aus den Reaktionen des Vogels ist zu schließen, daß er über einen **Schmerzsinn** und einen **Temperatursinn** verfügt, aber deren spezifische Rezeptoren sind nicht näher bekannt. Haut und Schleimhäute enthalten freie Nervenendigungen, häufiger Nervenfasern mit feinen Endnetzen, die sowohl diesen Sinnen als auch dem **Tastsinn** zugeordnet werden können. Für den letzteren kennt man außerdem mehrere Formen von Sensoren wie die Merkelschen Körperchen, bei denen umgewandelte Hautzellen (Tastzellen) mit einem napfartig verbreiterten Nervennetz versehen sind, und die Grandryschen Körperchen, bei denen zwei bis fünf derartige Gebilde vereinigt und mit einer Bindegewebshülle versehen sind. Sie kommen z.B. im Entenschnabel vor. Relativ große Mechanorezeptoren sind die Herbstschen Körperchen. Sie gehen aus Nervenenden hervor und enthalten nur Bestandteile des Nervengewebes und seiner bindegewebigen Hüllen, aber keine Hilfszellen (Abb. 16). Diese hochentwickelten Tastorgane finden sich an den Federbälgen, unter der Un-

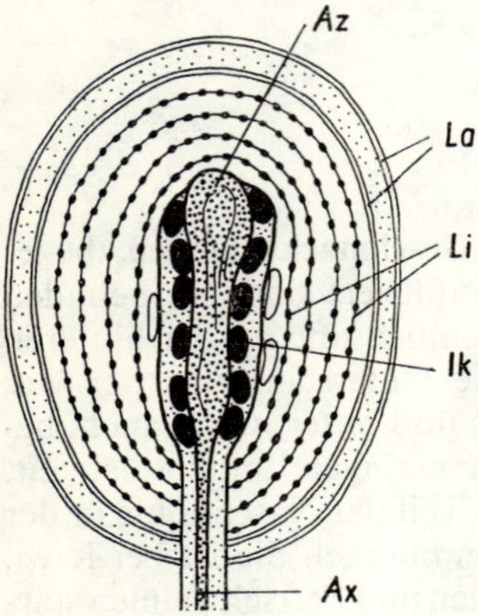

Abb. 16. Herbstsches Körperchen, halbschematisch. Nach PORTMANN in MARSHALL (1961).
Ax Axon (Nervenfaser); *Az* Achsenzylinder (Endigung der Nervenfaser); *Ik* Innenkolben (aus Gliazellen, Schwannschen Zellen, gebildet); *La* äußeres Lamellensystem; *Li* inneres Lamellensystem.

terschenkelmuskulatur zwischen Schien- und Wadenbein und im Unterarm, auch in der Zunge von Spechten und der Schnabelspitze von Watvögeln. Man kann diesen Sinnesorganen recht sicher die Fähigkeit des Vogels zuschreiben, geringste Erschütterungen (Vibrationen) und Schwingungen wahrzunehmen.

Das Organ der Registrierung von Lageänderungen – **statischer Sinn** – und der Wahrnehmung von Schallwellen – **akustischer Sinn** – ist das innere Ohr mit seinen Hilfsapparaten. Es besteht aus einem Hohlraum im Schläfenbein des Schädels (knöchernes Labyrinth) und dem in diesem aufgehängten, von der Perilymphe umgebenen häutigen Labyrinth (Abb. 17). Die drei Bogengänge liegen in drei senkrecht zueinander stehenden Ebenen und erweitern sich an ihrer Basis zu den Ampullen. Die in diesen liegenden Sinneszellen, deren zu einem schopfartigen Gebilde, der Cupula, verbundene Fortsätze in den Ampullenraum hineinragen, sprechen auf Drehbeschleunigungen an, da diese zur Bewegung der das häutige Labyrinth erfüllenden Endolymphe gegenüber der Labyrinthwand führen. Unterhalb des Bogengangsystems liegen Utriculus, Sacculus und die

Lagena am Ende der Gehörschnecke (Cochlea). In diesen drei Labyrinthpartien befinden sich Gruppen von Sinneszellen (Maculae), deren Fortsätze von einer gallertigen Membran mit eingelagerten Kalkkörnchen (Otolithen) bedeckt sind. Die Otolithen üben einen

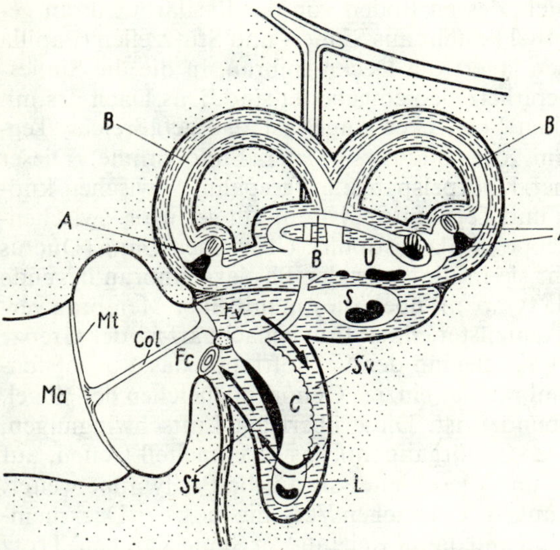

Abb. 17. Schema des Vogelohres. Nach SCHUMMER (1973).
A Ampulle; *B* häutiger Bogengang; *C* Cochlea (Schnecke); *Col* Columella (Gehörknöchelchen); *Fc* Fenestra chochleae (Schneckenfenster, rundes Fenster); *Fv* Fenestra vestibuli (Vorhoffenster); *L* Lagena; *Ma* Meatus acusticus externus (Gehörgang); *Mt* Membrana tympani (Trommelfell); *S* Sacculus; *St* Scala tympani (Paukentreppe); *Sv* Scala vestibuli (Vorhoftreppe); *U* Utriculus. Sinnesepithelien schwarz; Endolymphe weiß; Perilymphe schraffiert; Knochen punktiert. Die Pfeile zeigen die Fortplanzungsrichtung einer Druckwelle in der Perilymphe.

gewissen Druck auf die Sinneszellen aus, und bei schiefer Lage und Beschleunigungen treten infolge seitlicher Verlagerung Scherungskräfte auf, die die Rezeptoren reizen. Mit Hilfe des Ampullen- und Macula-Apparates wird die Lage im Raum kontrolliert und durch entsprechende Reflexe korrigiert. In unmittelbarem Zusammenhang damit steht die ebenfalls von hier aus geregelte Grundspannung der Muskeln (Tonus).

Das eigentliche Gehörorgan befindet sich in der erwähnten

Schnecke zwischen Sacculus und Lagena. Die anatomischen Bezeichnungen stammen aus der Säugeranatomie, sind aber wegen der Homologie des Labyrinthorgans bei den Wirbeltieren gerechtfertigt, wenn auch die im Namen enthaltene Formbezeichnung wie bei der „Schnecke“ nicht zutrifft. Diese ist bei den Vögeln ein schwach gekrümmter Schlauch, dessen Boden von der Basilarmembran gebildet wird. Ihr Epithel besteht aus Sinnes- und Stützzellen (Papilla acustica). Auf diesen lagert die Deckmembran, in die die Sinneshärchen der Neuroepithelzellen eingebettet sind. Das Dach des mit Endolymphe gefüllten Schneckenganges ist das gefäßreiche Tegmentum vasculosum, der Bildungsort der Endolymphe. Dieser Schlauch ist an einer Knorpelspange aufgespannt. Zwischen knöchernem Labyrinth und Tegmentum ist nur ein geringer Zwischenraum, die Vorhoftreppe (Scala vestibuli). Über einen Gang (Ductus scalae tympani) geht sie in die unter der Basilarmembran liegende Paukentreppe (Scala tympani) über, die am mit einer Membran verschlossenen Schneckenfenster endet. Ihm benachbart an der Grenze zum Mittelohr liegt am Beginn der Vorhoftreppe das Vorhofsfenster, mit dessen Membran das einzige Gehörknöchelchen der Vögel, die Columella, verbunden ist. Diese überträgt Luftschwingungen, die durch den kurzen Gehörgang auf das Trommelfell treffen, auf das Vorhofsfenster, und dieses leitet sie an die Perilymphe weiter. Die Druckschwankungen verursachen Verschiebung der Deckmembran und Deformation und damit Reizung der Sinneshärchen. Trotz der Kürze des Schneckenganges beträgt die Zahl der Sinneszellen etwa das Zehnfache der in dem aufgewundenen Schneckengang der Säugetiere vorhandenen. Gegenüber dem menschlichen Gehör mit einem Wahrnehmungsbereich von etwa 16 Hz bis 20 kHz beginnt der **Hörbereich** der Vögel erst bei höheren Frequenzen. Die untere Hörgrenze liegt oberhalb 40 Hz, meist wohl sogar oberhalb 200 Hz. Die obere Grenze schwankt beträchtlich und liegt bei Nichtsperlingsvögeln häufig tiefer als bei Singvögeln. So hört die Stockente nur Töne unterhalb 8 kHz, der Buchfink nimmt aber bei ausreichender Lautstärke noch Töne von 29 kHz wahr, die für den Menschen nicht mehr hörbar sind. Im Optimalbereich können viele Arten erstaunlich geringe Frequenzunterschiede sicher feststellen. Infolge der dämpfenden Wirkung des Tegmentum ist die zeitliche Auflösung akustischer Signale etwa zehnmal so gut wie beim Menschen. Einen großen Hörbereich haben auch die Eulen (z. B. Waldohreule 100 Hz bis 18 kHz). Bei ihnen sind außerdem die Ohröffnungen nicht symmetrisch angeordnet. So können sie die von Mäusen verursachten Geräusche gut lokalisieren.

4.1.3. Gesichtssinn

Das Vogelauge hat alle wesentlichen Merkmale des Linsenkameraauges der Wirbeltiere (Abb. 18a). Es wird wie beim Säuger durch 4 gerade und 2 schiefe Augenmuskeln bewegt. Diese Muskeln sind zwar relativ schwächer entwickelt, die Augenverstellung ist aber durchaus beträchtlich. Charakteristisch sind jedoch die mit dem Kopf ausgeführten Fixierbewegungen, die bei Eulen besonders ausgeprägt sind, weil deren Augen nahezu unbeweglich in den Augenhöhlen sitzen.

Das vordere Augensegment besitzt einen besonderen Versteifungsapparat. Es sind Knochenplättchen, die in die äußere Augenhaut (Sclera) eingelagert sind und den Skleralring bilden. Das Auge weicht mehr oder weniger deutlich von der Kugelform ab. Teils ist es vorn abgeflacht, teils röhrenartig ausgezogen, letzteres besonders bei Eulen (Teleskopaugen). Häufig haben nächtlich oder in Lokalitäten mit geringer Helligkeit lebende Arten größere Augen als ihre

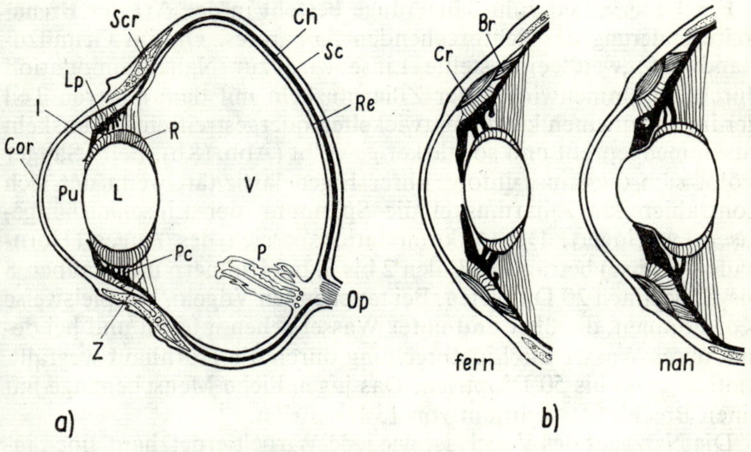

Abb. 18. a) Senkrechter Medianschnitt durch ein Vogelauge. Nach ROCHON-DUVIGNEAUD (1943); **b)** Prinzip der Akkomodation.
Br Brückescher M. (Ziliarmuskel); *Ch* Chorioidea (Aderhaut, Gefäßhaut); *Cor* Cornea (Hornhaut); Cr Cramptonscher M. (Ziliarmuskel); *I* Iris (Regenbogenhaut); *L* Linse; *Lp* Ligamentum pectinatum; *Op* Opticus; *P* Pecten; *Pc* Processus ciliares (Ziliarfortsätze der Iris); *Pu* Pupille; *R* Ringwulst der Linse; *Re* Retina (Netzhaut); *Sc* Sclera (äußere Augenhaut, Lederhaut); *Scr* Knochen des Skleralringes; *V* Corpus vitreum (Glaskörper); *Z* Zonula ciliaris (Aufhängefasern der Linse).

Verwandten, die dem vollen Tageslicht ausgesetzt sind. Bei ersteren ist auch die Hornhautgrundfläche im Verhältnis zur Netzhautfläche größer: Ihre Augen haben lichtstärkere Bilder.

Im Augeninnern erstreckt sich das **Pecten,** der sogenannte „Fächer", vom Sehnerveneintritt in den Glaskörper in Richtung zur Linse in der ventralen Bulbushälfte. Es besteht aus zahlreichen feinen Gefäßen, die in eine hautartige Umhüllung zusammen mit melaninhaltigen Zellen eingebettet sind, und dient der Versorgung des Augeninnern, da die Netzhaut (Retina) im Gegensatz zum Säuger keine eigenen Gefäße besitzt. Das Pecten ist bei Eulen und Ziegenmelkern klein. Bei den meisten Vögeln bildet es ein Dreieck mit welligen Kanten, bei den Greifvögeln besitzt es kammförmig gefingerte Ränder. Besonders bei dieser Ausbildung hat man eine optische Funktion vermutet, wonach der auf die Retina geworfene Pectenschatten durch Erzielung eines Kontrasteffektes die Wahrnehmung kleiner, bewegter Objekte erleichtern soll. Die möglicherweise mehrfachen Funktionen des Augenfächers bedürfen der weiteren Untersuchung.

Ein Unterschied zum Säugerauge besteht in der Art der **Brennweitenänderung** des lichtbrechenden Apparates. Die im Grundzustand auf „weit" eingestellte Linse wird zur Nahakkomodation durch Zusammenwirken der Ziliarmuskeln mit dem äußeren Teil der im allgemeinen kräftig entwickelten quergestreiften Irismuskeln zusammengepreßt und so stärker gewölbt (Abb. 18b). Beim Säuger wölbt sich die Linse infolge ihrer Eigenelastizität, wenn der sich kontrahierende Ziliarmuskel die Spannung der Linsenaufhängefasern verringert. Der Akkomodationsbereich des Auges (Hornhaut + Linse) beträgt bei Eulen 2 bis 3, bei Hühnern und Tauben 8 bis 12, vielfach 20 Dioptrien. Bei tauchenden Vögeln, beispielsweise Kormoranen, die über und unter Wasser sehen müssen und bei denen unter Wasser die Lichtbrechung durch die Hornhaut wegfällt, umfaßt er 40 bis 50 Dioptrien. Das jugendliche Menschenauge hat einen Brechkraftspielraum von 15 Dioptrien.

Die **Netzhaut** des Vogels ist wie jede Wirbeltiernetzhaut eine „inverse" Retina, und sie hat den bekannten Grundaufbau aus drei hintereinander geschalteten Schichten nervöser Elemente (Abb. 19). Je feiner die Sinneszellen sind, desto enger stehen sie und desto feiner wird der primäre Raster eines auf die Retina entworfenen Bildes. Der durch Nervenimpulse ans Gehirn weitergeleitete „Bildraster" hängt aber von der Integration der Sinneszellen über die Schaltzellen auf eine ableitende Nervenzelle ab. Im Menschenauge besteht die Schaltung 1 Sinneszelle – 1 ableitende Nervenfaser nur im Zentrum des gelben Fleckes, der Fovea centralis. Auch in der Vogelnetzhaut ist in der Regel ein solcher Fixierpunkt vorhanden. In seiner Umgebung, die als Area bezeichnet wird, ist die Zusammenschaltung der Sinneszellen noch sehr gering. Während unser Auge in der extrafovealen Retina einen recht groben Funktionsraster aufweist, gilt das

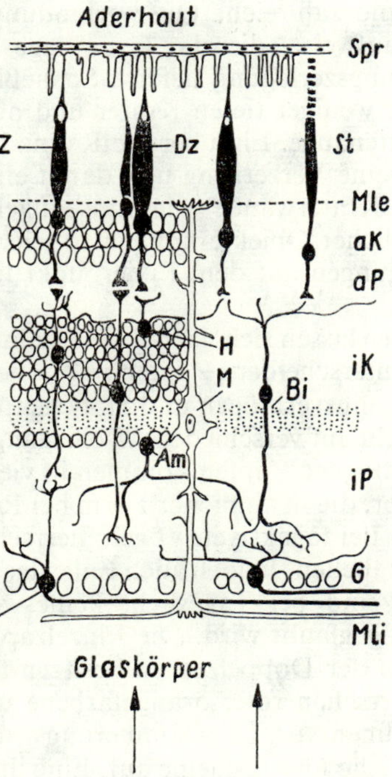

Abb. 19. Schema des Aufbaues der Vogelnetzhaut.
aK äußere Körnerschicht (Kerne der Sehzellen); *Am* Amakrine; *aP* äußere plexiforme Schicht; *Bi* Bipolarzellen; *Dz* Doppelzapfen; *G* Ganglienzellschicht; *Gz* Ganglienzelle; *H* Horizontalzelle; *iK* innere Körnerschicht (Kerne der Schaltzellen und Stützzellen); *iP* innere plexiforme Schicht; *M* Müllersche Stützzelle; *Mle* Membrana limitans externa (äußere Grenzmembran); *Mli* Membrana limitans interna (innere Grenzmembran); *Of* Opticusfaserschicht; *Spr* Stratum pigmenti retinae (Pigmentepithel); *St* Stäbchen; *Z* Zapfen. Die Pfeile zeigen die Richtung des Lichteinfalls.

beim Vogel nur für die äußersten Netzhautbezirke. Zwischen diesen und der Area ist die Integration der Sinneszellen nur mäßig, die Bildauflösung deshalb in großen Bereichen der Netzhaut relativ besser. Die „Sehschärfe" im Sinne der räumlichen Auflösung hängt auch von den physikalischen Bedingungen der Bildentstehung ab wie Augengröße, Pupillendurchmesser, Eigenschaften der lichtbrechenden Flächen. Der Feinheit des Netzhautrasters ist durch den kleinsten Zapfendurchmesser (etwa 1μm) eine Grenze gesetzt. Dieser Abstand entspricht etwa der optisch entstehenden Strukturauflösung. So ist das „Minimum separabile", der Abstand zweier benachbarter Objektstrukturen, die noch als getrennt wahrgenommen werden, bei vielen Vögeln deutlich größer (schlechter) als beim Menschen. Nur große Greifvogelaugen sehen „schärfer". In der Wahrnehmung und zeitlichen Auflösung von Bewegungen sind uns aber selbst kleine Vögel überlegen. Das hängt mit der genannten günstigeren Struktur hinsichtlich der Zusammenschaltung von Sehzellen zusammen, ferner auch damit, daß die mittlere Neuronenschicht der Retina viel stärker entfaltet ist und zahlreiche Querverbindungen (Horizontalzellen, Amakrinen) aufweist, die die Grundlage für Kontrastverstärkung und Bewegungszerlegung liefern. Schließlich bildet die Fovea einen mehr oder weniger tiefen Krater und nicht eine flache Schüssel wie im Primatenauge. Ein über die Retina laufendes Bild erleidet in der Fovea eine Verzerrung und damit einen Geschwindigkeitssprung, da die Kraterwände wie Linsenflächen wirken. Die Bilder kleiner beweglicher Objekte können so leichter durch reflektorische Augenbewegungen auf dem Fixierpunkt festgehalten werden.

Zwei Hauptarten von **Sinneszellen** lassen sich nach ihrer Funktion und meist auch nach ihrem Bau unterscheiden: Zapfen mit höherer Reizschwelle und Farbunterscheidungsvermögen und Stäbchen, die auf geringere Reizstärken, aber nicht auf verschiedene Wellenlängen des Lichtes ansprechen. Neben einfachen Zapfen kommen in vielen Vogelnetzhäuten Doppelzapfen vor, die in ähnlicher Form bei Reptilien und Fischen verbreitet sind. Bei tagaktiven Vögeln herrschen Zapfen vor, bei nachtaktiven die Stäbchen. Jedoch auch Eulen lassen sich auf Farben dressieren und sind bei Tageslicht keineswegs „blind", wie immer noch vielfach geglaubt wird. Die Einzelzapfen und die sogenannten Hauptzapfen der Doppelzapfen besitzen farbige Ölkugeln. Bei Tagvögeln herrschen rote, orangefarbene und gelbe gegenüber farblosen und grünen vor, bei Dämmerungs- und Nachtvögeln treten farblose, bläuliche und hellgelbe auf. Eine ihrer Wirkungen ist wahrscheinlich die eines Filters, d.h., der Tagvogel sieht das rote Ende des Spektrums heller, das blaue dunkler. Damit stimmt überein, daß zum Hervorrufen des photoperiodischen Effektes (s. 7.7.) bei Tagvögeln im blauen Licht eine größere Intensität notwendig ist als im roten.

Bei der Mehrzahl der Vögel ist die Symmetrieachse des Auges seitlich gerichtet. Die **Gesichtsfelder** überschneiden sich nur wenig, z.B. bei der Haustaube je nach Augenstellung 6° bis 25°. Dafür ist das von beiden Augen zusammen erfaßte Sehfeld sehr groß. Ein interessierendes Objekt wird mit schief gehaltenem Kopf einäugig fixiert, wie es z.B. vom Huhn und von der Amsel bekannt ist. Bei Greifvögeln, Seeschwalben, Kolibris, Eisvögeln, Schwalben, die

wahrscheinlich stereoskopisch sehen, sind die Augen mehr nach vorn gerichtet. Außerdem besitzt jedes Auge außer der zentralen noch eine seitliche (temporale) Fovea. Bei diesen Vögeln überlappen sich die Gesichtsfelder beider Augen stärker, beim Turmfalken z.B. im Mittel 50°. Die temporale Fovea dient dem binokularen, die

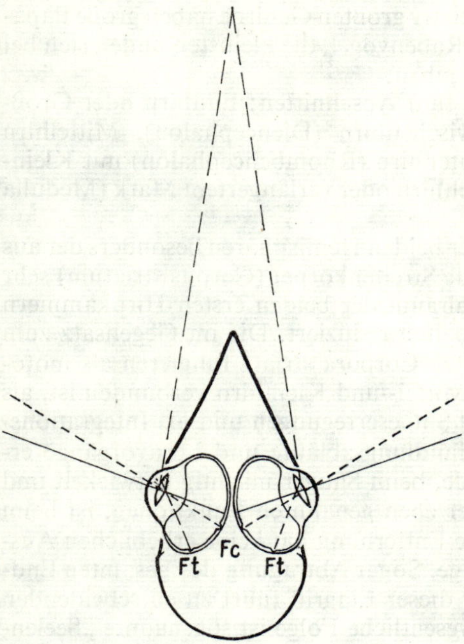

Abb. 20. Augenstellung und foveale Sehlinien der Rauchschwalbe *(Hirundo rustica)*. Nach POLYAK (1957). *Fc* Fovea centralis; *Ft* Fovea temporalis. Optische Achse ausgezogen, foveale Sehlinien unterbrochen.

zentrale dem monokularen Fixieren. Diese Vögel können offenbar zur gleichen Zeit ganz verschiedene Objekte scharf „ins Auge fassen" und Entfernungen sehr genau bestimmen (Abb. 20). Mehr oder weniger nach vorn gerichtet sind auch die Augen von Seglern und Eulen. Sie besitzen nur die temporale Fovea, fixieren also nur binokular. Strauße, zahlreiche Watvögel und Seevögel haben eine strichförmige, sich horizontal über den Augenhintergrund erstreckende Area. Vermutlich übersehen diese Bewohner weiter, offener Flächen damit einen großen horizontalen Bereich scharf und verwenden die Horizontlinie als besonders geeignete Orientierungshilfe.

4.2. Nervensystem

4.2.1. Gehirn und Rückenmark (Abb. 21)

Im Vergleich zum Reptiliengehirn ist das relative Gehirngewicht der Vögel 5- bis 20mal so groß, wobei in erster Linie Endhirn und Kleinhirn vergrößert sind. Die relativ größten Gehirne haben große Papageien sowie Eulen und die Rabenvögel, die kleinsten finden sich bei Straußen, Hühnern und Tauben.

Das Gehirn besteht aus fünf Abschnitten: Endhirn oder Großhirn (Telencephalon), Zwischenhirn (Diencephalon), Mittelhirn (Mesencephalon) und Rautenhirn (Rhombencephalon) mit Kleinhirn (Cerebellum) und Nachhirn oder verlängertem Mark (Medulla oblongata).

Im **Endhirn** ist in jeder der beiden Hemisphären besonders der aus den Basalkernen bestehende Streifenkörper (Corpus striatum) sehr stark entwickelt. Der Hohlraum der beiden ersten Hirnkammern (Ventrikel) ist auf enge Spalten reduziert. Die im Gegensatz zum Säugetier sehr komplizierten Corpora striata fungieren als motorisches Zentrum, das mit Mittel- und Kleinhirn verbunden ist, als Koordinationszentrum für Sinneserregungen und als Integrationszentrum, das komplexe Handlungsabläufe und Lernvorgänge ermöglicht. Die Endhirnrinde, beim Säuger mächtig entwickelt und im wesentlichen Träger der eben genannten Funktionen, ist beim Vogel dünn und glatt. Ihre Entfernung hat keine erheblichen Ausfallserscheinungen zur Folge. Sogar Abtragung des gesamten Endhirnes wird überlebt, aber dieser Eingriff führt zu entscheidenden Beeinträchtigungen. Die wesentliche Folge ist sogenannte „Seelenblindheit“, d.h., der Vogel reagiert zwar auf Umweltreize, jedoch ohne sie zu „erkennen“. So stößt ein Greifvogel noch geschickt nach einer sich bewegenden Beute, hat dann aber keine Verwendung für sie.

Im **Zwischenhirn** mit dem dritten Ventrikel haben die zum Thalamus verdickten Seitenwände vor allem die Funktion einer Schaltstelle zwischen afferenten Nervenbahnen und den Endhirnhemisphären. Der Zwischenhirnboden (Hypothalamus) enthält Steuerungszentren für vegetative Abläufe wie Temperatur- oder Kreislaufregulierung und Kerne, die die Hypophyse innervieren. Diese sitzt unterhalb des Zwischenhirnbodens am Hypophysenstiel (Infundibulum) (Abb. 23). An seinem Ende befindet sich als Ausstülpung des Zwischenhirnbodens der Hypophysenhinterlappen (Neurohypophyse). Der vom Rachenepithel abstammende mittlere und vordere Hypophysenteil (Adenohypophyse) umfaßt mit dem Trichterlappen das Infundibulum und liegt mit dem Vorderlappen der Neurohypophyse an. Vor der Hypophyse liegt an der ventralen Zwischenhirnfläche die Sehnervenkreuzung (Chiasma opticum). Das Zwischenhirndach (Epithalamus) trägt die Zirbeldrüse (Epiphyse, Corpus pineale). Ihr Bau läßt sie als Überrest des bei niederen Wirbeltieren noch vorkommenden unpaaren Scheitelauges erscheinen. Sie scheint mit dem Hypothalamus-Hypophysen-System eng verbunden zu sein und besitzt eventuell innersekretorische Funktionen.

Das **Mittelhirn** besteht größtenteils aus dem Mittelhirndach (Tectum mesencephali) mit den stark entwickelten Sehlappen (Colliculi mesencephali), die seitlich unter den Endhirnhemisphären liegen. Sie sind die Hauptschaltstelle für optische Sinneserregungen. Verbindungen gehen zum Zwischen- und Endhirn und zum Rückenmark. Auch afferente Bahnen aus anderen Sinnesgebieten enden im Mittelhirn. Außerdem stellt es ein relativ selbständiges Steuerzentrum für die Motorik dar, weil efferente Fasern in der Mittelhirnhaube beginnen, die ins Rückenmark ziehen. Als Verbindung zwischen dem dritten und vierten Ventrikel durchzieht ein enger Kanal, der Aquaeductus sylvii, das Mittelhirn.

Das **Kleinhirn** liegt als massives Gebilde hinter dem Endhirn und drängt Zwischen-, Mittel- und Nachhirn nach unten, so daß das gesamte Gehirn in sich eine S-förmige Krümmung erfährt. Man unterscheidet an seiner Oberfläche einen mit Querfurchen versehenen Mittelteil und zwei seitliche Flocculi. Das Kleinhirn ist wichtigstes Koordinationszentrum für Bewegungen, womit sich seine starke Ausbildung beim Vogel erklärt. Es ist durch Nervenbahnen mit Endstellen verschiedener Sinnesgebiete verbunden und hat durch andere Einfluß auf die motorischen Zentren.

Die Verbindung des Gehirnes zum Rückenmark bildet das **Nachhirn.** In ihm erweitert sich der Zentralkanal zum vierten Ventrikel, der sogenannten Rautengrube, die oberseits durch ein dünnes Dach, das Marksegel (Velum medullare), abgedeckt ist. Seitenwände und Boden enthalten parasympathische, motorische und sensorische Kerne, die miteinander und mit Mittel- und Zwischenhirn und dem Rückenmark verschaltet sind. Hier liegen die unmittelbaren Steuerungszentren für die Organe der Nahrungsaufnahme, für die Regulation der Gesamtmotorik mit Hilfe des Labyrinths sowie für Atmung und Kreislauf.

Das **Rückenmark** erstreckt sich bis in die Schwanzwirbel und ist ähnlich wie die es umgebende Wirbelsäule segmental aufgebaut. Im hinteren Halsabschnitt und im Beckengebiet ist es verdickt. Hier treten besonders zahlreich Nervenzellen auf, die die Gliedmaßen versorgen. Die caudale Anschwellung enthält außerdem glykogenreiches Gewebe, dessen Funktion noch unklar ist. Sein Aufbau zeigt im allgemeinen Übereinstimmung mit demjenigen der Säugetiere. Um den Zentralkanal liegt die aus Nervenzellen bestehende graue Substanz, im Querschnitt von der bekannten Schmetterlingsform. Die umgebende weiße Substanz besteht aus Nervenfasern (Leitungsbahnen), die Abschnitte des Rückenmarks mit anderen oder mit dem Gehirn verbinden (Abb. 21c). In den ventralen Hörnern liegen die motorischen Zellen, von denen einige als besondere Gruppe nach außen in die weiße Substanz verlagert sind (Nuclei marginales). Der übrige Teil der Schmetterlingsfigur beherbergt Neurone, die die auf der dorsalen Seite eintretenden Nervenfasern mit den motorischen Zellen derselben oder der gegenüberliegenden Seite verbinden, die untereinander oder mit Neuronen der gegenüberliegenden Seite vernetzt sind, oder die den Anfang der in der weißen Substanz liegenden Leitungsbahnen bilden. Die motorischen Fasern aus dem ventralen Horn verlassen das Rückenmark in jedem Segment zum größten Teil über die paarigen Ventralwurzeln, vereinzelt auch über die ebenfalls paarigen Dorsalwurzeln. Diese werden in erster Linie von den von außen kommenden sensiblen Nervenfasern gebildet, deren Nervenzellen in den Spinalganglien liegen. Beide Wurzeln vereinigen sich jeweils zum gemischten Spinalnerv, der zu den Körperorganen führt. In der grauen Substanz liegen Nervenzellen, deren Fasern aus den Vorderwurzeln abzweigen und zu besonderen Ganglien ziehen, die den Grenzstrang des Sympathicus (s. u.) bilden. Der Schaltapparat der grauen Rückenmarksubstanz ist zusammen mit kürzeren, mehrere Segmente verbindenden Leitungsbahnen für die beim Vogel reichhaltig entwickelten Reflexe zuständig. Lange aufsteigende Bahnen führen in die Medulla, ins Klein-, Mittel- und Zwischenhirn (Thalamus). Lange absteigende Bahnen kommen aus Rauten-, Mittel- und Endhirn (Corpus striatum). Von einer den heutigen Erkenntnissen beim Säugetier entsprechenden funktionellen Charakterisierung vieler Rückenmarkstrukturen des Vogels ist man z. Z. noch erheblich entfernt.

4.2.2. Periphers Nervensystem

Vom Gehirn gehen 12 paarige **Hirnnerven** aus (Abb. 21 a). Ihre motorischen Fasern entspringen jeweils aus Ansammlungen von Ganglienzellen, den Ursprungskernen. Die sensiblen Fasern enden ebenfalls in Nervenzellansammlungen, den Endkernen. Eine Ausnahme macht der Hörnerv, dessen Ganglienzellen im inneren Ohr liegen und der im Rautenhirn sekundäre Endkern besitzt. Die Numerierung der Hirnnerven erfolgt von rostralen Ende her.

I. (Riechnerv, N. olfactorius) ist eigentlich kein echter Nerv, sondern ein Ausläufer vom Riechlappen des Endhirns. Er ist in der Regel sehr schwach und selten – so beim Kiwi – kräftig entwickelt.
II. (Sehnerv, N. opticus) ist in Wirklichkeit auch ein Hirnteil. Die innerste Augenhaut entsteht in der Embryonalentwicklung als seitliche Ausstülpung des Zwischenhirns, und der Sehnerv besteht aus den Fasern der innersten Neuronenschicht (s. Abb. 19). Die beiden Sehnerven überkreuzen sich im Gebiet des Hypothalamus total.
Alle folgenden sind echte Nerven:
III. (N. oculomotorius), IV. (N. trochlearis), VI. (N. abducens) sind für die Bewegung der Augenmuskeln verantwortlich. Die ersten beiden entspringen aus dem Mittelhirn, der dritte aus dem rostralen Ende des Nachhirns.
V. (N. trigeminus) ist ein vorwiegend sensibler Nerv (dreiästiger Gesichtsnerv).
VII. (N. facialis) ist vorwiegend motorisch und versorgt die Gesichtspartie.
VIII. (N. stato-acusticus) ist ein sensibler Nerv, der vom Gehör- und Gleichgewichtsorgan kommt.
IX. (N. glossopharyngeus) versorgt als Geschmacksnerv die Zunge.
X. (N. vagus) führt mit seinen Ästen zum Schlundbereich und zu Schilddrüse, Lunge, Herz und großen Teilen des Verdauungskanals. Er stellt den größten Anteil des kranialen parasympathischen Systems (s. u.).
XI. (N. accessorius) ist ein selbständig gewordener Ast des N. vagus, der nur motorische Fasern führt.
XII. (N. hypoglossus) versorgt Zungenbeinmuskulatur und Syrinx und spielt damit eine wichtige Rolle bei der Lauterzeugung. Die Nerven von Nr. V dieser Aufzählung an kommen alle aus dem Nachhirn.

Die **Spinalnerven,** dem jeweiligen Wirbel zugeordnet, teilen sich in einen dorsalen und einen ventralen Zweig. Die letzten Hals- und die ersten Brustnerven bilden zunächst ein ausgedehntes Geflecht (Plexus brachialis), von dem die Nervenversorgung der Vorderextremität ausgeht. Entsprechend finden sich Geflechte (Plexus lumbalis, sacralis, pudendus) im Gebiet des Synsacrums zur Versorgung von Beckengegend, der Hinterextremität und des Schwanzes.

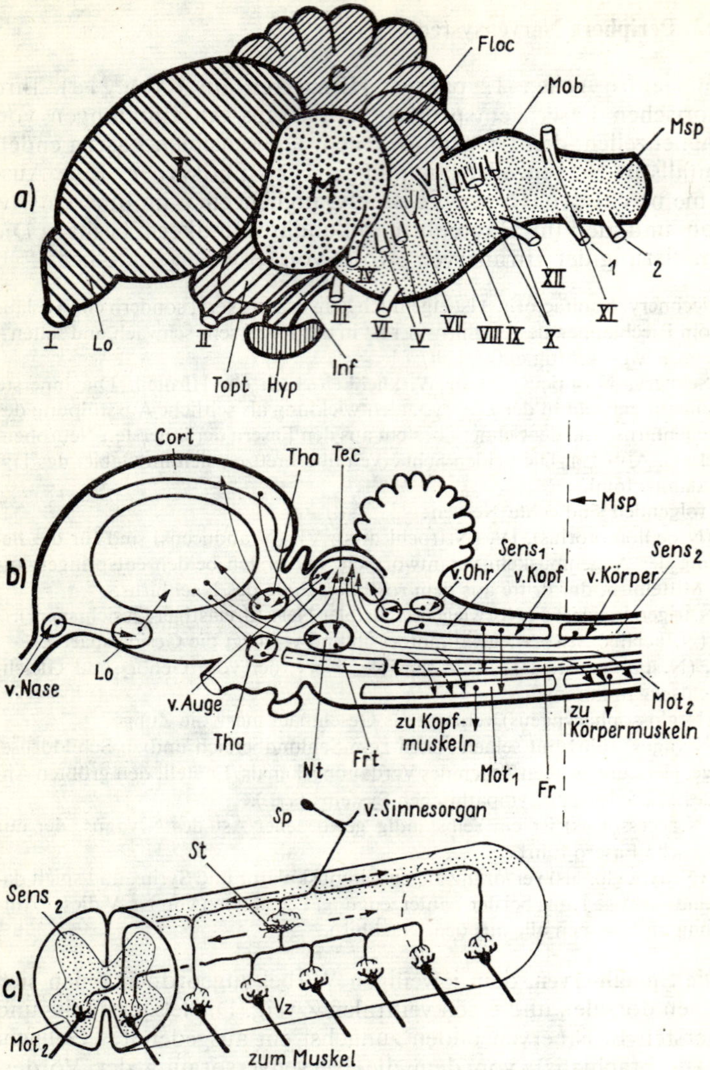

Abb. 21. Zentralnervensystem. **a)** Seitenansicht des Gehirns der Haustaube *(Columba livia)*. Nach WIEDERSHEIM (1907); **b)** Schema der Zentren und Faserverbindungen. Nach ROMER (1959); **c)** Schema des Reflexapparates des Rückenmarks. Nach SCHUMMER (1973).

C Cerebellum (Kleinhirn); *Cort* Cortex cerebri (Endhirnrinde); Floc Flocculus

4.2.3. Vegetatives Nervensystem

Diesem, oft noch als „autonom" bezeichneten Teil des Nervensystems wurde eine relativ einfache Steuerfunktion zugeschrieben, indem seine beiden antagonistisch wirkenden Anteile, der **Parasympathicus** und der **Sympathicus,** als rein efferente Systeme zur Beeinflussung des „inneren Betriebes" aufgefaßt wurden. Gerade auch experimentelle Untersuchungen an Vögeln haben aber gezeigt, daß das vegetative System wesentlich komplizierter aufgebaut ist. Es enthält afferente und efferente Fasern und steht in engster Beziehung zum Zentralnervensystem mit seinen peripheren Nerven, das für die Regelung der Auseinandersetzung mit der Außenwelt verantwortlich ist. Die Ausgangspunkte der efferenten Fasern liegen im Gehirn und im Rückenmark (Abb. 22), und dort enden ebenfalls die afferenten Anteile, so daß auch im vegetativen System, teils unter Einbeziehung von Strukturen des Zentralorgans, Reflexbögen (Rezeptor – afferente Nerven – Umschaltung – efferente Nerven – Erfolgsorgan) ausgebildet sind. Die Hauptaufgaben seiner beiden Anteile lassen sich in allgemeiner Form so charakterisieren: Das parasympathische System sorgt für die Erhaltung der Energiereserven des Körpers (Ruhephase, Kreislauf wird gebremst, Verdauungsorgane werden aktiviert), das sympathische stellt den Organismus auf höchste Aktionsfähigkeit nach außen ein (Aktivitätsphase, Kampf, Beuteerwerb, Flucht, Kreislauf wird angeregt, Verdauung wird gebremst).

---

des Kleinhirns; *Fr* Formatio reticularis (Schaltneurone des Rautenhirns und Rückenmarks); *Frt* Formatio reticularis tegmenti (Schaltneurone der Mittelhirnhaube); *Hyp* Hypophyse; *Inf* Infundibulum (Hypophysenstiel); *Lo* Lobus olfactorius (Riechlappen); *M* Mesencephalon (Mittelhirn); *Mob* Medulla oblongata (Nachhirn); Mot_1 motorische Kerne des Rautenhirns; Mot_2 motorische Säule des Rückenmarks; *Msp* Medulla spinalis (Rückenmark); *Nt* Nuclei tegmenti (Kerne der Mittelhirnhaube); $Sens_1$ sensible Kerne des Rautenhirns; $Sens_2$ sensible Säule des Rückenmarks; *Sp* Spinalganglienzelle, sensible Wurzelzelle; *St* Strangzelle, Schaltneuron; *T* Telencephalon (Endhirn); *Tec* Tectum mesencephali (Mittelhirndach); *Tha* Thalamus; *Topt* Tractus opticus (Fasern des Sehnerven im Zwischenhirn); *Vz* ventrale Wurzelzelle, motorische Wurzelzelle; *I–XII* Hirnnerven; *1–2* Rückenmarksnerven.

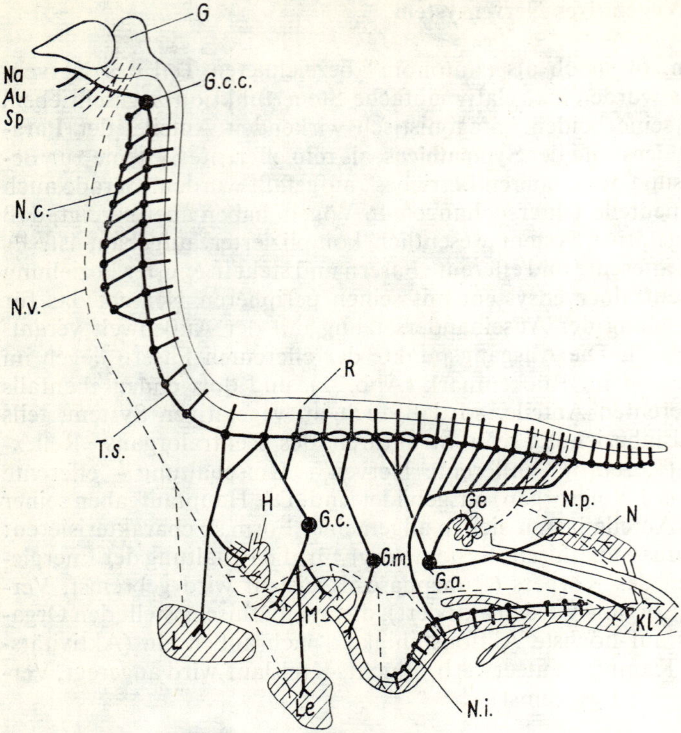

Abb. 22. Schema des vegetativen Nervensystems. Nach KING u. MCLELLAND (1978).
Au Augen; *G* Gehirn; *G. a.* Ganglion adrenale; *G. c.* Ganglion coeliacum; *G. c. c.* Ganglion cervicale craniale; *Ge* Geschlechtsorgane; *G. m.* Ganglion mesentericum; *H* Herz; *Kl* Kloake; *L* Lunge; *Le* Leber; *M* Magen; *N* Niere; *Na* Nase; *N. c.* Nervus caroticus; *N. i.* N. intestinales; *N. p.* Nervus pudendus; *N. v.* Nervus vagus; *R* Rückenmark; *Sp* Speicheldrüsen; *T. s.* Truncus symphathicus (Grenzstrang). Symphathicus ausgezogen, Parasymphathicus unterbrochen.

4.3. Das hormonale System

Die im Körper verteilten innersekretorischen Drüsen sind als zweites, dem Nervensystem in gewissem Sinne parallel geschaltetes Regelungssystem aufzufassen, mit dem solche Prozesse, wie z.B. Wachstum und Reifung, Veränderung des Blutzuckerspiegels, Mauser, Verhalten beeinflußt werden (Abb. 23). Diese Drüsen produzieren Hormone, die an das Blut abgegeben werden, im Kreislauf zirkulieren und bei den auf sie spezifisch „eingestellten" Organen bestimmte Vorgänge anregen oder hemmen. Die Koordination des hormonalen Systems mit dem Nervensystem geschieht zu einem beträchtlichen Teil im **Hypothalamus** des Zwischenhirns (s. 4.2.1.). Hier finden sich insbesondere zwei Kerngebiete, der Nucleus supraopticus in der Vorderwand des Infundibulums und der Nucleus paraventricularis in dessen Rückwand, deren Ganglienzellen Nervenhormone (Neurosekrete) abscheiden. Diese wandern in Nervenfasern zur **Neurohypophyse**, doch werden bestimmte Anteile im Gebiet des Hypophysenstiels (Eminentia mediana) an feine Kapilla-

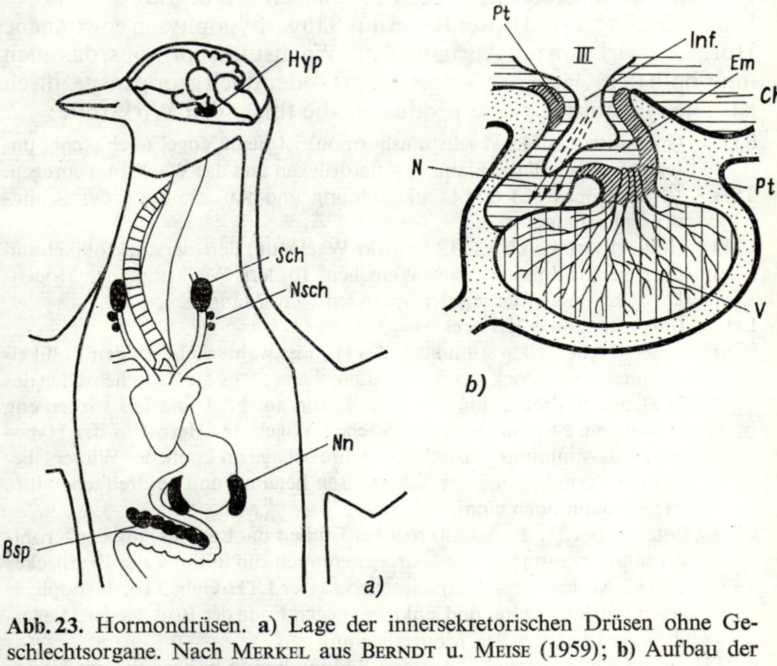

Abb. 23. Hormondrüsen. **a)** Lage der innersekretorischen Drüsen ohne Geschlechtsorgane. Nach MERKEL aus BERNDT u. MEISE (1959); **b)** Aufbau der Hypophyse. Nach HÖHN aus MARSHALL (1961).
Bsp Bauchspeicheldrüse; *Ch* Chiasma opticum (Sehnervenkreuzung); *Em* Eminentia mediana; *Hyp* Hypophyse; *Inf* Infundibulum (Hypophysenstiel); *N* Neurohypophyse (Hypophysenhinterlappen); *Nn* Nebenniere; *Nsch* Nebenschilddrüse; *Pt* Pars tuberalis (Trichterlappen der Adenohypophyse); *Sch* Schilddrüse; *V* Vorderlappen der Adenohypophyse mit Pfortadersystem; *III* 3. Gehirnventrikel. Die Pfeile geben die Wanderrichtung der Neurosekrete an.

ren abgegeben und von ihnen in besondere Pfortadergefäße geleitet, die zur Adenohypophyse führen. Der färberisch nachweisbare Anteil der in den Hypothalamuskernen gebildeten Hormone sammelt sich in der Neurohypophyse, wird dort gespeichert und an den Blutkreislauf abgegeben. Es sind Oxytocin und Vasopressin oder Adiuretin (ADH). Über die physiologische Rolle des ersteren beim Vogel ist nichts bekannt. Beim Säugetier erregt es die Geburtswehen. Adiuretin steigert die Rückresorption von Wasser in der Niere, erhöht den Blutzuckerspiegel (Hyperglykämie) und steuert vielleicht die Eiablage mit. In der **Adenohypophyse** finden sich verschiedene Typen färbbarer Zellen, die unter dem Einfluß der zugeführten Neurosekrete und wahrscheinlich auch direkter nervöser Erregungen verschiedene Peptidhormone an den Blutkreislauf abgeben. Beim Vogel sind in der Regel aus Säugerhypophysen gewonnene Hormone wirksam mit Ausnahme des Wachstumshormons, das auch innerhalb der Klasse der Säugetiere art- oder doch gruppenspezifisch ist. Die Adenohypophyse produziert die folgenden Wirkstoffe:

STH (somatotropes H., Wachstumshormon) ist beim Vogel noch wenig untersucht. Es soll die Eiablage unterdrücken und das Wachstum anregen.

TSH (thyreotropes H.) erhöht die Bildung und Ausschüttung der Schilddrüsenhormone.

FSH (follikelstimulierendes H.) bewirkt Wachstum der Eierstockfollikel und Östrogenproduktion beim Weibchen, fördert Wachstum der Hodenkanälchen und Reifung der Spermien beim Männchen.

LH (luteinisierendes H.) oder

ICSH (interstitielle Zellen stimulierendes H.) löst wahrscheinlich den Follikelsprung im Eierstock aus. Beim Männchen regt es die Zwischenzellen des Hodens zur Produktion von Testosteron an. FSH und LH wirken eng zusammen. Sie sind bei europäischen Vögeln im Herbst in der Hypophyse im Minimum, verdreifachen ihre Menge im Laufe des Winters, bevor die Vergrößerung der Keimdrüsen beginnt, und verdreifachen ihre Menge dann noch einmal im Mai.

LTH (luteotropes H., Prolaktin) regt bei Tauben die Entwicklung der Kropfdrüse an, zusammen mit Östrogenen auch die Bildung des Brutfleckes und ist Auslöser des Brutpflegetriebes. Der LTH-Gehalt der Hypophyse steigt mit Brutbeginn und sinkt erst gegen Ende der Brut wieder. Außerdem verhindert es den Mauserbeginn.

ACTH (adrenokortikotropes H.), seine Bildung wurde bisher auch im Hypophysenvorderlappen angenommen. Dort ließ sich seine Erzeugung jedoch nicht nachweisen. Die Produktionsstätte dieses Wirkstoffes, der die Tätigkeit der Nebennierenrinde kontrolliert, ist beim Vogel noch zu finden.

Die **Schilddrüse** (Glandula thyreoidea) bildet die jodhaltigen Hormone Trijodthyronin und Thyroxin. Sie regen den Gesamtstoffwechsel an und spielen bei der Wärmeregulation eine Rolle, sie regulieren des Körperwachstum und besonders das der Fortpflanzungsorgane, und sie beeinflussen die Mauser. Der Mauserbeginn ist mit einem Ansteigen des Schilddrüsenhormonspiegels im Blut korreliert.

Die **Nebenschilddrüsen** (Glandulae parathyreoideae) bilden Parathormon, das den Blutkalziumspiegel anhebt und vermehrte Phosphatausscheidung durch die Nieren bewirkt.

Die **Ultimobranchialkörper**, in der Nähe der Nebenschilddrüsen gelegen, erzeugen das Calcitonin, das die Kalziumresorption aus den Knochen ins Blut blockiert. Sein Wirkungsspektrum beim Vogel ist jedoch bis jetzt nur ungenügend aufgeklärt.

Die **Nebennieren** (Glandulae suprarenales) sind etwas anders gebaut als die der Säugetiere. Sie bestehen zwar auch aus Zellen verschiedener Herkunft. Die einen stammen vom mittleren Keimblatt ab, die anderen aus der Neuralleiste des äußeren Keimblattes. Sie sind aber nicht in einer Rinden- und Markzone angeordnet, sondern gemischt. Das der Nebennierenrinde der Säuger entsprechende Interrenalorgan erzeugt Corticosteron, Hydroxycorticosteron und Aldosteron. Die ersten beiden beeinflussen den Blutzuckerspiegel und fördern Glykogenbildung und Eiweißumbau. Das dritte reguliert den Elektrolythaushalt des Blutes. Das paraganglionäre Gewebe (≙ Mark) bildet Adrenalin und Noradrenalin, die Blutdruckerhöhung, Steigerung der Herzfrequenz und Erhöhung des Blutzuckerspiegels bewirken. Diese Wirkung ist gleichgerichtet der des Sympathicus des vegetativen Nervensystems.

Die **Inselzellen** der Bauchspeicheldrüse (Pancreas) produzieren die Peptidhormone Insulin und Glukagon. Das Insulin spielt die gleiche Rolle wie beim Säugetier: Entnahme von Glukose aus dem Blut und Speicherung als Glykogen in der Leber. Das Glukagon erhöht die Fettspaltung und steigert den Gehalt des Blutes an freien Fettsäuren, außerdem hebt es den Blutzuckerspiegel.

Die **Keimdrüsen** bilden verschiedene Steroidhormone, die Geschlechtshormone: Der Hoden in erster Linie Testosteron, in geringen Mengen Östrogene, der Eierstock Östrogene, Progesteron und etwas Testosteron. Testosteron bringt die sekundären männlichen Geschlechtsmerkmale zur Entwicklung wie Kamm und Kehllappen des Haushahnes oder das Prachtkleid der Männchen bei vielen, aber nicht allen Arten, aber teilweise auch das weibliche Brutkleid wie bei der Lachmöwe. Es löst typische männliche Verhaltensweisen wie z.B. den Gesang bei vielen Arten, aus. Die Östrogene lassen den Eileiter in den aktiven Zustand übergehen und bewirken Ausbildung des Brutfleckes (5.7.5.).

5. Stoffwechselorgane und Stoffwechsel

5.1. Das Atmungssystem (Abb. 24)

Die Atmungsorgane versorgen über den Kreislauf die Organe mit Sauerstoff und entfernen das im Stoffwechsel gebildete Kohlendioxid. Der Atemweg führt über äußere und innere Nasenöffnung, Rachenraum, Kehlkopf (Larynx), Luftröhre (Trachea), Stimmkopf (Syrinx) zur Lunge (Pulmo) und dem Luftsacksystem (Sacci aerophori). Die **Luftröhre** ist durch Knorpel- oder Knochenringe versteift. An ihrer Gabelungsstelle sitzt das Organ der Stimmerzeugung, die Syrinx. Die **Mesobronchen** durchziehen die beiden Lungenflügel und münden in die Bauchluftsäcke. Aus einem Mesobronchus entspringen vier Gruppen **Sekundärbronchen,** die jeweils in den oberen und unteren Abschnitt des medial bzw. lateral vom Mesobronchus liegenden Lungenteiles führen. Diese verzweigen sich weiter in die **Lungenpfeifen** (Parabronchen), welche miteinander kommunizieren und Verbindung zu den Luftsäcken haben. Von ihnen gehen schließlich die feinsten Röhrchen, die **Luftkapillaren** oder Bronchioli, ab, die von zahlreichen Blutkapillaren umsponnen sind. Sie sind der Ort des Gasaustausches zwischen Blut und Atemluft, der durch Diffusion der Atemgase zwischen Parabronchen und Luftkapillaren aufrecht erhalten wird. Die **Luftsäcke,** embryonal in 6 Paaren angelegt, vereinigen sich z.T. während der Ontogenese, so daß die Zahl der definitiven Luftsäcke bei einzelnen Gruppen verschieden ist (z.B. Watvögel 12, Hühner 8, Sperlingsvögel 7). Die Luftsäcke haben außer den indirekten Verbindungen über die Parabronchen direkten Anschluß an die Sekundärbronchen. Anders als beim Säugetier ändert die Lunge bei den Atembewegungen des Brustkorbs und der Bauchdecke ihr Volumen nicht, wohl aber die Luftsäcke, die ein System zur Ventilierung des Gasaustauschgewebes darstellen. Dabei ist die Stromrichtung der Luft bei Ein- und Ausatmung gleich: Mesobronchus – dorsale Sekundärbronchen – ventrale Sekundärbronchen, in der Lunge im ganzen von hinten nach

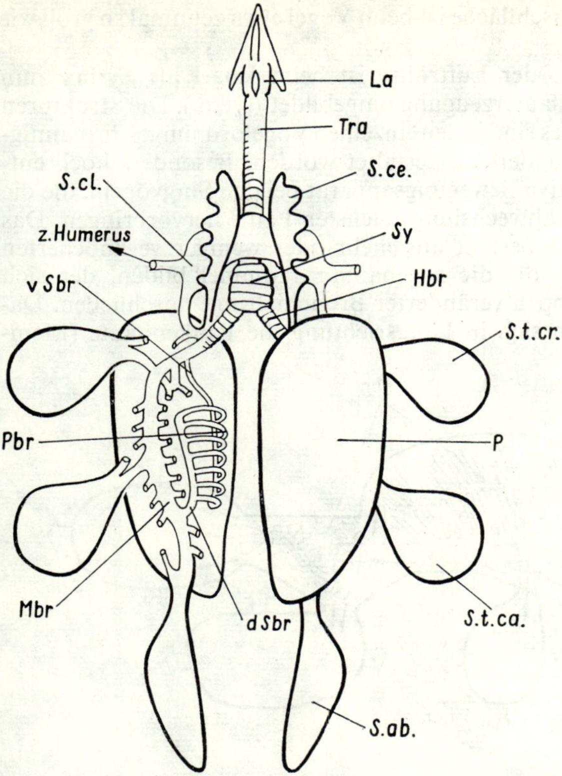

Abb. 24. Atmungssystem, halbschematische Dorsalansicht. Die Anordnung und Verbindung der lateralen Sekundärbronchen ist verwickelter als die der medialen und nicht dargestellt. Nach Welty (1975).
Hbr Hauptbronchus; *La* Larynx (Kehlkopf); *Mbr* Mesobronchus (Fortsetzung des Hauptbronchus nach Eintritt in den Lungenflügel); *P* Pulmo (Lunge); *Pbr* Parabronchus (Lungenpfeife); *Sbr* Sekundärbronchus (*d* dorsaler, *v* ventraler); *Sy* Syrinx (Stimmkopf); *S. ab.* Saccus abdominalis (Bauchluftsack); *S. ce.* Saccus cervicalis (Halsluftsack); *S. cl.* Saccus clavicularis (Schlüsselbeinluftsack); *S. t. cr.* und *S. t. ca.* Saccus thoracalis cranialis und caudalis (vorderer und hinterer Brustluftsack); *Tra* Trachea (Luftröhre).

vorn (Abb. 25). Das Gasaustauschgewebe (Luftkapillaren) in der Vogellunge ist infolge ihrer Unbeweglichkeit viel feiner aufgeteilt als in den Alveolen der sich bei jedem Atemzug ausdehnenden und zusammenziehenden Säugerlunge. Die auf die Körpermasse bezogene Gasaustauschfläche ist beim Vogel etwa zehnmal so groß wie beim Säugetier.

Die Gabelstelle der Luftröhre ist beim Vogel als **Syrinx** zum Organ der Stimmlauterzeugung umgebildet (s. 8.6.). Die Strukturen dieses Stimmkopfes sind in den einzelnen Vogelordnungen in mannigfacher Weise besonders ausgestaltet worden. Besonders hoch entwickelt ist der aktive Bewegungsapparat bei den Singvögeln, die die vielfältigsten und abwechslungsreichsten Laute hervorbringen. Das Gerüst der Syrinx besteht aus mehr oder weniger verknöcherten Luftröhrenringen, die die sogenannte Trommel bilden, der sich caudal zwei Gruppen veränderter Bronchialringe anschließen. Dazwischen spannen sich in Längsrichtung die Paukenhäute (Mem-

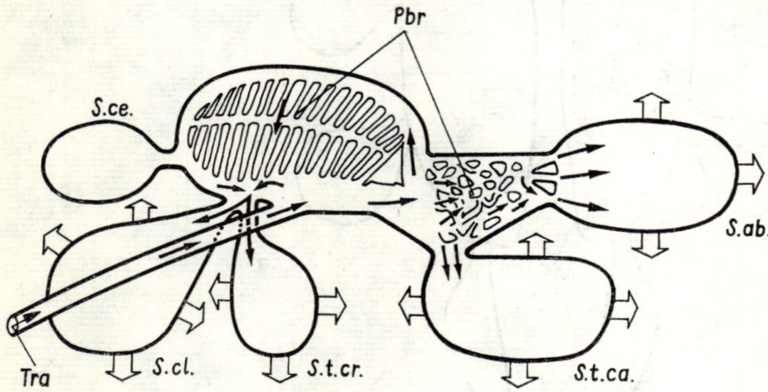

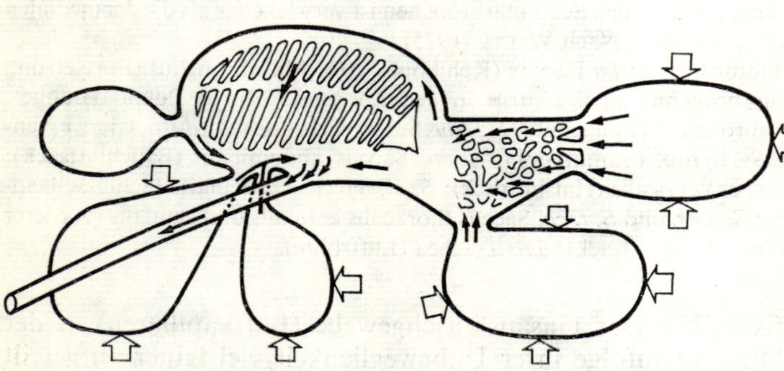

Abb. 25. Funktionsschema des Lungen-Luftsacksystems. Oben Einatmung, unten Ausatmung. Nach DUNCKER (1971). Bezeichnungen wie Abb. 24.

brana tympaniformis lateralis und medialis). Der dorsoventral verlaufende Steg (Pessulus) teilt den Luftweg. Die Stimmlippen ragen von den Seitenwänden und vom Pessulus in den Syrinxraum hinein (Abb. 26). Der Stimmkopf ist vom Schlüsselbeinluftsack umgeben, der den Paukenhäuten durch seine Füllung die zum Schwingen erforderliche Elastizität aufzwingt. Die durch die Syrinx strömende Luft versetzt die elastischen Membranen in Schwingungen. Es spricht vieles dafür, daß die dünnen inneren Paukenhäute zur Erzeugung der Trägerfrequenz, die äußeren Paukenhäute und äußeren Stimmlippen zur Frequenz – bzw. Lautstärkenmodulation dienen. Die Klangerzeugung erfolgt nach dem Prinzip der Zungenpfeifen (Orgelpfeifen), bei dem ein Luftstrom periodisch unterbrochen bzw. abgeschwächt wird. Da die Membranen beider Syrinxseiten un-

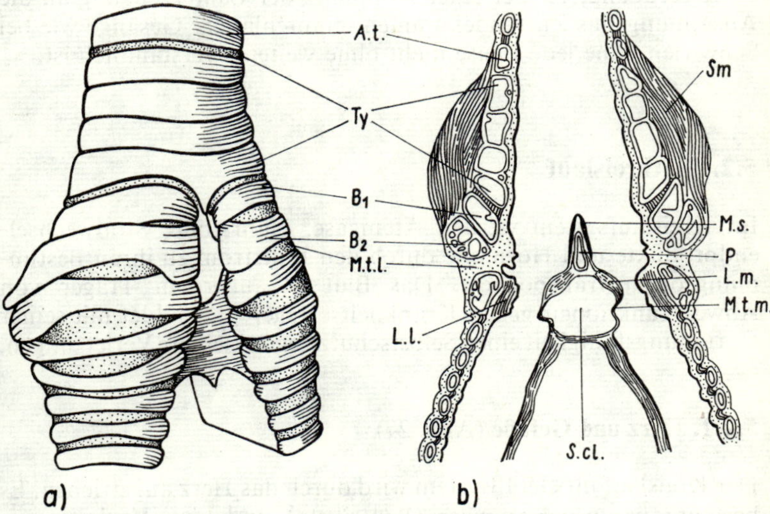

Abb. 26. Syrinx eines Singvogels. Nach PORTMANN aus GRASSÉ (1950). **a)** Ansicht des Knorpelgerüstes; **b)** Frontalschnitt.
A. t. Anulus trachealis (Knorpelring der Luftröhre); B_1 und B_2 1. und 2. Knorpelhalbring der Bronchen; *L. l.* Labium laterale (äußere Stimmlippe); *L. m.* Labium mediale (innere Stimmlippe); *M. s.* Membrana semilunaris (halbmondförmige Membran); *M. t. l.* Membrana tympaniformis lateralis (äußere Paukenhaut); *M. t. m.* Membrana tympaniformis medialis (innere Paukenhaut); *P* Pessulus (Steg); *S. cl.* Saccus clavicularis (Schlüsselbeinluftsack); *Sm* Syrinxmuskeln; *Ty* Tympanum (Trommel, aus Knorpelringen der Luftröhre entstanden).

abhängig voneinander sind, können zu gleicher Zeit ganz verschiedene Laute erzeugt werden (vgl. Abb. 56). Veränderung der primär erzeugten Laute erfolgt durch die Länge der Luftröhre und anderer Resonanzräume (Luftsäcke, Hautausstülpungen). Die Spannungsänderungen in den Membranen werden durch die Syrinx- und teilweise durch Luftröhrenmuskeln herbeigeführt. Singvögel haben 5 bis 9 Paar solcher Muskeln, aber eine hohe Zahl der Muskeln muß nicht unbedingt mit hoher Stimmbegabung zusammenfallen: Papageien haben nur 3 Paar, und Krähen – taxonomisch echte Singvögel – erzeugen trotz des Besitzes von 6 Muskelpaaren keinen wohltönenden Gesang. Obwohl in letzter Zeit die von Vögeln erzeugten akustischen Signale intensiv untersucht wurden (s. 8.6.), ist manche Einzelheit der Syrinxfunktionen noch unklar. So gibt es noch keine endgültige Vorstellung über den Zusammenhang zwischen Atmung und Lauterzeugung, da bei einer Kopplung der Lauterzeugung an die Ausatmung das Zustandekommen minutenlanger Gesänge wie bei Schwirlen ohne jede Pause nicht ohne weiteres verständlich ist.

5.2. Blutkreislauf

Im Kreislaufsystem werden Atemgase, Nährstoffe, Stoffwechselendprodukte und Hormone durch den Blutstrom zu ihren Bestimmungsorten transportiert. Das Blut ist außerdem Träger von Abwehrfunktionen gegen Krankheitserreger und bildet mit seiner Gerinnungsfähigkeit einen Selbstschutz gegen kleinere Verletzungen.

5.2.1. Herz und Gefäße (Abb. 27)

Der Kreislauf im Gefäßsystem wird durch das Herz angetrieben. Es besteht aus zwei Kammern (Ventrikeln) und zwei Vorkammern (Atrien). Rechte und linke Seite sind vollständig getrennt. Das Blut gelangt über die großen Venen (Vena cava cranialis sinistra und dextra, V. cava caudalis) in die rechte Vorkammer, von dort in die rechte Kammer und wird von dieser durch die Lungenarterie in die Lunge gedrückt, wo es arteriell, d.h. von Kohlendioxid befreit und mit Sauerstoff beladen wird. Durch die Lungenvenen fließt es zurück in die linke Vorkammer, weiter in die linke Kammer, die es über die Aorta in den Körperkreislauf drückt, wo es seinen Sauerstoff abgibt und venös wird, d.h. Kohlendioxid aufnimmt. Aus den

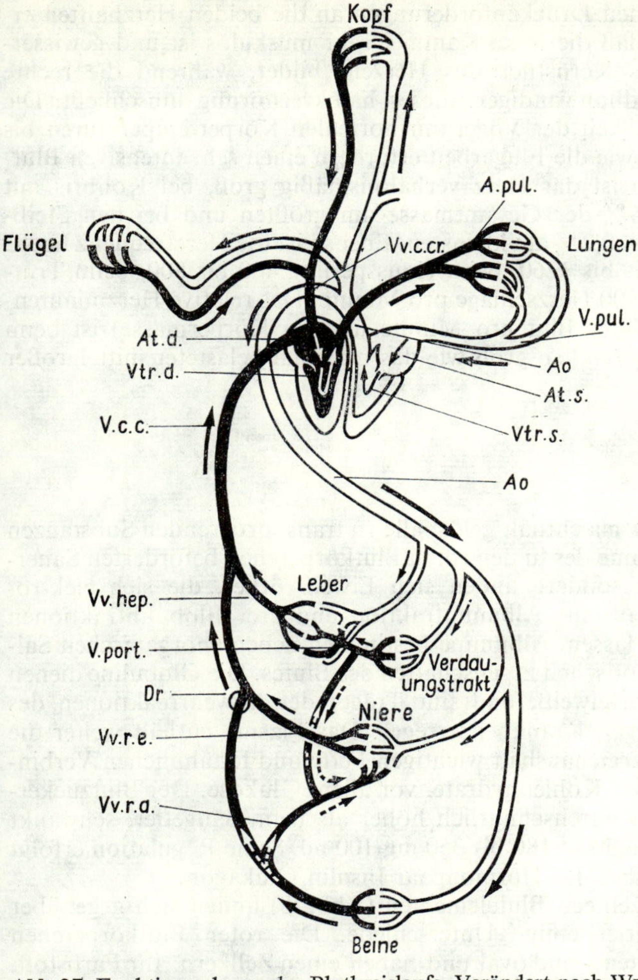

Abb. 27. Funktionsschema des Blutkreislaufs. Verändert nach WELTY (1975). *A. pul.* Arteria pulmonalis (Lungenarterie); *Ao* Aorta; *At. d.* Atrium dextrum (rechte Vorkammer); *At. s.* Atrium sinistrum (linke Vorkammer); *Dr* Drosselklappe; *V. c. c.* Vena cava caudalis (hintere Hohlvene); *V. port.* Vena portae (Leberpfortader); *V. pul.* Vena pulmonalis; *Vv. c. cr.* Venae cavae craniales (vordere Hohlvenen); *Vv. hep.* Venae hepaticae (Lebervenen); *Vv. r. a.* Venae renales afferentes (zuführende Nierenvenen, Nierenpfortadern); *Vv. r. e.* Venae renales efferentes (abführende Nierenvenen); *Vtr. d.* Ventrikulus dexter (rechte Herzkammer); *Vtr. s.* Ventriculus sinister (linke Herzkammer). Arterielles Blut weiß, venöses Blut schwarz. Die gestrichelten Pfeile zeigen fakultative Stromrichtungen des Blutes.

verschiedenen Druckanforderungen an die beiden Herzhälften ergibt sich, daß die linke Kammer sehr muskulös ist und gewissermaßen das Kernstück des Herzens bildet, während die rechte Kammer, dünnwandiger, dieses halbkreisförmig umschließt. Die Warmblütigkeit der Vögel mit normalen Körpertemperaturen bis zu 42 °C sowie die Flugarbeit erfordern einen sehr intensiven Blutumlauf. So ist das Herz verhältnismäßig groß, bei Kolibris mit 2 % bis 2,4 % der Gesamtmasse am größten und bei den Steißhühnern mit 0,2 % am kleinsten. Ebenso ist die Herzfrequenz hoch: bei Kolibris bis 1260, beim Haussperling 400 bis 800, beim Truthahn etwa 100 Herzschläge pro Minute. Das relative Herzminutenvolumen (Liter Blut pro Minute und kg Körpermasse) ist beim Flug 6- bis 7mal so groß wie das maximal belasteter mittelgroßer Säugetiere.

5.2.2. Blut

Das **Blutplasma** enthält gelöst alle zu transportierenden Substanzen mit Ausnahme des in den roten Blutkörperchen beförderten Sauerstoffs. Insbesondere finden sich Eiweißkörper, die sich elektrophoretisch in eine Albuminfraktion und drei Globulinfraktionen auftrennen lassen. Albumine bestimmen neben anorganischen Salzen die osmotischen Eigenschaften des Blutes. Die Globuline dienen als Transporteiweiße und sind Träger der Abwehrreaktionen des Körpers gegen Krankheitserreger. Das Plasma enthält weiter die für den Energiehaushalt wichtigen Fette und fettähnlichen Verbindungen sowie Kohlenhydrate, vor allem Glukose. Der Blutzuckerspiegel liegt durchschnittlich höher als beim Säugetier, schwankt aber erheblich mit 180 bis 350 mg/100 ml. Seine Regulation erfolgt vor allem über das Hormonpaar Insulin/Glukagon.

Bei den zelligen Blutelementen (Abb. 28) finden sich gegenüber dem Säugetier einige Unterschiede. Die roten Blutkörperchen – **Erythrozyten** – sind oval und haben einen Zellkern. Ihr Farbstoff, das Hämoglobin, bindet in den Lungenkapillaren den Sauerstoff locker und gibt ihn in den Geweben wieder ab. Von den weißen Blutkörperchen – **Leukozyten** – dienen die Monozyten als Freßzellen (Phagozyten) und die Lymphozyten als Bildungsort von Antikörpern zur Abwehr von Krankheitserregern und deren Giften. Beide sind schwer voneinander zu unterscheiden. Bei den ebenfalls zu den Leukozyten gehörenden Granulozyten, deren Plasma feine Körnchen oder Stäbchen enthält, unterscheidet man nach ihrer An-

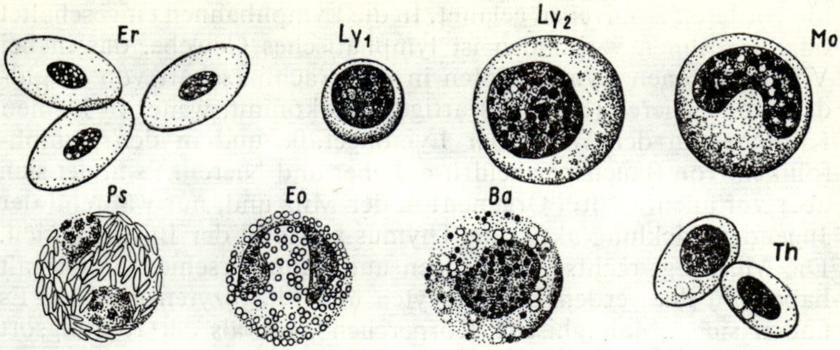

Abb. 28. Blutzellen des Haushuhnes (Gallus gallus). Nach SCHUMMER (1973). *Er* Erythrozyt (rotes Blutkörperchen); Leukozyten (weiße Blutkörperchen): *Ba* basophiler Granulozyt, *Eo* eosinophiler Granulozyt, Ly_1 kleiner Lymphozyt, Ly_2 großer Lymphozyt, *Mo* Monozyt, *Ps* pseudeosinophiler Granulozyt; *Th* Thrombozyt (Blutplättchen).

färbbarkeit eosinophile und basophile, beide wenig zahlreich, und die häufigeren pseudeosinophilen, die den neutrophilen Granulozyten der Säuger entsprechen. Sie sind ebenfalls Phagozyten. Die Blutplättchen – **Thrombozyten** – sind wesentlich größer als bei den Säugetieren und besitzen einen Zellkern. Sie sehen wie farblose Erythrozyten aus und können mit ihnen verwechselt werden. Wahrscheinlich gehen sie aus den gleichen Stammzellen wie die roten Blutkörperchen hervor. Sie enthalten den für die Blutgerinnung wichtigen Plättchenfaktor (Thrombokinase), werden aber auch als Phagozyten bei der Abwehr von Krankheitserregern tätig. In einem mm^3 Vogelblut gibt es 1,5 bis 7,5 Millionen Erythrozyten und zwischen 15000 und 30000 Leukozyten. Der Anteil der verschiedenen Leukozytenarten ändert sich mit dem körperlichen Zustand. So ist bei der legenden Hausgans die Zahl der Leukozyten allgemein und dabei besonders die der Pseudeosinophilen erhöht.

5.3. Lymphsystem

Lymphbahnen führen die aus den Blutgefäßen ausgetretene Flüssigkeit dem Blut wieder zu. Die den größeren Blutgefäßen – mit Ausnahme der Bauchhöhle meist Venen – folgenden Lymphgefäße sammeln sich im paarigen Milchbrustgang, von wo aus die Lymphe in die vorderen Hohlvenen gelangt. In die Lymphbahnen eingeschaltet oder mit ihnen verbunden ist lymphatisches Gewebe, das in bei Vögeln seltenen Lymphknoten in der Nachbarschaft von Schilddrüse und Nieren (bei Gänseartigen) vorkommt, weiter in kleinen Knötchen in der Wand der Lymphgefäße und in den Lymphfollikeln von Bauchspeicheldrüse, Leber und Nieren. Es findet sich aber vor allem in drei Organen: in der Milz und, nur während der Jugendentwicklung aktiv, im Thymus sowie in der Bursa fabricii. Die **Milz** liegt rechts vom Magen und kann verschiedene Gestalt haben. In ihr werden Lymphozyten und Phagozyten gebildet. Es finden sich „Malpighische Körperchen", die als der Reifungsort antikörperbildender Zellen anzusprechen sind. Die Phagozyten vernichten überalterte rote Blutkörperchen. Der **Thymus** liegt beim Jungvogel im Halsbereich, auch noch im Thorakalbereich und besteht aus einer unterschiedlichen Zahl einzelner Lappen. Charakteristisch sind Inseln von Epithelzellen, die Hassalschen Körperchen. Beim Jungvogel ist der Thymus stark entwickelt und gibt Lymphozyten ab. Bei herannahender Geschlechtsreife wird er stark reduziert. Dasselbe ist der Fall bei der **Bursa fabricii** oder B. cloacalis, einer Tasche in der Dorsalseite des mittleren Kloakenabschnittes. Sie ist follikulär gebaut und liefert wahrscheinlich schon im embryonalen Zustand antikörperbildende Zellen, später wahrscheinlich einen humoralen Faktor, der die Reifung von Lymphozyten mit spezifischen Antikörpern in der Milz anregt. Thymus und Bursa sind wahrscheinlich phylogenetisch älter als die übrigen lymphatischen Organe und diesen, solange sie in Funktion sind, übergeordnet. Man unterscheidet direkt eine Bursa- und eine Thymusimmunität. Die anderen lymphatischen Gewebe hängen nach Herkunft und Funktion von einem dieser beiden Lymphorgane ab.

5.4. Verdauungssystem (Abb. 29)

Im Verdauungstrakt werden die verdaulichen Nahrungsbestandteile in eine lösliche, resorbierbare Form übergeführt und die unverdaulichen Anteile abgeschieden. Die Abschnitte des Verdauungsapparates der Vögel sind die gleichen wie bei allen Wirbeltieren: Mund-Rachen-Raum, Vorderdarm – bestehend aus Speiseröhre (Oesophagus) und Magen (Ventriculus) –, Mitteldarm – bestehend aus Zwölffingerdarm (Duodenum) mit Leber (Hepar) und Bauchspeicheldrüse (Pancreas), Leerdarm (Jejunum) und Hüftdarm

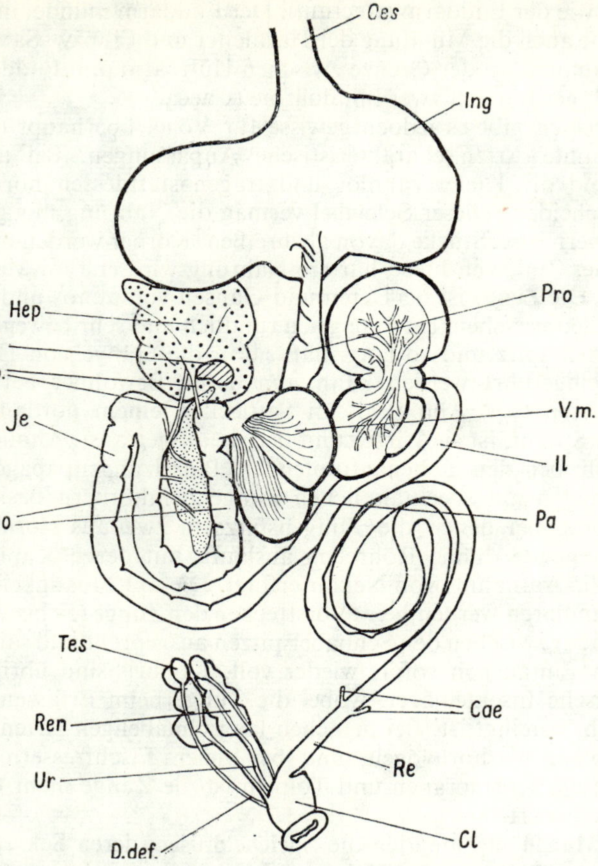

Abb. 29. Verdauungskanal der Haustaube *(Columba livia)*. Nach SCHIMKEWITSCH aus BERNDT u. MEISE (1959).
Cae Caecae (Blinddärme); *Cl* Kloake; *D. def.* Ductus deferens (Samenleiter); *D. hep.* Ductus hepatoenterici (Gallengänge); *Duo* Duodenum (Zwölffingerdarm); *Hep* Hepar (Leber); *Il* Ileum (Hüftdarm); *Ing* Ingluvies (Kropf); *Je* Jejunum (Leerdarm); *Li* Lien (Milz); *Oes* Oesophagus (Speiseröhre); *Pa* Pancreas (Bauchspeicheldrüse mit Ausführgängen); *Pro* Proventriculus, Ventriculus glandularis (Drüsenmagen); *Re* Rectum (Enddarm); *Ren* Ren (Niere); *Tes* Testis (Hoden); *Ur* Ureter (Harnleiter); *V. m.* Ventriculus muscularis (Muskelmagen, Kaumagen).

(Ileum) sowie der Enddarm (Rectum). Der Enddarm mündet in die Kloake, die auch die Mündung der Harnleiter und Ei- bzw. Samenleiter aufnimmt. An der Grenze zwischen Hüftdarm und Enddarm finden sich gewöhnlich zwei Blinddärme (Caecae).

Im einzelnen gibt es jedoch gewisse für Vögel überhaupt oder für bestimmte Arten charakteristische Anpassungen. Bei allen Vögeln sind die Kiefer zahnlos und tragen stattdessen hornige Schnabelscheiden. Dieser **Schnabel** vermag die Nahrung nur grob zu zerkleinern bzw. Stücke davon abzureißen. Körner werden unter Mithilfe der Zunge enthülst, härtere Nahrung wird erst im Magen zerrieben. Die **Zunge** ist bei Enten und Gänsen voluminös und mit Hornpapillen versehen, bei Papageien rundlich und sehr beweglich, bei Spechten spitz und so lang, daß sie in die Gänge von Holzinsekten eingeführt werden kann, um deren Bewohner herauszuharpunieren (vgl. Abb. 5). Beim Saftlecker, einem nordamerikanischen Specht, ist sie kürzer und faserig ausgefranst. Ähnliches findet sich bei den pollenauftupfenden Pinselzungenpapageien. Lange Zungen mit spechtähnlichen Zungenbeinhörnern besitzen die Kolibris, bei denen die Zungenspitze in zwei aus Hornsubstanz bestehende dünne Röhrchen ausläuft, mit deren Kapillarwirkung die Aufnahme von Nektar erfolgt. Die mit Flüssigkeit gefüllten Kapillaren werden beim Vorstrecken der Zunge (5- bis 7mal pro Sekunde) zwischen den Schnabelspitzen ausgepreßt und saugen sich beim Eintauchen sofort wieder voll. Kolibris sind übrigens obligatorische Insektenjäger, wobei die Zunge beim Erfassen der Beute nicht beteiligt ist. Bei manchen langschnäbeligen Arten wie Wiedehopfen, Nashornvögeln und bei vielen Fischfressern wie Röhrennasen, Kormoranen und Tölpeln ist die Zunge mehr oder weniger reduziert.

In die **Mundhöhle** münden die **Speicheldrüsen,** deren Sekret die Nahrung gleitfähig macht. Seltener enthält der Speichel auch Amylase (stärkespaltendes Enzym), die aber nur dort wirksam wird, wo die Nahrung längere Zeit in Kropf oder Speiseröhre aufbewahrt wird. Bei Seglern und Baumseglern enthält der Speichel Klebesubstanzen, die beim Nestbau verwendet werden. Die Nester der Salanganen bestehen fast nur aus erhärtetem Speichel (eßbare Vogelnester).

Bei vielen Vögeln ist eine dehnbare Zone in der Speiseröhre für die Aufnahme einer größeren Nahrungsmenge vorhanden (falscher Kropf), bei anderen ein echter **Kropf** als besonderer Oesophagusanhang mit Schließmuskel. Verschiedentlich, so bei Greifvögeln und Finken, dient der Kropf als Speicher, weil Gelegenheiten genutzt werden müssen, Nahrung in großer Menge auf einmal aufzunehmen, die dann in Ruhe verarbeitet wird. Bei Tauben, Hühnern und Papageien wird die Körnernahrung im Kropf erweicht, wobei teilweise auch aus dem Drüsenmagen heraufgebrachter Verdauungssaft mitwirkt. Auch Kolibris haben einen gut ausgebildeten Kropf. Beim Hoatzin werden im muskulösen Kropf die gefressenen Blätter ausgepreßt. Bei Tauben wuchert unter dem Einfluß des Prolaktins (LTH) das Kropfepithel und wird als „Kropfmilch", die viel Kasein, Laktose und Fett enthält, an die Jungen verfüttert. Der Kropf dient auch als Speicher für die an die Jungen zu verfütternde Nahrung, so bei manchen Greifvögeln, bei Störchen, Pelikanen, Papageien, Finken und Pinguinen.

Der Magen gliedert sich in den kranialen Drüsenmagen (Proventriculus) und den kaudalen Muskelmagen (Ventriculus muscularis). Der **Drüsenmagen** sondert den Magensaft ab, der Salzsäure und das Enzym Pepsin enthält, die die erste Aufspaltung der Eiweißstoffe in Peptone bewerkstelligen. Im Drüsenmagen des Haussperlings und der Amsel ist eine Chitinase (Chitin spaltendes Enzym) gefunden worden. Möwen, die keinen Kropf besitzen, würgen ihren Jungen stark zersetzte Fischnahrung aus dem Drüsenmagen vor. Nicht vollständig geklärt ist die Entstehung der Speiballen (Gewölle), die aus unverdaulichen Bestandteilen wie Chitin, Zellulose, Haaren, Federn, Knochen, Gräten zusammengesetzt sind. Da sie kaum noch Fleischteile enthalten, müssen sie der Einwirkung des Magensaftes unterworfen gewesen sein, die jedoch vor allem bei Eulen nicht sehr sauer gewesen sein kann, weil selbst zarte Knochen noch so gut erhalten sind, daß die Art des Beutetieres danach bestimmt werden kann. Dagegen verdauen manche Geier selbst starke Knochen und Kormorane sämtliche Fischgräten, während der Eisvogel selbst feine Gräten auswürgt und zum Auspolstern des Nestes verwendet.

Im **Muskelmagen** entfaltet der mit dem Nahrungsbrei vermengte Verdauungssaft seine volle Wirksamkeit. Der *p*H-Wert liegt zwischen 0,7 und 4,6. Besonders bei Körnerfressern ist die Muskulatur kräftig. Bei ihnen sondern die im Magenepithel mündenden schlauchartigen Drüsen ein erstarrendes, aus Kohlenhydraten und Eiweißen bestehendes Sekret ab, das eine harte Koilinschicht bildet, die sich ständig erneuert und deren zermahlende Wirkung durch aufgenommene Steinchen unterstützt wird. Stehen keine Steinchen zur Verfügung, so kann das zu Verdauungsstörungen führen. Teilweise wird die Koilinschicht periodisch abgestoßen – so bei Star und Misteldrossel – und ausgewürgt. Das Männchen des

Nashornvogels soll sie als geschlossenen, noch Körner enthaltenden Beutel auswürgen und an des brütende Weibchen verfüttern. Bei den Fleischfressern ist der Muskelmagen gewöhnlich nur ein dünnwandiger Sack, in dem die Eiweißverdauung weitergeht. Bei Tangaren ist er zu einer schmalen Zone reduziert, bei Kolibris, Honigfressern und Nektarvögeln liegt die Mündung des Drüsenmagens dem Zwölffingerdarmeingang unmittelbar gegenüber, so daß der Muskelmagen zu einem seitlichen Anhang wird. Manche Fischfresser wie Lappentaucher, Kormorane, Reiher, Störche, einige Gänseartige und Watvögel haben vor dem Schließmuskel des Magenausganges (Pylorus) noch einen durch Falten vom übrigen Muskelmagen abgegrenzten Magenabschnitt, die Pylorusabteilung, in der Wasser aus dem dünnflüssigen Nahrungsbrei abfiltriert wird.

In den **Zwölffingerdarm** münden die Ausführungsgänge der beiden großen Verdauungsdrüsen Leber und Bauchspeicheldrüse. Die **Leber**, ein vielseitiges Organ zum Abbau von Blutzellen, Beseitigung schädlicher Stoffwechselprodukte aus dem Blut und Speicherung von Glykogen, produziert die Gallenflüssigkeit. Diese wird vielfach wie beim Säugetier in der Gallenblase gespeichert oder auch direkt in den Zwölffingerdarm abgeleitet wie bei Tauben, Papageien, Kukkucken, Spechten und Kolibris, denen eine Gallenblase fehlt. Die Galle dient der Neutralisation des aus dem Magen kommenden sauren Nahrungsbreies und der Emulgierung der Fette, die so dem Angriff des fettspaltenden Enzyms zugänglich gemacht werden. Letzteres und Enzyme zum Abbau von Kohlenhydraten und Eiweißen sind in dem alkalisch reagierenden Sekret des Pankreas enthalten. Die Oberfläche des Darmes wird ähnlich wie beim Säuger durch Bildung von Zotten vergrößert. Diese und die Darmdrüsen (Glandulae intestinales, Lieberkühnsche Drüsen) finden sich sowohl im Mittel- als auch im Enddarm. Im Gegensatz zum Säugetier besitzen die Zotten keine Lymphgefäße. Im **Mitteldarm** erfolgt der vollständige Abbau der Nährstoffe in einfache Bausteine (Monosaccharide, Fettsäuren, Glycerin, Aminosäuren) und deren Resorption, im Enddarm wird dem Darminhalt Wasser entzogen.

Die relative Länge des Mitteldarmes ist an die Verdaulichkeit der Nahrung angepaßt: Fleischfresser, auch Frucht- und Insektenfresser haben kurze Därme, Körnerfresser lange; große Arten innerhalb verwandter Gruppen haben längere Därme als kleine Arten. **Blinddärme** sind in der Regel paarig. Den Papageien fehlen sie, bei den Pinguinen, Röhrennasen, Greifvögeln, Turakos, vielen Tauben, Eisvögeln, Wiedehopfen, Spechten, Racken sind sie klein und anscheinend funktionslos, während Tinamus, Lappentaucher, Seetaucher, Hühner, Hoatzins, Rallen, viele Watvögel sowie Gänseartige mit Ausnahme der Säger lange Blinddärme haben. Bei Hühnern und Gänsen findet hier eine bakterielle Zelluloseverdauung statt. Der aus dem Blinddarm ausgeschiedene dunkle, schmierige Kot ist an seinem besonderen Geruch zu erkennen. Als weitere Blinddarmfunktion wird neben der Resorption von Wasser eine mikrobielle Synthese und Resorption von Vitaminen vermutet. Im **Enddarm** und in der **Kloake** wird dem Darmkot weiter Wasser entzogen und in letzterer die Harnsubstanz zugefügt.

5.5. Exkretion

Aufgabe der **Niere** (Abb. 30) ist es, den Salzgehalt des Blutes zu regulieren und die stickstoffhaltigen Endprodukte des Stoffwechsels aus dem Körper zu entfernen. Sie liegt als paariges Gebilde dorsal des Darmes fest eingebettet in einer Wölbung des Beckens. Meist besteht sie jederseits aus 3, bei Schreit- und Watvögeln aus 4 und beim Kiwi aus 5 Hauptabschnitten. Die Vogelniere ist, wie die der Reptilien und Säugetiere, entwicklungsgeschichtlich eine Nachniere. Gegenüber der Säugerniere fehlt ein Nierenbecken. Die **Harnleiter** liegen auf der Ventralseite der Nierenabschnitte, wo sie die Sammelrohre der Nierenläppchen, die wiederum größere Nierenlappen bilden, aufnehmen. In den Nierenläppchen treten die harnbereitenden Teile mit den Kapillaren des Blutkreislaufs in innigsten Kontakt. Die Funktionseinheiten (Nephrone) gibt es in zwei Typen: den Rindentyp, zu dem die Mehrzahl der Nierenkörperchen gehört, und den Marktyp, der im Aufbau den Nierenkörperchen der Säugetiere entspricht. Das Blut wird der Niere durch Nierenarterien zugeführt und verläßt sie durch die beiden Nierenvenen, die sich zur unteren Hohlvene vereinigen. Daneben erfolgt im Unterschied zum Säuger Zufuhr von venösem Blut aus dem kaudalen Körperabschnitt und vom Darm durch die Nierenpfortadern. Das Nierenpfortadersystem hängt mit dem Leberpfortadersystem funktionell eng zusammen (vgl. Abb. 27). Der von der Niere ausgeschiedene Harn wird durch den paarigen Harnleiter der **Kloake** zugeführt. 70% bis 80% des in ihm enthaltenen Stickstoffs sind als Harnsäure gebunden, der Rest als Ammoniak, Harnstoff, Kreatin und Aminosäuren. Harnsäure ist im Gegensatz zu dem vom Säugetier vorwiegend ausgeschiedenen Harnstoff schwer wasserlöslich, und ihre Lösung ist deshalb schon bei geringer Konzentration ($\approx 2\%$) ge-

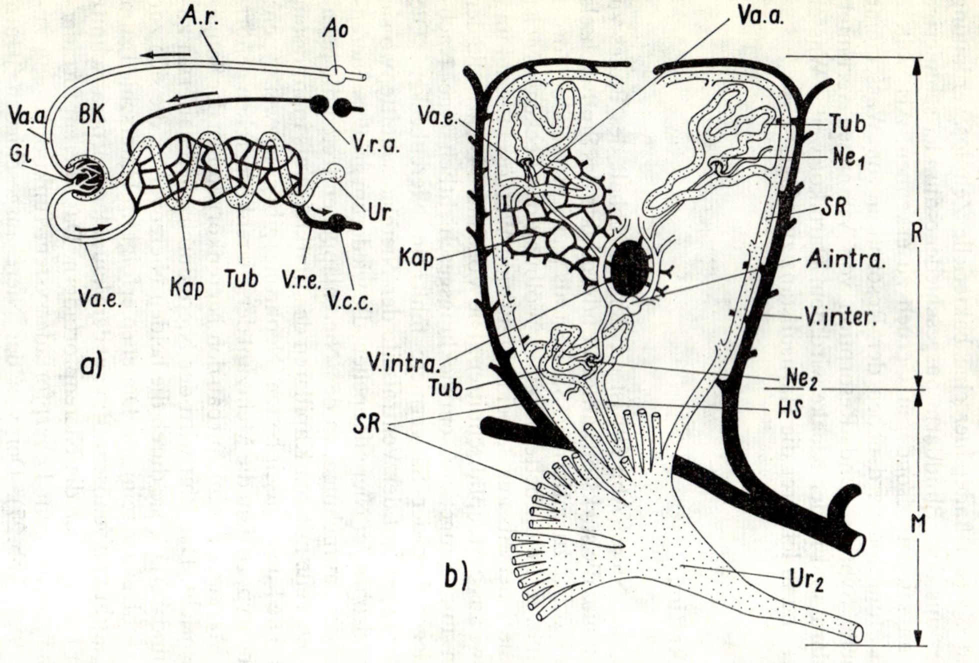

Abb. 30. Niere. **a)** Allgemeines Funktionsschema; **b)** Schema des Aufbaues eines Nierenläppchens. Nach KING u. MCLELLAND (1978).

sättigt. Dies erlaubt eine weitgehende Rückresorption des Wassers aus Enddarm und Kloake, wo die Harnsäure auskristallisiert und dem Kot als weiße Paste beigemischt wird. Primär ist die Stickstoffausscheidung als Harnsäure wohl als Anpassung der Keimesentwicklung an das Landleben bei den eierlegenden Reptilien und den von ihnen abgeleiteten Vögeln entstanden, wo so die Endprodukte des Stickstoffstoffwechsels des heranwachsenden Embryos im Harnsack (Allantois) abgelagert werden können und infolge ihrer geringen Löslichkeit keine Giftwirkung entfalten. Bei überwiegender Fischnahrung wird mit dem Harn Guanin in größerer Menge ausgeschieden. Im trockenen Klima der peruanischen Küste hat es sich, vor allem von Kormoranen produziert, im Laufe langer Zeiten als Bestandteil des in mächtigen Schichten abgelagerten Guanos angesammelt.

Außer der Niere reguliert bei vielen Vögeln noch ein anderes Organ die Salzkonzentration im Blut: die **Nasendrüse.** Diese paarige Drüse besitzen alle Vögel neben der Tränendrüse. Ihre Funktion als „Salzdrüse" ist bis jetzt bei Arten aus 13 verschiedenen Ordnungen nachgewiesen. Hierher gehören Strauße, Röhrennasen, Ruderfüßer, Schreitvögel, Gänseartige, Flamingos, Greifvögel, Hühner, Kraniche, Watvögel, Möwen. Es handelt sich um eine paarige tubulöse Drüse, deren Ausführgänge in die Nasenhöhle münden und eine kochsalzhaltige Lösung abscheiden, die durch die Nasenlöcher nach außen gelangt. Diese Sekretion kann durch das Hormon Aldosteron der Nebenniere gesteigert werden. Besonders intensiv

---

Legende zu Abb. 30

A. intra. Arteria intralobularis (intralobuläre Arterie, Endstück einer der 3 Nierenarterien); *A. r.* Arteria renalis (Nierenarterie); *Ao* Aorta; *BK* Bowmansche Kapsel; *Gl* Glomerulus; *HS* Henlesche Schleife des Tubulus; *Kap* peritubuläres Kapillarnetz; *M* Markzone des Nierenläppchens; Ne_1 kortikales Nephron (in der Rinde gelegenes Nierenkörperchen ohne *HS*); Ne_2 medulläres Nephron (Nierenkörperchen mit *HS* im Mark); *R* Rindenzone des Nierenläppchens; *SR* Sammelrohr; *Tub* Tubulus (Nierenkanälchen des Nephrons); *Ur* Ureter (Harnleiter); Ur_2 Endverzweigung, sekundärer Ast des Harnleiters; *V. c. c.* Vena cava caudalis (hintere Hohlvene); *V. inter.* Vena interlobularis (zwischen den Nierenläppchen liegende Endverzweigung von *V. r. a.*); *V. intra.* Vena intralobularis (im Läppchen liegendes Anfangsstück von *V. r. e.*); *V. r. a.* Vena renalis afferens (zuführende Nierenvene, Nierenpfortader); *V. r. e.* Vena renalis efferens (abführende Nierenvene); *Va. a.* Vas afferens (zuführendes Gefäß des Nierenkörperchens); *Va. e.* Vas efferens (abführendes Gefäß des Nierenkörperchens). Arterielles Blut weiß, venöses Blut schwarz, Harn punktiert.

ist diese Salzausscheidung bei Seevögeln. Das Nasendrüsensekret kann eine doppelt so hohe Natriumchloridkonzentration aufweisen wie das Meerwasser. Bei Kormoranen sind die Nasendrüsen zehnmal so stark an der Salzausscheidung beteiligt wie die Nieren. Bei Landvögeln werden auch andere Ionen als die des Kochsalzes (Na^+, Cl^-) in merklichen Konzentrationen ausgeschieden.

Körnerfressende Landvögel, die im Gegensatz zu Frucht- und Fleischfressern ihren Wasserbedarf nicht aus der Feuchtigkeit der Nahrung zu decken vermögen, sind auf Trinkwasser mit einem Salzgehalt von weniger als 1% angewiesen. Man beobachtet jedoch bei manchen Singvögeln, besonders Finken, auch die Aufnahme von Kochsalz.

5.6. Energiehaushalt

Die Physiologie der Stoff- und Energieumsetzungen im Vogelkörper kann in diesem Rahmen nicht ausführlich behandelt werden. Es sollen jedoch einige Grundzüge berücksichtigt werden. Die formale Einteilung in Bau- und Betriebsstoffwechsel entspricht im Grunde nicht der Wirklichkeit. Man muß vielmehr die gesamten stofflichen Veränderungen, die immer mit Energieumwandlungen gekoppelt sind, als Einheit sehen. Einbau von Stoffen in die Körpersubstanz, Ausbau aus ihr und mehr oder weniger vollständiger Abbau sind aufs engste miteinander verquickt. Kohlenhydrate, Fette und Eiweiße liefern bei Abbau bis zu Kohlendioxid und Wasser unter physiologischen Bedingungen (biologische Oxydation) eine bestimmte Energiemenge pro Masseneinheit. Sie wird als **physiologischer Brennwert** bezeichnet. Man kann die in der aufgenommenen Nahrung enthaltene, prinzipiell freisetzbare Energiemenge benutzen, um das Stoffwechselgeschehen per saldo darzustellen. Gibt das Tier weniger Energie in Form von mechanischer Arbeit oder Wärme ab, als in der Nahrung aufgenommen wurde, so ist sicher ein Teil dieser Substanzen in den Körper eingebaut und nicht verbrannt worden. Hier wird der „Baustoffwechsel" unmittelbar sichtbar. Im umgekehrten Falle (mehr Energieabgabe als -aufnahme) ebenfalls, nur mit negativem Vorzeichen. Sind Aufnahme und Abgabe gleich, so würde man annehmen können, daß an der Körpersubstanz überhaupt nichts geändert wurde und die Nährstoffe nur für die nach außen wirksame Energieabgabe verarbeitet wurden. Das würde zwar die rechnerische Bilanz nicht stören, aber auch bei völliger Gewichtskonstanz findet ein lebhafter Umbau im Körper statt, und man muß sich von der Vorstellung freimachen, daß die aufgenommenen Nährstoffe sozusagen in „Baustoffe" und „Brennstoffe" sortiert und nur so verwendet werden.

Für die Erfassung der **Energiebilanz** stehen verschiedene direkte und indirekte stoffwechselphysiologische Bestimmungsverfahren zur Verfügung. Sie zeigen, daß das Stoffwechselgeschehen von den verschiedensten Faktoren wie Alter, Jahresrhythmus und natürlich den jeweiligen Milieubedingungen beeinflußt wird. Beispielsweise beträgt der von 4 Tage alten Starennestlingen für das Wachstum verbrauchte „Energieanteil" der Nahrung 41 %, am 16. Lebenstag sind es noch 16 %. In der gleichen Zeit steigt der für Bewegung verbrauchte Anteil von 3 % auf 26 %.

Besonders interessiert – am erwachsenen Vogel – die Beziehung zwischen dem Energieumsatz und der Größe. Man setzt dabei einen Zustand voraus, bei dem die in den Abbauprozessen freigesetzte Energie nur als Wärme abgegeben und keine äußere mechanische Arbeit geleistet wird. Diesen Energiewechsel bezeichnet man als Standard- oder **Ruheumsatz** (standard metabolic rate). Der Vogel muß ruhig sitzen und darf keine Nahrung aufnehmen. In einem bestimmten Temperaturbereich wird der Ruheumsatz minimal. Man bezeichnet ihn dann als **Basisumsatz** (basic metabolic rate). Diese Temperaturspanne, der sogenannte Thermoneutralbereich, ist jeweils zu bestimmen. Bevor die Ergebnisse solcher Untersuchungen kurz vorgestellt werden, ist ein Verweis auf die physikalischen Einheiten angebracht. Die Einheit der Energie ist das Joule (J). Früher verwendete man Kilokalorien (kcal) für die Wärmeenergie, Kilopondmeter (kpm) für mechanische Arbeit. (Zur Umrechnung: $1\,J = 0{,}102\,kpm = 2{,}39 \cdot 10^{-4}\,kcal$). Energie pro Zeiteinheit – das bedeutet „Energieumsatz" – ist Leistung. Sie wird in Watt (W) angegeben ($1\,W = 1\,J/s = 0{,}102\,kmp/s = 1{,}36 \times 10^{-3}\,PS = 0{,}86\,kcal/h$).

Die Basisumsätze mehrerer untersuchter Arten zeigen folgende Sachverhalte (Abb. 31):

1. Je größer die Masse, desto geringer ist der spezifische (d.h. auf die Masse bezogene) Energieumsatz. Man erkennt dies am Exponenten der angegebenen Funktionsgleichungen, der immer kleiner als 1 ist. Es ist das die bekannte Tatsache, daß kleine Tiere einen intensiveren Stoffwechsel haben als große. Dies läßt sich auf die ebenfalls bekannte Oberflächen (A) – Volumen (V) – Relation geometrisch ähnlicher Körper zurückführen, die durch die Gleichung $A = k \cdot V^{2/3} = k \cdot \sqrt[3]{V^2}$ gegeben ist. (Für einen Würfel ist z. B. $k = 6$). Da die Masse dem Volumen, die Energieproduktion der Masse, die Wärmeabgabe

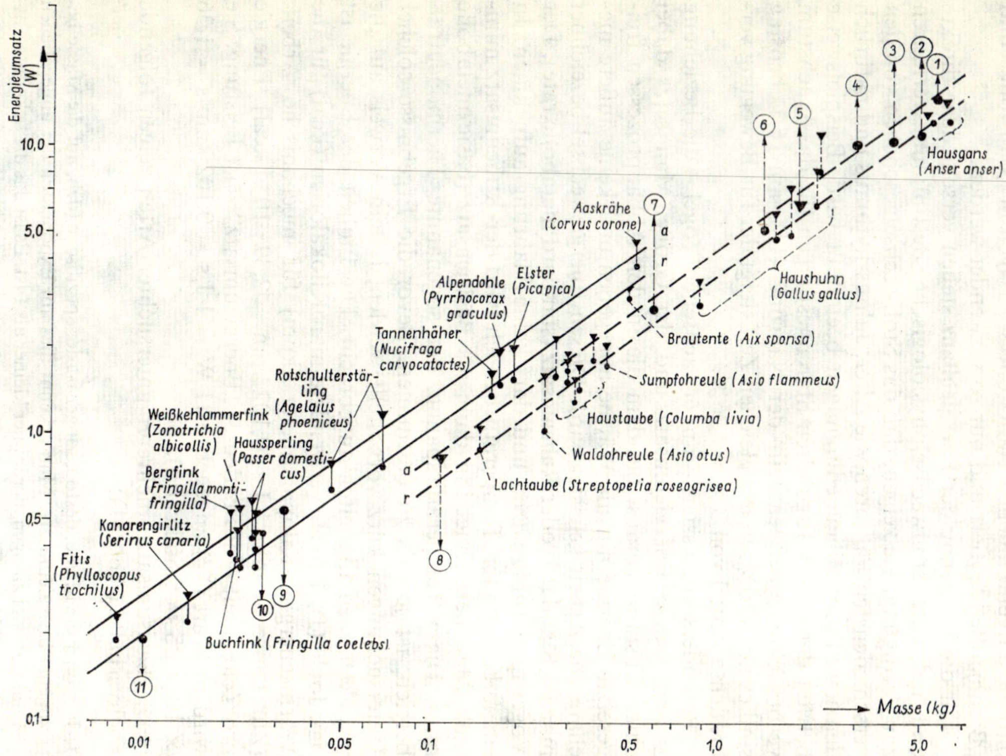

Energieumsatz (W)
10,0
5,0
1,0
0,5
0,1
Masse (kg)
0,01
0,05
0,1
0,5
1,0
5,0
Hausgans (Anser anser)
Haushuhn (Gallus gallus)
Aaskrähe (Corvus corone)
Elster (Pica pica)
Alpendohle (Pyrrhocorax graculus)
Tannenhäher (Nucifraga caryocatactes)
Brautente (Aix sponsa)
Sumpfohreule (Asio flammeus)
Haustaube (Columba livia)
Waldohreule (Asio otus)
Lachtaube (Streptopelia roseogrisea)
Rotschulterstärling (Agelaius phoeniceus)
Weißkehlammerfink (Zonotrichia albicollis)
Haussperling (Passer domesticus)
Bergfink (Fringilla montifringilla)
Kanarengirlitz (Serinus canaria)
Fitis (Phylloscopus trochilus)
Buchfink (Fringilla coelebs)
a
r
1
2
3
4
5
6
7
8
9
10
11

jedoch der Oberfläche proportional sind, ergibt sich dieser Zusammenhang zwangsläufig. Man kann auch bei verändertem Faktor k die Masse direkt in die Gleichung einführen und erhält für Vögel als guten Näherungswert $A = 10\,m^{2/3}$. Im Falle konkreter Arten weicht der Faktor mehr oder weniger von 10 ab.

2. Es gibt zwei verschiedene „Basisumsätze“, je nachdem, ob die Messung während der natürlichen Schlafenszeit oder der Aktivitätszeit unter sonst gleichen Bedingungen durchgeführt wird. Der Einfluß der endogenen Tagesrhythmik ist unverkennbar.
3. Zwischen Sperlingsvögeln und Nichtsperlingsvögeln besteht ein deutlicher Unterschied. Erstere haben im Durchschnitt einen mehr als 1,5mal so großen Energieumsatz wie gleichgroße Nichtsperlingsvögel, ausgenommen die Kolibris. Allerdings gibt es auch in der zweiten Gruppe noch Unterschiede: Greifvögel, Eulen, Hühner weichen nach unten, Störche, Gänse, Tauben, Segler nach oben vom Durchschnittswert ab.

Beim freilebenden Vogel ist der Energieumsatz erheblich höher als unter den Basisumsatzbedingungen im Labor, da er für Temperaturregulation, Lokomotion, Mauser und Bildung des Geleges zusätzlich Energie verbraucht. Ferner hat er Leistungsreserven für besondere Belastungen wie die Versorgung der Jungen, den Zug und das Überstehen ungünstiger Witterungsbedingungen. Der Energieaufwand für das Fliegen ist nach Flugart und -dauer unterschiedlich (s. 10.5.1.). Der durchschnittliche Energieumsatz kann etwa beim 3,5fachen des Basisumsatzes angenommen werden. Eine besondere Steigerung dieses Durchschnittswertes tritt beim Weibchen während der Legezeit auf. Diese Zuwachsraten sind für

---

Abb. 31. Abhängigkeit des Basisumsatzes von der Körpermasse. Nach Aschoff u. Pohl (1970).

Sperlingsvögel: ausgezogene Kurven und Verweisstriche, Nichtsperlingsvögel: unterbrochene Kurven und Verweisstriche, Messung in der Aktivitätsphase (Index a): Dreieck, Messung in der Ruhephase (Index r): Kreis; Gleichungen für die Funktion $P(m)$: Sperlingsvögel $P_a = 6{,}8102\,m^{0{,}704}$, $P_r = 5{,}5487\,m^{0{,}726}$, Nichtsperlingsvögel $P_a = 4{,}3983\,m^{0{,}729}$, $P_r = 3{,}5525\,m^{0{,}734}$; P Leistung, Energieumsatz in W; m Masse in kg.

Die Funktionskurven sind aus Messungen an den angeschriebenen Arten abgeleitet. Zusätzlich sind Einzelbefunde (arabische Zahlen) eingetragen. Dabei bedeuten 1 Sunda-Marabu *(Leptoptilos javanicus)*, 2 Bartgeier *(Gypaetus barbatus)*, 3 Paradieskranich *(Anthropoides paradisea)*, 4 Rosaflamingo *(Phoenicopterus ruber)*, 5 Amerikanischer Graureiher *(Ardea herodias)*, 6 Virginischer Uhu *(Bubo virginianus)*, 7 Nordamerikanische Rohrdommel *(Botaurus lentiginosus)*, 8 Turmfalke *(Falco tinnunculus)*, 9 Grünling *(Carduelis chloris)*, 10 Goldammer *(Emberiza citrinella)*, 11 Paradieswitwe *(Vidua paradisea)*.

Singvögel auf etwa 15%, für Hühnervögel auf 25%, für Enten und Gänse auf 60% geschätzt worden. Beim Haussperling wurde z.B. ein zusätzlicher Energieaufwand von 63,5 kJ zur Produktion eines durchschnittlichen Geleges von 4,7 Eiern und von knapp 740 kJ für die Mauser ermittelt.

Der **Energiehaushalt** des Vogels weist deutlich jahreszyklische (zirkannuale) Veränderungen auf (Abb. 32). Die hier gezeigten Daten vom Haussperling beziehen sich auf eine Population im mittleren Illinois. Derartige Bilanzen bilden eine zuverlässige Grundlage für die Beurteilung des Eingriffs von Vogelpopulationen in die Biomasse des Ökosystems. Voraussetzung dafür ist eine genaue Kenntnis der verzehrten Nahrung und deren Gehalt an nutzbarer

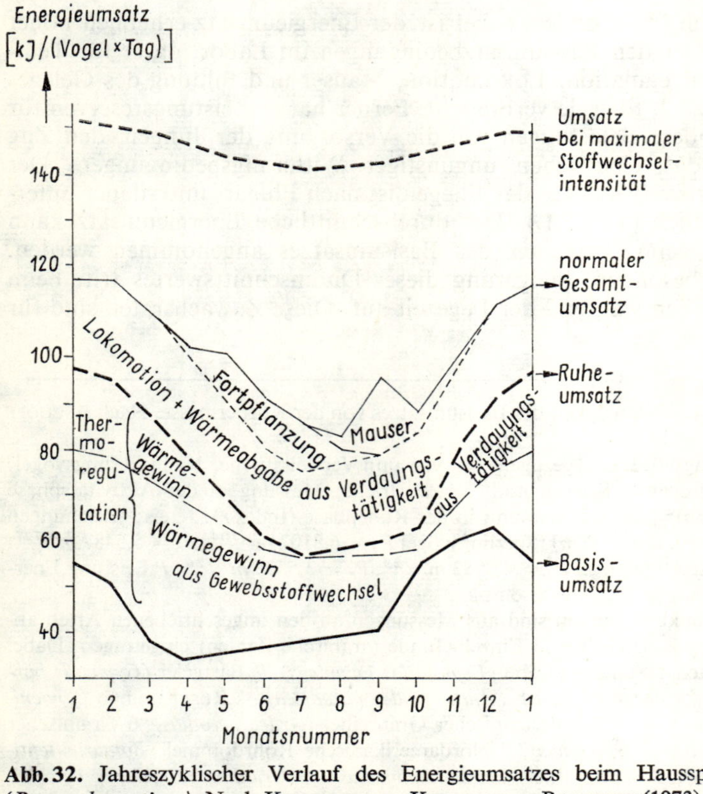

Abb. 32. Jahreszyklischer Verlauf des Energieumsatzes beim Haussperling *(Passer domesticus)*. Nach KENDEIGH aus KENDEIGH u. PINOWSKI (1973).

Energie. Leider ist dieser Energiegehalt bisher nur für pflanzliche Nahrung ermittelt worden, während für land- oder forstwirtschaftlich wichtige Insekten kaum Durchschnittswerte des Gewichtes bekannt sind.

5.7. Thermoregulation

Vögel können als gleichwarmblütige (homoiotherme) Tiere Gebiete besiedeln, deren Temperaturverhältnisse wechselwarmen (poikilothermen) Organismen nur kurze oder gar keine Aktivitätsphasen erlauben. Ihre Körpertemperatur liegt mit durchschnittlich 40 °C ± 1,5 °C im Ruhezustand über der der Säugetiere und nicht weit unter der oberen Grenze der Eiweißstabilität. Auch Ratiten, Pinguine und Sturmvögel (Mittelwert von 31 untersuchten Sturmvogelarten 38,78 °C ± 0,17 °C) liegen über dem Säugetierdurchschnitt. Die hohe Temperatur hat rascheren Ablauf der chemischen Prozesse im Körper zur Folge, wodurch hohe Reaktionsfähigkeit und große Schnelligkeit der Bewegungen ermöglicht werden. Zur Aufrechterhaltung der hohen Körpertemperatur benötigt der Vogel relativ große Nahrungsmengen. Der geringste Energiebedarf liegt im oben erwähnten **Thermoneutralbereich** vor. Hier wird die Energieabgabe in Form von Wärme ein Minimum. Dieser Bereich ist von der Körpergröße abhängig, und liegt wegen des verschiedenen Oberflächen-Volumen-Verhältnisses im allgemeinen bei größeren Vögeln niedriger als bei kleinen. Es gibt jedoch durch Anpassung entstandene Abweichungen von dieser allgemeinen Norm. So liegt die **untere kritische Umgebungstemperatur** (Untergrenze des Thermoneutralbereichs) bei der Schneeammer (43 g) bei 9 °C, beim Kardinal (41 g) bei 18 °C, beim subarktischen Kanadischen Häher (72 g) bei 6 °C, beim Blauhäher (81 g) bei 18 °C. Parallel zum jahreszyklischen Temperaturverlauf ändert sich bei vielen Arten die untere kritische Umgebungstemperatur im Lauf des Jahres. Unterhalb dieser Temperatur steigt der Energieumsatz an, um zusätzlich Wärme zur Aufrechterhaltung der Körpertemperatur zu produzieren. Die Isolationswirkung des Gefieders kann durch Sträuben der Konturfedern vergrößert werden. Die unbefiederten Läufe und Zehen werden in Ruhehaltung möglichst in das Bauchgefieder eingezogen. Auch die Schlafstellung (Kopf unter den Flügel gesteckt) kann den Wärmeverlust um 10% bis 12% senken. Steigerung der Wärmeerzeugung wird schließlich durch Muskelzittern erreicht, da die für die Muskelkontraktion erforderliche letztendlich in den Nährstoffen bereitgestellte Energie nur zu 20 % bis 30 % in mechanische Arbeit umgesetzt, der größere Teil als Wärme frei wird.

Wird die **obere kritische Umgebungstemperatur** überschritten, tritt die Notwendigkeit ein, verstärkt Wärme abzugeben, und besonders stark wird diese Anforderung, wenn die Außentemperatur die Höhe der Körpertemperatur erreicht hat, da nun die Spanne bis zu dem Punkt nicht mehr groß ist, wo die Körpersubstanz, insbesondere die Eiweißkörper, irreversibel geschädigt werden. Die Wärmeabgabe wird im „ungefährlichen" Bereich zum größten Teil durch Strahlung und Konvektion (Wärmetransport durch Strömung im umgebenden Medium) bewerkstelligt, zum kleinen Teil durch Wasserverdunstung (Evaporation). Strahlung und Konvektion gehen nun aber infolge der geringer werdenden Temperaturdifferenz zwischen Körper und Umgebung zurück, schließlich wechselt die Richtung des Wärmeaustausches sogar. Das einzige Mittel, die etwas erhöhte Körpertemperatur nicht weiter zunehmen zu lassen, ist eine rapide Steigerung der **Evaporation.** Das ist nur durch aktive Maßnahmen zu erreichen, aber diese führen zu zusätzlicher Erzeugung von Wärme, die auch noch beseitigt werden muß. Beispielsweise bleibt die Evaporationsrate bei Sturmmöwen zwischen 1,6 °C und 23,3 °C konstant, ist aber bei 31,3 °C schon auf das Vierfache gestiegen. Evaporation bedeutet Wasserverlust. Um etwa 2,25 kJ Wärmeenergie zu beseitigen, muß 1 ml Wasser verdunstet werden. Der Ort der Wasserverdunstung ist beim Vogel in erster Linie das Atmungssystem. Stärkere Kühlung kann durch Hecheln erreicht werden. Der Vogel beschleunigt und vertieft seine Atemzüge. Beim Haussperling z. B. steigt die Atemfrequenz von 57/min bei 30 °C auf 160/min bei 43 °C. Im Dienste der Evaporationssteigerung steht weiter das „Kehlflattern" vieler Vögel wie Pelikane, Tölpel, Fregattvögel, Kormorane, Reiher, Eulen, Tauben und Ziegenmelker. Es wird durch rhythmische Kontraktionen der Kehlmuskulatur erzeugt und bewirkt verstärkte Ventilierung der Schleimhäute des Mund-Rachen-Raumes, wird auch, einmal begonnen, anscheinend durch Muskelresonanz aufrecht erhalten. Der Evaporationseffekt steigt mit sinkender relativer Luftfeuchtigkeit. Das ist für Vögel trockener Gebiete vorteilhaft, solange sie über genügend Wasser verfügen. Bei Insektenfressern scheint das meist der Fall zu sein. Beispielsweise konnten Virginia-Wachteln und Schopfwachteln im Versuch 1 Jahr ohne jede Aufnahme flüssigen Wassers überleben. Aber auch die zwischen Tadjikistan und Indien wandernde Unterart des Haussperlings zieht in großen Schwärmen bei Temperaturen zwischen

25 °C und 35 °C und einer Luftfeuchtigkeit von 30% bis 35% 3 bis 5 Stunden ohne Wasseraufnahme.

Die hohe Körpertemperatur bedingt einen besonders intensiven Stoffwechsel. Dagegen wird der Wasserhaushalt erst bei sehr hohen Umgebungstemperaturen stärker belastet. In der Evolution der Vögel ist offenbar dieser mit der Thermoregulation verknüpfte Sachverhalt bestimmend gewesen. Dies wird an dem Modell des Ruheumsatzes eines hypothetischen Sperlingsvogels von 32 g im Zusammenhang deutlich (Abb. 33). Die extreme Beanspruchung der Wasserreserven des Körpers im Bereich unterhalb der Letalitätsgrenze hat zur Entwicklung besonderer Strategien geführt, um dieser gefährlichen und bei Dauer tödlichen Belastung zu entgehen – z. B. Inaktivität zur Zeit der größten Hitze, Aufsuchen von Schatten, Zug bei Nacht oder in größerer Höhe.

Der Wärmehaushalt ist bei Jungvögeln in den ersten Lebenstagen unterschiedlich. Junge Nestflüchter, die schon beim Schlüpfen ein

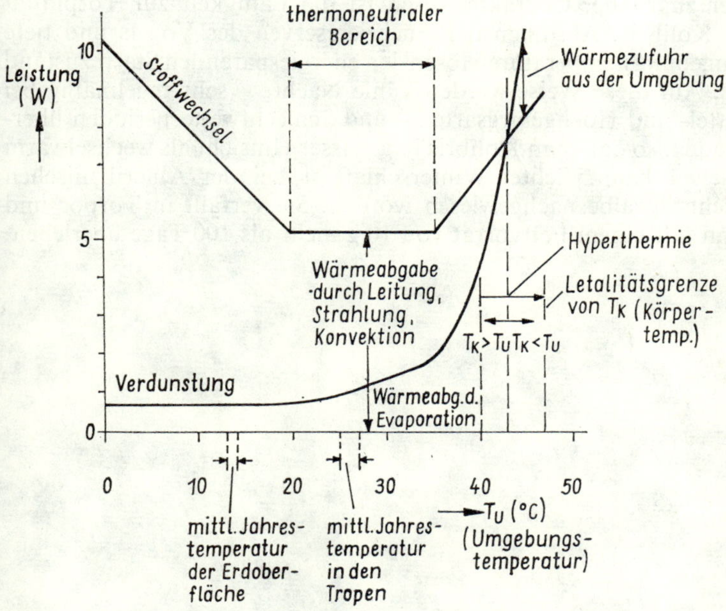

Abb. 33. Energieumsatz und Wärmeabgabe eines idealisierten Sperlingsvogels mit einer Masse von 32 g unter Ruheumsatzbedingungen in Abhängigkeit von der Umgebungstemperatur. Nach CALDER u. KING aus FARNER u. KING (1974).

Dunenkleid tragen, haben eine wirksame Temperaturregulierung, werden aber trotzdem noch zeitweise von den Eltern gehudert. Junge Nesthocker verfügen nicht über ein ausreichend isolierendes Federkleid und bedürfen der anhaltenden Wärmezufuhr durch den Altvogel. Sie vertragen aber auch kurzzeitig eine gewisse Abkühlung. Junge Mauersegler beispielsweise können in eine **Kältestarre** (Torpor) verfallen, während der sie nur sehr wenig Energie verbrauchen. Bei ungünstigen Wetterlagen können die Eltern ihre Jungen daher einige Zeit verlassen, um sich an geeigneten Stellen selbst zu ernähren. Tiefe Hypothermie wurde auch bei nestjungen Zwergdommeln gefunden, die bei kühlem Wetter (10 °C) nur eine Temperatur von 22 °C hatten. Bei Seglern und Ziegenmelkern ist Torpidität relativ häufig bemerkt worden, so beim amerikanischen Kaminsegler, beim Mauersegler und beim europäischen Ziegenmelker, bei dem die Körpertemperatur bis auf 7 °C heruntergehen kann. Schwalben können in Kältestarre wenige Tage schlechter Witterungs- und Nahrungsverhältnisse überleben, gehen bei längerer Kältedauer aber zugrunde. Charakteristisch ist die Fähigkeit zur Torpidität bei Kolibris. Absinken der Energiereserven des Vogels und tiefe Umgebungstemperaturen lösen den energiesparenden Starrezustand aus. Auf diese Weise werden kühle Nächte – sehr regelmäßig bei Mittel- und Hochgebirgsarten – und Schlechtwetterperioden überstanden, so daß man Kolibris in gewisser Hinsicht als wechselwarm ansehen kann. Echter Winterschlaf ist bei der Amerikanischen Nachtschwalbe nachgewiesen worden. Sie verfällt in Torpor und kann mit einem Fettvorrat von 10 g mehr als 100 Tage überleben.

6. Bewegungsformen

6.1. Stehen und Sitzen, Gehen und Laufen, Hängen und Klettern

Beim stehenden und sitzenden Vogel liegt der Massenmittelpunkt (Schwerpunkt) etwa lotrecht über dem Grundgelenk der dritten Zehe, und das Kniegelenk liegt etwa in dieser Linie. Haben beide Füße Kontakt mit der festen Unterlage, geht die Wirkungslinie der Gewichtskraft durch die Mitte zwischen beiden Füßen. Der Oberschenkel ist gebeugt bis zum Anschlag des Trochanters am Antitrochanter (s. Abb. 1), so daß zu seiner Fixierung praktisch keine Muskelarbeit erforderlich ist. Bei langbeinigen Vögeln, wie Störchen, Reihern, Kranichen und Watvögeln, wird das Intertarsalgelenk bis in die Verlängerungslinie des Tibiotarsus gestreckt und rastet zum Teil infolge einer besonderen Gelenkkonstruktion wie ein Taschenmesser ein. Das ermöglicht stundenlanges Stehen ohne Kraftaufwand. Stehen und Sitzen auf einem Bein ist durch seitliche Verlagerung des Schwerpunktes über das betreffende Bein möglich und verbreitet. Bei kurzbeinigen Vögeln ist der Lauf gegenüber dem Unterschenkel gebeugt und wird durch den Sehnenapparat der Zehenbeuger und Laufstrecker fixiert, die über das kaudale Ende des Intertarsalgelenkes als Umlenkrolle laufen (s. Abb. 7). Dieser Apparat bewirkt beim Sitzen auf einem Zweig, daß bei Beugung von Knie- und Intertarsalgelenk infolge der Wirkung des Gewichts die Zehen sich um den Zweig schließen. Zusätzlich rasten in Sehnen und Sehnenscheiden der Zehen vorhandene Querrillen ein und fixieren diesen Klammergriff, der erst durch aktives Strecken der Knie-, Intertarsal- und Zehengelenke wieder gelöst wird. Je weiter die Beine hinten eingelenkt sind, desto aufrechter muß der Vogel seinen Körper im Sitzen halten, sofern er ihn nicht in der Ruhelage nach vorn kippt und auf dem Brustbein ruhen läßt. Viele Schwimmvögel, aber auch die Dunenjungen vieler anderer Arten hocken gewöhnlich auf den Läufen.

Gehen und Laufen erfolgt durch abwechselnde Vorwärtsbewegung der Beine. Beide Formen sind nicht absolut voneinander zu trennen, unterscheiden sich im wesentlichen durch die Geschwindigkeit, die wiederum durch Schrittmaß und -tempo bestimmt sind. Das Schub- oder Standbein schiebt den Schwerpunkt vorwärts, knickt dann im Intertarsalgelenk ein, wobei sich die Zehen mehr oder weniger beugen, und schnellt nach vorn, setzt den sich wieder streckenden Fuß auf den Boden und fängt das Übergewicht des Körpers ab. Mit der Beugung der Gelenke des einen Beines geht seine Funktion als Schubbein an das andere über, bei dem sich nun der gleiche Vorgang wiederholt. Der Körperschwerpunkt muß dabei immer seitlich so verlagert werden, daß er über dem jeweils tragenden Grundgelenk verbleibt. Bei kurzbeinigen Vögeln entsteht dadurch der watschelnde Gang, z.B. von Lappentauchern, Enten, Gänsen und Schwänen. „Geher", wie Schreitvögel, Kraniche, Lerchen, Stelzen und Pieper zeigen eine Vergrößerung der Auflagefläche durch relativ lange Zehen und Krallen, desgleichen solche Vögel, die an Gehen oder Laufen auf nachgiebiger Unterlage wie Sand, Schlamm, Schnee angepaßt sind. Bei Flughühnern und Schneehühnern, im Winter auch beim Auerhuhn, ist die Zehenfläche durch Befiederung oder Hornstifte verbreitert. Besonders lang sind Zehen und Krallen der Blatthühnchen, die über Seerosenblätter zu laufen vermögen. Schnelläufer wie die flugunfähigen Ratiten, wie viele Watvögel oder der Sekretär unter den Greifvögeln verzichten auf Standsicherheit, wobei ein Umkippen durch die Schnelligkeit der Beinbewegungen verhindert wird. Bei Straußen, Nandus, Emus, Kasuaren, aber auch Regenpfeifern und Trappen, wird die Auflagefläche sogar zugunsten einer Geschwindigkeitserhöhung durch Zehenreduktion verringert.

Baumbewohnende Singvögel hüpfen vielfach auf dem Boden. Dabei wird der Körper mit beiden Beinen abgestoßen und wieder aufgefangen. Bei manchen Arten wechseln Hüpfen und Laufen ab, z.B. Amsel, Pittas.

Anhängen und Klettern ist in verschiedenen Vogelgruppen entwickelt und findet seinen Niederschlag in bestimmten Baumerkmalen der Hinterextremität. Bei den Seglern, deren kurze Beine sich überhaupt nicht zum Laufen und Sitzen eignen, sind alle vier Zehen nach vorn gerichtet. Diese Vögel hängen sich mit ihren langen Krallen an schmalen Kanten oder Rauhigkeiten fest. Der Lauf ist sehr kurz. Manche Segler haben eine Wendezehe: Die erste Zehe kann nach vorn oder hinten gerichtet werden. Die Stachelschwanzsegler besitzen einen steifen Stützschwanz, der beim Hängen den

Fuß entlastet. Die zu den Nachtschwalben gehörenden südamerikanischen Tagschläfer hängen sich mit den Zehen an Unebenheiten von Baumstämmen und brüten sogar in dieser Haltung. Bei den gewandt kletternden Mausvögeln sind erste und vierte Zehe Wendezehen. Die Klettertechnik ist ein beidbeiniges „Springen" nach oben, das durch stark versteifte Schwanzfedern unterstützt wird.

Spechte, Baumsteiger und Baumläufer „hüpfen" aufwärts, entweder gradlinig oder in einer Schraubenlinie, ebenfalls unter Einsatz ihrer kräftigen Stützschwänze. Bei Spechten ist die vierte Zehe als Wendezehe ausgebildet und wird seitlich abgespreizt, während die erste Zehe ohne Bedeutung ist. Unterschenkel und Lauf sind kurz, und die Beugemuskulatur des Beines ist besonders kräftig. Kleiber klettern ohne Zuhilfenahme des Schwanzes mit schräg zu den Füßen stehender Körperlängsachse. Die besonders großen Füße, insbesondere die sehr lange erste Zehe, gewährleisten die erforderliche Verankerung an Baumstamm oder Felsen. Greifkletterer an lotrechten Halmen sind die Rohrsänger, deren Füße sich durch lange Krallen und eine besonders kräftige vierte Zehe auszeichnen. Andere Singvögel, wie Zeisige, Meisen und Goldhähnchen bewegen sich im Geäst mit Sprüngen unter Zuhilfenahme der Flügel, hängen aber auch im Klammergriff kopfunter und können sich auf schwankenden Zweigen gut im Gleichgewicht halten.

Die Statik und Energetik des Hängens und Kletterns bedarf weiterer Untersuchungen, da eine quantitative Analyse nicht nach dem Augenschein möglich ist und Meßdaten bisher nur ungenügend zur Verfügung stehen. Abb. 34 zeigt an einem ruhig hängenden Specht die prinzipiell auftretenden Kräfte und die Variationsmöglichkeiten bei der Kräfteverteilung. Wichtig ist, daß in jedem Falle die Summe der von Schwanz und Beinen aufzubringenden Kräfte größer als das zu kompensierende Gewicht ist.

6.2. Schwimmen und Tauchen

Eine große Zahl von Vogelarten besitzt die Fähigkeit zu schwimmen und gewinnt ihre Nahrung ganz oder zum Teil aus dem Wasser. Voraussetzung dafür sind ein dichtes, wasserabstoßendes Gefieder, breiter Körper, weit hinten eingelenkte Beine und Ruderflächen an den Füßen. Schwimmvögel haben kurze Oberschenkel und Läufe

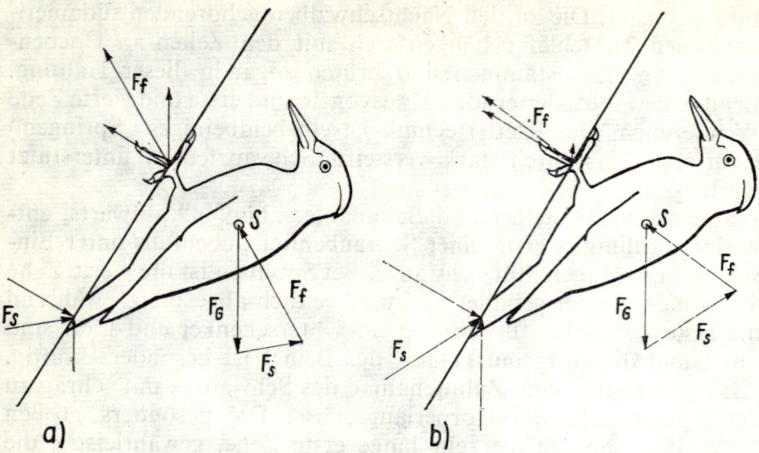

Abb. 34. Schema der auf einen ruhig hängenden Specht wirkenden Kräfte. Nach WINKLER u. BOCK (1976). **a)** starke, **b)** schwache lotrechte Kraftkomponente an den Füßen.
F_f Gesamtkraft an den Füßen; F_s Gesamtkraft am Stützschwanz, jeweils mit der lotrecht und der senkrecht zur Stammneigung wirkenden Komponente; F_G Gewichtskraft; *S* Schwerpunkt (Massenmittelpunkt). F_f ändert bei stärkerer Belastung des Schwanzes zwar die Richtung, aber nur unwesentlich die Größe.

und Schwimmhäute oder Schwimmlappen (Abb. 35). Schwimmhäute verbinden zumeist die Zehen 2 bis 4 miteinander; bei den Ruderfüßern sind alle vier Zehen durch Schwimmhäute verbunden. Schwimmlappen verbreitern bei Lappentauchern, Bleßrallen und Binsenhühnern die Fläche der einzelnen Zehen, ohne sie zu verbinden.

Die **Schwimmbewegung** wird in erster Linie im Intertarsalgelenk ausgeführt. Beugung des Laufes ist mit Beugen und Zusammenlegen der Zehen gekoppelt, so daß der nach vorn geführte Fuß den geringstmöglichen Widerstand erzeugt. Bei der vortriebserzeugenden Streckung des Laufes werden die Zehen maximal gespreizt, so daß Schwimmhäute und Schwimmlappen voll wirksam werden. Die Schuberzeugung erfolgt nach dem Prinzip des Ruderblattes: Die Fläche steht senkrecht zur Stromrichtung und erzeugt Widerstandskräfte. Dieses Prinzip ist viel weniger effektiv als das beim Fliegen (s.u.) angewandte der Quertriebserzeugung. Die Schwimmgeschwindigkeiten sind dann auch mit meist etwa 5 km/h relativ niedrig, selbst wenn beim schnellen Schwimmen noch zusätzlich

Hüft- und Kniegelenk gestreckt werden. Beim langsamen Schwimmen bewegen sich die Beine alternierend, während sie bei höherer Geschwindigkeit synchron arbeiten.

Geringer als die Zahl der schwimmfähigen Arten ist die derjenigen, die sich durch **Tauchen** unter der Wasseroberfläche bewegen, vor allem zum Nahrungserwerb, teils auch, um sich dem Zugriff von Freßfeinden zu entziehen. Hierher gehören Lappentaucher, Seetaucher, Pinguine, Sturmvögel und Tauchsturmvögel, Tropikvögel, Kormorane, Schlangenhalsvögel, Tölpel, Pelikane, Enten, Fischadler, Rallen, Seeschwalben, Alken, Eisvögel und Wasseramseln. Das Gründeln vieler Schwimmenten, bei dem

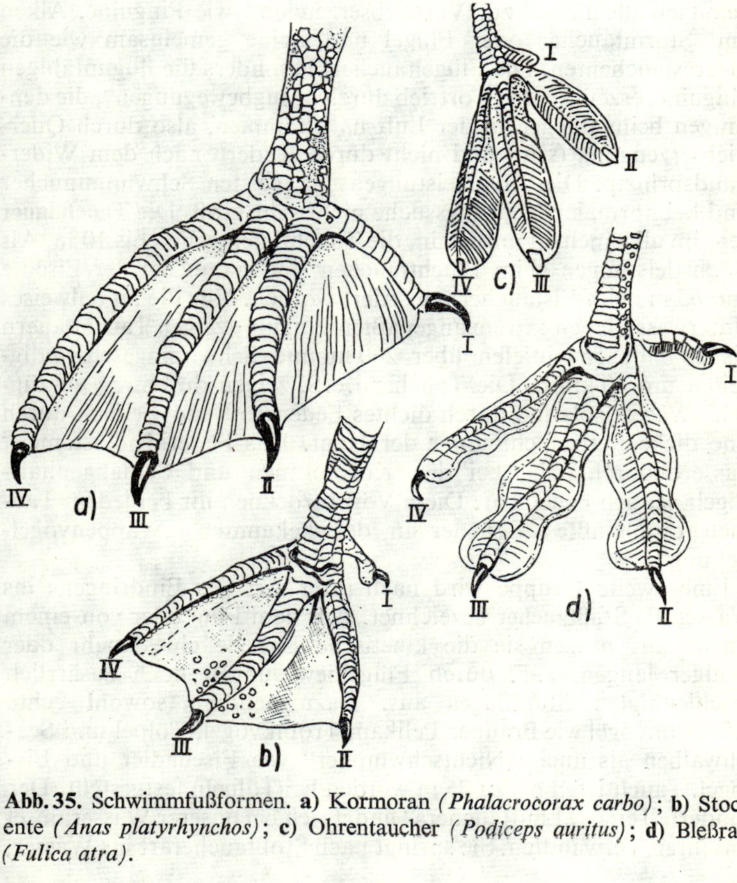

Abb. 35. Schwimmfußformen. **a)** Kormoran *(Phalacrocorax carbo)*; **b)** Stockente *(Anas platyrhynchos)*; **c)** Ohrentaucher *(Podiceps auritus)*; **d)** Bleßralle *(Fulica atra)*.

der Körper durch Beinbewegungen lotrecht gehalten wird, ist noch kein Tauchen. Jungvögel dieser Arten tauchen auf der Flucht aber recht häufig und legen beträchtliche Strecken unter Wasser zurück. Die typischen Unterwasserschwimmer, Tauchvögel im engeren Sinne, sind gegenüber den korkengleich auf der Oberfläche liegenden „Schwimmern" durch einige Besonderheiten ausgezeichnet. Die Luftfüllung ihrer Knochen (Pneumatisation) ist geringer, ihre Dichte ist größer, und vielfach können sie diese noch weiter durch rasches Entleeren der Luftsäcke erhöhen. Diese Taucher liegen schon beim Schwimmen tief im Wasser. Unter Wasser bewegen sie sich mit den Beinen fort wie beispielsweise Seetaucher, Lappentaucher, Bleßrallen, manche Tauchenten, Säger und Kormorane, benutzen die Flügel zur Vortriebserzeugung wie Pinguine, Alken und Sturmtaucher oder Flügel und Beine gemeinsam wie die Meerestauchenten. Die Flügeltaucher, besonders die flugunfähigen Pinguine, erzeugen den Vortrieb durch „Flugbewegungen", die denjenigen beim Fliegen in der Luft nahekommen, also durch Quertriebserzeugung (s.u.) und nicht durch Rudern nach dem Widerstandsprinzip. Die Tauchleistungen der meisten Schwimmtaucher sind bei normaler Nahrungssuche nicht sehr groß. Die **Tauchdauer** liegt im allgemeinen um 1 min, die Tauchtiefen gehen bis 10 m. Als Höchstleistungen beim Fluchttauchen sind 6 min bei der Eisente und 65 m beim Eistaucher registriert worden. Nur die an teilweises Unterwasserleben extrem angepaßten Pinguine zeigen Tauchdauern bis 20 min, Tauchtiefen über 260 m und Schwimmgeschwindigkeiten um 30 km/h. Die Taucher i.e.S. zeigen durchweg vorzügliche Wärmeisolation durch dichtes Federkleid und vielfach durch eine dicke Fettschicht unter der Haut. Das Federkleid ist meist wasserundurchlässig, bei den Kormoranen und Schlangenhalsvögeln jedoch benetzbar. Diese Vögel trocknen ihr bei jedem Tauchen durchnäßtes Gefieder in der bekannten „Wappenvogelstellung".

Eine zweite Gruppe wird nach ihrer Art des Eindringens ins Wasser als **Stoßtaucher** bezeichnet. Aus dem Flug oder von einem Ansitz aus nützen sie die kinetische Energie eines mehr oder weniger langen, z.T. durch Flügelbewegungen noch zusätzlich beschleunigten Sturzfluges aus. Dazu gehören sowohl echte Schwimmvögel wie Brauner Pelikan, Tropikvögel, Tölpel und Seeschwalben als auch „Nichtschwimmer" wie Fischadler und Eisvogel. Tauchtiefen bis zu 25 m wurden bei Tölpeln festgestellt. Der Sonderfall eines „Lauftauchers" findet sich bei unserer Wasseramsel und ihren Verwandten. Sie springt nach Stoßtaucherart ins Wasser, wo sie am Grunde mit leicht ausgebreiteten Flügeln gegen die Strömung läuft. Dabei werden die Flügel so proniert, daß sie von der Strömung nach unten gedrückt werden. Die Wasseramsel kann deshalb nur in flachen, strömenden Gewässern der Nahrungssuche nachgehen.

Während des Tauchens muß der Vogel vor einem zufälligen Einatmen von Wasser geschützt sein. Das wird durch einen reflektorischen Atemstillstand (Apnoe) erreicht. Von Enten wird ein Bogengangreflex beschrieben, der die Atmung stillegt, wenn der Kopf abwärts zeigt. Als weiterer Auslöser der Apnoe wird die Berührung der Nasenlöcher mit Wasser von weniger als 30 °C angegeben. Bei Pinguinen und Hausenten wird während des Tauchens die Herzfrequenz herabgesetzt (Bradykardie).

6.3. Fliegen

6.3.1. Vorgänge am Flügel

Zum Verständnis des Fliegens nach dem Prinzip „Schwerer als die Luft" ist ein vereinfachter Überblick über die physikalischen Grundlagen ratsam. An dem mit konstanter Geschwindigkeit unter einem nicht zu großen Anstellwinkel angeströmten Tragflügel treten der zur Stromrichtung senkrechte **Quertrieb** und der in Stromrichtung wirkende **Widerstand** auf (Abb. 36a). Man denkt sich in den Flügel einen gebundenen Wirbel der Stärke Γ (Zirkulation), dessen Drehrichtung auf der Flügeloberseite in Stromrichtung, auf der Unterseite entgegengesetzt gerichtet ist (Abb. 36c). Wegen Überlagerung mit der ungestörten Strömung wird die Geschwindigkeit auf der Oberseite größer, auf der Unterseite kleiner, wie die enger zusammen bzw. weiter auseinander liegenden Stromlinien zeigen (Abb. 36b). Nach dem Bernoullischen Gesetz gilt $p + (\varrho/2)\, v^2 = \text{const}$ (ϱ = Luftdichte, v = Geschwindigkeit), wobei der erste Summand der „eigentliche" (statische) Druck, der zweite der Staudruck (kinetische Energie des strömenden Mediums pro Raumeinheit) ist. Folglich herrscht auf der Flügeloberseite Unterdruck (Saugseite), auf der Unterseite Überdruck (Druckseite). Der Kraftanteil beider Druckkomponenten ist der Quertrieb. Am Flügel endlicher Spannweite erfolgt eine Ausgleichsströmung von der Druckseite zur Saugseite um die Flügelenden herum, was vor allem hier zur Ausbildung von abgehenden freien Wirbeln in Stromrichtung führt. Das ein-

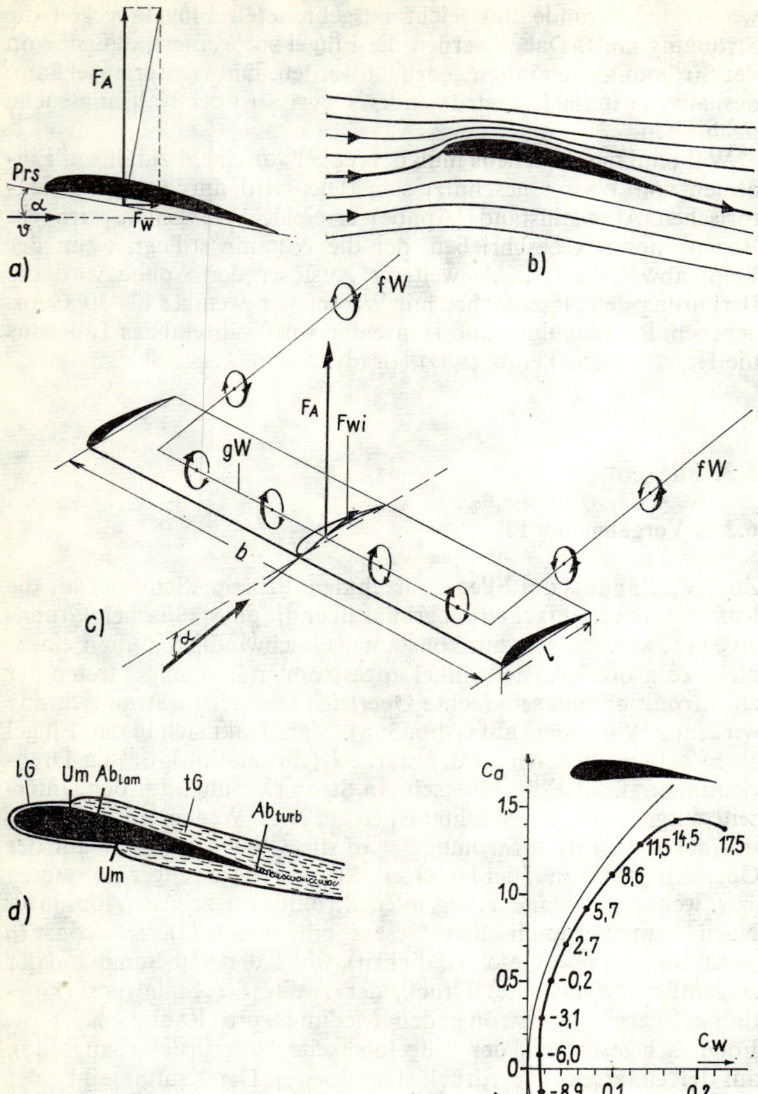

FA
Prs
α
v
Fw
a)
b)
fW
FA
Fwi
gW
fW
b
c)
α
l
lG
Um
AbLam
tG
Abturb
Um
d)
ca
1,5
1,0
0,5
0
cw
0,1
0,2
17,5
14,5
11,5
8,6
5,7
2,7
-0,2
-3,1
-6,0
-8,9
e)

fachste Modell der Vorgänge am Flügel ist ein gebundener Wirbel gleichbleibender Stärke über knapp 80% der Spannweite mit zwei freien Wirbeln gleicher Stärke in Form des Hufeisenwirbels (Abb. 36c). Der Kraftanteil der zum Andrehen der freien Wirbel benötigten Energie ist der induzierte Widerstand, der zwangsläufig mit der Erzeugung von Quertrieb auftritt. Er wächst mit dem Quadrat des Quertriebes und ist umso kleiner, je größer die Flügelstreckung $\Lambda = b^2/A$ (b = Spannweite, A = Flügelfläche) ist.

Außer dem induzierten Widerstand tritt in einem realen Medium noch der durch dessen Viskosität verursachte **Reibungswiderstand** auf. Das Gebiet zwischen der Körperkontur und der ungestörten Strömung ist die **Grenzschicht**, in der die Reibungskräfte wirken. Eine laminare Grenzschicht besteht aus übereinander gleitenden Teilchenschichten. Ihr Reibungswiderstand ist gering. Führen die Teilchen Bewegungen quer zur Stromrichtung aus, so ist die Grenzschicht turbulent. Ihr „Reibungswiderstand“ ist, für sich genommen, größer, aber sie kann aus der ungestörten Strömung Energie in beträchtlichem Maße aufnehmen. Die Entwicklung der Grenzschicht am Flügelprofil zeigt Abb. 36d. Anliegende Strömung auf der Saugseite ist Voraussetzung für die Erzeugung großen Quertriebes bei relativ geringem Widerstand. Das Stromlinienbild (Abb. 36b) zeigt, daß die Geschwindigkeit zuerst zunimmt, dann aber wieder zurückgeht. Infolge des damit verbundenen Druckanstiegs entsteht von der Hinterkante aus ein Rückströmungskeil, der die Grenzschicht von der Kontur löst und zur Bildung einer Wirbelschleppe führt. So entsteht der Wirbel- oder Druckwiderstand. Wird die laminare Grenzschicht turbulent, bevor sie sich ablöst, so bleibt die Strömung fast über die gesamte Profiltiefe „gesund“.

Abb. 36. Vorgänge und Kräfte am Tragflügel. **a)** Luftkräfte am Flügelprofil; **b)** schematisiertes Stromlinienbild des umströmten Profils; **c)** vereinfachtes Wirbelmodell des Tragflügels; **d)** Entwicklung der Grenzschicht am Flügelprofil, Grenzschichtdicke stark übertrieben; **e)** Polardiagramm eines rechteckigen Flügels mit der Streckung $\Lambda = 5$; die Zahlen an der Kurve sind die jeweiligen Anstellwinkel, die dünne Kurve gilt für den induzierten Widerstand allein.

α Anstellwinkel; Ab_{lam} Ablösungspunkt der laminaren Grenzschicht; Ab_{turb} Ablösungspunkt der turbulenten Grenzschicht; b Spannweite; F_A Quertrieb; *fW* freier Wirbel; F_W Widerstand; F_{Wi} induzierter Widerstand; *gW* gebundener Wirbel; *l* Profiltiefe; *lG* laminare Grenzschicht; *tG* turbulente Grenzschicht; *Prs* Profilsehne; *Um* Umschlagspunkt; *v* Anströmgeschwindigkeit.

Reibungs- und Druckwiderstand faßt man zum **Profilwiderstand** zusammen. Die Visitenkarte eines Flügels läßt sich am besten mit dimensionslosen Beiwerten darstellen: Querkraftbeiwert $c_a = 2F_A/(A\varrho v^2)$, Widerstandsbeiwerte $c_{wi} = 2F_{Wi}/(A\varrho v^2)$ und $c_{wp} = 2F_{Wp}/(A\varrho v^2)$, $c_w = c_{wi} + c_{wp}$. Im rechtwinkligen Koordinatensystem erhält man das Polardiagramm $c_a(c_w)$ mit dem Anstellwinkel als Parameter (Abb. 36e).

Das Verhältnis der bei der Umströmung wirkenden Beschleunigungskräfte zu den Reibungskräften ist für die Erhaltung einer gesunden Saugseitenströmung wichtig. Ablösung tritt um so eher ein, je kleiner dieser Quotient wird. Er ist durch die **Reynoldssche Kennzahl** gegeben: $Re = \varrho v l/\eta$ (l = Profiltiefe, Flügeltiefe, η = absolute Viskosität). Re hängt von Temperatur und Druck ab, läßt sich aber für Überschlagsrechnungen durch eine Faustformel angeben: $Re \approx v$ (in m/s) $\cdot\, l$ (in mm) $\cdot$ 70. Aus Abb. 37a ersieht man, daß dünne und spitznasige Flügelschnitte für kleines Re am besten geeignet sind. Bei ihnen liegt der Umschlagspunkt weit vorn. Das zeitige Entstehen einer turbulenten Grenzschicht kann außerdem durch Rauhigkeiten im Nasenteil der Saugseite erreicht werden. Die Re-Zahlen von Vogelflügeln liegen gehäuft in einem Bereich (10^4 bis 10^5), in dem konventionelle technische Tragflächenprofile schlecht sind. Man findet bei Vögeln dünne „Turbulenzprofile" im äußeren Flügelteil, während im Armflügel eher rundnasige und dicke Profile vorliegen (Abb. 37b). Man vermutet, daß die Deckfederstrukturen als Turbulenzgeneratoren wirken. Es gibt aber Hinweise, daß am Armflügel auch bei normalen Flugzuständen die Strömung abreißt. Der Vergleich mit Optimalprofilen aus dem Flugmodellbau für bestimmte Re-Zahl-Bereiche (Abb. 37c) zeigt, daß der Vogelflügel keine Bestlösung im aerodynamischen Sinne ist, sondern eher einen Kompromiß zwischen physikalischen Notwendigkeiten und den im Bauplan der Vorderextremität liegenden Realisierungsmöglichkeiten darstellt.

Einige **biotechnische Besonderheiten des Vogelflügels** verdienen Beachtung, deren Prinzipien heute in der Flugtechnik angewandt werden, wenn auch mit anderen konstruktiven Mitteln. Vogelflügel zeigen **variable Profilgeometrie.** Je größer die Wölbung eines Profiles ist, desto größer ist in gewissen Grenzen der erzielbare Quertrieb. Die Profilwölbung wird offenbar nur durch die Elastizität der Schwungfedern in Wechselwirkung mit der Größe der von der Geschwindigkeit abhängigen Luftkraft bewirkt (Abb. 38a). Ein bestimmtes Profil hat bei einer bestimmten Re-Zahl einen Höchstquertrieb. Weitere Anstellwinkelvergrößerung führt zum endgül-

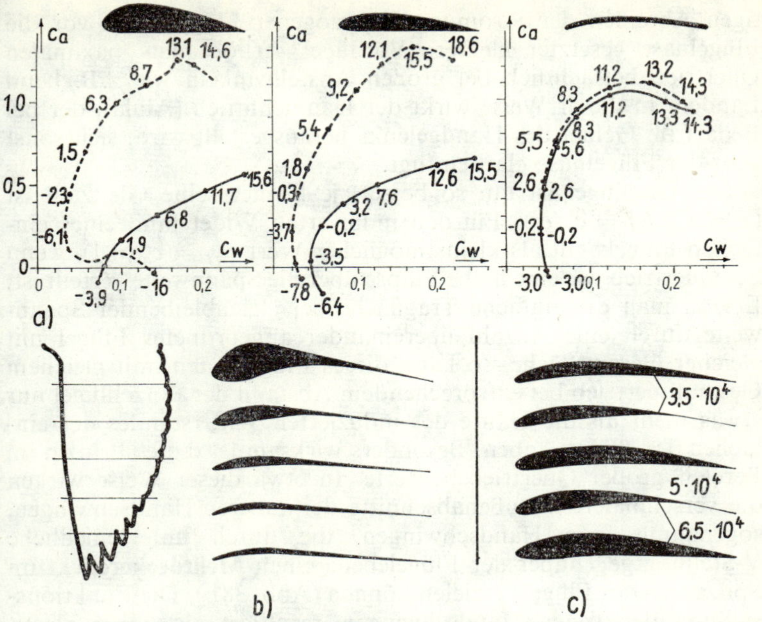

Abb. 37. Profilformen und Reynoldszahlen. **a)** Polardiagramme von Rechteckflügeln der Streckung $\Lambda = 5$ mit verschiedener Profilierung bei Re = 168000 (unterbrochen) und Re = 42000 (ausgezogen). Nach SCHMITZ (1960); **b)** Fügelprofile des Staren *(Sturnus vulgaris)* bei Anströmung mit v = 10 m/s, auf gleiche Profiltiefe gebracht. Nach OEHME (1970); **c)** optimale Profile von Segelflugmodellen für verschiedene Re-Zahlen. Nach GYMNICH (1962).

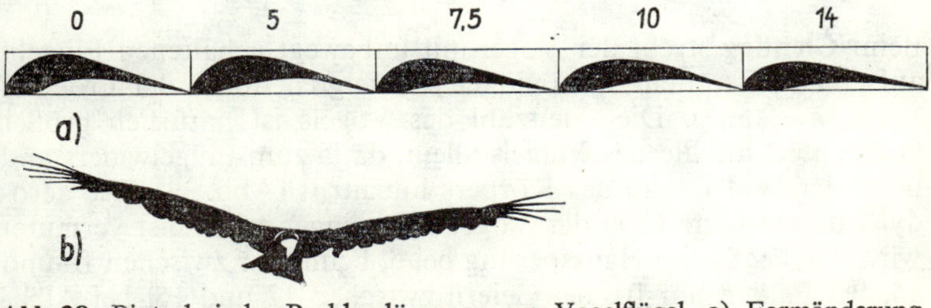

Abb. 38. Biotechnische Problemlösungen am Vogelflügel. **a)** Formänderung eines Armflügelprofils der Haustaube *(Columba livia)* bei einem Anstellwinkel von 6° mit zunehmender Anströmgeschwindigkeit (m/s). Nach NACHTIGALL u. WIESER (1966); **b)** Mehrdeckerposition der freien Handschwingen bei einem gleitenden Rabengeier *(Coragyps atratus)*.

tigen Abreißen der Strömung (überzogener Flügel). Ein vor die Flügelnase gesetzter kleiner „Vorflügel" erhöht den maximalen Quertrieb beträchtlich bei großen Anstellwinkeln wie z.B. beim Landen. In dieser Weise wirkt der Daumenfittich (Alula), der bei Bedarf im Gebiet des Handgelenks herausgestellt wird, sich sonst aber der Flügelnase glatt einfügt.

Ein Tragflügel ist um so besser, je kleiner seine Gleitzahl ist ($\varepsilon = F_W/F_A = c_w/c_a$). Für den induzierten Widerstand eines einfachen Flügels gilt als kleinstmöglicher Wert $c_{wi} = c_a^2/(\pi\Lambda)$, wenn der Quertrieb wie eine halbe Ellipse über die Spannweite verteilt ist. Ersetzt man die einfache Tragfläche bei gleichbleibender Spannweite durch eine Anzahl übereinander angeordneter Flügel mit gleicher Gesamtfläche, so kann dieses Flügelsystem mit gleichem Gesamtquertrieb bei entsprechendem Abstand der Einzelflügel nur etwas mehr als die Hälfte des induzierten Widerstandes der einfachen Tragfläche haben. Besonders wirksam ist dieses Prinzip im Bereich großer Quertriebsbeiwerte. In etwa dieser Weise wirken die verschmälerten Außenabschnitte der äußeren Handschwingen, sogenannte freie Handschwingen, die durch unterschiedliche V-Stellung gegenüber der Flügelebene einen **Mehrdeckereffekt** im Spitzenteil des Flügels erzielen können (Abb. 38b). Die Funktionsstellung der freien Handschwingen resultiert aus ihren elastischen Eigenschaften und den angreifenden Luftkräften. Je nach ihrer Anzahl, ihrer Winkelstellung zueinander und ihrem Flächenanteil kann eine Einsparung bis zu 15% des induzierten Widerstandes des Gesamtflügels angenommen werden.

6.3.2. Gleitflug und Segelflug

Beim **Gleitflug** strebt der Vogel mit unbewegt gehaltenen Flügeln auf einer unter dem Gleitwinkel γ geneigten Ebene der Erde zu. Es ist $\varepsilon = \tan \gamma$. Die Gleitzahl des Vogels ist natürlich größer (schlechter) als die des Flügels allein, da ja zum Flügelwiderstand noch der Widerstand des Körpers hinzutritt (Abb. 39). Die aerodynamische Güte ($1/\varepsilon$) der Vögel ist geringer, als meist vermutet wird. Sie liegt beim Haussperling bei 5, beim Star zwischen 10 und 14, bei Falken um 10, bei Geiern zwischen 12 und 15, bei Albatrossen etwa bei 17, bei Rekordsegelflugmodellen unter 20, bei modernen Leistungssegelflugzeugen vielfach zwischen 40 und 50. Es wäre aber verfehlt, den Vogelflug nur unter dem Gesichtswinkel e i n e r technischen Kenngröße zu sehen. Denn der Vogelorganismus ist nicht nur „Flugmaschine". Außerdem zeigt der Vogelflug Phänomene von hoher Effektivität, die in der Flugtechnik erst in jüngster Zeit bei erheblichem Aufwand Platz gegriffen haben. Neben der variablen Profilgeometrie sei noch die veränderliche Umrißgeometrie des Flügels genannt, die die Vögel vollendet einsetzen, um die Flächenbelastung (Gesamtgewicht/Flügelfläche) und damit Flug-

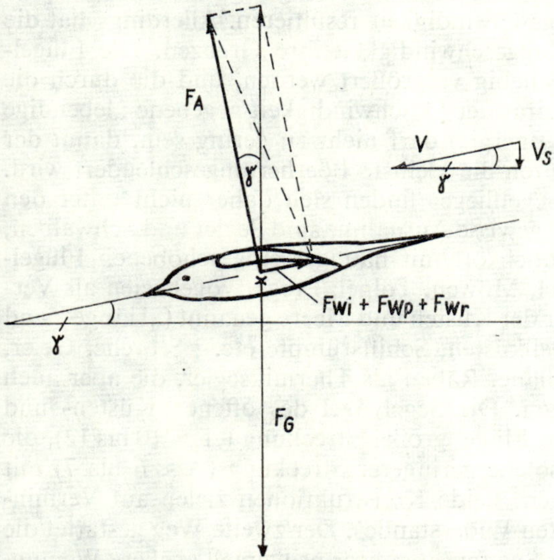

Abb. 39. Kräfte und Geschwindigkeiten im Gleitflug.
F_A Quertrieb; F_{Wi} induzierter Widerstand; F_{Wp} Profilwiderstand; F_{Wr} Rumpfwiderstand; F_G Gewichtskraft; γ Gleitwinkel; v Fluggeschwindigkeit; v_s Sinkgeschwindigkeit.

geschwindigkeit und Gleitzahl den Erfordernissen der jeweiligen Flugsituation anzupassen. Das wiederum hängt auch von der absoluten Größe ab, und man muß bedenken, daß eine konstruktive Realisierung bei einem nur einige kg Masse enthaltenden „Fluggerät" sehr gut sein kann, während sie bei einem solchen mit einer Masse von mehreren Tonnen völlig unbrauchbar wird. Der Einfluß der Größe wird auch am Beispiel der Segelflugtauglichkeit deutlich. **Segelflug** ist Gleitflug in einer aufsteigenden Luftmasse. Wenn deren Aufwärtsgeschwindigkeit gleich oder größer als der Höhenverlust des Gleitfluges in der Zeiteinheit (Sinkgeschwindigkeit v_s) ist, so fliegt der Vogel ohne Höhenverlust oder sogar mit Höhengewinn gegenüber der Erde. Aufsteigende Luftmassen (Aufwinde) entstehen durch Ablenkung des Windes an Dünen, Berghängen, Häusern, Waldrändern etc. als Hangaufwind oder durch unterschiedliche Erwärmung der Erdoberfläche bei Sonneneinstrahlung als aufsteigende Warmluftkamine (Thermik). Die Segelfähigkeit erfordert eine genügend kleine Sinkgeschwindigkeit: $v_s = v \cdot \sin \gamma$. Bei langsamem Flug kann auch bei weniger guter Gleitzahl eine relativ geringe Sinkgeschwindigkeit resultieren. Allerdings hat die Reduzierung der Fluggeschwindigkeit ihre Grenzen. Die Flügelfläche kann nicht beliebig vergrößert werden, und die durch die Masse und das Quadrat der Geschwindigkeit gegebene „lebendige Wucht" (kinetische Energie) darf nicht zu gering sein, damit der Segelflieger nicht durch die kleinste Böe herumgeschleudert wird. Die markantesten Segelflieger finden sich daher nicht unter den kleinen Vögeln. Eine gewisse Ausnahme sind Segler und Schwalben, aber sie operieren doch oft mit häufiger eingeschobenen Flügelschlägen. Sturmvögel, Möwen, Tölpel, Fregattvögel seien als Vertreter der Hangsegler der Küsten und Meere genannt („Hänge" sind Dünen, Klippen, Steilküsten, Schiffsrümpfe etc.); Störche, Geier, Adler, Bussarde, Milane, Raben als Thermiksegler, die aber auch Hangaufwinde nutzen. Die Segelvögel des offenen Küsten- und Meeresraumes haben Flügel großer Streckung ($\Lambda \approx 10$ bis 12), die „Landsegelflieger" solche geringerer Streckung ($\Lambda \approx 6$ bis 7) mit freien Handschwingen. Beide Konstruktionen zielen auf Verminderung des induzierten Widerstandes. Der zweite Weg gestattet die Einhaltung kleinerer Spannweiten, was prinzipiell größere Wendigkeit bedeuten kann.

Dem bisher geschilderten Segelflug (sogenannter statischer Segelflug) wird der Flug der Albatrosse als **dynamischer Segelflug** gegenübergestellt. Man nahm an, daß die Unterschiede der horizontalen Windgeschwindigkeit an der Meeresoberfläche gegenüber einer Höhe von 15 m so groß seien, daß ein Vogel diesen Geschwindigkeitsgradienten durch regelmäßigen Wechsel der Flugbahn zum Höhengewinn ausnutzen könnte. Die Wind- und Wellenverhältnisse in den Ozeanen der Südhalbkugel machen es aber wahrscheinlicher, daß dies nur eine untergeordnete Rolle spielt, daß vielmehr die Albatrosse Aufwinde an den über 4 m hohen Wellen (Aufwindgeschwindigkeiten um 2 m/s) ausnutzen. Sie sind wegen ihrer guten Gleitzahl ($\approx 1 : 17$), ihrer hohen Flächenbelastung ($\approx 160\ N/m^2$) und der hohen Fluggeschwindigkeit (15 m/s bis 20 m/s) zu diesem Sturmsegelflug gut geeignet Das Segeln im „Hangaufwind" von Wellen ist auch von Sturmvögeln bekannt.

6.3.3. Kraftflug

Am übersichtlichsten sind die Verhältnisse beim unbeschleunigten Horizontalflug. Der Schlagzyklus umfaßt den Abschlag, in dem der mächtigste Muskel des Vogelkörpers (M. pectoralis) in Aktion tritt, und den Aufschlag, dessen Ausführung im wesentlichen die weit schwächeren Flügelheber (M. supracoracoideus, M. deltoideus major) übernehmen, wenn er nicht durch aerodynamische Kräfte bewirkt wird (sogenannter passiver Aufschlag). Zwischen beiden Abschnitten liegen kurze Übergangsphasen. **Abschlag**: Die gestreckten Flügel überstreichen mit guter Näherung Kreissektoren, deren Ebene senkrecht zur Flugrichtung steht. Jeder Schnitt des Flügels wird mit einer anderen Geschwindigkeit unter einem anderen Winkel zur Flugrichtung angeblasen, da sich Fluggeschwindigkeit v und Schlagbahngeschwindigkeit $u = \omega r$ (ω = Winkelgeschwindigkeit, r = Abstand von der Drehachse im Schultergelenk) vektoriell addieren. Diese Geschwindigkeiten werden beim Durchtritt der erfaßten Luftmasse durch die Drehebene ähnlich wie bei einem Schraubenpropeller verändert: Es erfolgt im ganzen eine axiale Beschleunigung entgegen der Flugrichtung und eine tangentiale in Drehrichtung, jedoch unterschiedlich nach der Position des Flügelprofils auf der Flügellänge und seiner Einstellung in bezug auf die Drehachse. Am innersten Flügelteil tritt sogar eine axiale Verzögerung auf. Für einen Flügelschnitt lassen sich Anströmung und die daraus resultierenden Kräfte herleiten. Die Gesamtkraft und die erforderliche „Motorleistung" lassen sich näherungsweise berechnen, wenn Umrißgeometrie des Flügels und Charakteristika einer Anzahl von Flügelschnitten gegeben sind.

Der Vogelflügel weist im Abschlag ebenso wie ein Propellerflügel eine Verwindung auf, die schon durch die Zwangspronation der Hand durch den Gelenkapparat vorgegeben ist (s. 2.1.2.) und durch die erzeugten Luftkräfte verstärkt wird. Abb. 40a zeigt die Entstehung der beiden Kraftkomponenten Schub (in Flugrichtung) und Umfangskraft (entgegen der Drehrichtung). Der Schubanteil wird um so größer, je weiter außen der betreffende Flügelschnitt liegt. Im Gegensatz zum Propeller haben die beiden Schlagflügel entgegengesetzten Drehsinn. Während bei ersterem die Umfangskraft ein nicht genutztes notwendiges Übel ist, das so klein wie möglich gehalten werden muß, tritt sie bei letzteren mit einer vertikalen Komponente, dem Hub, in Erscheinung. Es hängt von der Größe des überstrichenen Schlagwinkels ab, wieviel von der Umfangskraft als mittlerer Hub während des Abschlages wirksam wird (Abb. 40b).

Das Verhältnis von Fluggeschwindigkeit zu Drehgeschwindigkeit an der Flügelspitze, der Fortschrittsgrad, ist beim Flügelschlag viel größer (meist zwischen 1 und 2) als an der Luftschraube (0,1 bis 0,3). Der Schubwirkungsgrad des Abschlages ist daher relativ niedrig.

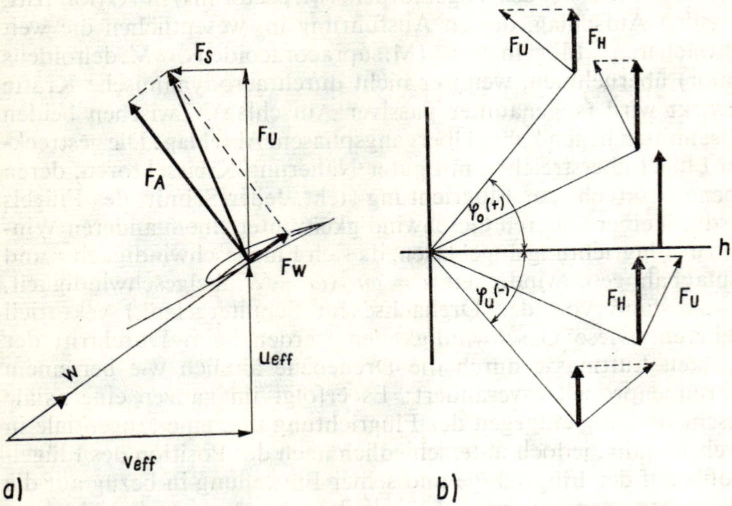

Abb. 40. Kräftespiel im Kraftflug. **a)** Geschwindigkeiten und Kräfte am Flügelschnitt beim Abschlag; **b)** Abhängigkeit der Hubausbeute vom Schlagwinkel.
φ_o oberster Flügelwinkel (über der Horizontalen); φ_u unterster Flügelwinkel (unter der Horizontalen); F_A Quertrieb; F_H Hub; F_S Schub; F_W Widerstand; F_U Umfangskraft; *h* Horizontale; u_{eff} effektive Schlagbahngeschwindigkeit; v_{eff} effektive Horizontalgeschwindigkeit; *w* resultierende Anströmgeschwindigkeit.

Aufschlag: Im einfachsten Fall faltet der Vogel nach Erreichen der tiefsten Abschlagstellung die Flügel zusammen, zieht sie an den Rumpf heran, hebt sie dabei und entfaltet sie zum neuen Abschlagsbeginn. Die Flügel werden so kaum als Quertriebskörper wirksam, erzeugen aber, da sie ja nicht vollständig in der Rumpfkontur verschwinden, einen gewissen zusätzlichen Widerstand.

Im Abschlag muß notwendigerweise soviel Überschuß von Hub und Schub erzeugt werden, daß der hub- und schublose Aufschlag überbrückt wird. Prinzipiell muß der Vogel daher periodische Beschleunigungen in vertikaler und horizontaler Richtung erfahren. Entsprechende Bewegungen des Massenmittelpunktes sind aber an frei fliegenden Vögeln meßtechnisch schwer zu erfassen, zumal diese Schwankungen gering sind wegen der schnellen Schlagfolge. Dieser Schlagmodus findet sich vorwiegend bei kleinen Vögeln. Hierbei wird der Aufschlag durch die genannten Hebemuskeln ausgeführt.

Bei der anderen Aufschlagsform, die bei größeren Vögeln verbreitet ist, wird nur der Oberarm an den Rumpf herangezogen, der Handflügel wird gefaltet und nach unten und hinten abgewinkelt. Die Armflügelfläche bleibt als Quertriebserzeuger erhalten. Der M. pectoralis muß durch seine Gegenspannung verhindern, daß die erzeugte Luftkraft den Flügel blitzschnell aufwärts dreht. Die passive Flügelhebung erfolgt relativ langsam, und ein guter Teil der Kraft wird auf den Körper als Hub übertragen. Aus der Drehbewegung resultiert eine Anströmung des Armflügels von oben vorn. Die Hinterkante des Flügels muß gesenkt werden, um einen entsprechenden Anstellwinkel zu erreichen, was durch den Zug des M. pectoralis am angelegten Oberarmknochen mit bewirkt wird. Die erzeugte Luftkraft ist nach hinten geneigt und liefert daher zusätzlichen Rücktrieb. Auch hier muß der Abschlag den Schub für den gesamten Zyklus aufbringen, während der Hub weniger stark pulsiert. Bei vielen kleinen Vögeln findet sich die zuerst geschilderte Aufschlagsform, aber bei Schwalben, Seglern und Bienenfressern die zweite. Grünling und Girlitz verfahren im Streckenflug nach der ersten, im „fledermausartigen" Balzflug nach der zweiten. Der Aufschlag bei Eichelhäher, Elster, Grünsprecht tendiert stark nach der ersten Form.

Abschließend sei bemerkt, daß die Analogie des Kräftespiels von Schlagflügelpaar und Luftschraube nur eine Näherung ist, weil die periodische Schwingenbewegung zu Abweichungen von der stationären Strömung am Propeller führt, wenn diese auch im Falle des horizontalen Schnellfluges nicht sehr groß sind.

Besondere Formen des Kraftfluges: Im Rüttelflug verharrt der Vogel gegenüber einem erdfesten Bezugspunkt auf der Stelle. Ein solcher Flug bei Windstille ist Rütteln im engeren Sinne, auch als Standschwebeflug bezeichnet. Dazu sind Vögel unterschiedlicher Größe befähigt von den winzigen Kolibris bis zu Mäusebussard und Fischadler. Beim Standschweben müssen die schwingenden Flügel die Luft abwärts beschleunigen und ein Analogon zum Hubstrahl des Hubschrauberrotors erzeugen, dessen Impuls der Größe nach gleich dem zu tragenden Gewicht ist. Die genannten instationären Verhältnisse treten nun recht stark in Erscheinung. Selbst wenn Ab- und Aufschlag in einer waagerechten Ebene mit gleichgroßen Luftkräften erfolgten, sind pulsierende Hubstrahlen zu erwarten. Die

Flugbewegung verläuft aber meist recht abweichend. Am ehesten entspricht der vor einer Blüte schwirrende Kolibri dem Idealfall (Abb. 41a). Bei einer Taube ist der Abschlag stark gegen die Waagerechte geneigt, und der Aufschlag erfolgt mit gebeugtem Arm, wobei die Hand stark rückwärts verdreht (supiniert) wird und die Handschwingen ein jalousieartiges Vieldeckersystem bilden (Abb. 41b). Hier wird der Aufschlag offensichtlich zur Luftkrafterzeugung ausgenutzt, aber in geringerem Maße als der Abschlag (Rütteltyp I). Ein Rotschwanz (Abb. 41c) produziert den nötigen Hub aber nur im Abschlag und faltet die Flügel im Aufschlag ähnlich wie im Streckenflug zusammen (Rütteltyp II). Viele Kleinvögel rütteln so, z.B. Eisvögel, Würger, Fliegenschnäpper, Grasmücken, Rohrsänger, Goldhähnchen, Nektarvögel, Meisen, Sperlinge, Stare, aber auch die größere Dohle. Andererseits rütteln Zwergseeschwalbe, Wellensittich, Rosenköpfchen und Rauchschwalbe nach dem bei größeren Vögeln verbreiteten Typ I. Eigenartigerweise sind nach bisherigen Feststellungen bei Arten, die Typ I realisieren, die Flügelheber nicht kräftiger entwickelt als bei denen, die dem Typ II folgen. Hier harren noch flugbiophysikalische und physiologische Fragen der Lösung.

Abgewandelte Formen des Standschwebefluges setzen viele Vögel ein, um vor der Landung abzubremsen, steil aufzufliegen oder in stark verlangsamtem Horizontalflug („Bremsflug") über einem kleinen Gebiet umherzufliegen. In diesen Fällen tritt eine Vorwärtsgeschwindigkeit auf, die zur Luftkrafterzeugung beiträgt. Vögel, die exaktes Standschweben nur einige Sekunden aushalten, fliegen wesentlich ausdauernder in diesen Flugzuständen wie z.B. Lachmöwen, Tauben, Stare und Drongos. In der freien Natur tritt absolute Windstille praktisch nie ein, so daß beim „Rütteln gegen den Wind" die Verhältnisse des Bremsfluges mehr oder weniger zutreffen.

Der Energieumsatz steigt beim Kraftflug stark an. Man hat das Vier- bis Siebenundzwanzigfache des Grundumsatzes bei verschiedenen Arten je nach Flugweise festgestellt. Aus Stoffwechseluntersuchungen und aus Berechnungen auf der Basis morphologischer und kinematischer Ausgangswerte erhält man sehr ähnliche Kurven der Abhängigkeit der Leistung von der Fluggeschwindigkeit (Abb. 42). Wichtig sind zwei Geschwindigkeiten: diejenige, bei der die erforderliche Leistung ein Minimum wird, und diejenige, bei der der Energieaufwand pro Einheit der Flugstrecke bei Windstille (spezifische Transportenergie) minimal wird. Beim Flug nach einem Ziel spielt die „Geschwindigkeit über Grund" eine große

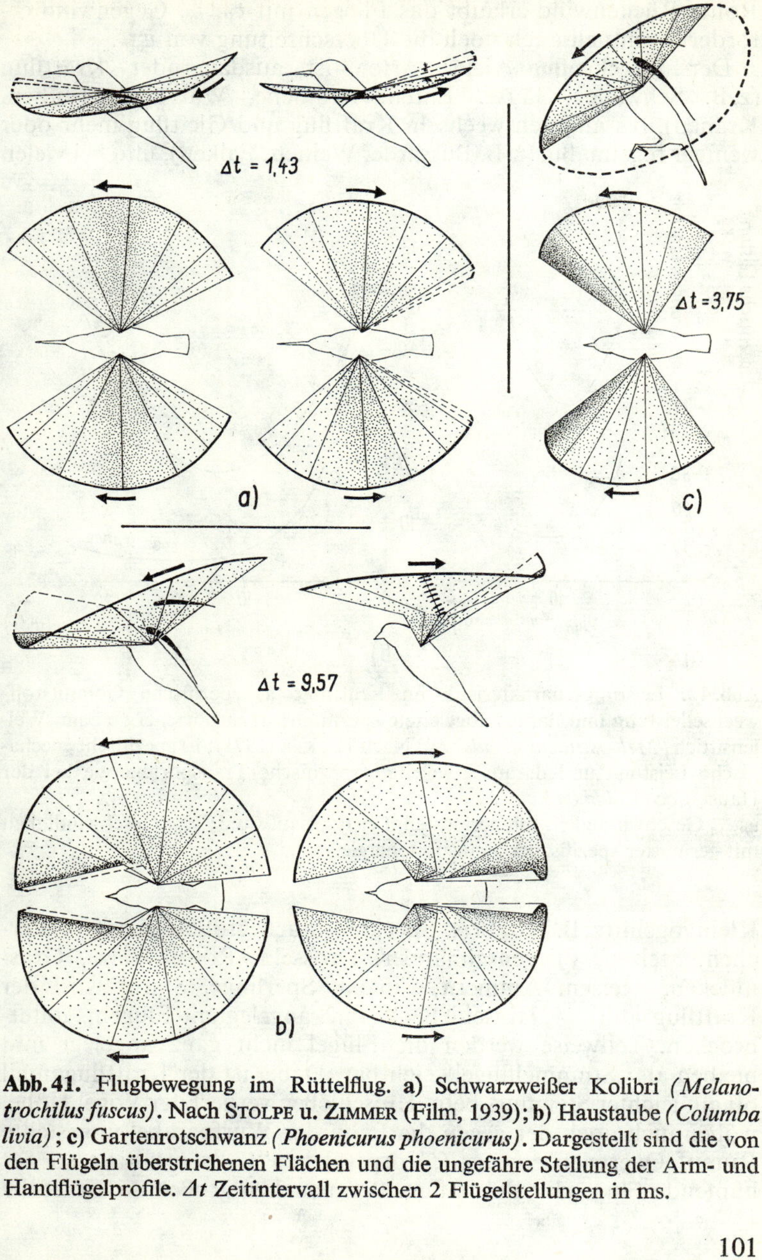

Abb. 41. Flugbewegung im Rüttelflug. **a)** Schwarzweißer Kolibri *(Melanotrochilus fuscus)*. Nach STOLPE u. ZIMMER (Film, 1939); **b)** Haustaube *(Columba livia)*; **c)** Gartenrotschwanz *(Phoenicurus phoenicurus)*. Dargestellt sind die von den Flügeln überstrichenen Flächen und die ungefähre Stellung der Arm- und Handflügelprofile. Δt Zeitintervall zwischen 2 Flügelstellungen in ms.

Rolle, Rückenwind erlaubt das Fliegen mit $v_{P\,min}$, Gegenwind erfordert eventuell auch noch die Überschreitung von v_{opt}.

Der **Streckenflug** vieler Arten ist ausdauernder Kraftflug (z. B. Schwäne, Gänse, Enten, Kraniche, Watvögel, Tauben, Krähen), bei anderen wechseln Kraftflug und Gleitflug mehr oder weniger regelmäßig (z. B. Bussarde, Weihen, Falken), und bei vielen

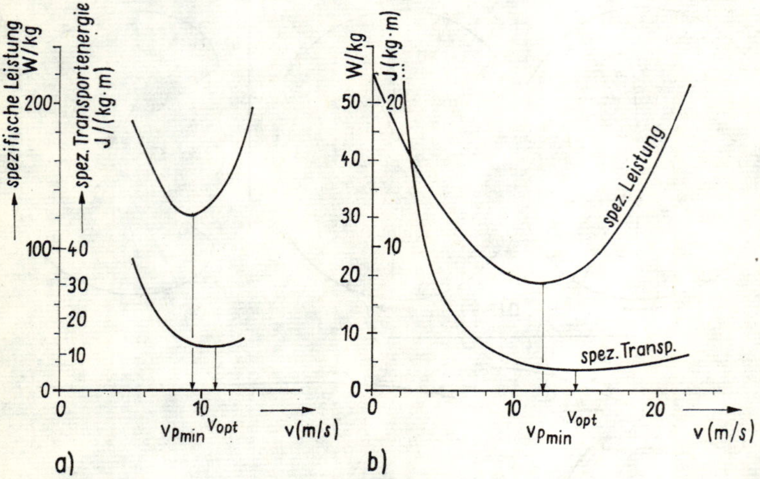

Abb. 42. Leistungscharakteristik im Kraftflug. **a**) spezifische Gesamtstoffwechselleistung und daraus abgeleitete spezifische Transportenergie beim Wellensittich *(Melopsittacus undulatus)*. Nach Tucker (1971); **b**) spezifische mechanische Leistung und daraus abgeleitete spezifische Transportenergie bei der Haustaube *(Columba livia)*.
$v_{P\,min}$ Geschwindigkeit mit geringstem Leistungsaufwand; v_{opt} Geschwindigkeit mit geringster spezifischer Transportenergie.

Kleinvögeln (z. B. Kolibris, Spechte – auch größere Arten –, Lerchen, Stelzen, Fliegenschnäpper, Drosseln, Rotschwänze, Grasmücken, Meisen, Ammern, Finken, Sperlinge, Stare) wird der Kraftflug durch „Hinschießen“ mit angelegten Flügeln unterbrochen. Teilweise werden die Flügel nicht ganz angelegt und bleiben als „Stummelflügel“ sichtbar. Dabei ist der Kraftfluganteil oft ein leichter Steigflug, beim Hinschießen verliert der Vogel Höhe, wobei auch noch der gegen die Bahn der Wurfparabel angestellte Rumpf Quertrieb erzeugt („Körpergleiten“). Es resultiert so der hüpfende Flug oder Bolzenflug. Bei manchen großen Arten ist die

Fähigkeit zu effektivem Segelflug offensichtlich als Anpassung an einen möglichst sparsamen Energiehaushalt entstanden, denn die Leistung, die während des Segelns in Form von Haltearbeit der Flügelsenker aufzubringen ist, beträgt weniger als 5% der im Kraftflug erforderlichen Leistung.

6.3.4. Flugmanöver und Fluggeschwindigkeit

Kleine und mittelgroße Vögel fliegen beim Start vielfach waagerecht oder in flachem Steigflug auf, wobei die Katapultwirkung des schnellen Durchstreckens der Beine einen wesentlichen Teil der nötigen Anfangsbeschleunigung liefert. Rüttelflugähnliche Flugweise ermöglicht z.B. bei Tauben und Schwimmenten steileres Auffliegen. Andere Arten mit hoher Flächenbelastung bedürfen einer mehr oder weniger langen „Rollstrecke", um die zum Abheben notwendige Geschwindigkeit zu erreichen – beispielsweise Schwäne, Gänse, Tauchenten beim Start vom Wasser; Geier, Adler, Störche beim Start mit Anlauf vom Boden. Von erhöhten Punkten lassen sich größere Arten fallen und entfalten dann erst die Flügel. Der Start erfolgt bei großen Vögeln regelmäßig gegen den Wind, weil die Geschwindigkeit gegenüber der Luft entscheidend ist, während viele kleinere Arten auch mit Rücken- und Seitenwind nicht zu großer Stärke auffliegen.

Bei der **Landung** muß die Geschwindigkeit gegenüber dem Untergrund möglichst verringert werden, um die Beanspruchung der Beine auf Scherung und Biegung klein zu halten. Vielfach wird der erwähnte Bremsflug eingesetzt. Große und schwere Vögel gehen gegen den Wind nieder und gleiten dabei mit großen Anstellwinkeln und abgespreiztem Daumenfittich. Ein breit gefächerter und nach unten eingeschlagener Schwanz erzeugt zusätzlich Widerstand und Hub. Widerstandsflächen als Luftbremsen sind auch die abgespreizten Schwimmfüße z.B. von Gänsen, Enten und Tölpeln. Eine andere Methode, die Berührungsgeschwindigkeit herunterzusetzen, ist die Unterfliegungslandung. Der Vogel richtet die Gleitbahn auf einen Punkt unter dem Landeziel und reduziert dann die Geschwindigkeit durch einen steilen Steigflug bis zum Aufsetzpunkt, wobei die Flügel zum Schluß überzogen werden und großen Widerstand liefern.

Die **Höhensteuerung** erfolgt durch Aufrichten oder Neigen der Körperlängsachse (Kippbewegungen). Negative Pfeilung der Flügel rückt den Angriffspunkt der Gesamtluftkraft vor den Massenmittelpunkt. Das entstehende Drehmoment richtet die Längsachse auf. Neigung wird durch positive Pfeilung bewirkt. Im Kraftflug hat die entsprechende Verlagerung der Schlagebene die gleiche Wirkung. In besonderen Flugzuständen, etwa beim Abfangen aus dem Sturzflug oder beim Bremsflug wird auch der nach oben oder unten ausgeschlagene Schwanz wie das Höhenruder des Flugzeugs eingesetzt.

Kurvenflug wird durch Änderung der Querneigung herbeigeführt (Drehung um die Längsachse, Rollbewegung). Der Quertrieb wird durch Anstellwinkelvergrößerung am Außenflügel erhöht, durch Anstellwinkelverkleinerung am Innenflügel vermindert. Quertriebsminderung wird auch durch dessen Beugung in Form von Flächenverringerung erreicht. Meist wirken beide Verfahren zusammen, weil es so besser gelingt, den Widerstand an beiden Flügeln etwa gleich groß zu halten. Quertriebserhöhung bedeutet auch Widerstandsvergrößerung, und das führt zu einer Drehung um die Hochachse (Gierbewegung) gegen den Richtungssinn der Kurve, für deren Kompensation ein Steuerorgan fehlt, das dem Seitenruder des Flugzeugs entspräche. Rollmomente werden auch durch den in sich verdrehten Schwanz erzeugt: Die Seite, nach der die Drehung erfolgen soll, wird gehoben, die andere gesenkt. Diese „Querruderwirkung“ des Schwanzes wird vor allem zum Ausgleich von Querneigungsschwankungen benutzt und läßt sich an segelnden Vögeln regelmäßig beobachten. Flache Kurven im Kraftflug werden wahrscheinlich durch geringfügige Vergrößerung von Schlag- und Anstellwinkel des Außenflügels gesteuert. Schnelle Wendungen in rüttelflugähnlichen Zuständen werden häufig durch Aufhebung der Synchronisation der beiden Flügel bewirkt. Der Innenflügel schlägt entweder mit geringerer Amplitude und langsamer, oder er wird ganz angehalten oder auch gefaltet. Schwerpunktverlagerung gegenüber dem Angriffspunkt der Luftkraft kann durch Vorstrecken oder Anziehen der Beine und des Halses als Kippbewegung erfolgen oder durch Seitabstrecken der Beine als Rollbewegung.

Rollen bis in die Rückenlage, teils auch eine volle Drehung um die Längsachse, wird durch starke gegensinnige Anstellwinkelveränderung an beiden Flügeln gesteuert (z.B. Adler, Bussarde, Weihen, Mauersegler, Saatkrähen, Dohlen). Aus der Rückenlage gehen Milane, Weihen und Dohlen oft zum Sturzflug über. Kleine Vögel wie Kolibris, Fliegenschnäpper, Rotschwänze und Goldhähnchen können aus dem Standschweben heraus mehr oder weniger lange rückwärts fliegen, was im wesentlichen durch Verstellung der Flügelschlagbahn erreicht wird.

Die freien Wirbel des starren Tragflügels (s. 6.3.1.) erzeugen seitlich vom Flügel eine Aufwärtsbewegung der Luft. Ein Flügel in diesem Aufwindfeld, das unmittelbar neben dem erzeugenden Flügel am stärksten ist, braucht weniger Hub zu produzieren, als wenn er allein fliegt. Flugzeuge im Verband erzielen so eine Gesamtleistungsersparnis. Es lassen sich **Flugformationen** berechnen, wo sogar auf jedes Mitglied des Verbandes etwa die gleiche individuelle Ersparnis entfällt. Wesentlich ist, daß die Flugzeuge auf gleicher Höhe seitlich gegeneinander versetzt fliegen. Es ist anzunehmen, daß der Keilflug von Gänsen, Enten und Kranichen den gleichen Effekt hat. Offen bleibt noch, wie stark der Einfluß des Wechsels der Drehachsenrichtungen der freien Wirbel während des Schlagzyklus ist, und ob eine Abstimmung im Sinne einer Phasenbeziehung der Flügelschläge vorliegt. Stare, Krähen und viele kleine Singvögel fliegen in „Verbänden“, die nicht nur eine Ausdehnung nach der Seite, sondern vor allem in der Höhe und in Flugrichtung haben. In solchen Schwärmen ist auch nach dem Modell der starren Flügel keine Energieeinsparung zu erwarten, sondern die Vorteile sind wahrscheinlich in anderen Funktionen, wie Kommunikation oder Feindabwehr, zu suchen, die auch bei den „echten“ Verbandsfliegern eine Rolle spielen können.

Über die **Fluggeschwindigkeiten** der Vögel bestehen oft noch recht übertriebene Vorstellungen. Immerhin haben Freilanduntersuchungen mit modernen Meßgeräten und experimentelle Arbeiten in Windkanälen das Bild von den Vogelgeschwindigkeiten präzisiert. Im ausdauernden Streckenflug bleiben alle Arten unter der Grenze von 100 km/h (3,6 km/h = 1 m/s). Überschreitungen sind kurzfristige Höchstleistungen. Zu den schnellsten Fliegern gehören Gänse- und Entenarten (um 90 km/h). Der Mauersegler, dem „rasender“ Flug zugeschrieben wird, fliegt gewöhnlich mit 60 bis 70 km/h, gelegentlich kommt er an die 100-km/h-Grenze heran, überschreitet sie wohl auch bei abwärts geneigter Flugbahn. Greifvögel sind mit 35 bis 60 km/h relativ langsame Streckenflieger, nur beim Angriffsflug auf die Beute steigern sie sich kurzfristig bis an die 100-km/h-Marke. Die dem Wanderfalken im Steilstoß nachgesagte Geschwindigkeit von 350 km/h ist bisher nicht durch genauere Messungen bestätigt worden. Die Haustaube ist mit etwa 80 km/h an ihrer Leistungsgrenze, und die meisten Singvögel fliegen mit Geschwindigkeiten zwischen 30 und 50 km/h.

7. Fortpflanzung

7.1. Geschlechtsorgane, Keimzellen, Eibildung

Die männlichen Keimdrüsen (Gonaden) sind die paarigen **Hoden** (Testes). Sie liegen an der Dorsalsseite der Leibeshöhle ventral vom kranialen Ende der Nieren und sind in der Regel weiß bis gelblich gefärbt, im Ruhezustand auch schwärzlich. Jeder Hoden besteht innerhalb einer bindegewebigen Hülle aus ineinander verschlungenen Kanälchen (Tubuli seminiferi). Zwischen ihnen finden sich die Leydigschen Zwischenzellen, die das Testosteron produzieren, und teilweise auch Pigmentzellen. An den Wänden der Hodenkanälchen liegen die Ursamenzellen (Spermatogonien), die sich durch normale Zellteilungen (Mitosen) vermehren und eine große Zahl diploider Spermatozyten 1. Ordnung liefern. Diese werden durch die beiden Reifeteilungen (Meiose I und II) zu je vier haploiden Spermatiden, die sich zu geschwänzten Spermien umwandeln, welche vor ihrer Freisetzung in das Kanälchenlumen in den Zelleib der Sertolischen Fußzellen, umgewandelten Spermatogonien, eingebettet sind. Im Ruhezustand ist der Hoden klein, kaum größer als die in seiner unmittelbaren Nachbarschaft liegende Nebenniere, im aktiven Zustand ist er stark vergrößert. Sein Volumen kann dann bis auf den 500fachen Betrag anwachsen (Abb. 43). Aus den Tubuli gelangen die Spermien in die den Hoden flach anliegenden **Nebenhoden** und von dort in die **Samenleiter**. Diese ziehen als schmale, leicht geschlängelte Gänge neben den Harnleitern zur Kloake, wo sie auf einer Papille münden.

Bei Kiwis, Straußen, Emus, Nandus, Kasuaren, den Tinamus und den Gänseartigen trägt der äußere Kloakenabschnitt ein ausschachtbares Begattungsorgan (Penis), das dem der Krokodile ähnelt, bei Hühnervögeln tritt ein zurückgebildetes penisähnliches Organ auf, bei den meisten Arten fehlt es überhaupt, aber häufiger findet sich ein Steißzapfen.

Die weibliche Keimdrüse, der **Eierstock** (Ovarium) ist nur links-

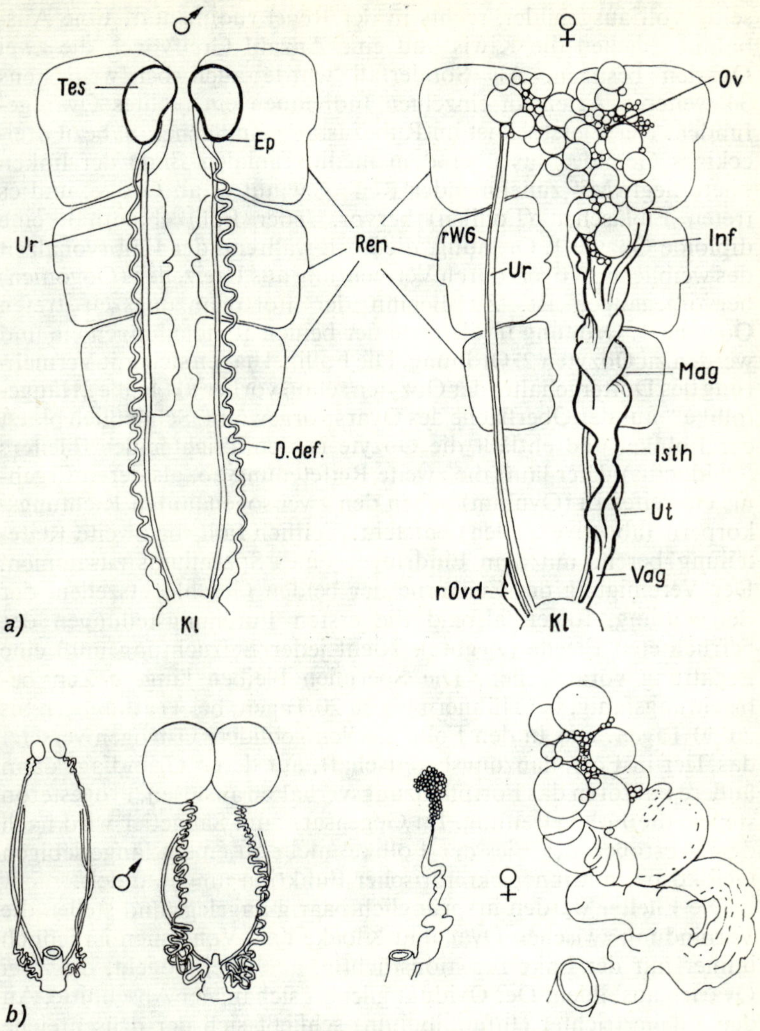

Abb. 43. Geschlechtsorgane des Vogels. **a)** schematisierte Ventralansicht. Nach Kummerloeve aus Berndt u. Meise (1959); **b)** Geschlechtsorgane des Haussperlings *(Passer domesticus)* im inaktiven (jeweils links) und aktiven (jeweils rechts) Zustand. Nach Welty (1975).

D. def. Ductus deferens (Samenleiter); *Ep* Epididymis (Nebenhoden); *Inf* Infundibulum (Eileitertrichter); *Isth* Isthmus (Eileiterenge); *Kl* Kloake; *Mag* Magnum (Eiweißabschnitt des Eileiters); *Ov* Ovarium (Eierstock); *Ren* Ren (Niere); *rOvd* rudimentärer Ovidukt (Eileiter); *rWG* rudimentärer Wolffscher Gang (≙ Samenleiter); *Tes* Testis (Hoden); *Ur* Ureter (Harnleiter); *Ut* Uterus (Kalkkammer); *Vag* Vagina (Scheide).

seitig voll ausgebildet, rechts in der Regel rudimentär. Eine Ausnahme machen die Kiwis und eine Anzahl Greifvögel, die zwei Ovarien besitzen. Als Sonderfall wurde auch bei wenigstens 34 weiteren Arten an einzelnen Individuen ein rechtes Ovar gefunden. Der Eierstock ist im Ruhezustand ein flaches, nahezu dreieckiges Gebilde, das über dem mediokranialen Ende der linken Niere liegt. Mit zunehmender Reife gewinnt es an Größe, und es treten Eibläschen (Follikel) hervor. Jeder Follikel enthält eine diploide Oozyte 1. Ordnung, die noch während der Embryonalzeit des weiblichen Vogels durch Vermehrung aus Ureizellen (Oogonien) hervorgegangen ist. Zu Beginn der Fortpflanzungszeit treten Oozyten 1. Ordnung in die erste der beiden Reifeteilungen ein und werden zu Oozyten 2. Ordnung. Die Follikel haben sich mit Vermehrung des Dottergehaltes der Oozyten schon vorher als große „Hängefollikel" aus der Oberfläche des Ovars vorgewölbt. Schließlich platzt der Follikel und entläßt die Oozyte in den Trichter des Eileiters (Oviductus). Hier läuft die zweite Reifeteilung ab, als deren Ergebnis ein reifes Ei (Ovulum) neben den zwei sogenannten Richtungskörpern (abortive Zellen) entsteht. Zeitlich fällt die zweite Reifeteilung bereits mit dem Eindringen eines Spermiums zusammen. Der Vereinigung der Zellkerne der beiden Geschlechtszellen, der Befruchtung, folgen alsbald die ersten Furchungsteilungen der befruchteten Eizelle (Zygote). Nicht jeder Befruchtung muß eine Begattung vorausgehen. Die Spermien bleiben längere Zeit befruchtungsfähig, bei Hühnern bis zu 20 Tagen, bei Truthühnern bis zu 30 Tagen. Das in den Follikelzellen gebildete Östrogen versetzt das Tier in Fortpflanzungsbereitschaft, auf deren Grundlage dann äußere Faktoren das Fortpflanzungsverhalten auslösen. Progesteron steuert die Follikelreifung. Im Gegensatz zum Säugetier wird nach dem Abstoßen des Eies der Follikel nicht zu einem längerlebigen Gelbkörper mit innersekretorischer Funktion umgewandelt.

Die **Eileiter** werden ursprünglich paarig angelegt und stellen die Verbindung zwischen Ovar und Kloake dar. Von ihnen ist jedoch immer nur der linke funktionstüchtig, auch bei Vögeln, die zwei Ovarien ausbilden. Der Ovidukt gliedert sich in vier Abschnitte. An den Eileitertrichter (Infundibulum) schließt sich der drüsenreiche Eiweißabschnitt (Magnum) an. In diesen ersten beiden Abschnitten erhält die Dotterkugel mit der aus den ersten Furchungsstadien bestehenden Keimscheibe den größten Teil ihrer Eiklarhülle. Es folgt die Verengung (Isthmus). Hier werden die beiden Schalenhäute zugefügt. Vorher wird das Ei noch mit einem weiteren kleineren Proteinanteil des Eiklars ausgestattet. Die Schalenhäute weichen am stumpfen Eipol auseinander und bilden die Luftkammer. Durch die drehende Bewegung, die das Ei bei der Passage des Eileiters macht, verdichten sich die fädigen Eiweißbestandteile des Eiklars an den Eipolen zu je einer Hagelschnur. Diese sind mit der inneren Schalenhaut verbunden und bilden eine elastische Aufhängung für die Dotterkugel mit der Embryonalanlage. Das Ei gelangt dann in den kalkdrüsenreichen zum Eileiter gehörenden **Uterus**. Hier erfolgt

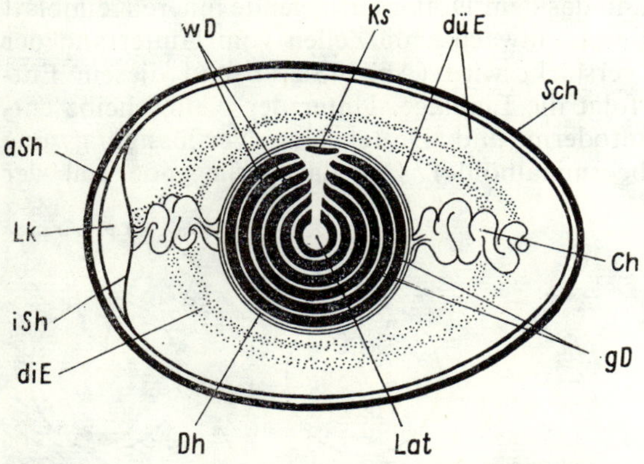

Abb. 44. Schema des Vogeleies. Nach SCHUMMER (1973).
aSh äußere Schalenhaut; *Ch* Chalaza (Hagelschnur); *Dh* Dotterhaut; *diE* dickflüssiges Eiklar; *düE* dünnflüssiges Eiklar; *gD* gelber Dotter; *iSh* innere Schalenhaut; *Ks* Keimscheibe; *Lat* Latebra; *Lk* Luftkammer; *Sch* Kalkschale; *wD* weißer Dotter.

eine starke Zufuhr wäßriger Lösungen, vor allem von Salzen, in das Eiklar und die Bildung der Kalkschale. Sie ist dreischichtig und weist von innen nach außen eine Mamillenschicht, eine Schwammschicht und ein Oberhäutchen (Kutikula) auf. Ihr poröser Aufbau ermöglicht nach der Eiablage den Gasaustausch zwischen dem Keimling und der Außenluft. Das Ei (Abb. 44) verläßt den mütterlichen Körper durch den letzten Abschnitt des Eileiters, die muskulöse **Vagina**, und durch die Kloake. Beim Hühnerei beträgt der Wassergehalt des Eiklars 88%, der des Dotters 49%, wozu noch 22% Fette, 11% fettähnliche Stoffe und 17% Proteine kommen. Der Anteil des Dotters am Ei ist am größten bei Nestflüchtern (30% bis 40%), während er bei Nesthockern nur 18% bis 20% beträgt.

7.2. Keimesentwicklung

Die Furchung (Abb. 45a–c) ist infolge der großen Dottermenge der Eizelle partiell, d.h., sie erfaßt nicht die gesamte befruchtete Zelle, und ihrer Form nach diskoidal, d.h., sie beschränkt sich auf ein scheibenförmiges Feld, die **Keimscheibe.** Hier kommt es zu lebhaften Kernteilungen. Es entsteht das aus kleinen Zellen bestehende mehrschichtige Blastoderm. Dieses sondert sich in das äußere Keimblatt (Ektoderm) und das dem Dotter aufliegende innere Keimblatt (Entoderm), das durch einwachsende Zellen vom Hinterrand der Keimscheibe her verstärkt wird (Abb. 45d–f). Auf diesem Entwicklungsstand erfolgt die Eiablage. Unter der Keimscheibe entsteht zwischen Entoderm und Dotter eine Verflüssigungszone (Dotterhöhle, Subgerminalhöhle). Der darüberliegende Teil der

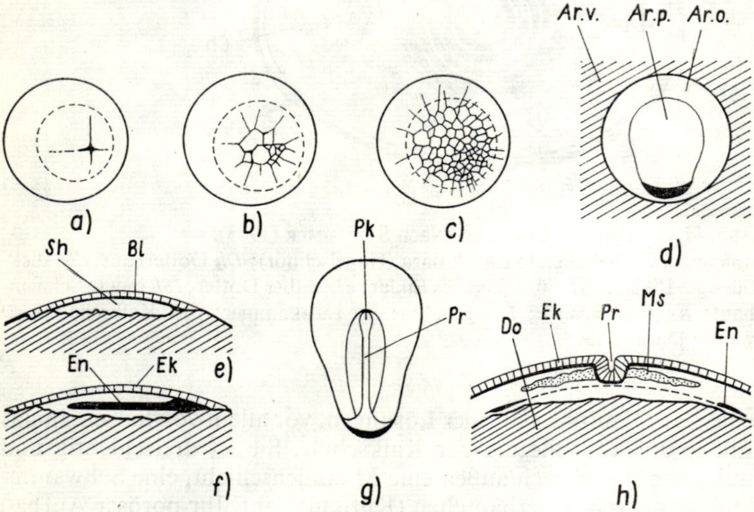

Abb. 45. Furchung und Keimblätterbildung. Nach Remane, Storch u. Welsch (1974). **a)–c)** Flächenansicht der sich furchenden Keimscheibe; **d)** Flächenansicht im Stadium der Entodermbildung; **e), f)** Längsschnitt durch die Keimscheibe zur Zeit der Entodermbildung; **g)** Flächenansicht der Keimscheibe zur Zeit der Mesodermbildung; **h)** Querschnitt durch die Keimscheibe zur Zeit der Mesodermbildung.

Ar. o. Area opaca; *Ar. p.* Area pellucida; *Ar. v.* Area vitellina; *Bl* Blastoderm; *Do* Dotter; *Ek* Ektoderm (äußeres Keimblatt); *En* Entoderm (inneres Keimblatt); *Ms* Mesoderm (mittleres Keimblatt); *Pk* Primitivknoten; *Pr* Primitivrinne; *Sh* Subgerminalhöhle.

zweiblättrigen Keimscheibe hebt sich als helle Zone (Area pellucida) deutlich ab, während ihr äußerer, dem Dotter aufliegender Teil undurchsichtig ist (Area opaca). Wenn das Ei nach dem Legen erkaltet, kommt die Embryonalentwicklung zunächst zum Stillstand. Mit Brutbeginn setzt sie alsbald wieder stürmisch ein. Sie ist gekennzeichnet durch das auf Verdickung des Ektoderms beruhende Vorwachsen des sogenannten **Primitivstreifens** vom Hinterrand des Keimlings her. Auf diesem Streifen entsteht eine Rinne (Primitivrinne), die sich vorn zum Primitivknoten verdickt (Abb. 45g). Primitivrinne und Primitivknoten entsprechen dem sogenannten Urmund des Keimlings niederer Wirbeltiere. Auf diesem Stadium entsteht das dritte, das mittlere Keimblatt (Mesoderm) (Abb. 45h). Über die Weiterentwicklung des nun dreischichtigen Keimes, die Bildung der **Organanlagen** und ihre Differenzierung in ihren Details geben ältere und neuere Hand- und Lehrbücher Auskunft. Gerade am Vogelkeim, insbesondere am Haushuhn, wurden schon sehr früh grundlegende Einsichten in die Ontogenese der höheren Wirbeltiere gewonnen. Bei normalem Ablauf der Embryonalentwicklung gehen aus dem Ektoderm hervor: die Epidermis mit ihren Derivaten (Federn, Schuppen), die Epithelien des Vorder- und Enddarmes, das Nervensystem und die nervösen Elemente der Sinnesorgane; das Entoderm liefert: Mitteldarm, Leber, Pankreas, Lunge und die nur während der Keimesentwicklung auftretende Rückensaite (Chorda dorsalis); aus dem Mesoderm entstehen: Blut und Blutgefäße, Exkretionsorgane, Geschlechtsorgane, Muskulatur, Skelett, Bindegewebe, Epithelien der Leibeshöhle und ihre Abkömmlinge.

Gleichzeitig mit der beginnenden Organdifferenzierung entstehen die **Embryonalhüllen** (Abb. 46). Seitlich des Keimlings wölbt sich das Ektoderm der Keimscheibe und später auch das Mesoderm zu Falten auf. Sie umwachsen den Embryo, verschmelzen über ihm und bilden so das äußere Chorion und das innere Amnion. Innerhalb der mit Flüssigkeit gefüllten Amnionhöhle entwickelt sich der Vogelkörper, gegen Erschütterung und Austrocknung geschützt. Die entodermalen und mesodermalen unteren Randbezirke der Keimscheibe umwachsen die Dotterkugel und bilden den Dottersack. Bei Nestflüchtern ist ein Teil des Dotters als „Kückendotter" noch zur Schlupfzeit erhalten. Es dient als Energiequelle bis zur ersten Nahrungsaufnahme. Sehr früh entwickelt sich aus einer Darmausstülpung der Harnsack (Allantois). Er dient der Speicherung der Endprodukte des Stickstoffstoffwechsels in Form der nur wenig in Wasser löslichen Harnsäure. Die Allantois dehnt sich dabei stark aus, und die Mesodermschichten des Chorions und der Allantois verbinden sich über weite Bezirke miteinander. So entsteht das Allantochorion, das direkten Kontakt mit den Schalenhäuten (Luftkammer!) gewinnt und durch auswachsende Gefäße zu einem Gasaustauschorgan des Embryos wird. Die sich immer weiter vergrößernde Allantois drängt das Eiklar von der inneren Schalenhaut ab und umwächst es zu einem Eiklarsack. Im Endstadium der Ent-

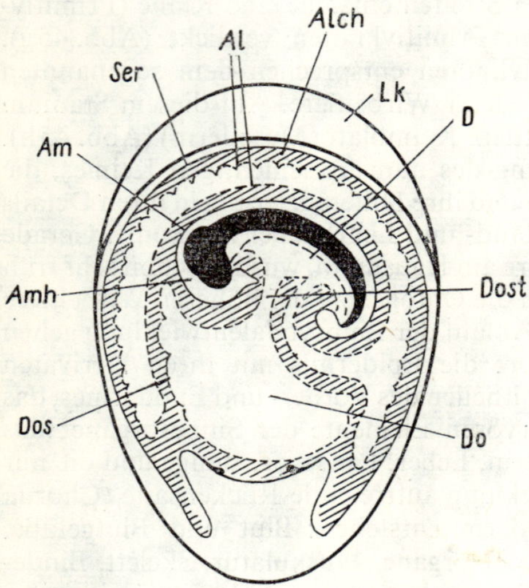

Abb. 46. Embryonalhüllen. Nach PFLUGFELDER (1962). *Al* Allantoisentoderm; *Alch* Allantochorion; *Am* Amnionektoderm; *Amh* Amnionhöhle; *D* Darmentoderm; *Do* Dotter; *Dos* Dottersackentoderm; *Dost* Dottersackstiel; *Lk* Luftkammer; *Ser* Serosa (Chorionektoderm).

wicklung bricht dieser in die Amnionhöhle durch, das Eiklar vermischt sich mit der Amnionflüssigkeit und wird von dem jungen Vogel verschluckt und verdaut.

Mit zunehmendem Wachstum dreht sich das Junge in der Schale so, daß die Schnabelspitze, die einen harten kalkhaltigen Eizahn trägt, etwas seitlich des stumpfen Eipoles liegt. Beim Schlüpfen durchstößt sie zunächst die Embryonalhüllen und die Schalenhaut zur Luftkammer hin. Schließlich durchbricht sie die brüchig gewordene Eischale und schneidet vielfach, durch Drehbewegungen des Körpers unterstützt, eine Kalotte heraus. Durch die Öffnung drängt sich der infolge tieferer Atmung anschwellende Körper hinaus, das Junge verläßt das Ei.

Die **Entwicklungsdauer** vom Brutbeginn bis zum Schlüpfen schwankt zwischen 11 Tagen und fast drei Monaten (Abb. 47). Dabei spielt die Körpergröße eine Rolle und der Entwicklungszustand

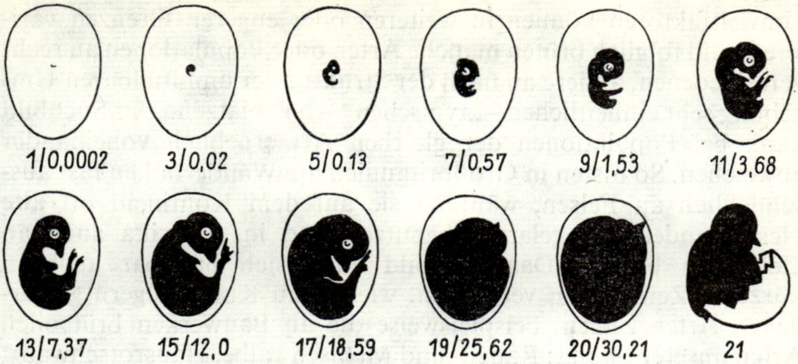

Abb. 47. Entwicklung des Hühnchens. Nach PFLUGFELDER (1962). Zahlenangaben: Bebrütungsdauer in Tagen / Masse des Keimlings in g.

beim Schlüpfen. Bei Brutschmarotzern ist die Bebrütungszeit besonders kurz. Manche Arten beginnen schon mit der Ablage des ersten Eies mit dem Brüten, wohl die meisten aber erst nach Ablage des letzten. Wenn in ersterem Falle die Schlupftermine weniger differieren als die Eiablagetermine, so ist das teilweise damit zu erklären, daß der Elternvogel in den ersten Tagen noch nicht ständig auf dem Nest sitzt. Bei einigen Vögeln wie Eulen und Greifen gibt es aber auch erhebliche Unterschiede in der Entwicklung der Nestlinge.

7.3. Nistplatz und Nest

Unter „Nest" im weitesten Sinne soll zunächst die Lokalität innerhalb des Habitats verstanden werden, wo die Eier gelegt und die Jungen erbrütet werden. Das kann eine geeignete Stelle am Boden, auf einem Felsen, an oder in einem Baum o.ä. sein, die der Vogel ohne weitere Zutaten nützt. Meistens allerdings wird an dieser Stelle ein mehr oder weniger kunstvolles Bauwerk aus den verschiedensten Materialien aufgeführt.

Für die **Nistplatzwahl** verfügt der Vogel über ein angeborenes „Suchbild", das bei den Arten, teils auch bei den Populationen einer Art recht unterschiedlich durch Lernvorgänge modifiziert werden kann. Die einen bestimmten Fleck innerhalb des Habitats zum Neststandort geeignet machenden abiotischen und biotischen

Umweltfaktoren können in weiteren oder engeren Grenzen variieren, und folglich brüten manche Arten oder Populationen an recht verschiedenen, andere an nach der Struktur der unmittelbaren Umgebung sehr einheitlichen – „typischen" – Nistplätzen. Das Suchbild kann bei Populationen der gleichen Art erheblich voneinander abweichen. So nisten in Großbritannien die Wanderfalken fast ausschließlich an Felsen, während sie auf dem Kontinent oft alte Nester anderer Vogelarten benutzen und in Amerika auch an Gebäuden brüten. Das Suchbild kann sich offenbar auch in kürzeren Zeiträumen verändern, wie die zu Kulturfolgern gewordenen Arten zeigen, beispielsweise die an Bauwerken brütenden Arten unserer Fauna: Rauch- und Mehlschwalbe, Hausrotschwanz, Mauersegler, Steinkauz, Schleiereule, Turmfalke, vor allem Haussperling und Star.

Die Wahl des Nistplatzes kann schon sehr früh beginnen, bei manchen Meisen schon im Dezember, während bei spät im Frühjahr eintreffenden Singvögeln zwischen Wahl und Baubeginn kaum 24 Stunden liegen. Verbreitet ist die Auswahl des Neststandortes durch das Männchen im Rahmen der Revierabgrenzung und -verteidigung. Teilweise beginnt das Männchen mit dem Bau von Nestern, und das Weibchen wählt dann eines zur endgültigen Fertigstellung aus. Nicht allzu häufig, wie bei Enten, trifft das Weibchen allein die Wahl.

Bei Zugvögeln ist die Treue zum Geburtsort unter den Altvögeln größer als bei Jungvögeln, bei Männchen etwas größer als bei Weibchen. Eine Erklärung hierfür liegt in der früheren Ankunft der alten Männchen, die dann ihre Reviere schon besetzt haben, bevor die jungen Männchen und die Weibchen eintreffen. Großvögel, wie Adler und Störche, benutzen denselben Horst viele Jahre nacheinander. Das hat sicherlich einen Grund in der langen Bauzeit, durch welche die Eiablage und damit der ganze Fortpflanzungsvorgang eine Verzögerung erleidet. Beim Weißstorch kann der Horstneubau so lange dauern, daß kein Gelege mehr zustande kommt.

Die Beteiligung der Partner am **Nestbau** ist unterschiedlich, selbst bei Angehörigen der gleichen Gattung. Vielfach baut nur das Weibchen, wobei das Männchen oft das Material herbeischafft. Bei der Beutelmeise wird in der Regel nur der erste Bauabschnitt vom Männchen besorgt, die Fertigstellung, insbesondere die Auspolsterung, werden vom Weibchen ausgeführt. Beim Zaunkönig baut das Männchen mehrere Rohnester, von denen eines zur Aufzucht der Jungen vom Weibchen fertiggestellt wird, während die übrigen als sogenannte „Spielnester" unbenutzt bleiben. Das Männchen der

Laubenvögel errichtet aus in den Boden gesteckten Zweigen einen Laubengang für Balz und Begattung, dessen Ein- und Ausgang mit bunten Steinen, Schneckenhäusern, Muschelschalen, Blüten geschmückt wird. Das Weibchen brütet jedoch nicht in diesem Laubengang, sondern in einem normalen Nest.

Das **Nistmaterial** kann sehr unterschiedlich sein. Die Seglervögel verwenden oft ihren klebrigen, an der Luft erhärtenden Speichel zum Überziehen fremder Nester und zum Zusammenkitten des Materials. Die zu ihnen gehörenden Salanganen bauen das gesamte Nest nur aus Speichel. Lehm, Schlamm, Viehdung und ähnliches Material werden von manchen Vögeln regelrecht „vermauert", so z.B. von vielen Schwalbenarten oder von dem südamerikanischen Töpfervogel, der einen zweikammerigen „Backofen" errichtet, in den das brütende Weibchen eingemauert wird. Flamingos holen mit dem Schnabel einen 30 bis 35 cm hohen Turm aus Schlamm zusammen.

Eine besondere Rolle spielt das Nistmaterial bei einigen Großfußhühnern. Sie tragen feuchte Blätter in ihre Bruthaufen ein und überdecken sie mit einer Sandschicht. Die entstehende Gärungswärme, die von den Eltern ständig durch Zu- und Wegscharren von Material reguliert wird, dient als Brutwärme. Teilweise wirkt auch die Strahlungswärme der Sonne mit. Bei anderen Großfußhühnern wird nur die auf die Sanddecke auftreffende Sonnenwärme genutzt.

Die große Mehrzahl der Nester wird aus pflanzlichem Material gebaut, mag es sich um eine einfache Plattform aus Zweigen oder Knüppeln handeln, auf die ein Rand aus gleichem Material geschichtet sein kann, oder um ein komplizierteres Gebilde. Manche Vögel beschaffen sich das Nistmaterial aus anderen Nestern, z.T. suchen sie sogar die unbewachten Nester von Artgenossen der gleichen Kolonie heim, wie z.B. der Kormoran. Manche Bodenbrüter wie die kleinen Regenpfeifer und manche Seeschwalben begnügen sich mit einer ausgescharrten Mulde mit wenigen Halmen oder Steinchen. Pieper, Ammern und Lerchen legen am Boden ein Nest aus Halmen an, das teilweise durch überhängende Zweige, Blätter oder Grashalme gegen Sicht von oben gedeckt ist. Der Rotschenkel dreht umstehende Grashalme zu einem Schopf über dem Nest zusammen. Dem Schutz gegen Sicht dienen kugel- oder backofenförmige Nester wie die von Zaunkönig und Laubsängern. Enten und Gänse polstern die Mulde ihrer Bodennester mit besonderen Nestdunen aus, die zur Brutzeit an der Brust wachsen und vom Vogel ausgerupft werden. Beim Verlassen des Nestes zieht er die

Dunendecke als Schutz gegen Sicht und Wärmeverlust über das Gelege. Bei schneller Flucht „verwittern" Enten das Nest durch einen Kotstrahl. Möglicherweise handelt es sich hierbei um eine Schreckreaktion, die sich als arterhaltend erwiesen hat. Schutz gegen Bodenfeinde bieten Nester in Büschen und Baumkronen. Besonders effektiv sind Hängenester, wie sie z. B. bei Beutelmeisen, manchen Webervögeln, Trupialen und Nektarvögeln vorkommen. Der Schneidervogel näht sein Nest mit Pflanzenfasern und Spinnenfäden in eine Blattüte ein. Spinnengewebe wird nicht selten als Nistmaterial verwendet und neuerdings auch durch Kunststoffasern ersetzt, wie überhaupt anthropogene Materialien wie Drähte, Gummi- und Plastteile ohne weiteres verwendet werden, wenn sie zum Nesttyp passen.

Je komplizierter das Nest gebaut ist, desto länger ist auch in der Regel seine **Bauzeit.** So hat z. B. die Schwanzmeise 13 verschiedene aufeinanderfolgende Nestbaubewegungen, und die Beendigung einer Bauphase löst jeweils die nächste aus. Die Schwanzmeise benötigt für den gesamten Bau 5 bis 6 Wochen, wobei sie allein zum Auspolstern etwa 2000 Federn herbeischafft. Dies ist für kleine Vögel eine besonders lange Bauzeit. Die „Pfahlbaunester" von Drossel- und Teichrohrsänger bestehen aus bis zu 1000 Einzelteilen und sind so fest an die tragenden Schilfhalme angeflochten, daß sie selbst Stürme überdauern. Dabei wurde beim Drosselrohrsänger eine Bauzeit von nur 5 Tagen beobachtet.

Höhlenbrüter wie Uferschwalbe, Eisvogel und Bienenfresser graben ihre Niströhren selbst in sandig-lehmige Steilwände, Spechte hacken ihre Höhlen in Baumstämmen aus. Andere Arten brauchen fertige Höhlungen. Gerade diese Arten sind infolge des Mangels an natürlichen Baumhöhlen in Gärten, Parks und bewirtschafteten Forsten leicht in Nistkästen anzusiedeln und wurden nicht zuletzt deshalb zu bevorzugten Studienobjekten für Brutbiologie, Verhaltens- und Populationsbiologie – so beispielsweise Trauerschnäpper und Meisen.

Wenn frei brütende Vögel in jedem Jahr ein neues Nest bauen, so hat dies sicherlich auch hygienische Gründe: Die alten Nester enthalten oft eine größere Zahl Ruhestadien von Flöhen und Milben. Auch von der Uferschwalbe wird vom wieder benutzten gleichen Eingangsloch aus eine neue Nestnische gegraben, die vorjährige nicht wieder benutzt. Höhlenbrüter sind dem Befall durch Parasiten besonders ausgesetzt, wenn vorjähriges Nistmaterial und Exkremente noch vorhanden sind. Daher ist es wichtig, Nistkästen alljährlich vor Beginn der Brutsaison zu reinigen.

7.4. Das Gelege

Die durchschnittliche **Gelegegröße** ist nach Arten unterschiedlich. Ein Ei legen in der Regel Albatrosse, Sturmvögel, Alken, große Pinguine, große Greifvögel. Kleinere Pinguine, Seetaucher, Tauben und Kolibris legen gewöhnlich zwei, viele Regenpfeifer vier, Singvögel meist vier bis sieben, Meisen bis zu fünfzehn Eier. Auch bei Hühnervögeln und Gänseartigen finden sich große Gelege mit zehn bis zwanzig Eiern.

Determinierte Leger wie viele Watvögel und Tauben produzieren nur das normale Gelege, z.T. mit konstanter Eizahl, und sind bei Verlusten nicht imstande, diese zu ersetzen. **Indeterminierte Leger** dagegen setzen die Legetätigkeit bei ständiger Wegnahme der Eier fort, bis schließlich „Zwergeier" oder in der Farbe abweichende Eier die beginnende Erschöpfung anzeigen.

Teilweise variiert die Gelegegröße mit der geographischen Verbreitung. In Europa nehmen die Eizahlen, vom Südwesten und England ausgehend, in nordöstlicher Richtung zu. Weiter haben Einfluß auf den Gelegeumfang das Alter des Vogels – Erstbrüter haben kleinere Gelege –, die Zahl des Geleges innerhalb der Brutsaison – Ersatz- und Zweitgelege sind oft kleiner –, das Nahrungsangebot – in Jahren mit schlechten Ernährungsmöglichkeiten kann die Fortpflanzung eingeschränkt sein oder wie bei Rauhfuß- und Mäusebussard, Schneeeule, Waldohreule ganz ausfallen – sowie Besonderheiten des Habitats. Vor allem Singvögel mit schneller Entwicklung produzieren z.T. gleich nach dem Ausfliegen der ersten Brut ein zweites, nach diesem sogar noch ein drittes Gelege. Davon zu unterscheiden sind die Ersatzgelege, die im Falle der Zerstörung von Nest und Eiern während der Legezeit vom Weibchen nach kurzer Unterbrechung der Legetätigkeit in einem neuen Nest hervorgebracht werden. Großvögel mit langer Entwicklungszeit wie Adler, Graureiher, Kranich schreiten sehr zeitig zur Brut, ähnlich körnerfressende Singvögel mit zwei Jahresbruten, während Insektenfresser wie Schwalben, Segler, Baumfalke und Wespenbussard erst spät mit der Fortpflanzung beginnen.

Form und Zeichnung der Eier sind artcharakteristisch (Abb. 48). Die Form wechselt von fast kugelförmig bis langoval und kreiselförmig. Die Zeichnung auf weißem oder farbigem Grund kann fehlen, schwach bis stark punktiert sein sowie als Strich- oder Linienmuster erscheinen. Eine Fleckung bildet sich häufig als Kranz näher dem stumpfen Pol aus. Die Schalenoberfläche kann nahezu glattpoliert bis grobkörnig und grobporig sein und noch eine

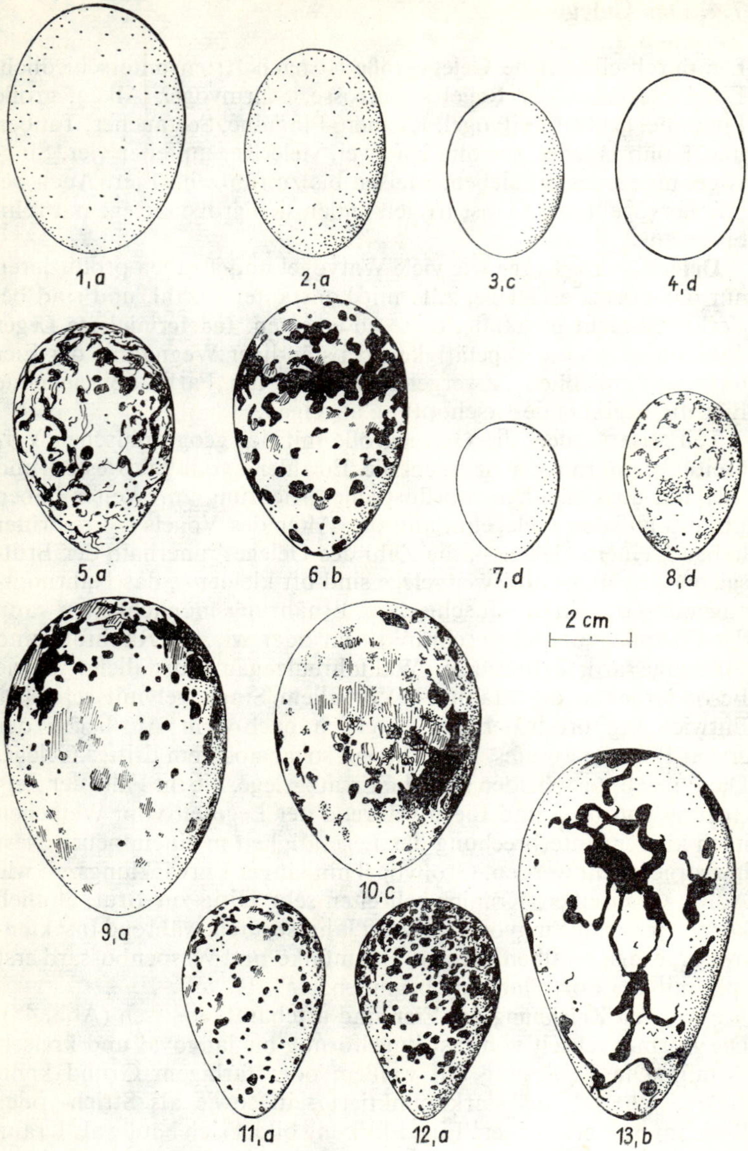
1,a
2,a
3,c
4,d
5,a
6,b
7,d
8,d
2 cm
9,a
10,c
11,a
12,a
13,b

kreidige oder leimartige Auflage tragen. Die Schalendicke ist sehr unterschiedlich. Schalenfarbstoffe sind ein die Grundfarbe bildendes Oozyan (von Gallenfarbstoffen abgeleitet) und Protoporphyrine (vom Hämoglobin abstammend), die teils in tieferen Schichten, teils oberflächlich gelagert sein können. Größe, Form, Farbe und Zeichnung können schon beim selben Weibchen variieren. Die Variabilität ist artlich sehr unterschiedlich.

7.5. Brut und Brutpflege

Die Entwicklung vom Keimscheibenstadium bis zum Schlüpfen erfordert eine der Körpertemperatur des Altvogels nahekommende **Eitemperatur**, regelmäßiges Eiwenden, Regelung von Feuchtigkeit und Gasaustausch. Außer der Nutzung von Gärungswärme und/oder Sonnenenergie bei Großfußhühnern soll Gärungswärme auch bei Lappentauchern und Ruderenten eine Rolle spielen. Nutzung der Sonnenwärme ist von Strauß, Sandregenpfeifer, Wasserfasan und Scharlachspint bekannt. Der Normalfall der Wärmezufuhr ins Ei ist jedoch die Bebrütung durch die Eltern. Vielfach brütet das Weibchen allein, oft aber lösen sich beide Partner auch ab. Beim Kaiserpinguin, bei Nandu, Streifenkiwi und Wassertretern brütet nur das Männchen. Beim Steinhuhn teilen sich beide Gatten in das Gelege, jeder brütet die Hälfte der Eier in einem eigenen Nest aus und führt später „seine“ Jungen.

Außer bei den meisten Pinguinen sowie Pelikanen, Kormoranen, Tölpeln und Gänseartigen bildet der brütende Vogel in der Bauchgegend je nach systematischer Stellung 1 bis 3 **Brutflecke** aus. Dabei wird die Haut stark vaskularisiert und gewinnt ein schwammiges Aussehen, vielfach fallen die Dunen in diesem Gebiet aus. Der

---

Abb. 48. Eiformen europäischer Vögel. Nach MAKATSCH (1974/1976). **a)** Nestflüchter; **b)** Platzhocker; **c)** unvollkommener Nesthocker; **d)** Nesthocker. 1–4 elliptisch, 5–10 spindelförmig bis oval, 11–13 kreiselförmig. 1 Tafelente *(Aythya ferina)*; 2 Haubentaucher *(Podiceps cristatus)*; 3 Rallenreiher *(Ardeola ralloides)*; 4 Ringeltaube *(Columba palumbus)*; 5 Triel *(Burhinus oedicnemus)*; 6 Sturmmöwe *(Larus canus)*; 7 Schwarzspecht *(Dryocopus martius)*; 8 Aaskrähe *(Corvus corone)*; 9 Großer Brachvogel *(Numenius arquata)*; 10 Mäusebussard *(Buteo buteo)*; 11 Uferschnepfe *(Limosa limosa)*; 12 Kiebitz *(Vanellus vanellus)*; 13 Trottellumme *(Uria aalge)*.

Brutfleck sichert eine gute Wärmeübertragung auf das Gelege, während der Wärmeverlust durch das ausgebreitete Gefieder und vielfach durch das Nistmaterial eingeschränkt wird. Über den Brutfleck kann aber auch bei zu hohen Temperaturen Wärme vom Ei abgeführt werden, wobei die Mechanismen des brütenden Vogels zur Thermoregulation (s. 5.7.) in Aktion treten. Das **Eiwenden**, bei dem gewöhnlich auch die Lage der Eier innerhalb des Geleges verändert wird, gleicht Temperaturdifferenzen im Nest über relativ kurze Zeitabschnitte aus. Es ist auch für die optimale Lage des Embryos in den frühen Entwicklungsstadien wichtig, wahrscheinlich auch für die richtige Ausgangsposition des Jungvogels für den Schlüpfvorgang. Die Eitemperaturen liegen etwas unter 40 °C. Sie erhöhen sich während der zweiten Hälfte der Brutzeit gegenüber dem Brutanfang leicht und zeigen nur geringe Schwankungen. Neben der Temperaturregulierung über den Brutfleck und das Eiwenden setzt der Vogel noch vorbeugende Maßnahmen zur Beeinflussung des Mikroklimas des Geleges ein, wie Beschattung durch Körper und Flügel und Benässung.

Der Entwicklungszustand des schlüpfenden Jungvogels ist bei Nesthockern und Nestflüchtern sehr verschieden (Abb. 49). Junge **Nestflüchter** wie Hühnervögel oder Enten haben bereits ein dichtes Dunenkleid und offene Augen. In einer kurzen Zeitspanne nach dem Schlüpfen werden sie auf den Elternvogel geprägt. Beim Elternvogel entwickelt sich unter dem Einfluß von Prolaktin der Brutpflegetrieb weiter und veranlaßt ihn zum Führen und Hudern der Jungen. Die Jungen sind sofort zu selbständiger Nahrungsaufnahme fähig, wobei das „Vorpicken“ der Hühnervögel die Jungen anregt und auf bestimmte Nahrung hinweist. Von Zeit zu Zeit werden die Jungen noch im Gefieder des Elternvogels gewärmt. Bei Lappentauchern sitzen sie auf dem Rücken des schwimmenden Altvogels unter den leicht angehobenen Flügeln. Die Jungen können unterschiedlich lange geführt werden. Vielfach löst sich die Verbindung zwischen Eltern und Kindern schon nach einigen Wochen, aber die Familien können auch wie bei Schwänen bis zum nächsten Frühjahr zusammenhalten. Bei Tauchenten, Sägern und der Brandgans sammeln einzelne Weibchen die Jungen mehrerer fremder Bruten und bilden mit ihnen große Mutterfamilien.

Junge Seeschwalben, Möwen, Alken und Lummen werden einige Tage bis Wochen von den Eltern gefüttert und halten sich in der Nähe des Nestes auf. Man bezeichnet sie als **Platzhocker.** Bei den Lummen ist dieses Verhalten wegen des Nistplatzes auf schmalen Felsbändern in größerer Höhe über dem Wasser besonders vorteilhaft. Noch vor Erreichen der Flugfähigkeit springen die Jungen, gelockt von den Altvögeln, einzeln und gruppenweise ab. Dabei bremsen sie den Sturz durch Flatterbewegungen ab. Sie überstehen ihn in der Regel auch unbeschädigt, wenn sie bei Niedrigwasser auf dem Felswatt landen.

Die extremen **Nesthocker** wie Singvögel, Spechte, Segler, Bienenfresser, Eisvögel, Racken schlüpfen nackt oder nahezu nackt und sind noch einige Tage blind. Andere Nesthocker, wie Greife, Eulen,

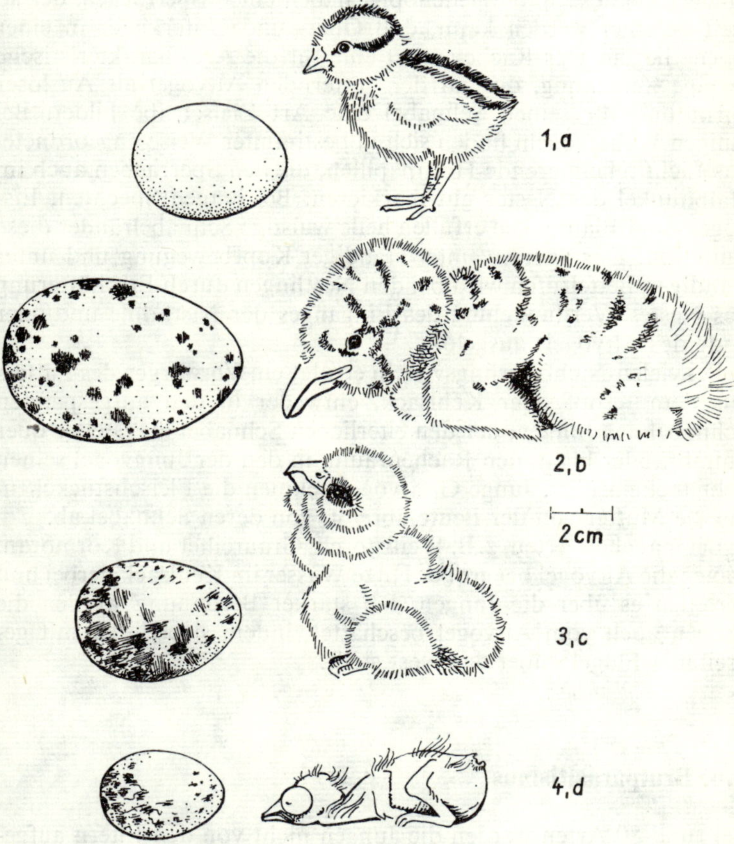

Abb. 49. Eier und eintägige Jungvögel. Nach HEINROTH (1924/1926). 1 Bankivahuhn *(Gallus gallus)*; 2 Mantelmöwe *(Larus marinus)*; 3 Wanderfalke *(Falco peregrinus)*; 4 Aaskrähe *(Corvus corone)*; **a)–d)** s. Abb. 48.

Störche, Reiher haben beim Schlüpfen schon ein Dunenkleid und sind nicht oder nur kurze Zeit blind. Nesthocker müssen vom Altvogel gewärmt werden, bis die eigene Wärmeregulation genügend ausgebildet ist. Die Nestlingsdauer ist bei Offenbrütern vielfach kürzer als bei etwa gleichgroßen Höhlenbrütern. So brüten Feld- und Haubenlerchen 9 Tage, Grauammern 9 bis 12 Tage, Meisen jedoch 15 bis 20 Tage und mehr. Bei großen Vögeln kann sie sehr lange währen – beim Weißstorch 54 bis 55, beim Fischadler 56 bis 70, beim Steinadler 77 bis 80 Tage. Singvogelnestlinge, aber auch junge Kuckucke und Wiedehopfe, haben einen **Sperrachen,** der so weit geöffnet werden kann, daß Ober- und Unterkiefer in einer Ebene liegen. Der Rachen trägt eine für die Art charakteristische farbige Zeichnung, die auf den fütternden Altvogel als Auslöser wirkt und für seinen Schnabel eine Art Zielscheibe bildet. Bei einigen Webervögeln finden sich in bestimmter Weise angeordnete, das Licht reflektierende Hornpapillen, die den Sperrachen auch im Halbdunkel des Nestes gut markieren. Bei jungen Spechten, Eisvögeln und Blauracken erfüllen helle wulstige Schnabelränder diese Funktion. Das Sperren unter ständiger Kopfbewegung und unter ständigen Bettelrufen wird bei den Nestlingen durch Erschütterung des Nestes, Verdunkelung des Einganges der Nisthöhle und/oder Rufe des Altvogels ausgelöst.

Bei vielen Nichtsperlingsvögeln erfolgt ein **Vorwürgen des Futters** aus dem Kropf oder Kehlsack, entweder in den aufgesperrten Schnabel des Jungen, der den elterlichen Schnabel längs oder quer umfaßt, oder bis in den Rachenraum, in den der Jungvogel seinen Schnabel einführt. Junge Greifvögel nehmen die Fleischstückchen, die die Mutter von der Beute abreißt, von deren Schnabel ab.

Bei manchen Arten, z.B. Weißstorch, Graureiher und Kormoran, tragen die Altvögel bei großer Hitze Wasser im Kehlsack herbei und verteilen es über die Jungen. Bei starker Besonnung werden die Jungen auch vom Altvogel beschattet, indem sich dieser mit gebreiteten Flügeln über das Nest stellt.

7.6. Brutparasitismus

Bei rund 80 Arten werden die Jungen nicht von den Eltern aufgezogen. **Fakultative Brutschmarotzer** wie einige südamerikanische Kuckucke legen wenigstens ein Teil der Eier in die Nester von Wirtsarten ab, die das Ausbrüten und die Aufzucht übernehmen.

Obligatorische Brutparasiten überlassen Brut und Jungenaufzucht grundsätzlich einem Wirtsvogel. Ein Vertreter der zweiten Gruppe ist unser Kuckuck. Oft ähnelt das nur wenig größere Kuckucksei den Wirtseiern in Färbung und Zeichnung sehr, doch ist die Toleranz mancher Wirte recht groß. Teilweise entfernt das Kuckucksweibchen ein Ei aus dem Wirtsgelege. Bei der Suche nach einem Wirtsnest konzentriert es sich auf den Teil des Reviers des Wirtes, der am intensivsten verteidigt wird. Die Bebrütungszeit des Kuckuckseies ist mit 12,25 Tagen kürzer als bei den Eiern der Wirtsart. In den ersten vier Lebenstagen wirft der junge Kuckuck Eier und Jung-

Abb. 50. Hinauswerfen eines Wirtsvogeleies durch den Jungkuckuck. Nach HEINROTH (1924/1926).

vögel des Wirtes aus dem Nest (Abb. 50). Er „wühlt" solange in der Nestmulde, wie sich dort Eier oder Jungvögel befinden. Sobald ein Ei oder Nestling auf seinen Rücken gelangt, werden die winzigen Flügel aufgerichtet, so daß der „Fremdkörper" auf den Vorderrücken zu liegen kommt. Der junge Kuckuck klimmt mit seinen kräftigen Beinen rückwärts die Nestwand empor und wirft seine Last über den Nestrand ab, um dann ermattet in die Nestmulde zurückzufallen. Die Wirtseltern füttern ihr Stiefkind bis zum Flüggewerden die doppelte bis dreifache Zeit, verglichen mit ihrer eigenen Brut.

Bei Honiganzeigern tötet der Parasit die Wirtsjungen mit seinem Schnabelhaken. Besondere Anpassungen zeigen die Witwen, die sich ihren Wirten (Prachtfinkenarten) nicht nur im Gesang, sondern auch in Zeichnung, Sperr- und Bettelverhalten der Jungen und Zeichnung des Sperrachens angeglichen haben. Sie entfernen die Wirtsjungen nicht aus dem Nest. Brutparasitismus findet sich auch bei der Kuckucksente, bei Stärlingen und Webervögeln.

7.7. Steuerung des Fortpflanzungszyklus

Viele Kleinvögel, Hühnervögel, Enten und Gänse werden mit etwa 10 Monaten geschlechtsreif. Bei einigen tropischen Vögeln, auch bei Wachteln, tritt die Reife schon früher ein. Krähen, Raben, Widahs, kleine Greifvögel und kleinere Möwen erreichen die Fortpflanzungsfähigkeit mit zwei Jahren, Großmöwen, Störche, Schwäne, Tölpel und Kormorane mit drei, die großen Greifvögel z.T. erst mit sechs Jahren.

Abgesehen von bestimmten tropischen Gebieten und einigen ozeanischen Inseln, wo die meteorologischen Bedingungen und das Nahrungsangebot das ganze Jahr über fast unverändert bleiben, liegt ein Wechsel von günstigen und ungünstigen Jahreszeiten vor. Durch die natürliche Auslese wurden artspezifische Brutzeiten herausgezüchtet, die in die für die Jungenaufzucht günstigste Jahreszeit fallen. Dabei wirken als wichtigste **unmittelbare Ursachen** (ultimate factors) Deckung des Nahrungsbedarfs, Angebot geeigneter Nistplätze, Klima und Konkurrenz, wobei das Nahrungsangebot an erster Stelle steht. In den gemäßigten und kalten Zonen liegt die Brutzeit daher meist im Frühling und Sommer, in den tropischen Regenwäldern wird von vielen Arten das ganze Jahr über gebrütet, aber in tropischen Gebieten mit ausgeprägten Regen- und Trockenzeiten liegen die Brutperioden vorzugsweise um die Regenzeit. Andererseits brüten Arten in wechselfeuchten Tropenwäldern häufiger in der trockenen Jahreszeit. In ariden Gebieten, besonders in Australien, sind die Bruten vorzugsweise an die unregelmäßigen Niederschläge gebunden. Ein verbindliches Schema für die Klimazonen der Erde existiert nicht. Es gibt tropische Vögel, die im Gegensatz zur Mehrzahl der dort vorkommenden Arten in der Trockenzeit zur Brut schreiten, es gibt weiter in den immerfeuchten Tropenwäldern Arten mit fest umgrenzter Brutzeit, und auch in unseren Breiten begegnet man Bruten im Herbst, Winter und zeitigen Frühjahr, wie z.B. bei Ringeltaube, Schleiereule, Fichtenkreuzschnabel.

Da der wichtigste Zeitabschnitt derjenige vom Schlüpfen der Jungen bis zu ihrer vollen Selbständigkeit ist, muß diese bei Beginn der ihr Erreichen begrenzenden oder verhindernden Umweltbedingungen eingetreten sein, d.h. mit der dafür ungünstigen Jahreszeit. Die Fortpflanzungsbereitschaft muß für den entsprechenden Zeitabschnitt programmiert sein, der Balz, Nestbau, Eiablage, Bebrütung und Jungenfürsorge umfaßt. Der Vogel verfügt neben einer angeborenen Tagesrhythmik (zirkadiane Rhythmen) über einen inneren Jahresrhythmus (zirkannualer Rhythmus), der nicht nur für die Fortpflanzung, sondern auch für Mauser und Zugdisposition die „richtigen“ Zeiten bestimmt. Dieser innere Rhythmus stimmt jedoch nicht völlig mit dem Jahreszyklus der Umweltbedingungen überein. Bei Grasmücken fand man z.B. Rhythmen zwischen 212 und 346 Tagen. Sie müssen von Zeit zu Zeit nachsynchronisiert werden. Dazu sind sie an den jeweils zuverlässigsten jahreszyklischen Umweltfaktor als Zeitgeber „angehängt“. Er funktioniert dann als wirksame **mittelbare Ursache** (proximate factor). Das ist in den mittleren und höheren Breiten die Änderung des täglichen Verhältnisses von Hellzeit zu Dunkelzeit (Photoperiode). In subtropischen und tropischen Gebieten, wo sich die Tageshelligkeitsdauer im Jahreszyklus wenig oder gar nicht ändert, ist vielfach der Wechsel zwischen Regen- und Trockenzeiten proximate factor. Geschlechtsaktivität wird meistens mit Beginn des Regens und dem Ergrünen der Pflanzen schnell ausgelöst. Indessen erweist sich auch bei manchen tropischen Vögeln, wenn man sie in höhere Breiten verbringt, die Photoperiode als wirksam. Ihre Wirkung ist oft experimentell untersucht worden. Bei Grünlingen, die vom Winter ab ständig im 8-Stunden-Kurztag gehalten wurden, tritt die Hodenreife erst im Spätsommer bzw. Herbst ein. Künstlicher Langtag, im Winter verabreicht, löst bei Singvögeln, Hühnervögeln und Gänsen vorzeitige Keimdrüsenreife und Frühjahrszugunruhe aus. Nach Beendigung der normalen Fortpflanzungszeit reagieren die Keimdrüsen bis Ende Oktober/Anfang November nicht auf künstlichen Langtag, wohl aber auf die Injektion von FSH bzw. ICSH (s. 4.3.). Es liegt eine Erholungsperiode des Hypothalamus-Hypophysen-Systems vor. Außerhalb dieser Refraktärperiode lassen sich die Gonaden männlicher Vögel durch Langtagsbehandlung zur vollen Aktivität bringen. Bei weiblichen Vögeln lassen sich die Ovarien zwar aktivieren, aber nicht bis zur vollständigen Reife der Follikel führen. Der weibliche Vogel bedarf zur vollen Entwicklung der Keimdrüsen offensichtlich weiterer Stimulantien wie balzender Männchen oder bei Koloniebrütern der sozialen Umgebung. Es wird angenommen, daß die Änderungen der Tageslänge über das Auge auf das Hypothalamus-Hypophysen-System wirkt. Bei weißen Pekingenten erwies sich das Gebiet des Zwischenhirnbodens selbst als lichtempfindlich. Sicherlich wirken auch die anderen erwähnten Auslöser (Regen, grüne Pflanzen, passender Brutplatz, balzende Männchen) über die nervösen Strukturen der Sinnesorgane und des Gehirnes auf den Hypothalamus. Bei nachtaktiven Vögeln ist anzunehmen, daß die Dauer der Dunkelheit innerhalb des 24-Stunden-Zyklus der wirksame Faktor ist.

Auch die Tätigkeit der Schilddrüse und die durch Thyroxin ausgelöste Mauser sind mit der Photoperiodizität und dem Geschlechtszyklus gekoppelt, allerdings fehlen noch genauere Kenntnisse der Einzelheiten dieses Mechanismus. Werden im künstlichen Langtag im Frühjahr Keimdrüsenaktivität und Fortpflanzungszyklus stark vorverlegt, so schließt sich die postnuptiale Mauser entsprechend verfrüht an. Dem künstlichen Langtag im Spätwinter unterworfene Grünlinge beginnen zu mausern, was wiederum durch Zufuhr von Keimdrüsenhormon verhindert werden kann. Schließlich ist der Mauserzyklus beeinträchtigt bei Kastraten und bei Tieren, deren Keimdrüsenzyklus durch Aufenthalt im Dauerkurztag gestört wurde.

8. Verhalten

8.1. Verhaltensforschung

Das Verhalten umfaßt alle Körperhaltungen, Bewegungen und Lautäußerungen des Vogels. Ferner gehören dazu äußerlich erkennbare Merkmale und deren Veränderungen, die bei einem Partner ihrerseits Verhaltensweisen auslösen können.

Am Beginn verhaltensbiologischer Untersuchungen steht die Gewinnung eines möglichst vollständigen Katalogs der von der betreffenden Art gezeigten Verhaltensweisen. Er wird als **Ethogramm** bezeichnet. Dabei müssen die Bedingungen, unter denen das registrierte Verhalten auftritt, genau erfaßt werden. Der aufmerksame Beobachter bemerkt bei einer Art alsbald bestimmte Abläufe, die individuell mehr oder weniger abändern, oder von äußeren Faktoren kaum beeinflußte Handlungsfolgen oder auch sehr variable Lebensäußerungen. Zur Gewinnung des Ethogramms genügen keine Einzel- oder Zufallsbeobachtungen, sondern es müssen mit erheblichem Aufwand an Zeit, Findigkeit und Fleiß zahlreiche Individuen der Geschlechter und Altersstufen längere Zeit im Freiland oder im Laboratorium untersucht werden. Der Einsatz moderner Technik zur Datengewinnung und -auswertung ist heute meist nicht zu entbehren.

Die räumliche und zeitliche Ordnung der Verhaltensweisen, gewissermaßen ihre „Struktur", ist besonders für den Vergleich verschiedener Arten von Bedeutung. Dann interessiert, wie eine Verhaltensweise in Gang gesetzt wird und ob der Vogel von Geburt an über diese Fähigkeit verfügt oder ob sie sich durch individuelle Erfahrung herausbildet. Schließlich stellt sich die Frage nach der biologischen Funktion eines Verhaltensphänomens.

Eine Deutung bietet sich am ehesten im Zusammenhang mit den Grundfunktionen des Organismus, Individualerhaltung und Arterhaltung, an. Man unterscheidet je nach Aufgliederungsbedürfnis unterschiedlich viele **Funktionskreise**, in die die Verhaltensweisen eingeordnet werden können. Der Individualerhaltung dienen der Nahrungserwerb, Ruhe und Schlaf, Körperpflege, Schutz und Verteidigung. Die Arterhaltung wird durch die Fortpflanzungstätigkeit gewährleistet. Man kann aber auch das Fortpflanzungsverhalten wieder in Paarbildung, Balz, Kopulation, Nestbau, Brut und Brutpflege untergliedern. Als Besonderheit wird noch der Informationswechsel herausgestellt, auch Erkundung und Orientierung. Letztere lassen sich von ersterem jedoch kaum trennen, und **Informationswechsel** zwischen Individuum und Umwelt ist praktisch bei jeder Lebenstätigkeit des Tieres im Spiel. Bei der Benutzung solcher Funktionsbezüge werden zwangsläufig Begriffe verwendet, die für uns fast immer Zweck oder Ziel der Handlung mit beinhalten. Eine solche Anwendung auf den Vogel würde irreführen, und Bezeichnungen wie „Verteidigung“, „Warnen“, „Drohen“, „Beschwichtigen“ sollen lediglich den Effekt von Verhaltensweisen kennzeichnen, keinesfalls aber unterstellen, daß der Vogel wüßte, warum er dieses oder jenes tut oder unterläßt. Viele Bewegungen, Bewegungsfolgen, Handlungsketten lassen sich im Kontext mehrerer biologischer Funktionen feststellen, andere sind auf wenige beschränkt. Manche solche Verhaltensweisen sind in den vorangegangenen Kapiteln bereits genannt worden, der Komplex der innerartlichen Verständigung im allgemeinen und die akustische Kommunikation werden nach einem Überblick über die Grundlagen des Vogelverhaltens zusammenfassend dargestellt, eine Analyse der Vielfalt der Verhaltensweisen bei Vögeln ist auch nur überblicksmäßig in diesem Rahmen nicht zu bewerkstelligen.

8.2. Verhaltensgefüge

Viele Verhaltensweisen sind erblich fixiert, d.h. „angeboren“. Sie sind relativ starr in ihrem Ablauf und für die betreffende Art charakteristisch ebenso wie morphologische und physiologische Merkmale. Andere Verhaltensweisen werden vom Vogel individuell erfahrungsbedingt verändert. Lernen ist durchaus verbreitet, wenn es auch nicht eine ebenso große Rolle wie bei Säugetieren spielt.

Angeborene Verhaltensweisen zeichnen sich durch wenig variable Bewegungsmuster – **Erbkoordinationen** – aus. Sie treten in mehr oder weniger abgewandelter Form, aber nach dem gleichen „Grundbauplan“ und mit charakteristischen Elementen auch bei verwandten Arten auf und haben damit prinzipiell gleiche Bedeutung wie homologe Organe, wenn auch der Nachweis der Übereinstimmung auf Grund der Abstammung von gleichen Vorfahren bei Verhaltensweisen viel komplizierter ist. Bei den Gründelenten z. B. führen die Männchen während der sogenannten „Gesellschaftsspiele" typische Bewegungen aus, deren Effekt in der Herbeiführung von Paarbindungen innerhalb einer Versammlung artgleicher Individuen liegt. Am ehesten sind sie bei der häufigen Stockente zu beobachten (Abb. 51), sie sind aber in ähnlicher Form bei anderen Enten zu finden. Der exakte Nachweis für die erbliche Fixierung

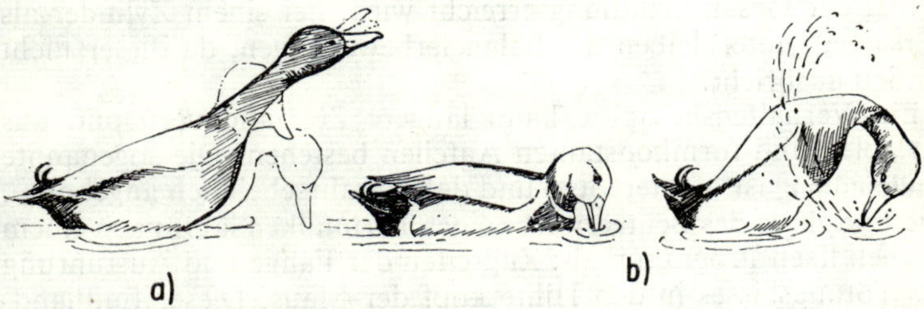

Abb. 51. Verhaltensweisen des Stockerpels *(Anas platyrhynchos)* während des „Gesellschaftsspiels". **a)** Sichschütteln; **b)** Grunzpfiff. Nach Blume (1967).

einer Verhaltensweise ist nur im Experiment zu führen, entweder durch Aufzucht von Geburt an isolierter Tiere im sogenannten Kaspar-Hauser-Versuch oder in einzelnen Fällen durch Kreuzung von Formen mit differenten Bewegungsmustern, die teilweise einen einfachen Erbgang nach den Mendelschen Regeln zeigen. Eine Erbkoordination, die in der Regel durch einen äußeren Reiz (s. u.) in Gang gesetzt wird, ist häufig mit einem orientierenden Bewegungsvorgang – dem Taxisanteil – verbunden, der direkt vom auslösenden Reiz oder weiteren Reizen beeinflußt wird. Diese **Taxiskomponente** kann eine mehr oder weniger große Unabhängigkeit von der Erbkoordination gewinnen, ist plastischer und kann durch Lernen individuelle Besonderheiten annehmen. Eines der bekanntesten Beispiele ist das „Einrollen" von Eiern in die Nestmulde bei Bodenbrütern (Abb. 52). Der auslösende Reiz ist das außerhalb des Nestes liegende Ei. Die Erbkoordination besteht aus Vorstrecken des Kopfes, Anlegen des Unterschnabels ans Ei und Zurückziehen des Halses. Während des Zurückziehens weicht das Ei auf Grund seiner Form und wegen Unebenheiten des Bodens von der erforderlichen Einrollbahn ab. Der Schnabel führt in Beantwortung dieser

Abb. 52. „Einrollen" bei der Graugans *(Anser anser)*. Nach LORENZ u. TINBERGEN (1938).

neuen Reize seitliche Balancierbewegungen aus, wodurch der Erfolg der Gesamthandlung erreicht wird. Bei einem Zylinder als „Ersatzei" unterbleiben die Balancierbewegungen, da dieser nicht seitlich ausbricht.

Ein Verhaltenskomplex kann längere Zeit andauern und aus variablen und formkonstanten Anteilen bestehen. Die sogenannte **Endhandlung** ist oft stereotyp und daher wahrscheinlich angeboren. Die Endphase des Beuteerwerbs eines Turmfalken läuft nach einem solchen fixen Programm ab: Zugreifen der Fänge und Ausführung des Tötungsbisses in den Hinterkopf der Maus. Dieser Endhandlung geht ein mehr oder weniger langer Suchflug voraus: Abfliegen des Reviers mit Wechsel von Kraft- und Gleitflugphasen, dazwischen genaue Inspektion des Untergrundes aus dem Rüttelflug. Flughöhe, Länge der Gleitflüge, Höhe des Rüttelns ändern sich in Abhängigkeit von den Wetterbedingungen. Bei stärkerem Wind „steigt" der Falke über mehrere Rüttelstationen wie auf einer Treppe weit herunter und setzt zum Stoß erst aus geringer Höhe an. Das Fliegen auf der Stelle vollzieht sich ebenfalls in Einstellung auf die Windverhältnisse mit unterschiedlichen Körperhaltungen und auch aerodynamisch verschiedenem Einsatz der Flügel. Der Stoß auf die Beute selbst ist in seiner Abfolge schon starrer festgelegt: Flügelanlegen – Sturzflug – Vorstrecken der Fänge und gleichzeitiges Entfalten der Flügel zum Bremsen. Er läßt aber als orientierte Bewegung noch deutliche Variabilität in Abhängigkeit von den Windverhältnissen erkennen. Auf wechselndes Beuteangebot reagiert der Falke mit dem bevorzugten Aufsuchen der Örtlichkeit, wo er mehrfach erfolgreich war. Diese Phase, die auf das Erreichen der Endhandlung ausgerichtet ist, wird **Appetenzverhalten** genannt. Orientierungseinstellungen und Lernvorgänge sind in ihr mit erblich festgelegten Abläufen aufs innigste verschränkt. Mit der Endhandlung erlischt das Appetenzverhalten.

Für **obligatorisches Lernen**, bei dem Lebensnotwendiges in ein angeborenes Verhaltensmuster „hineingelernt" wird, gibt es während der Ontogenese sensible Phasen. Man bezeichnet dieses als **Prägung.** Sie ist eine nur während einer kurzen Zeit mögliche Erweiterung des Verhaltensinventars, die dann für das ganze Leben mehr oder weniger starr fixiert ist. Die eben geschlüpfte Graugans wird auf das erste Lebewesen geprägt, das sie erblickt, und läuft nur diesem nach. Im Normalfall ist dies die Mutter, es kann im Experiment jedoch auch eine Glucke, ein Mensch oder eine Katze sein. Das „Nachlaufen" ist eine Erbkoordination. Die Fähigkeit zur Prägung ist ebenfalls angeboren. Das Objekt, auf das geprägt wird, ist nicht vorprogrammiert. Prägung findet statt auf den Artgenossen in der Nestlingszeit, spielt eine Rolle bei der Entwicklung der arttypischen Stimmäußerungen (s. u.) und läßt das „Suchbild" für die später im Rahmen der Fortpflanzung aufzusuchende Örtlichkeit entstehen (vielfach auch Prägung auf den Heimatort). Ein ähnlicher Vorgang kann angenommen werden, wenn nestjunge Dohlen den Menschen als „Bodenfeind" kennenlernen, indem die Altvögel durch Warnrufe und Überfliegen von hinten ihn als solchen „kennzeichnen". Die Dohlen halten nach dem Flüggewerden dann einen entsprechenden Fluchtabstand ein.

Abgesehen von den auf bestimmte Lebensabschnitte beschränkten Prägungsvorgängen ist ein Vogel während seines ganzen Lebens in der Lage, sein Verhalten durch Erfahrung zu modifizieren. Die einfachste Lernform ist der **bedingte Reflex**, der vor allem aus physiologischen Versuchen bekannt ist. Bei einem unbedingten Reflex wird ein Reiz angeborenermaßen durch immer dieselbe einfache Reaktion biologisch „richtig" beantwortet. Wirkt mit diesem „unbedingten" Reiz zusammen ein zweiter, bisher neutraler Reiz, so erfolgt die Reaktion alsbald auch nur noch auf letzteren, der damit zum „bedingten" Reiz geworden ist. Der entstandene bedingte Reflex muß von Zeit zu Zeit aufgefrischt werden, d. h., der bedingte Reiz muß wieder zusammen mit dem unbedingten geboten werden, sonst wird der bedingte Reflex ausgelöscht.

Beim **Lernen am Erfolg** wird eine neue Bewegung oder Bewegungsfolge mit der Befriedigung eines Bedürfnisses verbunden. Beispielsweise muß ein Vogel im Versuch gegen eine durch Form oder Farbe gekennzeichnete Scheibe picken, um einen Mechanismus in Gang zu setzen, der ihm eine Belohnung in Form von Futter zugängig macht. Anstelle der „Belohnung" kann auch ein negativer Reiz („Bestrafung") zum Lernen am „Mißerfolg" verwandt werden, der dann die Vermeidung einer Handlung unter den betreffenden Umständen bewirkt.

Beide Formen des Lernens, die Herstellung der Verbindung

zwischen einer Situation und einer Verhaltensweise, kommen beim frei lebenden Tier neben- und miteinander vor. Daraus resultiert das **Lernen durch Versuch und Irrtum.** Hühnerkücken picken zuerst nach allen möglichen kleinen Gegenständen, bald aber nur noch nach genießbaren Objekten. Stellen mit reichlicher Nahrung werden sehr schnell vor solchen mit geringem Angebot bevorzugt aufgesucht. Techniken, wie eine bestimmte Nahrung zu erlangen ist, werden durch Ausprobieren gefunden oder vervollkommnet. Blau- und Kohlmeisen z. B. erschlossen sich durch Aufhacken der aus Metallfolie bestehenden Verschlüsse der in England vor den Wohnungstüren abgestellten Milchflaschen den Zugang zu dem im Flaschenhals abgesetzten Rahm. Das Verfahren, Straußeneier mit Steinen zu zertrümmern (Werkzeuggebrauch), wird von verschiedenen Individuen des Schmutzgeiers offenbar „zufällig" entdeckt, dann aber konsequent und erfolgreich angewandt. Kleinvögel meiden Stellen, an denen sie den Attacken von Beutegreifern ausgesetzt waren oder auch von Menschen nachhaltig verfolgt oder gestört wurden. Andererseits wird die „Ungefährlichkeit" von Vogelscheuchen verschiedenster Art relativ schnell gelernt. Tauben und Raben haben im Experiment sogar die Fähigkeit zum Abstrahieren gezeigt, indem sie Zahlen unterschieden, wobei das Wesentliche die richtige Zuordnung einer Vielheit (z. B. 3) unabhängig vom gegenständlichen Muster zur erstrebten Belohnung durch Futter war.

Nachahmung oder **Lernen durch Beobachtung** ist bei Vögeln vor allem bei Lautäußerungen festgestellt worden (s. u.). Es kommt hierbei darauf an, wahrgenommene fremde Vorgänge in das eigene motorische Repertoire zu übernehmen. Das oft mit Nachahmung verwechselte „Mach-mit-Verhalten" (Allelomimese, Stimmungsübertragung, Ansteckung) besteht darin, daß das Verhalten eines Individuums das gleiche Verhalten bei Artgenossen hervorruft, welche es von vornherein „können". Satte Vögel im Schwarm beginnen z. B. wieder nach Futter zu picken, wenn Artgenossen um sie herum intensiv bei der Nahrungsaufnahme sind. Es handelt sich hierbei nicht um Lernvorgänge.

8.3. Steuerung des Verhaltens

Eine Voraussetzung für das Ingangsetzen einer Handlung ist meistens ein **äußerer Reiz**, den der Vogel mit seinen Sinnesorganen aufnimmt. Die effektiven Reize sind oft recht einfach, so daß sich die Auffassung durchgesetzt hat, daß in der Tätigkeit des Nervensystems ein Filtermechanismus realisiert ist, der nur Erregungsvorgänge als Folge bestimmter Reize oder Reizkombinationen aus der Vielfalt der Außenwelteinwirkungen passieren läßt und eine Beantwortung durch das Tier freigibt. Diese Filter bezeichnet man als **Auslösemechanismen** (AM), die man in angeborene (AAM, bei Vögeln wahrscheinlich vorherrschend), erworbene (EAM, bei Vögeln selten) und durch Erfahrung ergänzte angeborene (EAAM, bei Vögeln verbreitet) einteilen kann. In vielen Fällen ist die Trennung in AAM oder EAAM kaum möglich. Der Begriff des Auslösemechanismus ist zur Zeit nicht mehr als ein „Arbeitstitel“, denn über die Natur dieses vermuteten neurosensorischen Mechanismus und seine Lokalisation im Nervensystem ist nichts bekannt. Er erleichtert aber als Modellvorstellung das Eindringen in die Vielfalt der Verhaltensphänomene.

Die zu einem AM „passenden“ Reize oder Reizkombinationen lassen sich nach der Art des Informationswechsels gruppieren. Ist die Informationsübermittlung einseitig auf den Empfänger gerichtet, so handelt es sich um **Schlüsselreize** i.e.S.. Hierher gehören z.B. bestimmte Habitatstrukturen, die der Vogel optisch wahrnimmt und die zur Auswahl eines Nistplatzes führen, oder die Silhouette eines Greifvogels, die bei Wahrnehmung sofortiges Deckungssuchen und Sichdrücken bei Nestflüchterküken auslöst, oder bestimmte Körpermerkmale, Bewegungsweisen und Geräusche von Beutetieren, die eine Eule zum Beuteschlagen veranlassen.

Geht der Reiz von einem anderen Tier aus und stellt das Verhalten des „Empfängers“ wiederum für den „Sender“ eine Information dar, geschieht also eine gegenseitige „Verständigung“, so handelt es sich um **Auslöser.** Beispiele dafür sind die Drohhaltungen, -gesten und -laute eines revierbesitzenden Männchens gegenüber einem Rivalen und dessen Antworten oder die Handlungen beider Geschlechter im Balzzeremoniell. Diese Terminologie wird aber nicht durchgängig gebraucht, und es sind für beide hier unterschiedene Gruppen zusammen sowohl die Bezeichnungen Auslöser als auch Schlüsselreiz im Schwange. Man faßt auch alle auslösenden Reize als Schlüsselreize im weiteren Sinne zusammen, die dann in die eigentlichen Schlüsselreize und die Auslöser eingeteilt werden. Für die erwähnte Einfachheit der auslösenden Reize sei noch ein Beispiel genannt, was die Filterwirkung des AM unterstreicht und davor bewahrt, unsere Sinneswahrnehmung vom gleichen Objekt mit dem wirksamen Schlüsselreiz oder Auslöser gleichzusetzen. Nicht der Anblick des Elternvogels in toto veranlaßt die junge

Silbermöwe, nach dessen Schnabel zu picken, worauf dieser dann die Nahrung vorwürgt, sondern der rote Fleck am Unterschnabel der alten Möwe, die längliche Schnabelform und die nach unten weisende Haltung des Schnabels. Die Kopfform spielt, wie sich aus Attrappenversuchen ergab, schon keine Rolle mehr. Experimente haben weiter gezeigt, daß die „normale" Reizquelle oft nicht die höchste Auslösewirkung hat. So rollen Bodenbrüter, wenn sie die Wahl zwischen eigenen und übernormal großen Eiern haben, letztere bevorzugt ein. Auch der Sperrachen des jungen Kuckucks hat eine stärkere fütterungsauslösende Wirkung auf seine „Pflegeeltern" als die Sperrachen der eigenen Jungen.

Außer von äußeren Reizen hängt das Zustandekommen der Handlungen von inneren Bedingungen des Tieres ab, die man als Handlungsbereitschaft, „Stimmung" oder **Motivation** bezeichnet. Hierher gehören Hormonspiegel, Sättigung, Hunger, Durst. Ein kastrierter männlicher Vogel, bei dem kein Testosteron produziert wird, läßt die Begattungsaufforderung eines Weibchens unbeachtet; ein völlig gesättigter Greifvogel kümmert sich nicht um ein sonst sofort attackierten Beutetier usf.. Weiter gehören hierher motivierende Reize, die die Schwelle des AM verändern, d.h. die Auslösbarkeit der Handlung erleichtern oder erschweren. So kann ein Temperatursturz ausgeprägte Revierverteidigung bei Rotschwänzen und Fliegenschnäppern völlig zum Erliegen bringen.

Der aktuelle Schwellenwert eines AM hängt auch davon ab, welche Zeit verstrichen ist, seit er das letzte Mal „angesprochen" wurde. Ein Buchfinkenmännchen reagiert noch eine Stunde nach erfolgter Kopulation nicht auf ein Begattungsbereitschaft zeigendes Weibchen. Singvögel verschiedener Arten „hassen" auf eine Eule, die sie entdeckt haben. Im Experiment läßt bei Vorzeigen eines ausgestopften Waldkauzes von Mal zu Mal der Beginn der Attacken länger auf sich warten, und ihre Intensivität nimmt ab. Andererseits gibt es AMs, die in nicht zu langen Zeitabständen beansprucht werden müssen, wenn ihr Schwellenwert im normalen Bereich bleiben soll. Fehlt der auslösende Reiz über längere Zeit, so kommt es zu extremer Schwellenerniedrigung, und ein durchaus „unpassender" Reiz wirkt auslösend. Gekäfigte insektenfressende Vögel, die durch entsprechendes Weichfutter vollwertig ernährt werden, beginnen plötzlich, Kotstückchen oder Holzspäne oder Papierschnitzel zu „fangen" und anschließend wie eine erbeutete Raupe gegen eine Unterlage zu schlagen und „weichzuklopfen", obwohl sie das „Ersatzobjekt" nicht fressen können. Die Schwellenerniedrigung kann soweit gehen, daß die Handlung ohne erkennbaren äußeren Reiz abläuft. Gekäfigte Stare, wiederum vollwertig ernährt, fixieren plötzlich eine Stelle des Käfigs, fliegen steil hoch, schnappen eine Fliege, die gar nicht da ist, und „verschlucken" dann etwas, was sie gar nicht im Schnabel haben. Das ganze Programm einer Flugjagd auf Insekten vollzieht sich im Leerlauf.

Die Motivation wird aber auch durch Schlüsselreize und Auslöser beeinflußt. So löst der Anblick eines Luftfeindes oder ein entsprechender Warnruf sofortiges biologisch richtiges Verhalten (Deckung suchen, ruhig sein) aus, stellt das Tier aber insgesamt auf die Reaktionslage „Flucht" um. Ist der Vogel sehr hungrig und hat gerade eine ergiebige Nahrungsquelle gefunden, so liegen zwei Motivationen im Widerstreit. In solchen Fällen liegt **ambivalentes Verhalten** vor. In der Regel werden im geschilderten Beispiel nur die der Motivation „Flucht" entsprechenden Handlungen ausgeführt, die der Motivation „Hunger" zugehörigen unterdrückt. Ambivalentes Verhalten kann sich aber auch im abwechselnden Auftreten von Verhaltensweisen beider Motivationen äußern. Hierher gehört das Drohverhalten, wo die Stimmungen „Angriff" und „Flucht" nacheinander in Erscheinung treten können. Teilweise werden bei Ambivalenz nicht mehr die vollen Handlungsfolgen ausgeführt, sondern nur noch Teile derselben. Diese Reduktion kann bis zum bloßen Andeuten der Handlung in Form einer Intentionsbewegung führen. Ambivalenz kann schließlich eine „Mischform" der entgegengesetzt motivierten Verhaltensweisen als räumlich und zeitlich neu geordnete Handlungen entstehen lassen. Das tritt ebenfalls vielfach beim Drohen auf. Hier anzuschließen sind die sogenannten **Übersprungbewegungen.** Sie werden auch als „sinnlose Handlungen" (displacement activities) bezeichnet. Diese Handlungen erscheinen insofern sinnlos, als sie außerhalb ihrer normalen Verhaltensfolge unter Bedingungen auftreten, wo ganz andere Verhaltensweisen „zuständig" sind. Meist kommen sie in Konfliktsituationen oder bei starker Belastung oder abrupter Situationsänderung vor. Haushähne, die, sich drohend gegenüberstehend, offenbar kurz vor der Eröffnung von Tätlichkeiten sind, picken plötzlich hastig auf den Boden. Bewegungen des Nahrungserwerbs führen auch kämpfende Kleiber aus, indem sie in großer Hast Rindenstücke abklopfen, ohne allerdings „richtig" nach Beutetieren zu suchen. Silbermöwen beginnen bei der Revierverteidigung anstelle des zu erwartenden körperlichen Angriffs auf den Eindringling mit Nestbaubewegungen, wie Muldenscharren oder Grasausrupfen. Steinwälzer nehmen in der vergleichbaren Situation Schlafhaltung ein, männliche Stare putzen sich das Gefieder. Antagonistische Motivationen (Angriff –

Flucht) führen hier nicht zu einer Unterdrückung einer Handlung oder zu einer Mischform, sondern aktivieren Bewegungen aus anderen Reaktionslagen zugeordneten Verhaltensweisen. Wesentlich ist nun, daß die Übersprungbewegungen art- und teilweise gattungsspezifisch sind und in der gleichen Situation formkonstant ablaufen, wodurch sie sich als offensichtlich angeboren ausweisen. Eine Silbermöwe im genannten Konfliktfall zeigt nur Muldenscharren und Grasrupfen und nicht etwa auch einmal Gefiederputzen oder Schlaf.

Ähnlich wie der Begriff des Auslösemechanismus ist auch der der Motivation eher eine globale Arbeitsbezeichnung für etwas, was man seiner Natur nach eigentlich nicht kennt. Da nur Reiz und Reaktion meßbar sind, läßt sich die „Handlungsbereitschaft" mit ausgefeilter Versuchstechnik unter günstigen Bedingungen aus dem gezeigten Verhalten rückwirkend erschließen. Die obigen Darstellungen, so einleuchtend und überzeugend sie auf den ersten Blick wirken mögen, sollen unter diesem Aspekt gesehen werden, daß sie im Grund noch wenig erklären, sondern vorerst nur mit brauchbaren Vorstellungen ein Zurechtfinden im Verhalten des Tieres erleichtern.

8.4. Gebrauchshandlungen, Signalhandlungen, Ritualisation

Viele Haltungen und Bewegungsabläufe dienen primär unmittelbaren Funktionen der Individual- und Arterhaltung. Hierher gehören z.B. Nahrungserwerb, Thermoregulation, Lokomotion, Bebrütung der Eier, Füttern der Jungen, Schlaf, Körperpflege. Man hat sie als Gebrauchshandlungen den Signalhandlungen gegenübergestellt, deren Funktion die Informationsübermittlung an Artgenossen oder auch an artfremde Individuen, also die „Verständigung" ist. Hierher gehören die eigentlichen Auslöser. Manchmal erscheint diese saubere Trennung künstlich. Gebrauchshandlungen können auch Signalfunktion haben. Ein Haussperling, der an einer günstigen Stelle ein ausgiebiges Staubbad beginnt, zieht immer neue Artgenossen an, die alsbald „mitmachen". Solche Ansteckung, die von einem mit einer Gebrauchshandlung der Körperpflege (Komfortverhalten) beginnenden Vogel ausgeht, ist bei in Kolonien oder Schwärmen lebenden Arten wie Pelikanen, Kormoranen, Reihern und Enten nicht selten. Es gibt aber zahlreiche Verhaltensweisen, bei denen die alleinige Funktion der Signalwirkung, ihre „Adressierung“ an einen oder mehrere Empfänger, unverkennbar ist. Dies sind die eigentlichen Signalhandlungen, die auch als Ausdrucksverhalten bezeichnet werden. Hierher gehören Lautäußerungen, über die gesondert gesprochen wird, Haltungen, die auffällige Körpermerkmale, wie Gefiederpartien, besonders hervorheben, und Bewegungsabläufe, deren Herkunft aus einer Gebrauchshandlung oft noch erkennbar ist. Sie sind dann aber diesen gegenüber verändert, Teile der Bewegungsfolgen sind überbetont, andere treten zurück, viele wirken im menschlichen Sinne grotesk. Die stammesgeschichtliche Herausbildung solcher Bewegungsabläufe wird als Ritualisation bezeichnet. Zahlreiche Übersprungbewegungen und Intentionsbewegungen sind ritualisiert und zu Ausdrucksbewegungen geworden. Das schon erwähnte Grasrupfen der Silbermöwe gehört hierher. Es wird auch allein als „Drohgeste“ gegen Nachbarn bei der Revierabgrenzung verwendet und „verstanden“. Das ruckartige Hochstoßen des Kopfes bei einer schwimmenden Stockente löst bei anderen Gliedern des Schwarmes die gleiche Intentionsbewegung zum Auffliegen aus, und gleich darauf erhebt sich die ganze Schar. Besondere Haltungen wie „Prahlen“ oder „Imponieren“ werden bei der Markierung des Reviers und bei der Paarbildung vor allem vom Männchen gezeigt. Auffällige und oft auch energieaufwendige Bewegungsfolgen spielen gerade bei der Einleitung des Fortpflanzungsgeschäfts – bei der Abstimmung der Geschlechtspartner aufeinander – eine Rolle wie die Schauflüge von Grünling und Girlitz, das Kreisen eines Habichtspaares im Frühling über dem Brutrevier und das „Kunstflugprogramm“ von Rohr-, Korn- und Wiesenweihe, aber auch die Luftakrobatik der Kolibris. Ausdrucksverhalten dient der Verständigung von Alt- und Jungvögeln während der Jungenaufzucht und der Abstimmung der Individuen in Schwärmen. Der Addressat einer Signalhandlung kann auch ein Raubfeind sein, dem eine „falsche“ Information übermittelt wird: Das Verleiten („Sich-lahm-Stellen“) mancher Vögel ist wahrscheinlich eine ritualisierte Übersprunghandlung und erfüllt in den meisten Fällen seine biologische Funktion, den Freßfeind von der eigenen Nachkommenschaft wegzulocken. Natürlich hat das mit bewußter „Täuschung“ nichts zu tun.

8.5. Sozialverhalten

Unter Sozialverhalten im weitesten Sinne wird die Gesamtheit der Verhaltensweisen zusammengefaßt, die Funktionen der innerartlichen Verständigung erfüllen. Sie sind als Ausdrucksverhalten ihrer Herkunft nach soeben besprochen worden, sollen nun aber nochmals unter dem Aspekt ihrer biologischen Funktion gesehen werden. Der Begriff „sozial" wird in der Verhaltensforschung nur in dem eben genannten Sinne gebraucht und ist von seiner Verwendung im Bereich der menschlichen Gesellschaft zu unterscheiden.

Kampfverhalten oder agonistisches Verhalten umfaßt Angriff, Flucht, Drohen und Imponieren sowie Territorialität. Es dient der Einhaltung von Distanzen zwischen Artgenossen. Dabei zeigt das intraspezifische Angriffsverhalten (intraspezifische Aggression) teilweise gleiche Handlungsabläufe wie das interspezifische. Letzteres umfaßt Beutefanghandlungen, Verteidigungsreaktionen, Konkurrenzverhalten. Der Gebrauch der „Waffen" zum Festhalten und Töten der Beute ist z.B. beim Habicht auch gegenüber dem Artgenossen festzustellen. Männchen, meist jüngere Exemplare, die sich zwischen die Partner eines bereits formierten Paares zu drängen versuchen, werden geschlagen und gefressen. Der Angriff auf den Rivalen, bei dem Federn fliegen und Verletzungen entstehen – **Beschädigungskampf** – kommt durchaus bei großen und kleinen Arten vor. Er endet aber in der Regel nicht mit dem Tod eines der Kontrahenten, da nach kurzer Zeit gewöhnlich einer der Kämpfer den Platz räumt. Beschädigungskämpfe sind vor allem nicht das häufigste Mittel, den Artgenossen auf Distanz zu halten. Die direkte kämpferische Auseinandersetzung ist zudem mit nicht zu übersehenden Nachteilen behaftet: Kämpfende Tiere sind auffälliger und unaufmerksam und können leichter Raubfeinden zur Beute werden. Im **Drohverhalten** ist ein Instrumentarium entwickelt worden, die Distanzeinhaltung auch ohne physische Auseinandersetzung zu erreichen. In diesem ambivalenten Verhalten treten Angriffs- und Fluchttendenzen oft in wechselnden Anteilen zutage (Abb. 53). Während das Drohen auf den gleichgeschlechtlichen Artgenossen abweisend wirkt, zieht es den Geschlechtspartner an. Verhalten mit der zweiten Funktion allein wird als **Imponierverhalten** bezeichnet, aber die Trennung vom Drohen ist in den seltensten Fällen genau möglich, weshalb Drohen und Imponieren meist synonym gebraucht werden. Ein sehr effektives Mittel, die energiezehrenden und Zeit beanspruchenden Verhaltensweisen des Kampfes und des Drohens während der Zeit der Paarbildung und der Jungenaufzucht einzuschränken, ist die vorherige Abgrenzung verteidigter Wohngebiete, der Territorien oder **Reviere.** Das Revier garantiert seinem Besitzer einen bestimmten Ausschnitt des Lebensraumes mit seinen die Existenz sichernden Bedingungen und steht damit im Dienste der Erhaltung der Lebensfähigkeit einer Popu-

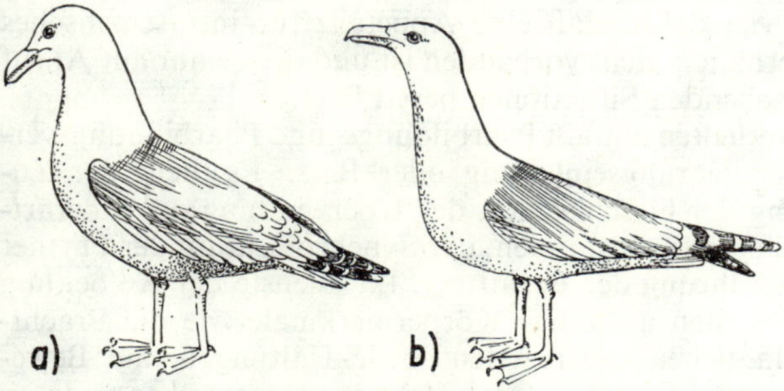

Abb. 53. Drohhaltung der Silbermöwe *(Larus argentatus)*. **a)** mit starker Angriffs- und geringer Fluchtstimmung; **b)** mit starker Flucht- und geringer Angriffsstimmung. Nach TINBERGEN (1959).

lation. Man kann die Reviere nach ihrer Funktion einteilen, muß dabei aber zu starken Schematismus vermeiden. Das Revier kann der Fortpflanzung und der Ernährung der Eltern und Nachkommen dienen. Dies ist der von Singvögeln bekannte Reviertyp, der sich aber auch bei vielen anderen Vögeln findet. Das Revier kann auch nur der Fortpflanzung dienen. Das ist der Reviertyp vieler Koloniebrüter, deren Nahrung wie bei Seevögeln weitab vom Nistgebiet erworben wird und wo nur der Platz für die Jungenaufzucht verteidigt wird. Eine hier anzuschließende Form sind die Balzreviere, die ausschließlich zur Ermöglichung der Paarung abgegrenzt werden (z. B. Auerhuhn, Birkhuhn, Kampfläufer). Schließlich kann das Revier auch nur für die Sicherung der individuellen Ernährung da sein, wie z. B. beim Rotkehlchen als „Winterrevier" oder bei vielen Zugvögeln als Nahrungsrevier im Ruhequartier. Die Reviergröße schwankt innerhalb der artspezifischen Variationsbreite und liegt bei günstigen Lebensbedingungen und folglich hoher Siedlungsdichte nahe der unteren Grenze (vgl. Populationsökologie). Die Vögel markieren ihre Reviergrenzen optisch und/oder akustisch. Neben Lautäußerungen spielen auffällige Bewegungsweisen wie die Singflüge von Feldlerche, Wiesenpieper, Baumpieper oder Dorngrasmücke eine Rolle.

Trotz der großen biologischen Bedeutung des Kampfverhaltens sind viele Einzelheiten noch zu klären. Sicher ist, daß viele seiner Elemente erblich determiniert sind, aber auch Lernvorgänge sind, bei einzelnen Arten sicher unterschiedlich, offensichtlich daran beteiligt. Für die Annahme eines „Kampftriebes", der sich zwangsläufig „abreagieren" muß, gibt es keinen schlüssigen Beweis. Es spricht sogar viel dafür, daß eine Appetenz für intraspezifisches aggressives Verhalten nicht vorhanden ist und dieses nur auf Abruf für die entsprechenden Situationen bereit liegt.

Das **Sexualverhalten** umfaßt Paarbildungs- und Paarbindungsverhalten und die Paarungseinleitung oder Balz. Es dient der Zusammenführung der Geschlechter, der Überwindung der innerartlichen Aggression zwischen ihnen, der Synchronisation der Partner und der Herbeiführung der Begattung. Im Dienste der Anlockung der Weibchen stehen auffällige Körpermerkmale wie die Prachtkleider der Männchen vieler Arten sowie Haltungen und Bewegungen, die auch gleichzeitig Drohfunktionen gegenüber anderen Männchen haben. Das gleiche gilt für akustische Signale. Mindestens zur Kopulation müssen die Geschlechtspartner in unmittelbaren körperlichen Kontakt treten, weit verbreitet ist aber auch das Zusammenleben „auf Tuchfühlung" während der gesamten Zeit der Jungenaufzucht. Weitaus die meisten Vögel sind „Distanztiere", sie dulden die Annäherung eines anderen Vogels nicht unter einem gewissen Abstand, die Individualdistanz, die man als „mitgenommenes" Kleinrevier interpretieren kann – z. B. die Sitzordnung von Staren oder Schwalben auf Drähten. Diese Individualdistanz muß während des Fortpflanzungsgeschäftes überwunden werden. Dies ist die Aufgabe des Beschwichtigungsverhaltens, das Aggression des Partners unterbindet. Hierher gehören Elemente des Jungenverhaltens („Balzbetteln" der Weibchen), das „demonstrative" Abkehren von Drohmerkmalen („Wegsehen", Abb. 54), ritualisierte Bewegungen aus dem Bereich des Nestbaues („Überreichen" von Nistmaterial) und der Brutpflege (Futterübergabe, die bis zum symbolischen „Schnäbeln" reduziert sein kann), Handlungen der Gefiederpflege am Partner. Diese Verhaltensweisen stehen auch im Dienste der Aufrechterhaltung der Paarbindung. Die Anwesenheit des Männchens, sein Imponieren, Reviergesang und weitere zeremoniale Ausdruckshandlungen stimulieren beim Weibchen die endgültige Reifung der Eizellen und stimmen es auf die sexuellen Aktivitäten des Männchens ab, machen es kopulationsbereit und sichern so die Zeugung der Nachkommenschaft. Bei Koloniebrütern wird durch das Sexualverhalten die Fortpflanzungstätigkeit der ganzen Gemeinschaft synchronisiert, aber auch bei Arten mit größeren Territorien ist eine weitgehende Angleichung im zeitlichen Ablauf der Brut bei Reviernachbarn festgestellt worden. Bei Vögeln ist die Monogamie während einer Brut weit verbreitet. Paarbindungen, die bis zum Tod eines Partners halten, gibt es bei Gänsen, Adlern und Geiern. Polygynie als Vielweiberei oder Haremsbildung trifft man bei Hühnervögeln an. Selten ist Polyan-

Abb. 54. Beschwichtigungsgebärde („Wegsehen") beim Kolkraben *(Corvus corax)*. Nach GWINNER (1964).

drie, die als Vielmännerei beim Tasmanischen Pfuhlhuhn vorkommt.

Zum **Brutpflegeverhalten** gehören das eigentliche Bebrüten der Eier, ihre Bewachung, die Ernährung der Jungen, ihre Warnung vor Gefahren und aktive Verteidigung. Weit verbreitet ist die Nachkommenfürsorge in der „Elternfamilie", in der beide Altvögel an der Versorgung des Nachwuchses in etwa gleicher Weise beteiligt sind. Eine Sonderform ist die „Vater-Mutter-Familie", wo Männchen und Weibchen verschiedene Funktionen übernehmen wie bei vielen Greifvögeln. „Mutterfamilien" gibt es z.B. bei Hühnern und Enten, wo sich die Männchen nicht an der Jungenaufzucht beteiligen, und „Vaterfamilien" finden sich z.B. beim Odinshühnchen oder beim Nandu. Während der Zeit der Bebrütung und der Jungenaufzucht sind bei Paaren ebenfalls aggressionsabwendende Verhaltensweisen erforderlich, die vor allem bei der Brutablösung – unmittelbarer Körperkontakt! – auftreten und Beschwichtigungsgesten sind. Dazu gehören das Überreichen von Nahrung oder Nistmaterial sowie Ausführungen von Elementen der Balz. Aussehen und Verhalten der Jungen vermeiden Auslöser für aggressives Verhalten der Altvögel ihnen gegenüber. Die Futterübergabe wird in den verschiedensten Formen durch fein aufeinander abgestimmtes Ausdrucksverhalten von Jungen und Eltern gesteuert. Vom Altvogel ausgehende Signale lösen das Betteln der Jungvögel aus, dieses setzt die eigentliche Fütterungshandlung in Gang, wobei der auslösende Reiz auch der Orientierung der Fütterungsbewegungen dient (s. 7.5.).

Schließlich ist das **Gruppenverhalten** zu erwähnen. Gruppen werden hier als Zusammenschlüsse einer mehr oder weniger großen Zahl erwachsener oder zumindest selbständiger Individuen verstanden. Dies sind sowohl Brutkolonien als auch Schwärme außerhalb der Fortpflanzungszeit. Eine wichtige Funktion dieser Struktur ist verbesserter Schutz des Einzeltieres vor Beutegreifern. Hierher gehören die Warnung des Verbandes und die gemeinsame Verteidigung – z. B. Massenangriffe von Möwen und Seeschwalben auf in die Kolonie eindringende Feinde – und Verunsicherung eines Freßfeindes – z. B. Zusammenballung von Starenschwärmen bei Annäherung eines Falken, der auch in aktiven Angriff des Schwarmes auf den Greif übergehen kann. Eine zweite Funktion liegt vielfach in der Optimierung des Nahrungserwerbs – z. B. gemeinschaftliches Fischen der Rosapelikane; Ausnutzung der Erfahrungen einzelner Gruppenmitglieder über günstige Nahrungsgründe. Gruppenbildung ist durchaus nicht allgemein bei Vögeln verbreitet, und es ist zu bedenken, daß sie nicht nur Vorteile, sondern auch beispielsweise gesteigerte Nahrungskonkurrenz bewirkt. Sie ist im konkreten Fall zusammen mit den Umweltfaktoren verständlich, unter denen sie wirksam wird, und daher eng mit ökologischen Wirkungsmechanismen verbunden. Bei Gruppenbildungen der Vögel handelt es sich meist um sogenannte „offene Gesellschaften“, bei denen das Verhalten der Gruppe durch Verschwinden oder Hinzukommen von Mitgliedern nicht verändert wird, wenn auch in Kolonien die Brutnachbarn sich persönlich kennen. Es gibt aber auch „geschlossene Gesellschaften“, in denen sich alle Individuen kennen und unter denen sich dann eine Rangordnung herausgebildet hat wie z. B. in einem Hühnervolk. Sie ist das Mittel, die intraspezifische Aggression innerhalb der Gruppe auf ein Mindestmaß herabzusetzen, da diese dem Zusammenhalt entgegenwirkt. Aggressive Handlungen finden nur bei der Herausbildung der Hierarchie oder bei der Eingliederung von erwachsen werdenden Jungvögeln statt, während die „Stellung“ der Glieder sonst längere Zeit kampflos respektiert wird. In Gruppen ohne ausgeprägte Rangordnung kommt dem Beschwichtigungsverhalten die wichtigste Rolle bei der

Unterbindung von Angriff und Flucht zu. Es handelt sich auch hier bevorzugt um ritualisierte Handlungen der Brutpflege und der Sexualität, die sozusagen auf einem höheren Niveau als dem der reinen Paarbindung motiviert sind.

8.6. Lautäußerungen

Die Lauterzeugung ist schon mehrfach genannt worden, soll aber hier noch einmal wegen ihrer überragenden Rolle innerhalb des Sozialverhaltens im Zusammenhang dargestellt werden. Bei manchen Vögeln sind Gebrauchshandlungen der Lokomotion und der Nahrungsaufnahme durch Ritualisierung zu akustischen Signalerzeugern geworden. Ein besonders starkes Fluggeräusch wird durch Schwingungen an besonders gestalteten Handflügelfedern erzeugt: „Klingeln" des Schellentenerpels, „Wuchteln" des Kiebitzmännchens, „Pfeifen" der Amerikanischen Waldschnepfe. Man findet solche „Schallschwingen" auch noch bei Trappen, Tauben und Schnurrvögeln. Schallfedern können auch umgestaltete Schwanzfedern sein wie z. B. bei der Bekassine. Sie spreizt die beiden äußersten Steuerfedern seitlich ab, die beim Sturzflug in Schwingungen bestimmter Frequenz geraten und infolge der rhythmischen Unterbrechung des Luftstromes durch die schlagenden Flügel das „Meckern" der „Himmelsziege" hervorbringen. Noch lautere Geräusche erzeugen die ostsibirische Spießbekassine, die Tibetbekassine und die mandschurische Waldbekassine, die eine größere Zahl solcher Schallfedern aufweisen. Balzende Männchen der Ringeltaube, der Felsentaube und des Ziegenmelkers schlagen die Flügel mit lautem Klatschen zusammen, das Kragenhuhn „trommelt" bei der Bodenbalz mit den Flügeln, die Klapperlerche erzeugt ein Geräusch, das ihr den Namen gegeben hat. Mit dem Kieferapparat werden klappernde oder knackende Geräusche erzeugt. Störche und Doppelschnepfen schlagen Unter- und Oberschnabel rasch gegeneinander. Das „Schnabelknappen" bei Eulen und Fliegenschnäppern scheint im Kiefergelenk zu entstehen. Diese bisher erwähnten „Instrumentallaute" werden nur mit Organen des Vogelkörpers erzeugt. Spechte benutzen beim Trommeln im Dienste der Reviermarkierung Äste und Stämme mit guter Resonanz, gegen die der Schnabel mit hoher Frequenz schlägt.

Stimmlaute werden, abgesehen von den im Kehlkopf (Larynx) erzeugten Zisch- und Fauchlauten, mit der Syrinx (s. 5.1.) produziert. Moderne technische Hilfsmittel gestatten es, die Struktur dieser Lautäußerungen zu analysieren und Einblick in den zeitlichen Ablauf zu gewinnen. Man verwendet Oszillographen und Klangspektrographen (Sonagraphen). In einem Oszillogramm sind die Schwingungen über der Zeit aufgetragen. Die Amplitude gibt die Lautstärke unmittelbar an. Im Klangspektrogramm wird die Frequenz über der Zeit abgebildet, die Amplitude wird durch unterschiedliche Schwärzung dargestellt. Spektrogramme sind für den Vergleich am anschaulichsten.

Rufe sind vielfach ein- oder zweisilbig und von relativ einfachem Aufbau. In längeren Rufreihen findet sich keine klare Musterbildung. Gesänge, vor allem die der Sperlingsvögel, sind hingegen Reihen von oft unterschiedlichen Lauten, die ein bestimmtes Zeitmuster aufweisen. Aber diese Grenze ist nicht scharf: Rufreihen können weitgehend an Gesänge angenähert sein, und selbst bei Singvögeln finden sich Übergänge von bestimmten Rufen zu Gesängen. Diese Unschärfe in der Grenzziehung erstreckt sich nicht nur auf die Struktur der Stimmäußerungen, sondern auch auf ihre Funktion.

Die wichtigsten bei Vögeln vorkommenden Rufe lassen sich folgenden Komplexen zuordnen:

1. Kommunikation von Männchen und Weibchen – Paarverhalten
(Stimmfühlung; Begrüßung; Balz; Nistplatzwahl; Begattung; Brutablösung; Futterübergabe; Federkontakt)
2. Verhalten der Eltern gegenüber den Jungen
(Füttern; Hudern; Führen)
3. Verhalten der Jungen
(Stimmfühlung zu Geschwistern vor und nach dem Schlüpfen und zu den Eltern; Standortzeigen und Betteln; Anzeige von Kälte, Hunger, Verlassensein)
4. Verhalten im Schwarm
(Anzeige von Phasen der Ortsveränderung; Entdeckung von Nahrungsquellen; Stimmfühlung während des Zuges)
5. Agonistisches Verhalten
(Angriff; Drohen)
6. Verhalten gegen Beutegreifer
(Angstschrei des Gegriffenen; Warnung vor Bodenfeind und sitzendem Luftfeind; Warnung vor fliegendem Luftfeind)

Bei manchen Singvögeln wird der Bettelruf der flüggen Jungvögel, der den Eltern deren Ortung ermöglicht und an der Auslösung des Fütterns beteiligt ist, fast genau vom Weibchen während der Legeperiode gebraucht (Abb. 55a,b). Das Weibchen wird vom Männchen gefüttert, was sowohl der Abstimmung der Partner auf-

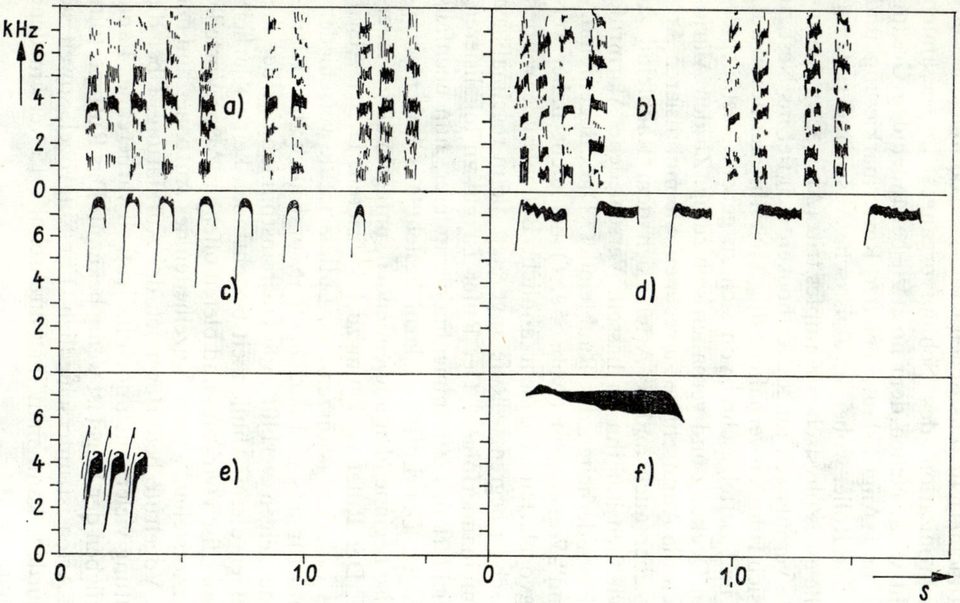

Abb. 55. Schematisierte Klangspektrogramme von Rufen. **a)** Bettelruf des Jungvogels; **b)** Balzbetteln des Weibchens bei der Kohlmeise *(Parus major)*; **c)** Rivalenruf; **d)** Angstschrei beim Gartenbaumläufer *(Certhia brachydactyla)*; **e)** Bodenfeindwarnung; **f)** Luftfeindwarnung beim Buchfinken *(Fringilla coelebs)*. Nach THIELCKE (1970).

einander dient als womöglich auch eine echte Ernährungshilfe darstellt. Bereits vor dem Schlüpfen treten die Nestgeschwister bei manchen Nestflüchtern in akustischen Kontakt, wodurch eine weitgehende Synchronisation des Schlüpfvorganges im gesamten Gelege erreicht wird. Neben dem noch zu behandelnden Gesang spielen Droh- und Angriffslaute bei der Reviermarkierung und -verteidigung eine Rolle, wobei die akustische Auseinandersetzung oft an die Stelle eines physischen Kampfes tritt (Abb. 55c). Alarm- oder Warnrufe veranlassen junge Nesthocker, sich tief ins Nest zu drücken und sich ruhig zu verhalten; flügge Nesthocker hören auf, Ortungslaute und Bettelgeschrei von sich zu geben. Nestflüchterkücken suchen Deckung und verhalten sich ruhig. Zu den Alarmrufen sind auch die Angstschreie zu rechnen. Sie mobilisieren Artgenossen, oft aber auch andere Arten, sich dem Raubfeind zu nähern und vielfach auf ihn zu hassen. Verschiedene Alarmrufe signalisieren Besonderheiten des Raubfeindes. Die „Bodenfeind"- und „Luftfeind"-Warnungen (Abb. 55e, f) bei nicht näher verwandten Singvogelarten sind sehr ähnlich. Bodenfeinde werden durch kurze, scharf begrenzte Rufe angezeigt, die in regelmäßigen Abständen aufeinanderfolgen. Der Rufer ist gut zu lokalisieren, und dies erleichtert das Zusammenfinden anderer, nun ebenfalls warnender Vögel. Der Luftfeindalarm besteht aus hohen, langgezogenen, leise beginnenden und endenden, unregelmäßig wiederholten Rufen. Der Rufer ist kaum zu lokalisieren. Dieser Alarm löst sofortiges Indeckungsstürzen aus. Luftalarmrufe verschiedenster Arten sind für uns ununterscheidbar, und auch ihre Klangspektrogramme zeigen verblüffende Übereinstimmung. Über das Zustandekommen dieser Ähnlichkeit besteht noch keine Klarheit. Sie sind interspezifisch wirksam und bieten offenbar Arten Vorteile, die sie richtig „verstehen". Viele Einzelheiten des Aufbaues und der Funktion der Vogelrufe bedürfen noch der Aufklärung. Über die feinere Bedeutung vieler, auch noch individuell variierender Laute im Zusammenleben der Vögel ist wenig bekannt. Das Rufrepertoire der einzelnen Arten ist unterschiedlich. Für Singvögel, soweit sie untersucht wurden, kann man im Durchschnitt 15 verschiedene Rufe annehmen.

Gesänge gibt es nicht nur bei Singvögeln, wenn auch bei diesen die kompliziertesten Formen dieser Lautäußerung auftreten. Der Gesang, in den meisten Fällen nur vom Männchen vorgetragen, dient der Markierung des Revieres, der Anlockung der Weibchen, der sexuellen Stimulierung, der Synchronisierung der Gatten einschließlich des individuellen Erkennens sowie der Stimulierung und

Synchronisation des Brutablaufes in einer Population. Bei nichtterritorialen Arten bewirkt der Gesang vor allem Festigung des Paarzusammenhalts und des Gruppenzusammenhalts. Die Gesangsaktivität zeigt in gemäßigten Klimazonen eine Jahresperiodik. Sie unterliegt hormonaler Steuerung durch Testosteron, dessen Ausschüttung mit der Aktivitätsperiode der Gonaden zusammenfällt. Das Maximum der Gesangstätigkeit liegt vor und zu Beginn der Brutzeit. Herbstliches Singen fällt wiederum mit einer gewissen Gonadenaktivität zusammen. Die Gesangstätigkeit hat außerdem einen diurnalen Rhythmus: Die Maxima liegen in den Morgen- und Abendstunden.

Trotz aller Mannigfaltigkeit lassen sich Vogelgesänge nach ihrer Struktur einteilen. Die einzelnen Lautgebilde, die vielfach eine enorme Frequenzänderung innerhalb von Sekundenbruchteilen aufweisen, sind durch kleine Pausen getrennt. Man bezeichnet sie als Elemente. Mehrere von ihnen mit ihren Pausen bilden eine Strophe. Zur nächsten Strophe besteht eine größere Pause. Es lassen sich an Beispielen bekannter einheimischer Arten vier Haupttypen unterscheiden.

1. Sumpfmeisentyp: verschiedene stereotype Strophen aus einem Element oder wenigen Elementen aufgebaut; Länge der Strophen variabel, Reihenfolge verschiedener Strophen nicht fixiert (Abb. 56a–c).
2. Gartenbaumläufertyp: stereotype Strophen (tüt-tüt-tüt-ter-oit-tüt) aus verschiedenen Elementen; Anzahl und Reihenfolge der Elemente in einer Strophe und damit Länge derselben konstant; Verschiedenheit von Strophen nur infolge von meist geringen Unterschieden in einzelnen Elementen.
3. Zilpzalptyp: Zeitmuster der gleichartig aufgebauten Strophen konstant, Länge variabel; größere Anzahl mehr oder weniger verschiedener Elemente (für unser Ohr kaum unterscheidbar), deren Reihenfolge in den Strophen nicht fixiert ist.
4. Amseltyp: große Zahl verschiedener Elemente (bis zu 300), deren Reihenfolge in den Strophen nicht fixiert ist; Strophenlänge variabel; Erhöhung der Mannigfaltigkeit durch Übernahme von Elementen artfremder Gesänge und von Fremdgeräuschen (bis 110 verschiedene Strophen, Abb. 56d–f).

Es gibt auch Arten, wo beide Geschlechter singen und auch wie z.B. Zwergtaucher regelrechte Wechselgesänge veranstalten. Bei tropischen Arten sind solche Duette recht häufig. Wahrscheinlich spielen sie eine wichtige Rolle bei der in kurzer Zeit herbeizuführenden Synchronisation der Geschlechtspartner und beim Paarzusammenhalt in dichter Vegetation.

Spielt man einem Männchen in Fortpflanzungsstimmung den eigenen Gesang vom Tonband vor, so reagiert es, als ob es einen

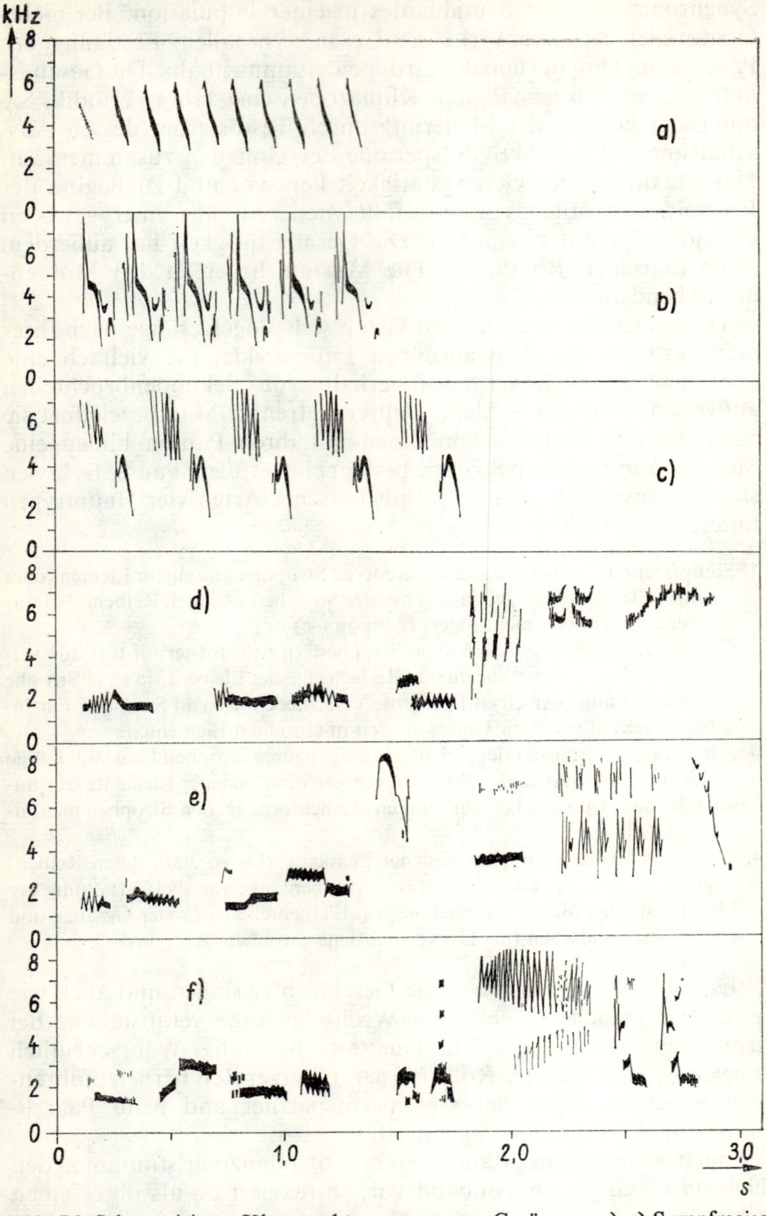

Abb. 56. Schematisierte Klangspektogramme von Gesängen. **a)–c)** Sumpfmeise *(Parus palustris)*; **d)–f)** Amsel *(Turdus merula)*. Nach THIELCKE (1970).

Rivalen aus seinem Revier zu vertreiben habe. Man kann natürliche Gesänge in mannigfaltiger Weise verändern durch Weglassen oder Vermehren von Elementen, Umkehren der Reihenfolge einzelner Elemente oder der gesamten Strophe, Änderungen der Frequenzen und Lautstärken u.a. und durch Vorspielen solcher Klangattrappen prüfen, woran der Vogel „seinen“ Gesang erkennt. Es zeigt sich eine große Vielfalt schon bei bisher genauer untersuchten Arten. Bei manchen wird der Gesang nur an einigen Elementen oder Elementgruppen erkannt, einige Arten akzeptieren sogar den rückwärts gespielten Gesang, bei anderen muß die Architektur des Strophenaufbaues gewahrt bleiben, teilweise spielen starke Frequenzänderungen eine geringe Rolle, teilweise ist die Einhaltung des natürlichen Frequenzbereiches nötig u.a.m..

Rufe sind großenteils genetisch fixiert. Ebenso scheint das Verhalten der Adressaten meist angeboren zu sein. Durch Experimente mit Klangattrappen an isoliert aufgezogenen Vögeln ist nachweisbar, daß z.B. Alarmrufe, Fütterungs- und Stimmfühlungsrufe arttypisch im entsprechenden Alter situationsgerecht produziert und „richtig“ beantwortet werden. Die Bedeutung des Fütterungsrufes von Möwen muß von den frisch geschlüpften Jungen in den ersten Stunden nach der Geburt gelernt werden (Prägung), wobei auch noch das Erkennen des Elternvogels an individuellen Besonderheiten des Rufes einbezogen ist, eine für Koloniebrüter sehr wichtige Fähigkeit. Bei Lummen beginnen die Jungen bereits zwei Tage vor dem Schlüpfen einen Stimmfühlungslaut von sich zu geben. Die Altvögel antworten mit ihrem Stimmfühlungsruf. Die Rufe der Jungen und der Altvögel zeigen individuelle Eigenheiten. Die akustische Prägung auf die Eltern erfolgt vor dem Schlüpfen, und diese lernen ihre Kinder akustisch kennen, bevor sie sie sehen. So ist von Anfang an das Wiederfinden der Familien weitgehend gesichert, wenn die Altvögel nach einer Störung in die Kolonie zurückkehren. Akustische Prägung auf den Elternvogel ist neben optischer Prägung auch bei Enten nachgewiesen.

Arttypische Gesänge sind bei vielen Nichtsperlingsvögeln wohl angeboren (z.B. Hühnervögel, Watvögel, Tauben, Eulen) und lassen sich durch Testosteronbehandlung selbst bei Jungvögeln hervorrufen, die noch längst nicht das richtige Alter erreicht haben, in dem der Artgesang normalerweise auftritt. Singvögel müssen aber den Artgesang gehört haben, um ihn später selbst „richtig“ von sich geben zu können. Es handelt sich wiederum um Prägung, deren sensible Periode sich, nach Arten unterschiedlich, auf die Nestlingszeit und die Zeit des Flüggewerdens oder über einen längeren Zeitraum erstreckt. Das Grundmuster des Gesanges ist erblich fixiert, die individuelle Ausgestaltung zum definitiven Gesang wird erworben. Bei heimischen Arten tritt vor allem im Herbst der sogenannte **Jugendgesang** (subsong) auf, der viel leiser und langsamer als der volle Gesang klingt. Hat die Prägung stattgefunden, bringt der Vogel im nächsten Frühjahr den vollen Artgesang, der im Laufe des Jahres noch durch Übernahmen von anderen singenden Artgenossen ausgeschliffen und verfeinert, damit aber endgültig fixiert wird. So etwa verläuft die Entwicklung beim Buchfinken. Bei anderen Arten wie Neuntöter und Amsel kann sich das Dazulernen über Jahre erstrecken. Die Lernfähigkeit zeigt sich besonders beim **Spotten.** Sumpfrohrsänger, Gartenspötter, Gartenrotschwanz, Neuntöter, Star übernehmen Gesangsteile anderer Arten und Fremdgeräusche. Auch das Nachsprechen menschlicher Wörter durch Rabenvögel und Papageien ist hier anzuführen. Die Duettgesänge dienen dem Erkennen des Partners, da individuelle Besonderheiten der Gatten wechselseitig gelernt werden. Kolkrabenpaare verständigen sich durch aufeinander abgestimmte Rufe. Männchen der brutparasitierenden Witwen verfügen neben den eigenen Artgesängen der Rivalenauseinandersetzung noch über Gesänge zur Anlockung der Weibchen, und diese stimmen mit den Gesängen der Wirtsvögel (Prachtfinkenarten) bis in Feinheiten überein. Offensichtlich nehmen die nestjungen Witwen, die auch mit ihren Stiefgeschwistern in morphologischen Merkmalen, Bettelbewegungen und -lauten übereinstimmen, in einer Prägungsphase den Gesang der Wirtsart an. Schließlich sind die vor allem bei Singvögeln auftretenden **Dialekte** in Gesängen und Rufen nur als Traditionen, d.h. durch Lernvorgänge bewirkt, möglich. Die Dialekte sind bei den Arten unterschiedlich hinsichtlich der Schärfe der Grenzen als auch der Verteilung der durch Dialekte unterschiedenen Teilpopulationen. Die Hypothese, daß die Dialektbildung eine Rolle bei der Entstehung neuer Arten spielen kann, ist gut begründet. Die Untersuchung der geographischen Variabilität der Stimmäußerungen gewinnt somit an Bedeutung.

9. Ökologie und Verbreitung

9.1. Grundlagen

Bereits 1866 definierte der große deutsche Zoologe Ernst Haeckel die Ökologie als die Wissenschaft von den Wechselbeziehungen zwischen Organismen und Umwelt. Über 100 Jahre Entwicklung haben verschiedene Arbeitsrichtungen und Teilgebiete der Ökologie entstehen lassen. Man kann eine Dreigliederung nach dem zu betrachtenden Bezugsobjekt vornehmen. Die **Autökologie** untersucht die Beziehungen des Individuums zu seiner Umwelt, sie ist die Ökologie des Einzelorganismus und erfaßt alle Einwirkungen von außen auf das Lebewesen und die Einwirkung desselben auf die Außenwelt. Sie wird auch als physiologische Ökologie bezeichnet. Vielfach wird Autökologie auch als die Ökologie der Art (Species) aufgefaßt. Dabei ist die eben genannte Betrachtungsweise zu beachten, indem aus zahlreichen Untersuchungen am Individuum-Umwelt-System ein abstrakteres Bild der Ökologie, z.B. „des Buchfinken", entsteht. Dies leitet zum zweiten Teilgebiet über. Die Arten sind an ihren Lebensstätten durchweg durch ein Vielzahl von Individuen vertreten. Ein solches homotypisches Kollektiv wird als Population oder Dem bezeichnet. Zwischen den Gliedern der Population existieren besondere Beziehungen, die aus autökologischer Sicht „Umweltbeziehungen" sind, vom Standpunkt der Population aus aber eine besondere Qualität haben und als „Mitweltbeziehungen" oder „intrapopulare Beziehungen" bezeichnet werden. Die Um- und Mitweltbeziehungen sind der Inhalt der Populations- oder **Demökologie**. Viele Organismenarten bilden das heterotypische Organismenkollektiv einer bestimmten Lebensstätte, diese Lebensgemeinschaft zeigt neben den allgemeinen Umweltbeziehungen besondere Beziehungen zwischen den Arten. Sie sind Gegenstand der **Synökologie.**

Eine solche Lebensgemeinschaft oder Biozönose ist eine Gemeinschaft von Organismen, die sich qualitativ und quantitativ entsprechend den Bedingungen des von ihr bewohnten Raumes einstellt und ein System von Beziehungen aufweist, welches ihre Glieder verbindet und ihr eine relative Konstanz, ein relatives inneres Gleichgewicht sichert – z.B. die Lebewelt eines Binnensees oder eines Eichen-Hainbuchen-Waldes. Die Lebensstätte der Biozönose ist der Biotop, der durch die unbelebten (abiotischen) Elemente – Boden, Wasser, Luft – und deren qualitative und quantitative Gegebenheiten an einem bestimmten Stück der Erdoberfläche charakterisiert ist. Der Begriff des Biotops ist nur in diesem synökologischen Sinne korrekt. Es ist falsch, vom „Biotop“ des Trauerschnäppers oder der Blauracke zu sprechen, was leider immer wieder geschieht. Teilgemeinschaften der Biozönose sind ihre Pflanzengemeinschaft (Phytozönose) und ihre Tiergemeinschaft (Zoozönose). Die Lebensstätte der Zoozönose besteht aus Biotop + Phytozönose und wird als Zootop bezeichnet. Auch Teile der Zoozönose sind noch Gegenstand der Synökologie, so die Vögel (Ornizönose) einer Lebensgemeinschaft. Die Lebensstätte der Vogelgemeinschaft heißt Ornitop und besteht aus Biotop + Phytozönose + Zoozönose mit Ausschluß der Vögel.

In der Demökologie ist der Demotop die Lebensstätte einer Population einschließlich der für ihr Dasein erforderlichen Gegebenheiten, und in der Autökologie wird für die Lebensstätte des Individuums (oder der Art) und die nötigen Existenzvoraussetzungen der Begriff Monotop gebraucht. Vielfach wird aber im gleichen Sinne die Bezeichnung Habitat angewandt. Damit wird jedoch ursprünglich nur der meist räumlich beschriebene Wohnort eines Tieres bezeichnet, in dem es regelmäßig anzutreffen ist. Hier wird der Begriff nur in diesem Sinne verwendet.

Biozönose und Biotop bilden eine Einheit, in der die Wechselbeziehungen zwischen ihren Gliedern die relative Unabhängigkeit und Beständigkeit, insbesondere die Fähigkeit zur Selbstregulation der Biozönose bewirken. Diese Einheit wird Biogeozönose oder Ökosystem genannt. Der Begriff Ökosystem wird auch allgemeiner für den Komplex einer Zönose (Organismengemeinschaft) und ihres Zönotops (Lebensstätte dieser Gemeinschaft) gebraucht. In diesem Sinne sind Zoozönose + Zootop oder Ornizönose + Ornitop auch Ökosysteme. Die Teilzönosen weisen in gewissen Grenzen noch die Fähigkeit zur Selbstregulation auf, vorausgesetzt, daß der Zönotop unverändert bleibt. Damit läßt die Stabilität einer Zönose, z.B. der Vogelgemeinschaft, Rückschlüsse auf die Stabilität der betreffenden Biozönose zu.

Wird eine Biozönose durch katastrophenartige Einwirkungen

weitgehend zerstört, so wird in mehr oder weniger langen Zeiträumen der ursprüngliche Zustand wiederhergestellt, wobei verschiedenartige Organismengemeinschaften in immer stärkerer Annäherung an den Endzustand aufeinanderfolgen. Diese Aufeinanderfolge heißt **Sukzession**. Diese tritt auch bei Neuentstehung einer Lebensstätte auf, z. B. bei Errichtung einer Talsperre oder Entstehung eines Sees durch tektonische Vorgänge und führt zu der zu dem Biotop gehörenden Biozönose. Schließlich findet sich Sukzession auch bei durch abiotische Einflüsse und/oder durch die Lebenstätigkeit der Organismen selbst verursachten irreversiblen Änderung des Biotops wie bei der Verlandung eines Sees, bis eine den neuen Gegebenheiten entsprechende Lebensgemeinschaft etabliert ist. Fähigkeit zur **Selbstregulierung** und über längere Zeiträume anhaltende Stabilität sind nur bei echten Biozönosen voll ausgeprägt, d. h. ohne Einwirkung des Menschen vorhanden. Solche Biozönosen werden auf der Erde immer seltener. Die durch den Menschen beeinflußten bzw. geschaffenen Organismengemeinschaften bedürfen seines dauernden regulierenden Eingriffs. Man hat zwischen echten, primären Biozönosen und durch Fremdregulierung aufrecht erhaltenen, sekundären Biozönosen oder Biozönoiden unterschieden. Es sind aber vielfach keine scharfen Grenzen zu ziehen, wenn man nicht ausgesprochene Extreme gegenüberstellt, wie z. B. tropischer Regenwald und im Fruchtwechsel genutzte landwirtschaftliche Flächen. Es ist durchaus gebräuchlich, auch für die unter dem Einfluß des Menschen existierenden Organismengemeinschaften den Begriff der Biozönose beizubehalten. Viele besitzen noch erhebliche Potenzen zur Selbstregulation wie etwa die Wälder.

Auch bei in ihrer Qualität Naturkatastrophen gleichzusetzenden menschlichen Eingriffen wie Kahlschlag tritt die Sukzession von Organismengemeinschaften in Richtung auf den standortgemäßen Wald in Erscheinung, die dann allerdings mit Annäherung an den Endzustand immer stärkere Eingriffe zur Erzielung einer wirtschaftlich akzeptablen Waldform erfordern. Das schlägt sich auch in den aufeinanderfolgenden Ornizönosen nieder. Beim Kahlschlag verschwindet die Waldvogelwelt. Dafür treten z. B. Baumpieper, Brachpieper, Heidelerche und Steinschmätzer auf. Mit aufkommenden Jungkiefern und sich ansiedelndem Gebüschaufwuchs verschwindet zuerst der Steinschmätzer. Dafür siedeln sich Neuntöter, Dorn- und Gartengrasmücke, Fitis, Heckenbraunelle und Goldammer an. Im etwa 15jährigen Kiefernbestand dominieren Amsel, Singdrossel, Rotkehlchen, Gimpel, Eichelhäher, während die vorigen Arten zurückgehen. Noch später gehen auch diese Arten zurück, und dafür finden sich zunehmend Meisen, Baumläufer, Goldhähnchen, Buchfink, Spechte, Tauben. In Kiefernforsten bot sich folgendes Bild: In der 1- bis 3jährigen Schonung herrschten die Bodenbrüter mit 87% bis 100% vor, in 3- bis 25jährigen Dickungen Buschbrüter und buschbrütende Bodenvögel mit 70%, in den Altbeständen die Baumbrüter mit 76% bis 80%. Die dichteste Besiedlung fand sich in den 10- bis 15jährigen Dickungen, die höchste Artenzahl im 60- bis 90jährigen Baumholz.

Das **Beziehungsgefüge der Biozönose** stellt in seiner Gesamtheit ein kaum vollständig durchschaubares Netzwerk dar. Die Aufgabe der Ökologie ist es, dieser verwirrenden Vielfalt so weit wie möglich auf die Spur zu kommen. Gleiche Einwirkungen haben für die verschiedenen Organismenarten einer Lebensgemeinschaft oft unterschiedliches Gewicht, können unter Umständen nahezu bedeutungslos sein. Es kommt darauf an, zumindest die wesentlichen „Verbindungslinien" der zu untersuchenden Lebewesen zu ihrer Umwelt aufzuklären, insbesondere solche zu Angehörigen anderer Arten. Diesen Teil des Beziehungsgefüges bezeichnet man als den biozönotischen Konnex der Art.

Der Biotop bietet den Organismenkollektiven einmal den Siedlungsraum und bestimmte Gegebenheiten, welche das Leben ermöglichen und beeinflussen: die abiotischen ökologischen Faktoren. Darüber hinaus beeinflussen sich die Organismenkollektive, und diese Einwirkungen auf die Lebewesen stellen den biotischen Teil der ökologischen Faktoren dar. Meist wird wegen der besonderen Rolle der Nahrungsgrundlage ein trophischer Faktor gesondert herausgestellt.

Die einzelnen Arten haben gegenüber den ökologischen Faktoren unterschiedliche Toleranzbereiche mit einer unteren und oberen Grenze und einem Optimum. Ein einfaches Modell kann die Wirkungsweise von drei herausgegriffenen Faktoren veranschaulichen, etwa Temperatur, Deckung, Nahrungsdichte. In einem dreidimensionalen Koordinatensystem begrenzen die in den jeweiligen Minima und Maxima errichteten Lote einen Toleranzpolyeder, der die Existenzmöglichkeit der Art darstellt. Dieses Gebilde repräsentiert die **ökologische Nische** dieser Art in bezug auf diese Faktoren (Abb. 57). Beide Arten des Beispiels stellen gleiche Ansprüche an die Temperatur. Die eine stellt geringe, die andere hohe Ansprüche an die Deckungsmöglichkeiten. Erstere ist ein Generalist, der mit in weiten Grenzen schwankenden Bedingungen fertig wird, letztere ist ein Spezialist, der nur an günstigen Stellen existieren kann. Beim Nahrungsangebot liegen die Verhältnisse umgekehrt. In Wirk-

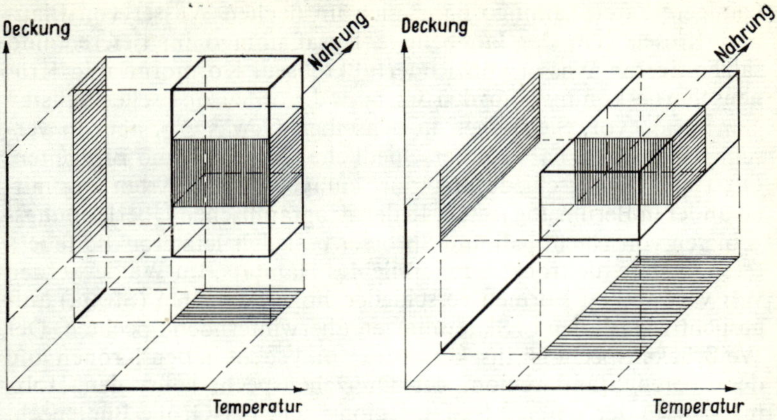

Abb. 57. Modell der ökologischen Nische für 3 Umweltfaktoren unterschiedlicher Toleranzbereiche bei 2 Arten. Hervorgehoben ist das Überlappungsgebiet beider Nischen.

lichkeit gibt es bedeutend mehr Faktoren, aber die durch sie gestaltete Nische läßt sich nicht mehr anschaulich darstellen, wohl aber mathematisch in einem „n-dimensionalen Hyperraum" behandeln. Damit läßt sich die ökologische Nische quantitativ in Modellen sinnvoll verwenden. Sie ist zunächst autökologisch konzipiert und deckt sich weitgehend mit dem Begriff des Monotops. Die Modellierung der Nische ist aber besonders für Populationen möglich, wobei die Toleranzbereiche für die einzelnen Faktoren wegen der genetischen Heterogenität der Population größer als bei einem einzelnen Individuum sind.

Das Nischenkonzept ist auch bei synökologischen Fragestellungen hilfreich. Das Konkurrenz-Ausschluß-Prinzip, nach seinem Autor als Gause-Prinzip bekannt, besagt, daß im selben Biotop Arten mit den gleichen Nischen nicht auf Dauer koexistieren können. Eine vollständige Identität der Nischen von im gleichen Habitat vorkommenden Arten gibt es in der Tat nicht, wohl aber eine Überlappung hinsichtlich einzelner Faktoren. Diese wird dann aber durch Trennung hinsichtlich anderer Faktoren kompensiert (Abb. 57). Oft tritt dieses durch eine horizontale oder vertikale Aufteilung der Bezirke in einem Habitat augenfällig in Erscheinung. Dafür einige Beispiele: Der Zwergflamingo und der Rosaflamingo leben in Menge an denselben afrikanischen Salzgewässern, aber der kurzbeinigere Zwergflamingo nährt sich im flachen Wasser von Blau- und Kieselalgen, der langbeinige Rosaflamingo im tieferen und salzhaltigeren Wasser von Ruderfußkrebsen. Kormoran und Krähenscharbe kommen an den west- und nordeuropäischen Küsten gemeinsam vor. Sie fischen in denselben Gewässern, aber in verschiedener Tiefe, haben unterschiedliche Nistplätze und Brutzeiten. Oft treten Unterschiede erst dort zutage, wo die Arten eng miteinander in Berührung treten. In den geographischen Überlappungsgebieten von Nachtigall und Sprosser besiedelt letzterer die feuchteren, erstere die trockeneren Teile des Habitats. Im Walde werden von verwandten Formen verschieden hohe Schichten (Strata) aufgesucht wie bei den in Skandinavien überwinternden Spechten. Der Weißrückenspecht ist Insektenfresser und sucht in den Kronen und der oberen Stammregion, der Dreizehenspecht spürt den Holzinsekten in der unteren Stammregion nach, der Große Buntspecht lebt von Koniferensamen und weicht nur bei Mangel an seiner Hauptnahrung auf Insekten aus. Fünf verschiedene nordamerikanische Waldsängerarten leben in denselben Bäumen, suchen aber ihre Nahrung in verschiedenen Bezirken der Baumkronen. In gemischten Meisenschwärmen ergeben sich Unterschiede im Nahrungserwerb zwischen Tannen-, Blau- und Kohlmeisen schon aus den verschiedenen Schnabelgrößen. Die Blaumeise hämmert im Hängen, was die Kohlmeise nicht tut. Unterschiede in morphologischen Strukturen und entsprechenden Verhaltensweisen verringern den interspezifischen Wettbewerb. Solche hier qualitativ beschriebene Verhältnisse lassen sich in mathematischen Modellen exakt formulieren. Diese Hypothesen lassen bestimmte Folgerungen zu, deren Wahrscheinlichkeitsgrad durch quantitative Messungen im Freiland und im Experiment überprüft werden kann.

Die Biozönose ist ein **Beziehungsgefüge** zwischen den verschiedensten Organismenarten. Organische Substanz (Kohlenhydrate, Fette, Eiweiße und andere Naturstoffe) wird von autotrophen Pflanzen, den Produzenten, aus anorganischen Stoffen gebildet. Sie dient den Pflanzenfressern (Phytophagen), den Primärkonsumenten, zur Nahrung, diese wieder den Tierfressern (Zoophagen), die sich in Sekundär-, Tertiär- Konsumenten usw. gliedern lassen. Im weiteren Sinne gehören hierher auch Lebewesen, die sich von toter organischer Substanz (Leichen, Schlamm, Ausscheidungen) ernähren. Die Reduzenten schließlich bauen die organischen Stoffe wieder bis zu einfachen anorganischen Verbindungen ab. Durch diese Verknüpfung entstehen die sogenannten **Nahrungsketten**, und da jeder Primär-, Sekundär- usw. Konsument Glied mehrerer solcher Ketten ist, stellen diese die wichtigsten Konnexe zwischen den Organismen der Lebensgemeinschaft dar. Je reichhaltiger die abiotischen Gegebenheiten des Biotops sind, desto mannigfaltiger ist die Phytozönose und demzufolge die Zoozönose. Die Vernetzung durch biozönotische Konnexe steigt mit eben dieser Mannigfaltigkeit. Je reichhaltiger das Netz der Beziehungen ist, desto stärker ist die Regulationsfähigkeit des Systems. Im allgemeinen steigt die Zahl der Arten einer Zönose mit der Vielseitigkeit der Lebensbedingungen. Je höher die Artendichte, d.h. die Artenzahl pro Flächen- oder Raumeinheit ist, desto geringer ist in der Regel die Individuendichte, die Abundanz der Arten.

Eine statistische Maßzahl für die Kennzeichnung einer Zönose nach Zahl der Arten und deren Abundanzen ist der **Diversitätsindex.** Er wird wie folgt berechnet: $d = -\sum_{i=1}^{r} \left(\frac{n_i}{n} \cdot \mathrm{ld}\,\frac{n_i}{n}\right)$. Die Formel entspricht derjenigen der Informationstheorie für den mittleren Informationsgehalt eines der r Zeichen eines Alphabets und wird nach ihren Autoren als Shannon-Weaver-Formel bezeichnet. In ihr ist r die Zahl der Arten, n_i die Quantität der i-ten Art und n die Quantität der Zönose. Die Quantitäten können direkt bestimmte Größen wie Individuenzahlen, Biomassen oder auch relative Größen wie Individuenzahl/Flächeneinheit oder Biomasse/Flächeneinheit sein. ld ist der Logarithmus zur Basis 2, der sich einfach in den gebräuchlichen Zehnerlogarithmus umrechnen läßt: ld = 3,322 lg. Man kann durchaus die Glieder biozönotischer Konnexe, die ja die Individuen der einzelnen Arten darstellen, als die Lieferanten der für den Bestand der Zönose erforderlichen Information betrachten. Hohe Werte von d entsprechen großer Ausgeglichenheit und Stabilität.

Für die Bewertung des Diversitätsindexes ist eine zweite Maßzahl nötig, die die Gleichmäßigkeit der Verteilung der Individuenquantität der Zönose auf die Arten, die **species evenness**, angibt. Für sie gilt der Ausdruck d/d_{max}. d_{max} ist die höchstmögliche Diversität, wenn $n_i = n/r$ und damit $d_{max} = \mathrm{ld}\, r$ wird. Die Diversität ist um so besser, je mehr sich d/d_{max} dem Wert 1 nähert. Wird bei der Berechnung des Diversitätsindexes die Individuenabundanz benutzt, so ist die Charakterisierung der Zönose nur dann richtig, wenn die Arten sich nicht wesentlich in ihrer Größe und damit ihrem Gewicht (sowohl wörtlich als auch mathematisch) unterscheiden.

Die Biomasse als Quantität charakterisiert die Produktivität des Zönotops unmittelbar. Aber bei ornithologischen Untersuchungen sind die Massen der im Freiland gezählten Individuen nicht zu bestimmen, so daß man sich mit einer annähernden Bestimmung auf der Basis bekannter Durchschnittswerte für die Masse eines Individuums der betreffenden Arten behelfen muß. Diversität und Evenness sind beim Vergleich verschiedener Ornizönosen oder bei langzeitiger Kontrolle der Vogelgemeinschaft ein und derselben Biozönose von Wert. Sie können jedoch keinen Aufschluß über die spezielle Beschaffenheit der ökologischen Nischen geben, die man auch als den „Beruf" oder die „Planstelle" einer Art in der Zönose bezeichnet hat, und die durch aut- und demökologische Untersuchungen aufgespürt werden muß.

Artendichte, Artenzusammensetzung und Abundanzen der Arten erfahren in einem umschriebenen Landschaftsteil im Jahreszyklus erhebliche Veränderungen. Das heißt, daß am selben Biotop jahreszeitlich verschiedene Teilgemeinschaften angetroffen werden. Das kann sich auch in Veränderungen der behandelten Indizes niederschlagen, aber sie allein geben keinen Aufschluß über die Wandlung im Artenspektrum. Es seien erwähnt die Umschichtung der Ornizönosen mancher Gewässer, die während der Zugzeit Rastplätze für oft riesige Mengen von Wasservögeln sind, das Abwandern vieler Zugvogelarten aus den mitteleuropäischen Gebieten und das Zuwandern nordischer Arten in dieselben während des Winters sowie die über 3 Milliarden Zugvögel aus Eurasien, die jährlich von November bis Februar in Afrika südlich der Sahara zu den dort ansässigen Brutvögeln hinzukommen.

9.2. Vogelgemeinschaften

Die Untersuchung von Ornizönosen beginnt mit der qualitativen Erfassung ihrer **Strukturmerkmale**, d.h. der Feststellung der vorkommenden Arten. Daß hierfür eine genaue Kenntnis der Arten sowohl hinsichtlich ihrer Morphologie als auch ihrer Verhaltensweisen Voraussetzung ist, bedarf keiner Begründung. Das Ziel kann der Vergleich von Gemeinschaften verschiedener geographisch definierter Gebiete z.B. zur Brutzeit oder während des Winters sein. Oder es kann auch der phänologische Wandel – das im Jahreszyklus sich verändernde Erscheinungsbild – der Zönose am gleichen Standort über viele Jahre sein. Feststellung von Veränderungen in der Artenzusammensetzung sind noch keine Erklärungen für diese Veränderungen, wohl aber die Grundlage dafür. Diese Erwägungen gelten ebenso für die quantitativen Strukturmerkmale. Bei der

Erfassung der Individuen einer Gemeinschaft ist der Wahl der richtigen Methode großer Wert beizumessen, die von Größe und Struktur der bearbeiteten Landschaftsteile abhängt und möglichst genau darzustellen ist, um Fehldeutungen bei Vergleichen vorzubeugen. Die folgenden Erörterungen können an dem in Abb. 58 dargestellten Beispiel verfolgt werden.

Aus dem Strukturmerkmal „Abundanz der Arten" ergibt sich als besonders aussagekräftiges relatives Strukturmerkmal ihre Dominanz, d.i. der prozentuale Anteil der Artabundanzen an der totalen oder absoluten Abundanz oder das Hundertfache des in der Diversitätsformel auftretenden Bruches n_i/n. Hier zeigt sich, daß je nach der benutzten Quantität unterschiedliche Abundanz- und Dominanzverhältnisse entstehen. Man unterscheidet eudominante (> 10%), dominante (10%–5%), subdominante (5%–2%), rezedente (2%–1%) und subrezedente)< 1%) Arten. Oft genügt eine gröbere Einteilung: Hauptarten (> 5%), Begleitarten (5%–1%), Nebenarten (< 1%). Es ist zwar üblich, die **Individuenabundanz** bei der Auswertung von Bestandsaufnahmen zu benutzen, aber die schon erwähnte Verzerrung vom Bild der Vogelgemeinschaft ist bei erheblichen Größenunterschieden der Arten doch recht groß (s. besonders Zönose III in Abb. 58). Die **Massendominanz**, sofern ihre Berechnungsgrundlage hinreichend genau ist, läßt die Eigenarten einer Vogelgemeinschaft oft viel schärfer hervortreten.

Der Neststandort der Arten liegt meist in einem relativ gut abgrenzbarem Gebiet, der Aktionsradius der Arten vor allem beim Nahrungserwerb reicht vielfach darüber hinaus, so daß die Forderung prinzipiell richtig ist, daß man die Fläche bei Abundanzbestimmungen nicht kleiner wählen soll als das Jagdrevier des größten ansässigen Greifvogels. Aber das stößt vielfach auf Schwierigkeiten, weil die zu untersuchenden Flächen sehr groß werden. Man muß sich oft damit abfinden, daß nur unvollständige Erkenntnisse zu gewinnen sind. Der Vergleich verschiedener Ornizönosen läßt sich durch Maßzahlen konkretisieren. Der **Art-Identitätsindex** zweier verglichener Gemeinschaften gibt den Prozentsatz der in beiden vorkommenden Arten an. Er wird berechnet nach $I_A = 100 \cdot 2a/(b + c)$, wobei a die Zahl der gemeinsam in beiden Zönosen vorkommenden Arten, b die Artenzahl in der einen, c diejenige in der anderen Gemeinschaft ist. Der **Dominanz-Identitätsindex** verfeinert das Bild, indem er auch die relative Häufigkeit der Arten erfaßt. Berechnung: $I_D = d_1 + d_2 + \ldots + d_n$. Dabei sind d_1, d_2... die jeweils niedrigeren der beiden Dominanzwerte der in beiden Zönosen gemeinsam vorkommenden Arten. Beim Vergleich einer größeren

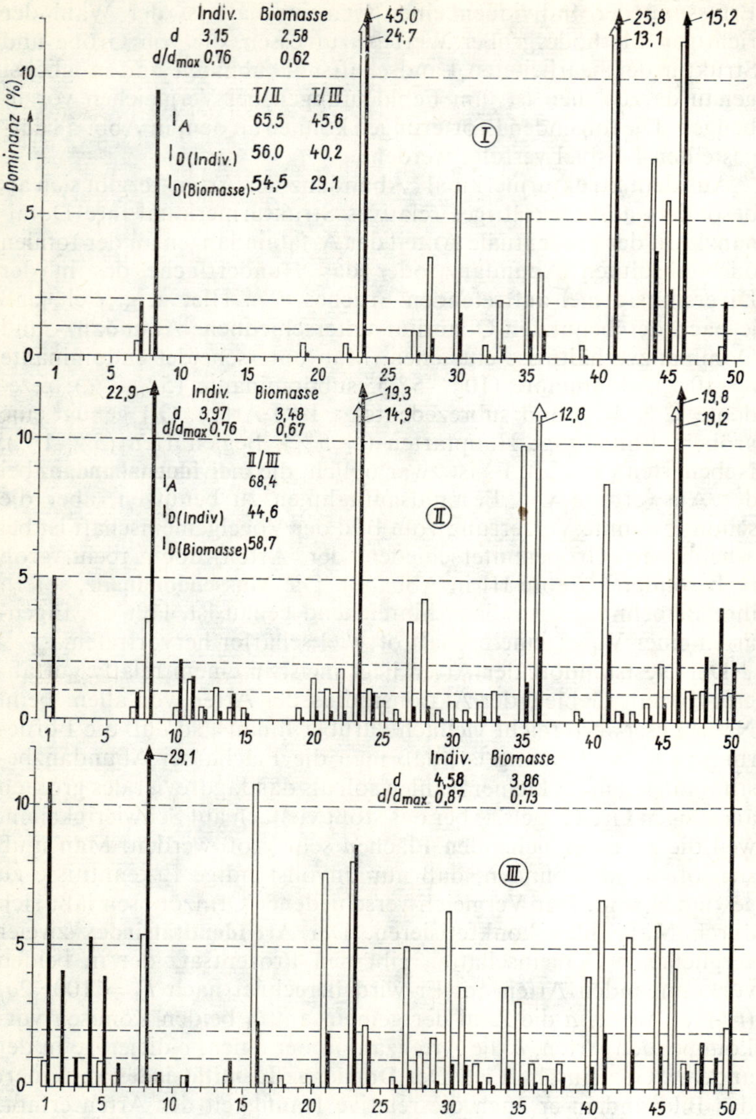
Dominanz (%)
Indiv.
Biomasse
d 3,15 2,58
d/d$_{max}$ 0,76 0,62
I/II
I/III
I$_A$ 65,5 45,6
I$_{D(Indiv.)}$ 56,0 40,2
I$_{D(Biomasse)}$ 54,5 29,1
45,0
24,7
25,8
13,1
15,2
I
22,9
Indiv.
Biomasse
d 3,97 3,48
d/d$_{max}$ 0,76 0,67
19,3
14,9
12,8
19,8
19,2
II/III
I$_A$ 68,4
I$_{D(Indiv)}$ 44,6
I$_{D(Biomasse)}$ 58,7
II
29,1
Indiv.
Biomasse
d 4,58 3,86
d/d$_{max}$ 0,87 0,73
III

Zahl von Ornizönosen ist die Stetigkeit, Frequenz, Konstanz oder Präsenz der einzelnen Arten in den verglichenen Gemeinschaften aufschlußreich. Sie wird berechnet nach $F = 100 \cdot y/x$, wobei y die Zahl der Gemeinschaften, in der die Art vorkommt, und x die Gesamtzahl der Gemeinschaften sind. In dem Beispiel der Abb. 58 kann F nur die Werte 100; 66,7; 33,3 annehmen. Gebräuchlich sind 5 Frequenzklassen: 1%–10%; 11%–25%; 26%–45%; 46%–70%; 71%–100%. Im Beispielsfall entfallen 13 Arten auf die höchste, 18 auf die zweithöchste und 19 auf die mittlere Klasse.

Die Feststellung der Strukturmerkmale der Ornizönose ist eine „Momentaufnahme" eines Teiles des sich dauernd in Bewegung befindlichen Ökosystems, wobei eine solche Untersuchung in der Praxis durchaus Wochen in Anspruch nehmen kann. Der Vergleich dieser Parameter von mehreren gleichzeitig mit gleicher oder wenigstens vergleichbarer Methode bearbeiteten Gemeinschaften liefert die Grundlage für die eigentliche **ökologische Kausalanalyse.** Unterschiede und Gemeinsamkeiten können einmal im betreffenden Ornitop oder einem Teil davon liegen. Die dafür bestimmenden Faktoren herauszufinden, ist nicht selten recht aufwendig. Neben Landschaftsstruktur, Klimaeinflüssen, menschlichen Eingriffen ist das Vorhandensein verschiedenartigster Requisiten – z. B. Nistplätze, Nistmaterial, Deckung und vor allem Nahrungsangebot – quanti-

---

Abb. 58. Brutvogelgemeinschaften dreier Berliner Friedhöfe im Jahre 1972. Nach Zahlenangaben bei DOBBERKAU, JANDER u. OTTO (1979).
Auf der Abszisse sind die Arten abgetragen, auf der Ordinate die Dominanz in %, volle Säulen bedeuten Massendominanz, leere Säulen Individuendominanz. **I** Friedhof im Stadtbezirk Friedrichshain, Fläche 21,9 ha, 194 Brutpaare ≙ 21 324 g Biomasse; **II** Jüdischer Friedhof im Stadtbezirk Weißensee, Fläche 40,3 ha, 281 Brutpaare ≙ 43 616 g Biomasse; **III** Friedhof Marzahn im Stadtbezirk Lichtenberg, Fläche 20,7 ha, 224 Brutpaare ≙ 41 306 g Biomasse. **Arten:** 1 Stockente; 2 Mäusebussard; 3 Turmfalke; 4 Fasan; 5 Rebhuhn; 6 Turteltaube; 7 Türkentaube; 8 Ringeltaube; 9 Kuckuck; 10 Waldkauz; 11 Buntspecht; 12 Mittelspecht; 13 Kleinspecht; 14 Grünspecht; 15 Wendehals; 16 Baumpieper; 17 Bachstelze; 18 Grauschnäpper; 19 Trauerschnäpper; 20 Rotkehlchen; 21 Nachtigall; 22 Gartenrotschwanz; 23 Amsel; 24 Singdrossel; 25 Zaunkönig; 26 Waldlaubsänger; 27 Fitis; 28 Zilpzalp; 29 Sumpfrohrsänger; 30 Gelbspötter; 31 Gartengrasmücke; 32 Mönchsgrasmücke; 33 Klappergrasmücke; 34 Dorngrasmücke; 35 Blaumeise; 36 Kohlmeise; 37 Sumpfmeise; 38 Goldammer; 39 Girlitz; 40 Stieglitz; 41 Grünling; 42 Kernbeißer; 43 Buchfink; 44 Haussperling; 45 Feldsperling; 46 Star; 47 Pirol; 48 Eichelhäher; 49 Elster; 50 Aaskrähe. Die wissenschaftlichen Artnamen sind dem Verzeichnis zitierter Vogelnamen (S. 261) zu entnehmen.

tativ zu erfassen und zu analysieren. Dieser Komplex wird sehr wesentlich durch die Vegetationsstruktur bestimmt. Vielfach ergeben sich daher schon wichtige Korrelationen zwischen den Strukturmerkmalen der Phytozönose und der Ornizönose. Unterschiede können aber auch in den Populationen der gleichen Art in verschiedenen Gemeinschaften begründet sein, was besonders bei geographisch weiter voneinander entfernten Standorten zu bedenken ist. Die Strukturmerkmale sind aber genau so wichtig bei langjährigen Beobachtungen der Vogelgemeinschaft desselben Standortes. Dabei werden sich Schwankungen um Mittelwerte oder auch in bestimmter Richtung ablaufende Veränderungen feststellen lassen. Hierher gehören die jährliche Erfassung der Brutvogelbestände oder auch die im Rahmen internationaler Zusammenarbeit durchgeführten Wasservogelzählungen während der Zugzeit. Trends im Sinne einer Abnahme der Abundanzen bis zum Verschwinden einzelner Arten, teils auch das plötzliche Hochschnellen der Siedlungsdichte anderer Arten, lassen die Gefahr nachhaltiger, meist negativer Einflüsse nicht nur auf die Vogelgemeinschaft deutlich werden. Die Ursachen können im betreffenden Ornitop liegen, aber auch gerade bei Zugvögeln auf weit vom untersuchten Gebiet eingetretene Veränderungen zurückgehen. Dies macht die Kenntnis der Populationsökologie der Arten nötig und unterstreicht die Wichtigkeit internationaler Kooperation bei der Bearbeitung ökologischer Probleme.

9.3. Populationsökologie

Die **Population** ist die Gesamtheit der Individuen einer Art in einer bestimmten Lokalität. Man kann sie nicht als die „Gesamtheit der Individuen einer Art in einer Biozönose“ festlegen, weil eine Population oder Teilpopulation in einer „Lokalität“ vorkommen kann, die mehrere abgrenzbare Biozönosen umfaßt. So ist für eine Brutpopulation des Drosselrohrsängers die „Lokalität“, ein Binnensee, praktisch identisch mit dem Biotop dieser Biozönose „See“; die Angehörigen einer in einem Waldgebiet brütenden Mäusebussardpopulation sind aber auch auf umliegenden Wiesen, Feldern oder an Teichen und Seen anzutreffen, wo ganz verschiedene Lebensgemeinschaften etabliert sind. Der Begriff des Demotops als der Lebensstätte einer Population ist nicht mit dem des Biotops identisch, worauf eingangs schon hingewiesen wurde.

Die Population hat wie das Einzeltier eine Umwelt. Deren Wirkungen sind jedoch für erstere anders als für letzteres. Für die Goldammer z.B. ist ein Beutegreifer wie der Sperber ein lebensbedrohender Bestandteil der Umwelt. Für die einzelne Ammer gibt es bei der Realisierung dieser Umweltbeziehung nur die Alternativen „Tod" oder „Entkommen". Auf die Goldammerpopulation wirkt der Tod eines einzelnen Vogels jedoch durch deren Verkleinerung und beeinflußt eines ihrer Strukturmerkmale, die Sterblichkeit. Die Struktur einer Population wird zum anderen durch die zwischen den Individuen existierenden „Mitweltbeziehungen" bestimmt. Die Demökologie hat die Strukturen der Population und deren Veränderung in der Zeit, ihre Dynamik, aufzuklären. Die wichtigsten Strukturmerkmale sind Abundanz (Dichte) und Dispersion (Verteilung), dann noch Ätilität (Altersaufbau), Sexilität (Geschlechteranteil), physiologische und ethologische Leistungsfähigkeit, Fertilität (Fruchtbarkeit), Mortalität (Sterblichkeit).

Die **Abundanz** wird bestimmt durch den Requisitbedarf der Population und das Requisitangebot der Lokalität. Der Requisitbedarf kennzeichnet die ökologische Nische der Population, die zu verschiedenen Zeiten durchaus verschiedene Toleranzgrenzen der Faktoren aufweisen kann. Zu den Requisiten gehört der Raum selbst, die abiotischen Gegebenheiten wie Feuchtigkeit, Temperatur, Helligkeit, vor allem aber Nahrung, Nistplätze, Nistmaterial, Deckung usw.. Das kontinuierlich vorhandene Requisitangebot nach Qualität und Quantität bestimmt, welche Größe die Population erreichen kann. Dazu treten aber die übrigen Einflüsse der Umwelt wie Freßfeinde oder Parasiten. Alles zusammen bestimmt die Umweltkapazität, d.h. die größtmögliche Abundanz ohne Beeinträchtigung des Angebots an Requisiten. Sie liegt unter der in einem bestimmten Zeitpunkt nach dem vorhandenen Requisit (z.B. Nahrung) möglichen rechnerischen Kapazität. Da der Bedarf einer Population oft in erheblichen Grenzen schwankt, die Requisiten nicht isoliert voneinander wirken, ihr Angebot zu teilweiser Kompensation führt, bestimmt vielfach nicht das vom Optimum am stärksten abweichende Angebot eines bestimmten Requisits die Populationsgröße, wie in Analogie zum Liebigschen „Wirkungsgesetz der Wachstumsfaktoren" erwartet werden könnte. Es hat sich gezeigt, daß das Requisitangebot in seiner Gesamtheit größere Abundanz zuließe, daß aber „Schadwirkungen" auf die Population in Gestalt natürlicher Feinde, menschliche Eingriffe oder auch Witterungseinflüsse diese Größe gar nicht erreichen lassen. Somit ist das Minimum an Schadwirkungen vielfach bestimmend für die Umweltkapazität.

Die Verteilung der Individuen einer Population – ihre Dispersion – ist zu einem Zeitpunkt das Ergebnis der Wirkung der morphophysiologischen Eigenschaften des einzelnen Vogels und der Eigentümlichkeiten der Um- und Mitwelt. Dazu gehören die Fähigkeit zum Ortswechsel (Vagilität), beim Vogel besonders hoch entwickelt, Orientierungsvermögen, Fähigkeit zum Aufsuchen der Requisiten, Art der Brut und Jungenaufzucht. Mitweltwirkungen sind die intrapopularen Beziehungen wie die unmittelbare Einwirkung der Populationsglieder aufeinander und die abundanzabhängige Konkurrenz um Requisiten. Umweltwirkung liegt vor allem im lokal unterschiedlichen Angebot an Requisiten im Lebensraum und in unterschiedlich starker Beeinflussung durch das Kleinklima oder Freßfeinde oder bei Nischenüberlappung durch interspezifische Konkurrenz vor. Territoriale Arten zeigen zur Brutzeit eine mehr oder weniger regelmäßige Verteilung, Koloniebrüter eine ungleichmäßige. Einfluß hat auch die Landschaftsstruktur, so daß bei Populationen der gleichen Art an verschiedenen Lokalitäten ganz verschiedene Verteilungsmuster entstehen können. Hier spielt vor allem die Vegetationsgliederung eine Rolle. Im Grenzbereich zwischen verschiedenen Bewuchsformen, z.B. Waldränder und Parklandschaften, kommen viele Arten gehäufter vor als in einförmiger Landschaft wie Waldinneres oder Feldflächen. Das ist die sogenannte Grenzlinienwirkung (edge-effect). Zeitliche Änderungen des Verteilungsmusters fallen vor allem nach der Brutzeit ins Auge als Abundanzänderung durch die Jungvögel sowie in der Zugzeit an Rast- und Nahrungsplätzen.

Vogelpopulationen bestehen aus mehreren Generationen, die nebeneinander existieren (pluriätile Populationen), wobei die Angehörigen einer Generation sich mehrmals während ihres Lebens fortpflanzen können. Der Altersaufbau einer Population – ihre **Ätilität** – hängt wesentlich von der Fruchtbarkeit und der Sterblichkeit (s.u.) und vom Eintritt der Geschlechtsreife ab. Die Lebenserwartung ist bei den Arten unterschiedlich, und daraus resultieren verschiedene Formen des Altersaufbaues (Abb. 59). Die Ätilität ändert sich periodisch mit der Jahreszeit; beispielsweise überwiegen die Jungvögel nach der Brutzeit.

Das Zahlenverhältnis der Geschlechter – die **Sexilität** – weicht nicht selten vom Quotienten 1 : 1 ab. Bei Spieß-, Berg- und Halsringente z.B. und beim Gelbaugenpinguin ließ sich eine größere Sterblichkeit der Weibchen nachweisen. Andererseits kann auch die

Männchensterblichkeit in bestimmten Altersstufen überwiegen, so daß ein nach der Brutzeit vorhandener Männchenüberschuß bis zur nächsten Brutsaison weitgehend abgebaut ist. Dies gilt z.B. bei Kohlmeise, Stockente, Fasan und Kragenhuhn. Unterschiedliches Zugverhalten der Geschlechter können die Sexilität einer Population im Jahreszyklus stark verändern (z.B. Buchfink). Die Bestimmung des Geschlechterverhältnisses in einer Vogelpopulation ist zur Brutzeit wenigstens für Brutpaare auf Grund der Verhaltensweisen der Partner – Gesang, Nestbau, Kopulation – durch Zählung möglich. Unsicherheiten und Fehlerquellen ergeben sich für nichtbrütende Tiere, besonders noch nicht fortpflanzungsfähige, wobei das Fehlen sexualdifferenter Federkleider eine Bestimmung oft ausschließt. Das gilt besonders für zeitweilig existierende Populationen außerhalb der Brutzeit.

Die bisher erwähnten Strukturelemente charakterisieren die Population zu einem beliebigen Zeitpunkt, die folgenden stellen ihre Potenzen dar, die erst an den Wirkungen erkennbar werden, wenn die Tätigkeit der Population eine Zeitlang verfolgt wird. Physiologische und ethologische Leistungsfähigkeit beruht auf den individuell variierenden Potenzen der Populationsglieder und kann als die Konstitution oder Kondition der Population betrachtet

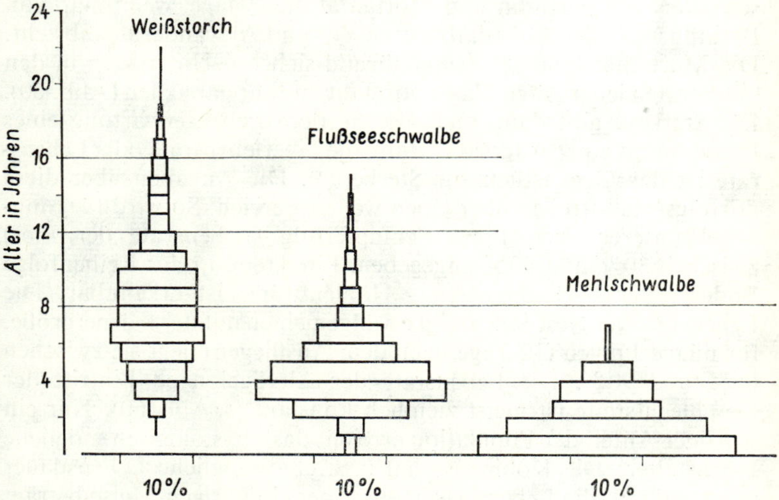

Abb. 59. Altersaufbau von Populationen. Nach Angaben von MEYBOHM u. DAHMS (1975), AUSTIN (1972) und RHEINWALD u. GUTSCHER (1969).

werden. Die Population besitzt die Fähigkeit zur Abundanzänderung. Die quantitative Darstellung dieser Veränderung basiert auf Fruchtbarkeit und Sterblichkeit. Die **Fruchtbarkeit** (Fertilität) wird bestimmt durch die Gelegegröße und die Zahl der Gelege pro Brutsaison. Diese beiden Größen kennzeichnen die Fruchtbarkeit eines fortpflanzungsfähigen Weibchens der Population, die Natalität. Die Fruchtbarkeit der Population pro Jahr und Individuum (Fertilitätsrate) ergibt sich aus Natalität und Sexilität nach folgendem Zusammenhang bei einer Art mit zwei Jahresbruten: $f = p_1 \cdot s_1 \cdot t_1 + (n_2/n_1) \cdot p_2 \cdot s_2 \cdot t_2$. Darin sind f die Fertilitätsrate, p die durchschnittliche Gelegegröße, s der Sexualindex (Anteil der Weibchen), t der Anteil der brütenden Weibchen, n die Zahl der Individuen der Population zur Brutzeit. Die Indizes 1 und 2 kennzeichnen die Bruten. Dieses vereinfachte Formelschema zeigt, wieviel exakte Unterlagen für eine Aussage über die Fruchtbarkeit beschafft werden müssen. Der Antagonist der Fruchtbarkeit ist die **Sterblichkeit.** Sie setzt sich aus der Vernichtungsrate der Eier, der Sterblichkeit der Nestlinge bzw. der unselbständigen Nestflüchterkücken, der Jungvögel vor Erreichen der Geschlechtsreife und der Altvögel zusammen. Die Sterberate gibt den Abgang von Populationsgliedern pro Jahr und Individuum an. Ändert eine Population in aufeinanderfolgenden Jahren zu gleichen Zeitpunkten ihre Größe nicht, so halten sich Fertilität und Mortalität die Waage, wenn man von Beeinflussung der Abundanz durch Zu- und Abwanderung absieht. Die Mortalität läßt sich bei genügend sicheren Unterlagen in den Sterberaten jeder Altersklasse von Jahr zu Jahr darstellen (Abb. 60). Die Statistik gibt dann auch die mittlere Lebenserwartung eines Individuums einer Altersklasse an. Die Überlebensrate oder **Lebensrate** ist das Gegenstück zur Sterberate. Die Angaben über diese „Erfolgsrate" streuen über einen weiten Bereich. So wird für Singvögel unserer Breiten ein Schlupferfolg (Lebensrate der Eier) zwischen 30% und 80% angegeben. Ein Trend in der Reihenfolge Bodenbrüter – Baumbrüter – Höhlenbrüter ist erkennbar. Die Lebensrate der Nestlinge steigt im allgemeinen mit der Körpergröße, für flügge Jungen (10 Tage nach dem Ausfliegen) liegt sie zwischen 65% und 90%. Die Lebensrate der Altvögel nach Eintritt der Geschlechtsreife ist meist ziemlich konstant (s. Abb. 60). Nur ein winziger Anteil der Population erreicht das physiologisch mögliche Höchstalter: Die Kohlmeise hat z.B. eine mögliche Lebensdauer von 8 Jahren, die Lebenserwartung einer einjährigen Meise beträgt 1,5 Jahre, einer halbjährigen 0,8 Jahre, eines eben geschlüpften Vogels etwa 0,6 Jahre!

Die Strukturelemente der Population ändern sich in der Zeit. Diese Veränderungen darzustellen und ihre Verursachung aufzuklären, ist Aufgabe der **Populationsdynamik**, wobei grundsätzlich jedes Strukturelement gesondert analysiert werden kann. Es sollen hier nur Abundanz und Dispersion berücksichtigt und einige Aspekte dargestellt werden.

Die **Dispersionsdynamik** befaßt sich mit Änderungen der ört-

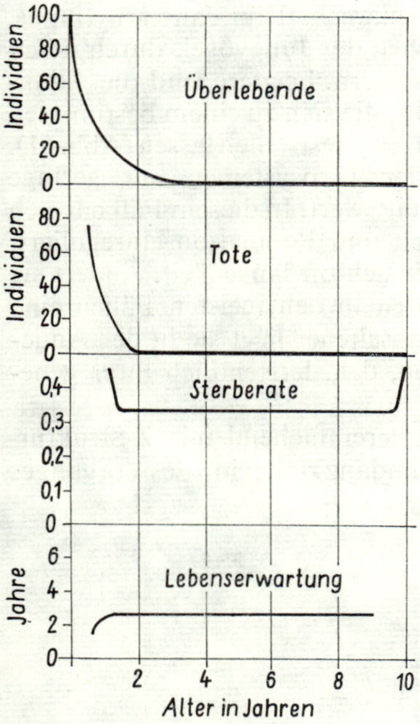

Abb. 60. Überlebens- und Sterbestatistik einer englischen Kibitzpopulation *(Vanellus vanellus)*. Nach LACK (1954).

lichen Verteilung der Populationsglieder. Wenn man von der dauernden, für Vögel typischen Lokomotion innerhalb des Demotops absieht, kommen folgende zeitliche Änderungen des Verteilungsmusters in Betracht: tageszeitlich regelmäßige Änderungen, wie z. B. Zerstreuung der Individuen einer Winterpopulation der Saatkrähe tagsüber im gesamten Stadtgebiet und abendliche Versammlung an Massenschlafplätzen; länger anhaltende Änderungen durch Zu- und Abwanderungen – z. B. als Invasionen von vorübergehendem Charakter, aber auch bleibende Veränderungen wie Arealausweitungen und Neubesiedlung von bisher nicht bevölkerten

Lebensstätten; regelmäßiger periodischer Wechsel des Aufenthaltsortes durch die Population oder durch Teile von ihr durch den Vogelzug. Einfluß auf die Verteilung im Raum hat aber auch die sich verändernde Wohndichte.

Diese Veränderung, die Abundanzdynamik, hat bisher die meiste Aufmerksamkeit beansprucht und wird sie auch weiterhin behalten. Bei der Änderung der Individuenzahlen sind kurzfristige Schwankungen, Oszillationen, von langfristigen, Fluktuationen, zu unterscheiden. Erstere sind der Abundanzwechsel im Jahresrhythmus, hervorgebracht durch das Auftauchen der Jungvögel, durch deren bevorzugtes Wegsterben und Abwandern. Letztere sind die Abundanzveränderungen von Jahr zu Jahr, die sich zu einem bestimmten Zeitpunkt – etwa zu Beginn der Brutzeit – feststellen lassen (Abb. 61). Die Fluktuationen sind in stabilen Ökosystemen nur geringe Schwankungen um einen Durchschnittswert. In diesem Fall hat sich ein Gleichgewicht zwischen Umwelt und Population einreguliert, und diese Gleichgewichtsdichte hält sich oft lange Zeit. Ändert sie sich langfristig und nachhaltig, so ist in den meisten Fällen eine Änderung der Umwelt die Ursache, seltener liegt sie in der Änderung der Kondition der Population, d.h. letztendlich ihrer genetischen Struktur.

Die **Abundanzänderung** läßt sich vereinfachend mit 2 Strukturelementen ausdrücken. Ist n_i die Abundanz zu Beginn des Vorganges

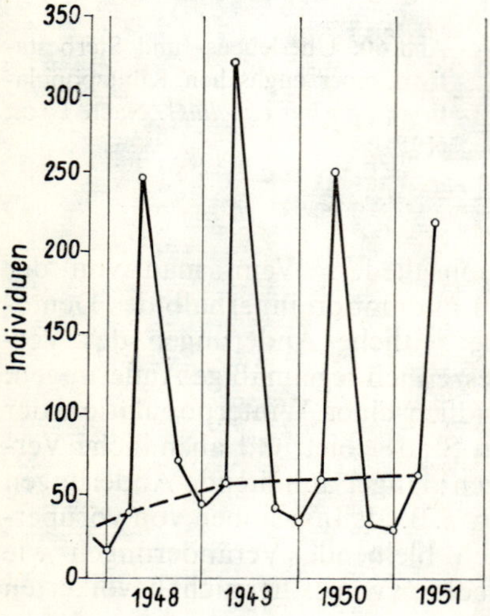

Abb. 61. Abundanzänderungen einer englischen Kohlmeisenpopulation *(Parus major)*. Nach LACK (1954).
Ausgezogene Kurve: Oszillation, unterbrochene Kurve: auf die Populationsgröße bei Brutbeginn bezogene Fluktuation.

bzw. der Untersuchung, f_i die Fertilitätsrate und q_i die Sterberate, so ist nach Ablauf des zugrunde gelegten Zeitabschnittes die neue Abundanz $n_{i+1} = n_i \cdot f_i \cdot (1-q_i)$. Dabei sind Zu- und Abwanderung nicht berücksichtigt. Die Raten für Zugang und Abgang gelten für eben diesen Zeitraum, wenn auch die betreffenden Veränderungen (Zeitigung der Gelege, Tod von Jungvögeln und Altvögeln) nicht zur gleichen Zeit wirksam werden. Stellt man die Gleichung um, so ergibt sich der **Vermehrungskoeffizient** der Population $n_{i+1}/n_i = f_i\,(1-q_i)$, der durch Bestimmung der Abundanzen meßbar ist. Die Veränderung der Populationsgröße und des Vermehrungskoeffizienten ist in Abb. 62 an einem vereinfachten Beispiel dar-

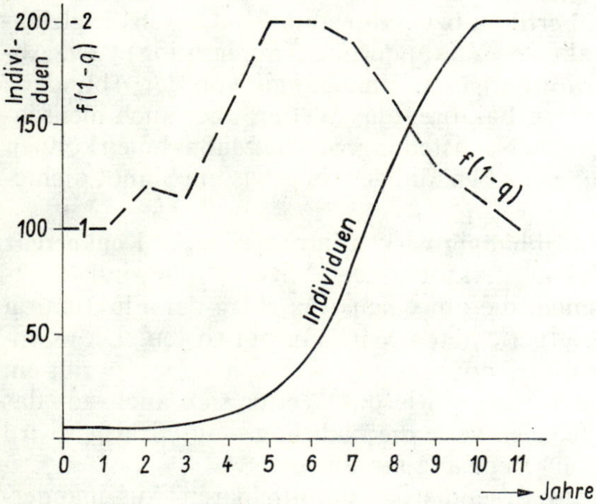

Abb. 62. Änderung der Abundanz und des Vermehrungskoeffizienten einer Population.

gestellt. Wäre der Koeffizient konstant, so müßte die Population exponentiell wachsen. Einer solchen Vergrößerung wirkt alsbald der Druck der Umwelt entgegen, der ein Absinken des Koeffizienten und die Einregulierung der Gleichgewichtsdichte bewirkt. Geht sein Wert unter 1 zurück, wird er zum „Verminderungskoeffizienten“. Seine Größe sagt außerdem nicht, wie sich seine beiden Faktoren verändert haben. Fertilität und Mortalität werden als primäre Abundanzfaktoren bezeichnet. Um begrifflich klar zu bleiben, muß gesehen werden, daß der ökologische „Faktor“ Mortalität bzw. Sterberate in der Gleichung nicht als mathematischer Faktor auftritt, sondern dieser, $1-q$, die Überlebensrate ist.

Wesentlich sind nun die Einflüsse, die Fertilität und Mortalität ändern. Das Schema der Abb. 63 zeigt die hauptsächlichen Wirkungsmechanismen der Abundanzveränderung. Auf der einen Seite stehen die Faktoren, welche die Amplitude der Fluktuation der Abundanz gewissermaßen festlegen (Determination) und die die „Umwelt" der Population darstellen. Diese sind, wie angedeutet, nicht unabhängig voneinander und in der Regel auch mehr oder weniger veränderlich, woraus resultiert, daß die Amplitudenfestlegung dies im Prinzip auch ist. Damit die Population überhaupt existieren kann, müssen die Umweltwirkungen im Bereich des erwähnten Toleranzpolyeders, der ökologischen Nische, liegen. In dieser Umwelt bewirken die primären Abundanzfaktoren unmittelbar die Fluktuation. Fertilität bzw. Mortalität sind durch die gleichsinnig wirkenden Faktoren Zuwanderung (Immigration) bzw. Abwanderung (Emigration) ergänzt. Unabhängig von der Abundanz wirken auf die primären Faktoren das Wetter, aber auch menschliche Eingriffe wie direkte Nachstellung. Solche Maßnahmen können auch, wie Bekämpfung von Schädlingen, in gewissem Sinne „dichteabhängig" sein.

Vollkommen dichteabhängig wirken **intraspezifische Konkurrenz** und Interferenz, die Hauptfaktoren der „Mitwelt". Sie sind Rückkopplungsmechanismen, die auf einen Ausschlag der Fluktuation mit einer gegensinnig gerichteten Wirkung antworten. Die Konkurrenz entbrennt um die notwendigen Requisiten, und wenn ein unabhängig wirkender Faktor wie das Wetter sich auch auf das Requisitangebot – beispielsweise die Nahrung – auswirkt, so wird dadurch die „einfache" Regelung modifiziert.

Die **Interferenz**, das Ergebnis der unmittelbaren Auseinandersetzung von Populationsgliedern, zeigt die Merkmale einer einfachen Regelung. Als Beispiel sei der Effekt des Territorialverhaltens genannt, wobei die Größe der verteidigten Reviere allerdings nicht absolut konstant ist. Unvollkommen dichteabhängige Faktoren sind Opponenz (Wirkung der Tätigkeit von Freßfeinden, Parasiten und Krankheitserregern) und interspezifische Konkurrenz (Wettbewerb um gleiche Requisiten von Angehörigen verschiedener Arten bei Nischenüberlappung), unvollkommen deswegen, weil diese Wirkungen von Angehörigen anderer Populationen ausgehen, die selbst wieder unter der Einwirkung ihrer „Umwelt" und ihrer intrapopularen Abundanzfaktoren stehen. Bis zu einem gewissen Grade sind sie daher auch den amplitudendeterminierenden dichteunabhängigen Faktoren zuzurechnen. Die über diese Faktoren arbeitenden Regelkreise sind sehr komplex und variabel, wirken darüber

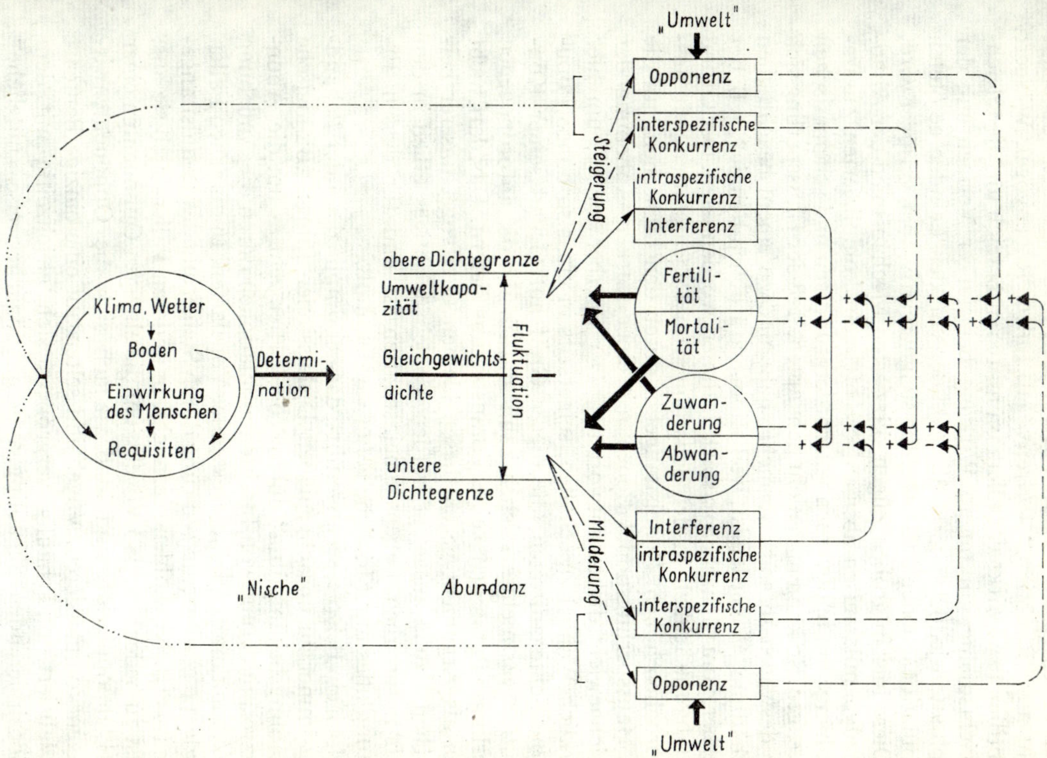

Abb. 63. Schema der Abundanzdynamik (statt Milderung ließ Minderung).

hinaus häufig mit Verzögerung. Die Beeinflussung der Abundanz einer Vogelpopulation durch Prädatoren wie Säugetiere – durchaus nicht nur „Raubtiere“ – Greifvögel, Eulen, Rabenvögel, Würger; Reptilien usw. wirkt vor allem im mittleren Bereich um die Gleichgewichtsdichte, nimmt an Wirkung bei starker Vermehrung der Population jedoch ab, da die Zahl der von den Feinden getöteten Populationsglieder zwar absolut steigt, relativ aber geringer wird.

Diese hier in groben Zügen skizzierten Mechanismen der Abundanzdynamik weisen aber auf die oft recht komplizierten Zusammenhänge hin und warnen vor vordergründigen und schematischen Aussagen. So kann man nicht behaupten, daß der Haussperling sich nur deswegen so stark vermehrt habe und zu einem beachtlichen „Schädling“ geworden ist, weil seine „natürlichen Feinde“, z. B. der Sperber, vom Menschen so stark dezimiert worden seien. Der Grund liegt hauptsächlich in der Schaffung von Lebensstätten mit ausgesprochen hohem Requisitangebot durch den Menschen, auf die die Haussperlingspopulationen mit einer starken Anhebung der Gleichgewichtsdichte antworteten. Der Sperber müßte, um hier merklich Wandel zu schaffen, seinerseits in einer so hohen Populationsdichte auftreten, die dieser Greif auf Grund seiner Konstitution gar nicht erreichen kann und für die die anthropogenen Sperlingshabitate gar keine Voraussetzung liefern. Das darf nicht etwa als Argument gegen diesen kleinen Greifvogel unserer heimischen Fauna ausgelegt werden, der ein wichtiges Glied in den noch naturnahen Lebensgemeinschaften ist und für dessen Erhaltung alles nur Mögliche getan werden muß.

Noch ein Beispiel sei angeführt, das bei simplifizierender Behandlung immer zu unsachgemäßen Diskussionen führt: „Biologische Schädlingsbekämpfung“ durch Vögel. Hier geht es um die Abundanzverminderung von Insektenpopulationen durch die Anhebung der Abundanzen insektenfressender Vogelarten. In manchen Fällen wurde die gewünschte Wirkung durch Steigerung des Requisitangebotes – z. B. Nisthöhlen – erreicht, in anderen Fällen blieb sie aus. Es ist zu bedenken, daß Vögel nicht die einzigen Opponenten einer Insektenpopulation sind, daß vielfach sich die Opponentenwirkungen kompensieren. Vögel sind selten auf eine einzige Beuteart spezialisiert, und häufig vergrößern sich gleichzeitig mit dem zu dezimierenden Schädling andere, möglicherweise „nützliche“ Insektenpopulationen, die in das Nahrungsspektrum etwa von Meisen, Fliegenschnäppern und Rotschwänzen gehören. Eine bereits ausgebrochene Übervermehrung von Insekten und der damit eintretende Schaden können von Vögeln praktisch nicht abgewendet werden. Die Möglichkeit der Aufrechterhaltung einer „normalen“ Dichte von Schädlingen durch die Regulationstätigkeit von Singvogelpopulationen ist aber grundsätzlich gegeben und wird sich oft als nützlich erweisen, wenn man dies im richtigen Kontext versucht und von den Gefiederten nicht mehr verlangt, als sie auf Grund der ökologischen Zusammenhänge zu leisten vermögen.

Die **Lebensfähigkeit einer Population** ist an eine artspezifische Mindestzahl von Individuen, die untere Dichtegrenze, gebunden, weil die Geschlechtspartner in genügender Häufigkeit zusammentreffen und auch andere soziale Kontakte realisiert werden müssen. Sinkt die Dichte unter den kritischen Wert ab, so erlischt die Population. Leider sind diese kritischen Werte durchweg unbekannt. Teilweise weiß man nach dem Aussterben einer Art etwa die zuletzt noch vorhanden gewesene Individuenzahl. Der Rückgang und das Erlöschen von einzelnen Populationen einer Art im bisherigen Areal sind Alarmzeichen, die die Einleitung von Schutzmaßnahmen auslösen sollten, wobei die Feststellung der ökologischen Verursachung für den konservierenden und gestaltenden Naturschutz von größter Bedeutung ist. Denn existiert eine Art nur noch in einer kleinen Population, so ist die Wahrscheinlichkeit groß, daß sie durch zufällige Ereignisse ausgelöscht wird.

9.4. Ökologie der Nahrung

Nahrung wird den Vögeln in einer Fülle verschiedener Formen, Größen, Nährstoffgehalten, Zugangsmöglichkeiten geboten. Das hat zu den verschiedensten Parallelanpassungen in Hinblick auf den Erwerb der Nahrung und die dabei gebrauchten Organe – Schnabel, Füße, Flügel – und Bewegungsweisen geführt. Ein und dieselbe Nahrung kann allerdings oft in unterschiedlicher Weise gewonnen werden.

Ausgesprochene Monophagie, d.h. Spezialisierung auf eine Nahrung, ist relativ selten. Ein solcher Spezialist ist der amerikanische Schneckenbussard, der sich nur von Blasenschnecken ernährt und auf der Halbinsel Florida, wo diese infolge von Drainage stark zurückgegangen sind, fast verschwunden ist.

Konvergente Entwicklungen bestimmter **Nahrungserwerbsformen** finden sich bei den auf fliegende Insekten angewiesenen Schwalben, Seglern und Ziegenmelkern, ferner bei den von Aas lebenden Geiern, dann bei den tauchenden, stoßtauchenden und den vom Anstand aus jagenden Fischern (Pinguine, Alken; Tölpel; Reiher, Eisvögel), den karnivoren Greifen und Eulen, den Nektarsaugern (Kolibris, Nektarvögel), den Filtrierern (Flamingos, Gründelenten), den Schlammdurchsuchern (Strandläufer, Wasserläufer), und den verschiedenen Formen der Samen- und Fruchtfresser.

Bei ein und derselben Art kann die Nahrung jahreszeitlich wechseln. So ist die Bartmeise im Sommer ein Insektenfresser, im Winter ein Körnerfresser. Es können auch gleichzeitig verschiedene Spezialisierungen bei der gleichen Art auftreten, so beim Austernfischer für Muscheln, Schnecken und Würmer, die jede eine andere Jagdart erfordern. Der junge Austernfischer ist auf Muscheln eingestellt, die anderen Techniken erlernt er von Artgenossen.

Zahlreiche Untersuchungen wurden zur Aufklärung der **Nahrungszusammensetzung** insektenfressender Vögel durchgeführt, wobei am häufigsten die Halsringmethode angewandt wird. Dabei werden den Nestlingen für eine begrenzte Zeit Halsringe aus weichem Draht so um den Hals gelegt, daß die Nahrung bei der Fütterung zwar in die Speiseröhre gelangt, aber nicht an den Magen weitergegeben werden kann. Sie wird dann abgenommen und analysiert. Indessen lassen diese Befunde nicht unbedingt Schlüsse auf die Nahrung der Altvögel zu, die unter Umständen, wie sich das bei der Dorngrasmücke gezeigt hat, andere Größengruppen von Beutetieren an die Jungen verfüttern, als sie selbst fressen. Gewöhnlich werden die Nahrungsspektren einer Art bzw. Population nach dem prozentualen Anteil der Beutearten an der Gesamtstückzahl angegeben. Daraus sind Nahrungspräferenzen und Reaktionen auf Änderungen im Nahrungsangebot zu erkennen. Schlüsse auf den Anteil einer Population am Energiestrom eines Ökosystems sind damit nicht möglich. Es wurde bereits erwähnt, daß von den meisten von Vögeln gefressenen Insekten nicht die Gewichte und erst recht nicht der Energiegehalt bekannt sind. Bei manchen Körnerfressern verfügt man da über genauere Kenntnisse. Auch bei ihnen treten Spezialisierungen hinsichtlich der Größe der Samen auf, die bei einzelnen Arten verschieden weit gehen. Kardinäle wählen im Winter z.B. Körner mit hohem Energiegehalt aus, andere amerikanische Finken bevorzugen dagegen ohne Rücksicht auf den Nährwert auch in der Kälte kleinere bis mittelgroße Körner, die sich schnell fressen lassen.

Aufbewahrung von Nahrung kommt bei verschiedenen Vogelarten vor. Eichelhäher und Tannenhäher „verstecken“ Eicheln, Bucheckern u.a.. Würger spießen Mäuse, Jungvögel, Eidechsen, Insekten auf Dornen und Stacheln oder klemmen sie in Astgabeln und an anderen geeigneten Stellen ein. Der Raubwürger soll größere Beutetiere im Winter zerkleinern und als „mundgerechte“ Bissen aufspießen, die auch im gefrorenen Zustand gefressen werden können.

Das Verstecken von Früchten und Samen dient der Verbreitung der Pflanzen. In weit größerem Maße geschieht diese Verbreitung dadurch, daß saftige Früchte mit ihren Samen von Vögeln gefressen werden, das Fruchtfleisch verdaut wird, die keimfähigen Samen aber mit dem Kot wieder abgegeben werden. Man nennt das **Ornithochorie.** Der bekannteste Fall ist die Verbreitung der Mistel durch die Misteldrossel, sehr bekannt ist auch die Ornithochorie der Eberesche. Von 186 europäischen Holzarten werden 135 durch Vögel verbreitet. Davon sind 50 Arten Bäume, 71 Sträucher und 14 Halbsträucher. Es werden so auch neue Gehölzarten in existierende Pflanzengesellschaften eingebracht, und die Vögel sind damit an deren Sukzession beteiligt. Amsel und Singdrossel sind in Europa die wichtigsten Vogelarten für die Gehölzverbreitung. In einer Reihe von Fällen ist erwiesen, daß die Darmpassage die Keimfähigkeit fördert, bei der Himbeere z.B. die Keimung im Versuch um 30 Tage vorverlegt und das „Überliegen“ (Dormanz) ausschaltet. Diese Wirkung kann durch mechanische und chemische Lockerung der Samenschale oder auch durch Beseitigung von Keiminhibitoren eintreten, was allerdings noch nicht erwiesen ist.

Eine andere auf Ernährungsbasis beruhende intensive Beziehung zwischen Pflanzen und Vögeln ist die in den Tropen vorkommende **Ornithophilie**, die Bestäubung durch Vögel. Die bekanntesten Blütenbestäuber sind in Amerika die Kolibris, deren Rolle in Afrika und Asien in gewissem Grade die Nektarvögel spielen. Aber auch manche Papageien (Loris) und Vertreter einiger Singvogelfamilien (Mistelfresser, Brillenvögel, Honigfresser, Kleidervögel) gehören hierher.

Mit sinkender Umgebungstemperatur steigt der Nahrungsbedarf des Vogels. Besonders bei kleinen Vögeln, die ja sowieso einen relativ intensiveren Energieumsatz haben als große, können sich so Verbreitungsgrenzen ergeben, Bei Gartenrotschwänzen stieg der Tagesverbrauch an Weichfutter von 16 g (≙ Masse des Vogels) bei einer Tagesdurchschnittstemperatur von 12,5 °C auf über 20 g bei Temperaturen zwischen 6,5° und 8 °C. Allerdings gingen die Vögel dann ein, weil sie offensichtlich die erforderliche Nahrungsmenge nicht mehr bewältigen konnten. Tatsächlich liegt die nördliche Verbreitungsgrenze des Gartenrotschwanzes bei der 10°-Juniisotherme. Schmetterlingsfinken gehen im winterlichen Kurztag im ungeheizten Zimmer zugrunde, weil die Helligkeitsdauer als Freßzeit nicht ausreicht, die zur Energiegewinnung nötige Nahrungsmenge aufzunehmen. Bei Verlängerung der täglichen Helligkeitsdauer überleben sie.

9.5. Habitatwahl

Der Vogel verfügt über ein möglicherweise angeborenes, wahrscheinlicher aber über ein durch Prägung in den ersten Lebenswochen entstandenes inneres **Suchbild**, das die lebenswichtigen Merkmale für seinen **Monotop** – seinen individuellen Lebensraum – enthält. Mit seiner Hilfe findet er die geeignete Lokalität, in der er zur Fortpflanzung schreitet. Beim Standvogel kann dies schon früh erfolgen, unter Umständen schon im Winter, beim Zugvogel geschieht es gewöhnlich sogleich nach der Rückkehr aus dem Ruhequartier. Unter den Erstankömmlingen einer Zugvogelart dominieren in der Regel die älteren Männchen, erst später nimmt der Anteil der jungen Männchen zu. Die Beringung bestätigt den mehrjährigen Stücken im Durchschnitt eine größere Heimat- und Ortstreue, während die jungen eher zum Streunen und zur Umsiedlung neigen. Beides zusammen bewirkt, daß die Individuen territorialer Arten mit dem höchsten Reproduktionswert bei der Wahl des Reviers die optimalen Stellen des Habitats besetzen, während die jüngeren sich mit der „zweiten Wahl" begnügen müssen und, sofern die Umweltkapazität ausgeschöpft ist, entweder als nichtbrütende Populationsreserve vagabundieren oder über das Zugziel hinaus zu ziehen genötigt sind. Wenn beide Geschlechter daran beteiligt und die Bedingungen erträglich sind, erweitern sie damit das Areal der Population. Je besser der Monotop in dem genannten Suchbild repräsentiert ist, desto wahrscheinlicher wählt der Vogel den Platz, der für die Erhaltung seines Lebens und seinen Bruterfolg am günstigsten ist. Hat die Art große Toleranz hinsichtlich Brutplatzrequisiten und Nahrung, so vergrößert dies ihre Aussichten auf Erweiterung ihres Areals, die andererseits begrenzt wird durch schon vorhandene Arten mit ähnlichen Ansprüchen. Bei den in suboptimale Habitate abgedrängten Individuen ist die Mortalitätsrate erhöht. Untersuchungen an der Kohlmeise in Holland zeigten, daß diese das höchste Nahrungsangebot im Eichenwald, das niedrigste im reinen Kiefernwald findet. Das Maximum der Nahrungsdichte liegt im Eichenwald wenige Tage vor dem Schlüpfen der ersten Brut, während es im Kiefernwald mit diesem nicht korreliert ist und entsprechend die Fütterungstage dort länger sind. Erst wenn die Kapazität von Laubwald und Mischwald ausgenützt ist, füllt sich auch der Kiefernwald auf. Künstliche Entfernung revierbesitzender Männchen im Laubwald ließ subadulte aus der Umgebung einwandern. Ähnliche Feststellungen wurden an Kohlmeisen in England, Buchfinken in Holland, Schnäpperwaldsängern und Rotschulterstärlingen in Nordamerika gewonnen.

Lebensraumgeneralisten sind zur Besiedlung neuer Habitate am ehesten geeignet. Solche Arten sind beispielsweise die Kulturfolger wie Amsel, Singdrossel und Misteldrossel, die Gärten und Parks besiedelten, oder Feldlerche, Rebhuhn und Grauammer, die sich als Steppenvögel auf neu angelegtem Ackerland niederließen. An den Verbreitungsgrenzen der Art sind die Vögel weniger wählerisch und vergrößern damit ihre Chance zum Überleben. So baut die Elster in Lappland nördlich der Baumgrenze ihre Nester aus Draht, Baumpieper singen in jungen Pflanzungen auch von niedrigen Bäumen, Zaunkönig und Amsel kommen nördlich der Baumgrenze auch ohne Bäume aus.

Auch außerhalb der Fortpflanzungszeit werden bestimmte Habitate gewählt, wobei in erster Linie das **Nahrungsangebot** eine Rolle spielen dürfte. So trifft man auf den Inseln der Nordseeküste zur Zugzeit die Strandläufer im allgemeinen auf den Wattflächen hinter den Inseln an, während Sandregenpfeifer und Sanderling den Strandsaum auf der Seeseite bevölkern und man Meerstrandläufer und Steinwälzer am ehesten an vorspringenden Steinschüttungen und Buhnen antrifft. Für die Tauchenten an der südschwedischen Küste bildet die reichlich vorhandene Miesmuschel die Hauptnahrung. Hier kommen verschiedene Arten gemeinsam vor, allerdings etwas zoniert und nach ihrer Tauchfähigkeit, die am besten bei der Eisente entwickelt ist. Ihr folgen Schellente, Bergente und Reiherente, die zwar ebenso tief tauchen, aber längere Pausen machen. Bei Standvögeln der höheren Breiten steigert Nahrungsmangel im Winter die Verlustrate. Das Nahrungsangebot in menschlichen Siedlungen in dieser Zeit hat sicherlich bei manchen Arten mit zur Urbanisierung („Verstädterung“) beigetragen.

9.6. Ausbreitung und geographische Verbreitung

Das heutige Verbreitungsbild der Vogelwelt ist das Ergebnis einer langen Entwicklung seit dem ersten Auftauchen der Vögel in der Jurazeit. Schon gegen Ende des Mesozoikums haben sowohl in Eurasien als auch in Nordamerika Vögel gelebt. Bis ins frühe Neozoikum (Eozän) erstreckte sich ein Landgebiet von Kanada bis Skandinavien und eine Landbrücke zwischen Asien und Alaska, so daß eine Ausbreitung ohne lange Transozeanflüge möglich war. Nach der Wegenerschen Kontinentaldrifttheorie waren sich auch Afrika und Südamerika zu dieser Zeit noch verhältnismäßig nahe, während andererseits die Landverbindung zwischen Nord- und Südamerika erst am Ende des Tertiärs entstand. Erhebliche Verschiebungen von Klimabereichen und damit Vegetationsbereichen fanden statt. Es seien nur das milde Tertiärklima und die pleistozänen Vereisungen in Europa genannt. Damit verschoben sich wiederum die Verbreitungsgebiete großer Vogelgruppen, und es entstanden neue schwer überschreitbare Grenzen wie Hochgebirge und Wüsten.

So ist es nicht verwunderlich, wenn selbst die „weltweit" vorkommenden Arten Lücken in ihrem Verbreitungsbild zeigen. Beispielsweise fehlen der Wanderfalke im größten Teil Südamerikas, der Fischadler in Teilen Südamerikas, Südasiens, Afrikas und des Südseebereiches, die Teichralle vermißt man in Nordostasien und die Schleiereule in großen Teilen Asiens. Andere Arten bewohnen nur sehr eng begrenzte Räume, und wieder andere zeigen ausgeprägte „disjunkte" Verbreitung, d.h., sie kommen in zwei oder mehreren weit voneinander entfernten Gebieten vor. Bekannte Beispiele sind der Mornell, der verstreut über Skandinavien, Schottland, Teile des Urals und Sibiriens, Alaskas, aber auch der Alpen, Sudeten, Abruzzen und Karpathen, neuerdings auch in den Niederlanden brütet; dann die Blauelster, die außer in Ostasien auch auf der Pyrenäenhalbinsel zu finden ist. Ähnlich zerrissen ist das Vorkommen des Wasserpiepers. Offensichtlich handelt es sich um Restvorkommen einer früheren großräumigen und geschlossenen Verbreitung.

Der Ausbreitung einer Art stehen geographische und ökologische Hindernisse entgegen wie Meere, Wüsten, Hochgebirge, die aber für gute Flieger keine absoluten Schranken zu sein brauchen. Aus Irrgästen und Emigranten können allerdings nur dann erfolgreiche Ansiedler werden, wenn sie in beiden Geschlechtern in ausreichender Zahl eintreffen und unbesetzte oder von konkurrenzschwächeren Arten eingenommene Nischen „vorfinden".

Das heutige **Verbreitungsmuster** einer Vogelart oder auch höherer taxonomischer Kategorien ist stets durch das Zusammenwirken ihrer Evolution und der ökologischen Gegebenheiten entstanden. Die einzelne Art hat ihren Ursprung in einem relativ begrenzten Raum und hat dann nach Maßgabe ihrer genetisch bestimmten Ausbreitungsfähigkeit und der ökologischen Möglichkeiten ihr Verbreitungsgebiet ausgedehnt. Dabei wird eine Regelhaftigkeit sichtbar, die schon Charles DARWIN formulierte: Weit verbreitete Arten mit vielen Individuen, die schon in ihrer eigenen weiträumigen Heimat über zahlreiche Konkurrenten gesiegt haben, haben die beste Aussicht, neue Räume zu gewinnen, wenn sie sich in neue Länder ausbreiten. Altweltliche Formen sind dies wohl in erster Linie. Bemerkenswerterweise haben Familien südamerikanischen Ursprungs keine Arten entwickelt, die in die Alte Welt gelangt sind. Dagegen haben altweltliche Familien viele Zweige nach Südamerika entsandt. Inselpopulationen sind besonders empfindlich gegenüber Einwanderern aus größeren Gebieten, da sie an genetischer Variabilität verlieren und damit an der Fähigkeit, zu konkurrieren und Umweltveränderungen zu überstehen. Weniger als 20% aller Vogelarten sind auf Inseln zu Hause, aber über 90% aller in geschichtlicher Zeit ausgestorbenen Vogelarten waren Inselbewohner.

Die **Expansion einer Art** kann verschiedene Ursachen haben:

1. Änderungen der ökologischen Bedingungen außerhalb des bisherigen Verbreitungsgebietes (z.B. Eissturmvogel, für den das Nahrungsangebot durch die Fischindustrie erhöht wurde).
2. Genetische Änderung in der Population (z.B. Ausbreitung des Girlitzes und der Türkentaube in Europa).
3. Verdriftung oder Einbürgerung durch den Menschen (z.B. Graurückenbrillenvogel, der von Tasmanien nach Neuseeland gelangte; Wacholderdrossel, die nach sich Verdriftung durch Sturm 1937 in Südgrönland ansiedelte; Kanadagans, die 1927 in Schweden eingebürgert wurde und auf eine 15000 Individuen zählende Population mit eigenen Winterquartieren in Mitteleuropa angewachsen ist). Der Gruppe 2 ist eventuell die Ausbreitung des Kuhreihers zuzurechnen, der, vorher nur in Afrika und Indien heimisch, 1911 in Britisch-Guayana auftauchte, sich von dort aus weit nach Nord- und Südamerika ausbreitete und nun auch von Indien aus Indonesien und Nordaustralien erreicht hat.

Als Ergebnis dieser angedeuteten Entwicklungsprozesse haben sich auf den großen Landmassen und auf den Weltmeeren regionale große Tiergemeinschaften (Faunen) herausgebildet. Man hat die Erde in zoogeographische Regionen eingeteilt, für deren Charakterisierung die Verbreitung der Vögel eine große Rolle gespielt hat (Abb. 64). Unter endemischen taxonomischen Einheiten versteht

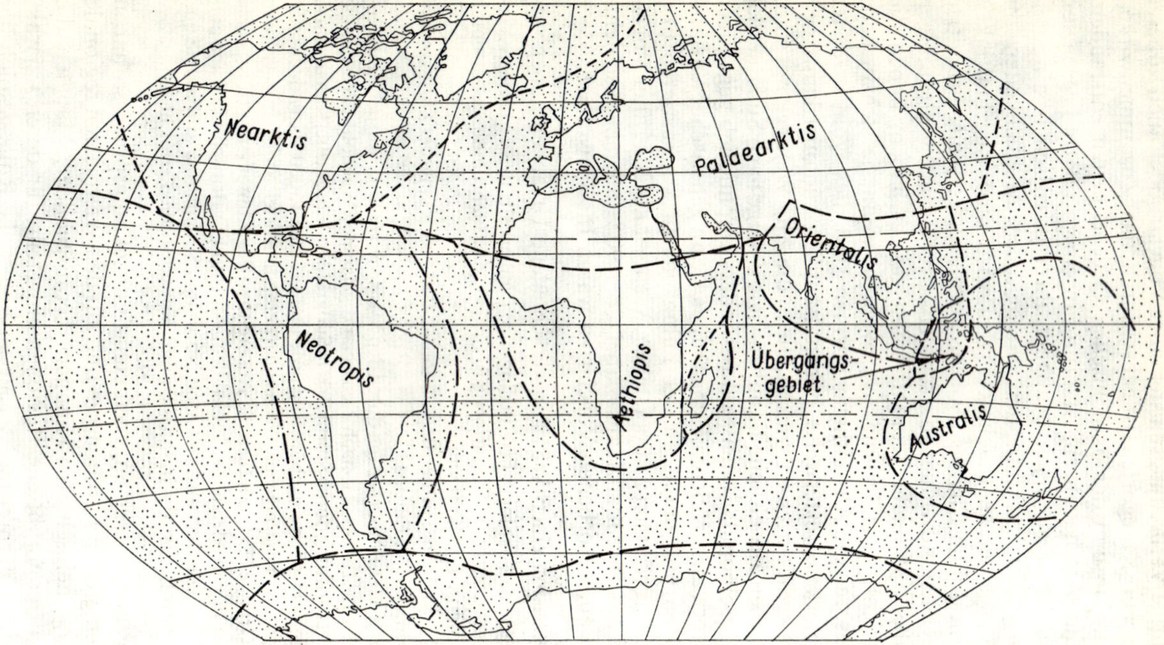

Abb. 64. Die tiergeographischen Regionen der Erde.

man solche, die nur in der betreffenden Region als Brutvögel vorkommen.

Australische Region

Endemische Familien: Emus, Kasuare, Kiwis, Großfußhühner (aber keine anderen Hühnervögel!), Schwalme, Höhlenschwalme, Neuseeland-Schlüpfer, Leierschwänze, Dickichtschlüpfer, Baumrutscher, Honigfresser, Neuseeland-Lappenvögel, Schlammnestkrähen, Flötenwürger, Laubenvögel, Paradiesvögel, dazu Staffelschwänze (Unterfamilie der Fliegenschnäpperartigen).

Stark vertreten: Entenvögel, Pelikane, Habichtartige (keine Geier!), Falken, Tauben, Papageien, Eisvögel.
Insgesamt 900 Arten (Australien 531, Neuguinea 566, beiden gemeinsam 190). Die Australis ist durch Inseln mit der Orientalis locker verbunden (Übergangsgebiet), aber schon seit dem Tertiär vom asiatischen Kontinent getrennt.

Neotropische Region

Endemische Familien: Steißhühner, Nandus, Wehrvögel, Hoatzins, Sonnenrallen, Trompetervögel, Seriemas, Höhenläufer, Fettschwalme, Tagschläfer, Todis, Sägeracken, Tukane, Töpfervögel, Ameisenvögel, Bürzelstelzer, Flammenköpfe, Schnurrvögel, Schmuckvögel, Pflanzenmäher, Palmschmätzer.
Dazu treten Familien, die in Südamerika verbreitet sind, die aber auch in der Nearktis auftreten: Hokkos, Neuweltgeier, Kolibris, Baumsteiger, Tyrannen, Spottdrosseln, Tangaren (Unterfamilie der Ammerarntigen), Vireos, Waldsänger, Stärlinge.
Insgesamt 2500 Arten (vogelreichster Kontinent!).
Die Neotropis ist ähnlich wie die Australis relativ früh von anderen Kontinenten isoliert worden. Die Landverbindung zur Nearktis ist erst im späten Tertiär entstanden.

Paläarktische Region

Eine edemische Familie: Braunellen.
Familien, von denen Arten in der Region weit verbreitet sind: Lappentaucher, Seetaucher, Reiher, Störche, Entenvögel, Habichtartige, Falken, Hühner, Rallen, Kraniche, Trappen, Austernfischer, Regenpfeifer, Schnepfenvögel, Raubmöwen, Möwen, Seeschwalben, Alken, Flughühner, Tauben, Kuckucke, Schleiereulen, Eulen, Ziegenmelker, Segler, Racken, Hopfe, Spechte, Lerchen, Schwalben, Würger, Seidenschwänze, Stelzen, Zaunkönige, Fliegen-

schnäpperartige, Meisen, Kleiber, Baumläufer, Ammernartige, Finken, Webervögelartige (UF Sperlinge), Stare, Rabenvögel.
Insgesamt 1100 Arten.
Dieser größte Festlandskomplex ist relativ artenarm. Verbindung besteht mit der Orientalis und der Aethiopis, und das Übergreifen dort stark entfalteter Familien ist in Ostasien, Vorderasien und Nordafrika festzustellen. Die Ost- und Südostpaläarktis ist zusammen mit der Orientalis wahrscheinlich das Ursprungsgebiet einer großen Zahl der heutigen Vogelfamilien, die sich über die orientalische Region nach Afrika und über Europa bis Nordamerika und sogar weiter bis Südamerika ausbreiteten.

Nearktische Region

Keine endemische Familie.
Gemeinsamkeiten mit der Neotropis sind dort bereits genannt. Die Mehrzahl der paläarktischen Familien ist auch in der Nearktis vertreten. Einige Familien (Trappen, Flughühner, Hopfe, Racken, Webervögelartige, Stare) fehlen, Haussperling und Star wurden jedoch vom Menschen eingebürgert.
Insgesamt 750 Arten.
Wegen der weitgehenden Übereinstimmung, die wesentlich auf die lange vorhandene Landverbindung zwischen beiden Gebieten zurückgehen dürfte, faßt man Paläarktis und Nearktis zur Holarktis zusammen mit den beiden dann als Unterregionen zu bezeichnenden Anteilen. Für die Holarktis gibt es dann 2 weitere endemische Familien: Seetaucher und Alken.

Orientalische Region

Keine endemische Familie.
Von den rund 65 vorkommenden Familien sind 53 weit verbreitet oder Kosmopoliten. Stark entfaltet sind vor allem Hühner, Tauben, Nashornvögel, Bartvögel, Spechte, Breitrachen, Pittas, Bülbüls, Timalien, Nektarvögel, Webervögelartige, Stare, Drongos, Rabenvögel.
Insgesamt 1500 Arten.

Äthiopische Region

Endemische Familien: Schuhschnäbel, Hammerköpfe, Sekretäre, Turakos, Mausvögel; Stelzenrallen, Lappenpittas, Blauwürger (auf dem faunistisch abseitigen und artenarmen Madagaskar).
Reich entwickelt sind Hühner, Reiher, Störche, Ibisvögel, Habichtartige, Kuckucke, Ziegenmelker, Racken, Nashornvögel, Honigan-

zeiger, Nektarvögel, Webervögelartige, Prachtfinken. Hinzugefügt werden sollen die Strauße und die in großen Individuenzahlen vorkommenden Pelikane und Flamingos.
Insgesamt 1750 Arten.

Allgemein nimmt bei Landvögeln die Artenzahl von den polaren gegen die äquatornahen Gebiete zu, während die Individuenzahlen in den höheren Breiten größer sind. Bei den Vögeln der Meere sind in den polnäheren Gebieten arten- und individuenreiche Vogelgemeinschaften zu finden, während die tropischen Meere arten- und individuenärmer sind. Ausnahmen gibt es dort, wo kalte Meeresströmungen bis in Äquatornähe ein so reichhaltiges Nahrungsangebot wie in den polnahen Gewässern ermöglichen und zur Entwicklung gewaltiger Seevogelpopulationen geführt haben wie vor der südamerikanischen Westküste (Humboldt-Strom). Die Seevogelgemeinschaften der Nordhalbkugel werden charakterisiert durch Tölpel, Möwen, Seeschwalben, Alken; die der Südhalbkugel neben Tölpeln, Kormoranen und Pelikanen vor allem durch Pinguine und Röhrennasen.

10. Vogelzug

10.1. Wanderungen

Das Flugvermögen befähigt die Vögel zu größter Beweglichkeit und damit zur Lokomotion über weite Entfernungen. Diese Wanderungen nehmen bei vielen Arten sogar den größeren Teil ihres Lebens ein. Unter Vogelzug versteht man periodische Wanderungen zwischen Brutgebiet und Ruhequartier. Letzteres ist das Aufenthaltsgebiet ohne Fortpflanzungstätigkeit, aber die Bezeichnung könnte mißdeutet werden, weil alle anderen Lebensfunktionen (Auseinandersetzung mit den abiotischen Umweltfaktoren, Nahrungserwerb, Feindvermeidung) voll aufrechterhalten bleiben und manche Arten wie z. B. die Küstenseeschwalbe gerade in dieser Zeit enorme Entfernungen durchfliegen. Typische **Zugvögel** führen regelmäßige, periodische, gerichtete Wanderungen aus, **Standvögel** verbleiben dagegen auch außerhalb der Brutzeit im Brutgebiet, was nicht bedeutet, daß nicht gewisse Entfernungen innerhalb des Areals zurückgelegt werden. **Strichvögel** wandern im allgemeinen über kürzere Strecken als Zugvögel, zeigen aber vor allem bei ihren Ortsbewegungen keine einheitliche Vorzugsrichtung. Diese einfache Gliederung erweist sich jedoch als nicht ausreichend. Oft wird eine Einordnung in die genannten Kategorien auf die Art bezogen und etwa „die Mönchsgrasmücke“ als Zugvogel bezeichnet. Bei dieser Art trifft das für mitteleuropäische Vögel zu, für süd- und südwesteuropäische dagegen nicht, die man hier als Stand- bzw. Strichvögel je nach geographischer Lage bezeichnen muß. Für Arten mit solchem gemischten Zugverhalten hat sich die Bezeichnung „Teilzieher“ eingebürgert. Aber auch unter diesen Begriff fallen noch verschiedene Sachverhalte:

1. Es treten in allen Populationen des Artareals sowohl Zugvögel als auch Standvögel auf (z. B. Merlin).
2. In den polnäheren Populationen gibt es Zug- und Stand- bzw. Strichvögel nebeneinander, während die polferneren Standvögel sind (z. B. Wintergoldhähnchen).

3. Die polnäheren Populationen sind Zugvögel, die polferneren teils Zug-, teils Standvögel (z. B. Zilpzalp).
4. Die polnäheren Populationen sind Zugvögel, die polferneren Standvögel (z. B. Bachstelze).

Auch diese Gliederung bedarf gewisser Modifikationen, wenn die Klimaverhältnisse sich nicht äquatorparallel ändern, so daß polfernere Populationen ganz oder teilweise ziehen, polnähere am Ort bleiben (z. B. mitteleuropäische und englische Stare).

Anstelle der für mitteleuropäische Verhältnisse im allgemeinen zutreffenden Bezeichnungen „Frühjahrszug" und „Herbstzug" sollten die Ausdrücke „Heimzug" und „Wegzug" verwendet werden, weil damit dann die Wanderungen aller Zugvögel, auch tropischer Arten, ins Brutgebiet bzw. ins Ruhequartier einheitlich erfaßt werden. Zwischen die Beendigung der Brut und den eigentlichen Wegzug schiebt sich bei manchen Arten eine als „Zwischenzug" bezeichnete Wanderphase ein. Sie kann bereits in der allgemeinen Richtung des Wegzugs liegen, wie bei osteuropäischen Staren. Diese, in erster Linie Jungvögel, halten sich bereits im Hochsommer zwischen den Unterläufen von Oder und Elbe auf und ziehen im Herbst weiter nach Belgien, Holland und England. In anderen Fällen streut der Zwischenzug in die verschiedensten Richtungen, teilweise entgegengesetzt zur endgültigen Wegzurichtung wie z. B. beim europäischen Sichler oder beim nordamerikanischen Nachtreiher. Ein besonderer Zwischenzug wird vor allem von Enten und Gänsen als „Mauserzug" ausgeführt. Die Gänseartigen mausern alle Schwungfedern gleichzeitig und sind dann einige Wochen flugunfähig. Sie suchen vorher bestimmte Mauserplätze mit guten Bedingungen für Ernährung und Schutz vor Feinden auf. Dieser Mauserziele liegen häufig in der allgemeinen Wegzugrichtung, wobei eine gewaltige Massierung der Individuen auftritt (z. B. Wolgadelta, Bodensee), seltener liegen sie näher am Pol als das Brutgebiet (z. B. Saatgans) oder werden nach der Mauser nicht mehr verlassen (z. B. Brandgans, deren Mauserziel in der Elbemündung liegt).

Unter die Wanderbewegungen fallen auch die sogenannten Invasionen. **Invasionsvögel** erscheinen außerhalb des Brutareals unregelmäßig, mindestens in sehr unterschiedlichen Individuenzahlen, oft in manchen Jahren gar nicht. Invasionisten wandern im allgemeinen in einer Vorzugsrichtung, haben jedoch kein bestimmtes Ruheziel. Sie bleiben oft, von Mal zu Mal verschieden, an Stellen mit günstigem Nahrungsangebot „hängen" (z. B. Seidenschwanz). Zigeunervögel wie der Fichtenkreuzschnabel verlegen ihren Brutplatz ohne bestimmte Zugrichtung in nahrungsgünstige

Gebiete. Einige Invasionsvögel (z.B. sibirische Tannenhäher, nord- und osteuropäische Buntspechte, Hakengimpel) ziehen ausschließlich oder überwiegend nur aus dem Brutgebiet weg: Bestandsüberschüsse wandern sich tot. Die Grenze zwischen Invasions- und Zugvögeln ist unscharf, sowohl hinsichtlich des Erscheinungsbildes als auch der Steuerung der Wanderungen (z.B. Sumpfohreule, Schleiereule, Kleiber, Bergfink, nord- und osteuropäische Schwanz-, Tannen-, Kohl- und Blaumeisen, Erlenzeisig, Birkenzeisig).

10.2. Migrationsforschung

Unmittelbare **Beobachtung** des Zuggeschehens kann in vielfältiger Weise erfolgen. Hierher gehören phänologische Feststellungen über Ankunft und Wegzug der Brutvögel. Wichtig ist vor allem die regelmäßige und planvolle Registrierung nicht nur der Vögel, sondern auch der meteorologischen Verhältnisse, die heute nur noch mit gutorganisierten Arbeitsgemeinschaften vor allem ehrenamtlich tätiger Feldornithologen erfolgversprechend ist, wobei auch der Einsatz moderner Datenerfassungs- und Auswerteverfahren eine immer größere Rolle spielt. Internationale Zusammenarbeit ist bei der Bearbeitung größerer geographischer Räume selbstverständlich. So läßt sich der zeitliche Zugablauf für einzelne Jahre oder als Durchschnittswerte für mehrere Jahre durch die Isepiptesen (Linien gleichen Ankunftsdatums) darstellen (Abb. 65a). Quantitative Erfassung des Zuges ist einmal durch systematische **Zählungen** rastender Durchzügler möglich. Besonders geeignet sind solche Stellen, an denen der Zug sich verdichtet, wie Inseln, Landzungen, Gebirgspässe, Oasen. Aus dem mitteleuropäischen Raum seien als Beispiele die Kurskaja Cosa (Kurische Nehrung), die Inseln Öland und Helgoland, Galenbecker See und Bodensee sowie der Alpenpaß Cou-Bretolet angeführt. Auch hier ist die Standardisierung der Registriermethoden sowie die Berücksichtigung von Fehlerquellen wichtig. Die reine Beobachtung wird sinnvoll durch **Fang** der Durchzügler erweitert, der neben einem recht genauen Bild des Häufigkeitsspektrums der einzelnen Arten noch morphologische und physiologische Daten zu gewinnen gestattet und die Voraussetzung für die Beringung ist. Weiter geben die rund um die Uhr fangenden Anlagen auch Aufschluß über das nächtliche Zuggeschehen, das der direkten visuellen Registrierung oft entzogen ist. Auch der „Zug in Aktion“ läßt sich direkt erfassen, wobei einfache und komplizierte

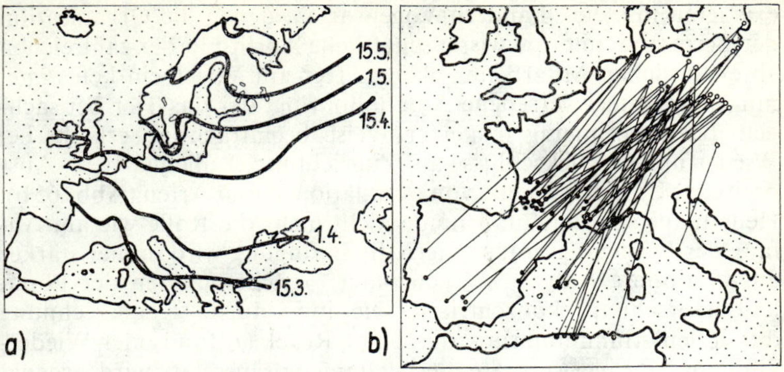

Abb. 65. Beispiele für Zugverlauf und Zugrichtung. **a)** Isepiptesen des Fitis *(Phylloscopus trochilus)*. Nach SCHÜZ (1971); **b)** Wegzug der Singdrossel *(Turdus philomelos)* in Mitteleuropa. Nach SCHÜZ u. WEIGOLD (1931).

optische Hilfsmittel eingesetzt werden. Die Regel ist die Beobachtung der ziehenden Vögel von der Erde aus, wobei man sich der Tatsache bewußt sein muß, daß die Reichweite auch des bewaffneten Auges begrenzt ist und hoch fliegende Kleinvögel meist nicht bemerkt werden. In besonderen Fällen kann der Einsatz von Flugzeugen sehr nützlich sein, allerdings dürfen die Schwierigkeiten beim Auffinden und Verfolgen von Zugschwärmen nicht unterschätzt werden. Nächtlicher Zug kann unter bestimmten Voraussetzungen beobachtet werden: Das Fernglas wird auf die Mondscheibe gerichtet; die durch das Gesichtsfeld fliegenden Vögel lassen sich zählen und ihre Richtung bestimmen. Auch ein zum Fernrohr parallel orientierter, in den Nachthimmel gerichteter Scheinwerfer ermöglicht solche Zählungen. Ebenso kann an Leuchtfeuern, Fernsehtürmen, Flugplatzbefeuerungen, die eine starke Anziehung auf Nachtzieher ausüben, beobachtet werden. Das Verhören von Zugrufen zur Nachtzeit ergänzt diese Verfahren in erheblichem Umfang und kann bei Einsatz moderner Phonotechnik (Tonbandgerät, Richtmikrophon mit Parabolspiegel) auch nachträglich auszuwertende Aufzeichnungen liefern. In den letzten Jahrzehnten hat sich die Verwendung von Radargeräten in der Zugforschung als sehr fruchtbar erwiesen, indem Richtung, Höhe, Geschwindigkeit, Zugdichte, z. T. auch Artzugehörigkeit sehr genau ermittelt werden können.

Das klassische Verfahren der Vogelzugforschung ist die seit 90 Jahren praktizierte wissenschaftliche **Vogelberingung.** Heute existieren in vielen Ländern Vogelwarten, denen die Organisation der Beringung und die wissenschaftliche Anleitung der zahlreichen ehrenamtlichen Mitarbeiter obliegt. Der am Vogelbein befestigte, mit Kennummer versehene Aluminiumring, der das Tier bei sachgemäßer Anbringung in keiner Weise beeinträchtigt, erlaubt bei Wiederfunden Rückschlüsse auf Zugrichtung, Ruhequartiere, Ausbreitung, Umsiedlung etc. von Populationen und Arten (Abb. 65b). Heutzutage spielen Zufallsfunde nicht mehr die Rolle wie am Anfang der Beringungsära, sondern die Beringung wird immer stärker auf bestimmte Aufgaben, auch unter Gesichtspunkten der Populationsforschung, konzentriert. Die individuelle Kennzeichnung durch den Aluminiumring, die in der Regel Totfund oder Wiederfang für eine verwertbare Feststellung voraussetzt, wird ergänzt durch die Verwendung verschiedenfarbiger Zelluloidringe, deren Kombinationsmöglichkeiten ein individuelles Wiedererkennen der Tiere ohne Fang ermöglicht. Auch andere Verfahren der individuellen Kennzeichnung wie Flügelmarken und Anfärben von Gefiederpartien können bei der Lösung von Teilfragen der Zugforschung mit Erfolg benutzt werden.

10.3. Geographisches Bild des Zuges

Das derzeitige Wissen über den Vogelzug auf der Erde läßt den Eindruck entstehen, daß die gewaltigsten Wanderungen von Brutvögeln der nördlichen Hemisphäre ausgeführt werden. Zunehmende Intensität der Forschungen auch in Gebieten der Südhalbkugel hat aber in immer stärkerem Maße auch Erkenntnisse über qualitativ entsprechendes Zuggeschehen in diesen Weltgegenden und selbst in äquatorialen Gebieten zutage gebracht. Unser Bild vom Vogelzug mag also in Zukunft noch Änderungen erfahren.

Die Ruhequartiere der in der Paläarktis (über tiergeographische Regionen s. 9.6.) brütenden Zugvögel liegen z. T. in dieser Region, nämlich im Westen des europäischen Kontinents, den britischen Inseln und am Mittelmeer bzw. an den pazifischen Küsten Asiens. In der Westpaläarktis liegen die Vorzugsrichtungen durchschnittlich NE-SW ausgerichtet, in der mittleren Paläarktis teils NE-SW, teils NW-SE und in der östlichen vorwiegend NW-SE. (Es sind hier nur die Wegzugsrichtungen angegeben, die Heimzugsrichtung ist im allgemeinen jeweils entgegengesetzt.) Diese allgemeinen Zugrichtungen, wie sie sich auch aus Ringfunden ergeben (Abb. 65b), dürfen aber nicht darüber hinwegtäuschen, daß während des Zuges mannigfache Änderungen eintreten, z.T. längere Strecken in abweichender Richtung, z.B. E-W und N-S, geflogen werden. Teilweise gibt es auch andere Vorzugsrichtungen wie NW-SE bei europäischen Arten. Solche vom Durchschnitt abweichenden Richtungen finden sich häufiger bei Weitziehern, wie denn überhaupt bei diesen, die ihre Ruhequartiere im tropischen Afrika finden, eine grundsätzlich andere Richtung als über dem Brutkontinent nach dessen Verlassen eingeschlagen wird. Ähnliches gilt für Fernwanderer der Mittel- und Ostpaläarktis, die nach Ostafrika, Indien, Indonesien, den westpazifischen Inseln, Neuguinea, Australien ziehen.

Nearktische Brutvögel ziehen bevorzugt in N-S-Richtung bis in die Südstaaten der USA, nach Mittelamerika und nach Ekuador, Kolumbien, Venezuela, Guayana, Surinam, Nordperu und Nordbrasilien. Seltenere Fernwanderer gehen bis in Gebiete südlich des Amazonas und selbst bis Südargentinien.

S-N-Richtung halten Zugvögel aus dem Süden der neotropischen Region ein, die in Äquatornähe (Amazonasgebiet) ihr Ruheziel haben. In gleicher Weise erfolgt der Zug aus dem Süden der äthiopischen Region bis in die Äquatorgegend Afrikas. In den tropischen Gebieten der äthiopischen und der orientalischen Region finden nomadisierende Bestandsverlagerungen großen Umfanges und periodisch verlaufende Zugbewegungen beträchtlichen Ausmaßes statt, die an die Verteilung der Niederschläge (Regen- und Trockenzeiten) gebunden sind, wobei es Arten gibt, die der Feuchtigkeit folgen, und solche, die ihr ausweichen. Besonders stark ausgeprägt ist der niederschlagsabhängige Nomadismus bei den Vögeln der australischen Region. Ausgesprochene Zugvögel mit S-N-Wanderbewegungen, die bis Indonesien ziehen, treten demgegenüber zurück.

Die direkte Verbindungslinie vom Brutgebiet zum Ruhequartier führt oft über Hochgebirge, Wüsten und Meere. Diese Hindernisse werden teils umgangen (wiederholte Richtungsänderungen), oft aber auch ohne weiteres überflogen. Selbst über dem Himalaya wurden ziehende Gänse und Kraniche gesichtet. Die Sahara wird von vielen Vögeln überquert, ebenso das anatolische und iranische Hochland, die arabische Wüste, das Mittelmeer an verschiedenen, durchaus nicht den schmalsten, Stellen (Abb. 67a), der Westteil des Indischen Ozeans, der Golf von Mexiko, der Westatlantik zwischen Cape Cod (Mass.) und Florida, den Antillen und sogar dem Nordwesten Südamerikas. Dabei werden den Vögeln erstaunliche

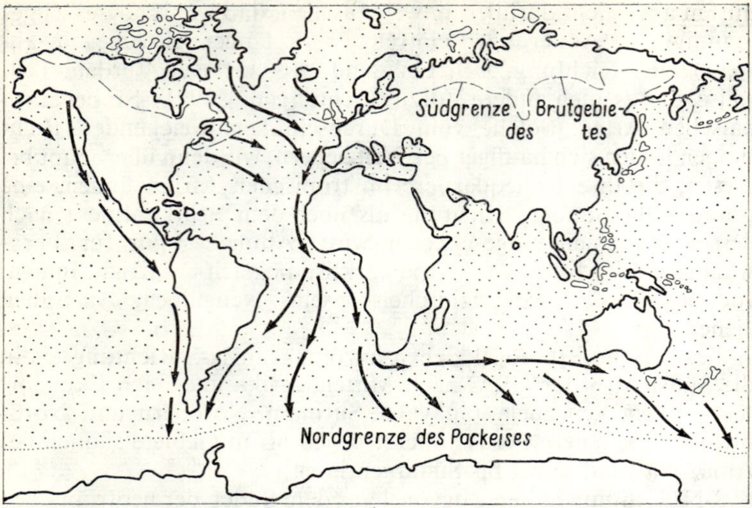

Abb. 66. Wegzugsrichtungen der Küstenseeschwalbe *(Sterna paradisaea)*. Nach Dorst (1961) und Schüz (1971).

Leistungen abgefordert: Flug über den westlichen Indischen Ozean bedeutet Non-Stop-Flug über 2500 km, über den Golf von Mexiko 800 km, über das Ostmittelmeer immer noch 400 km, über die Sahara mindestens 1500 km. Das Maximum, heute allerdings in seiner Gültigkeit in Zweifel gezogen, findet sich bei der in Westalaska und Nordostsibirien brütenden Unterart des Braunachselgoldregenpfeifers: Direktflug von den Aleuten über den Pazifik bis Hawaii (nachgewiesenes Ruhequartier) bedeutet über 3000 km Transozeanflug.

Das bisher Gesagte bezieht sich auf Land- und Süßwasservögel. Meeresvögel führen ebenfalls große Wanderungen über die Weltmeere aus. Diese sind für sie als ihr natürlicher Lebensraum keine Hindernisse, wohl aber größere Landgebiete, die ebenfalls überquert werden können (z.B. das europäische, kleinasiatische und nordafrikanische Festland durch die nordeuropäische Unterart der Heringsmöwe). Fernwanderer über See sind vor allem Albatrosse, Sturmvögel, Sturmtaucher, Möwen, Seeschwalben (Abb. 66). Die flugunfähigen Pinguine der Antarktis legen schwimmend Entfernungen bis zu 500 km ins Ruhequartier zurück, die Dickschnabellummen Westgrönlands wandern bis 1000 km schwimmend südwärts.

10.4. Zugweisen

Von **Breitfrontenzug** spricht man, wenn von den Vögeln eine allgemeine Vorzugsrichtung eingehalten wird, die Wanderung dabei über größere Räume in annähernd parallelen Richtungen erfolgt (Abb. 65b). Durch die Beschaffenheit der Erdoberfläche wird der Zug häufig modifiziert. So kommt es einmal an für Ernährung und Feindvermeidung günstigen Stellen zu lokalen Massierungen. Zum anderen wirken bestimmte Ausprägungen der Landschaft auf die Vögel als Leitlinien, die über gewisse Strecken den Zug in Massenzugwegen kanalisieren. Küsten, Halbinseln, Gebirgsketten wirken vor allem in dieser Weise (Abb. 67b). Zugkorridore treten dort auf, wo der Leitlinienverlauf mit der Vorzugsrichtung übereinstimmt

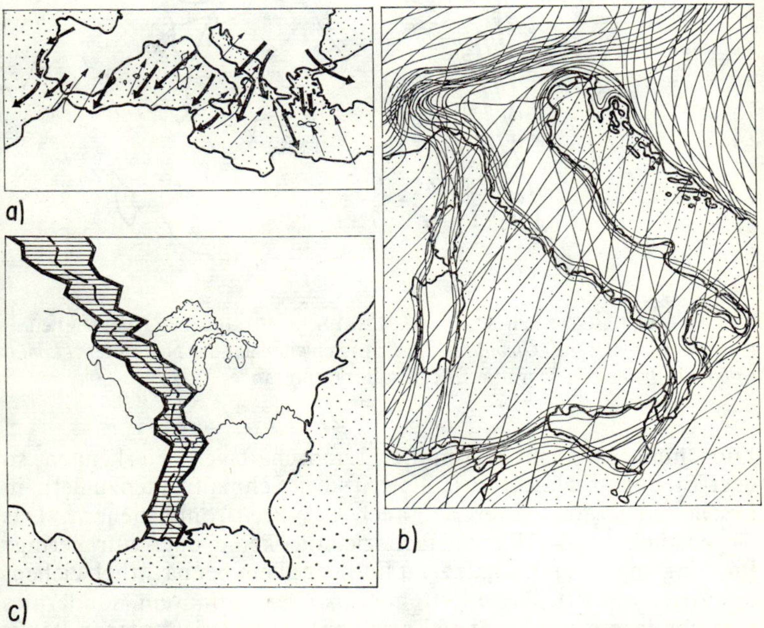

Abb. 67. Zugroutenverlauf. **a)** Zuggeschehen über dem Mittelmeer nach Radarbeobachtungen. Nach CASEMENT (1966); **b)** Zuglinienkarte von Italien (Durchschnittswerte für alle wegziehenden Arten) zur Demonstration der Leitlinienwirkung der Alpen und der Küstenlinien. Nach SCHÜZ (1971); **c)** Zugkorridor der Stockente *(Anas platyrhynchos)* in Nordamerika. Nach STORM (1966) und SCHÜZ (1971).

(Abb. 67b). Bei manchen Arten tritt der Einfluß der Landschaft in anderer Weise in Erscheinung, indem z.B. im Segelflug ziehende Greifvögel an solche Gebiete gebunden sind, wo die erforderlichen Aufwinde ausreichend vorhanden sind. Man spricht dann von geleitetem Breitfrontenzug. **Schmalfrontenzug** liegt dann vor, wenn die Zugstrecke über weite Entfernungen ohne (erkennbaren) Zwang der Landschaft verengt ist (Abb. 68a). Läßt der Zug eine eindeutige

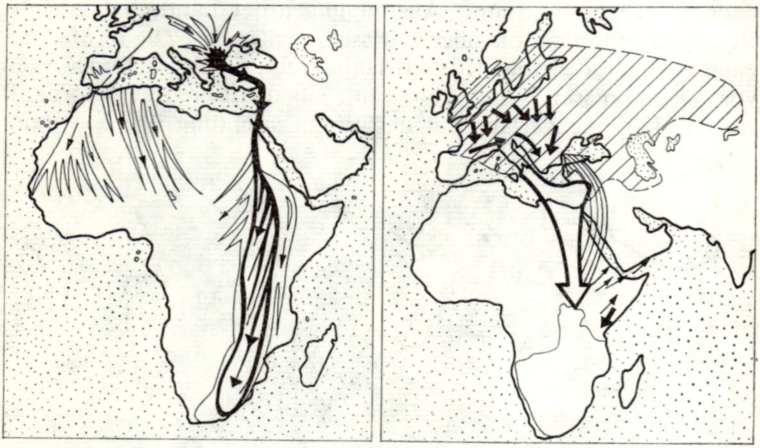

a) b)

Abb. 68. Zugweisen. Nach SCHÜZ (1971). **a)** Schmalfrontenzug (Wegzug) europäischer Weißstörche *(Ciconia ciconia)*; **b)** Schleifenzug des Neuntöters *(Lanius collurio)*. Brutgebiet schraffiert, Ruhequartier umrandet.

Zuordnung zu einem bestimmten Landschaftsgefüge erkennen, so liegt Stenomatochorie vor. Sie tritt bei Schmalfrontenzüglern in Erscheinung, aber vereinzelt auch bei Breitfrontenziehern. Das Gegenstück ist die Eurymetachorie, die keine oder nur geringe Bindung an die Landschaft zeigt und vor allem bei nächtlich ziehenden Arten auftritt. Diese Extreme existieren kaum rein, sondern es herrscht die eine oder andere Form vor. Zugscheiden trennen Populationen einer Art, die verschiedene Zugrichtungen einhalten (Abb. 68a). Beim Schleifenzug ist die Heimzugrichtung nicht einfach die Umkehrung der Wegzugrichtung. Beide Zugbewegungen führen daher stellenweise über geographisch verschiedene Gebiete (Abb. 68b).

10.5. Physiologie des Vogelzuges

10.5.1. Energetik

Die Streckenleistungen der Zugvögel wurden längere Zeit für nicht erklärbar gehalten, und es haftete ihnen des Attribut des Wunders an. Der derzeitige Erkenntnisstand der Flugbiophysik, der Stoffwechsel- und Muskelphysiologie lassen diese jedoch durchaus plausibel erscheinen, wenngleich im einzelnen noch mancher Sachzusammenhang der Erklärung harrt. Für eine prinzipielle Erörterung wird auf die Flugleistungskurven der Abb. 42 zurückgegriffen. Wenn die spezifische Transportenergie der betreffenden Art vereinfachend als von der sich ändernden Gesamtmasse unabhängig angenommen wird, so läßt sich für den Wellensittich folgendes aussagen: Wenn der **„Treibstoff Fett"** mit einer Verbrennungswärme von rund 38,94 kJ/g ist, so verbraucht der Vogel bei $v_{opt} = 39{,}6$ km/h etwa 10,7 g Fett, um in einem Ohnehaltflug bei Windstille in 25,25 Stunden 1000 km zurückzulegen. Setzt man seine „Startmasse" mit 40 g an, so hat er knapp 27 % derselben umgesetzt. Es ist dabei zu bedenken, daß der absolute Energieumsatz im Laufe des Fluges zurückgeht, da die Gesamtmasse ja geringer wird. Auf die mathematische Behandlung muß jedoch hier verzichtet werden. Für einen Vogel von 300 g mit der Leistungscharakteristik der Haustaube ergibt sich das folgende Bild: Die Stoffwechselenergie wird aus der mechanischen Arbeit durch Multiplikation mit dem Faktor 6 erhalten, wenn ein thermischer Wirkungsgrad der Muskulatur von 0,2 zugrunde gelegt und auch ein Ansteigen des Umsatzes der „Nichtflugorgane" in Rechnung gestellt wird. Um 1000 km mit $v_{opt} = v_g$ zurückzulegen, verbraucht der Vogel in knapp 19,5 Stunden etwa 21 % seiner Startmasse ($\approx$ 62 g Fett), bei Gegenwind von 10 km/h muß er reichlich 4,5 Stunden länger fliegen mit einem Gesamtverbrauch von etwa 25 % der Startmasse ($\approx$ 76 g Fett), mit Rückenwind gleicher Stärke kommt er reichlich 3 Stunden früher an und verbraucht etwa 54 g Fett ($\approx$ 18 % der Startmasse). Es kann heute als gesichert gelten, daß die Flugmuskulatur die erforderliche Energie ausschließlich oder zumindest vorwiegend aus dem oxidativen Abbau von Fetten gewinnt. Des weiteren ist schon länger bekannt, daß Zugvögel vor Antritt des Zuges fett werden. Das **Depotfett** wird an den verschiedensten Körperstellen abgelagert. Bei Kurzstreckenziehern beträgt der Fettgehalt 14 % bis 17 % der Gesamtmasse, bei Langstreckenziehern 35 % bis 45 %. Wenn bei einem Fernwanderer über 3000 km wie dem Braunachselgoldregenpfeifer nur 14% bis 17% Fettgehalt festgestellt wurden, so muß er entweder eine extrem günstige Leistungscharakteristik aufweisen oder in Wirklichkeit eine andere Zugstrategie als den langen Transozeanflug haben, was durch neuere Beobachtungen wahrscheinlich gemacht wird. Flugbiologische Untersuchungen an Langstreckenziehern sind somit von besonderer Bedeutung. Die Ausnutzung von Rückenwind oder wenigstens Seitenwind mit „Schiebekomponente" ist zwar lange kontrovers diskutiert, in den letzten Jahrzehnten durch umfangreiche Beobachtungen aber in vielen Fällen nachgewiesen worden. Die Nützlichkeit dieser Taktik hinsichtlich des Energieregimes liegt auf der Hand. Der Einfluß des Windes ist aber recht komplex, und Zug gegen den Wind kommt durchaus vor. Fest steht aber, daß starker Zug mit geringen Windgeschwindigkeiten gekoppelt ist, so daß im Durchschnitt die Fettreserven ausreichen, den Vogel ans Ziel zu bringen. Daß andere Mittel zur Herabsetzung des Energiebedarfs, wie z. B. Verbandsflug, Bolzenflug, eingeschobene Gleit- und Segelphasen (s. 6.3.2.), gerade für Zugvögel Bedeutung haben, ist recht sicher. Reine Segelflieger, wie Weißstorch und Schwarzstorch, verbrauchen nur einen Bruchteil der Energie der im Kraftflug ziehenden Arten (s. 6.3.3.), sind aber an Aufwinde, vor allem Thermik, gebunden, müssen darin kreisen und können nur tagsüber ziehen. Die täglich zurückgelegten Zugstrecken sind denn auch relativ klein (beim Weißstorch 120 bis 150 km). Der Zug bei Nacht bietet neben dem relativ hohen Schutz vor Freßfeinden noch einen stoffwechselphysiologischen Vorteil. Der größere Teil der chemischen Energie der Nährstoffe wird als Wärme bei der Muskeltätigkeit frei (s. 5.6.). Die Thermoregulation beansprucht bei hohen Umgebungstemperaturen den Wasserhaushalt stark (s. 5.7.), so daß niedrige Temperaturen wegen der verbesserten Wärmeabgabe durch Strahlung und Konvektion günstig sind. In gleicher Weise wirkt das Aufsuchen größerer Flughöhen.

10.5.2. Steuerung

Der Jahresrhythmus des Zugvogels ist durch die Abfolge Heimzug–Fortpflanzung–Mauser–Wegzug charakterisiert. Die Zugdisposition wird vor allem durch Umstellungen im Fettstoffwechsel und Anlage von Fettdepots gekennzeichnet. Verstärkte Nahrungsaufnahme (Hyperphagie) ermöglicht die Etablierung der ersten Fettreserve, um den Zug antreten zu können. Ist das Fett verbraucht, setzt die

Hyperphagie sofort wieder ein und stellt die Fettmenge für die nächste Zugetappe während einer Rast von wenigen Tagen wieder her. Hier liegt, vor allem bei vielen Kleinvögeln, ein weiterer Vorteil des Nachtzuges: Der Tag steht zum Rasten und zum „Auftanken“ der Treibstoffreserven zur Verfügung. Vielfach ist die Zugdisposition nicht nur durch die verstärkte Nahrungsaufnahme, sondern auch durch Umstellung der Nahrungspräferenz von animalischer auf vegetabilische Kost gekennzeichnet. Rechtzeitige Entwicklung der Zugdisposition, Auslösung und Aufrechterhaltung der Zugaktivität über einen je nach zurückzulegender Zugstrecke verschieden langen Zeitraum werden durch exogene und endogene Vorgänge beeinflußt. Je nachdem, ob erstere oder letztere überwiegen, hat man früher in „Wettervögel“ und „Instinktvögel“ eingeteilt. Etwa gleiche Bedeutung haben die heute verwendeten Begriffe „weniger ausgeprägter“ und „ausgeprägter“ Zugvogel, wobei die „ausgeprägten“ Langstreckenzieher, die „weniger ausgeprägten“ Mittel- und Kurzstreckenzieher sind. Im einzelnen ist oft nicht zu entscheiden, ob ein Einfluß den Zug primär steuert oder den Verlauf nur modifiziert. Einflüsse von äußeren Faktoren sind in großer Vielfalt dokumentiert worden: Temperatur, Niederschlag, Luftdruck, Bewölkung, Wind, Schneefall, Wasserführung von Gewässern, Nahrungsangebot. Durch experimentelle Untersuchungen ist sichergestellt, daß Witterungs- und Nahrungsfaktoren die Zugaktivität hemmen oder verstärken, und dies am deutlichsten bei weniger ausgeprägten Zugvögeln. Bei einigen Kurzstreckenziehern, wie dem mitteleuropäischen Star und der amerikanischen Singammer, steuern diese Faktoren den Zug sogar primär. Sie sind Winterflüchter, die z. T. in Jahren ohne ungünstige Bedingungen gar nicht ziehen. Primäre Steuerung der Zugdisposition und der Zugaktivität durch eine angeborene endogene Jahresperiodik ist bei wenigen Arten, beispielsweise beim Fitis und beim Waldlaubsänger, experimentell nachgewiesen worden. Offene Fragen sind immer noch die Wirkung der Tageslänge (primärer oder nur synchronisierend wirksam werdender Faktor), der Hypophysen- und Sexualhormone (Mitwirkung an der Steuerung des Zuges ist erwiesen, primär steuernde Rolle nicht sicher.), die Rolle der Hormone von Schilddrüse, Bauchspeicheldrüse und Nebennierenrinde. Bei Invasionsvögeln wird der Populationsdichte mit ziemlicher Sicherheit eine primäre zugauslösende Wirkung zuerkannt. Im ganzen steht die Erforschung der Physiologie der Zugdisposition und der Zugaktivität noch am Anfang. Bisher existieren gesicherte Teilbefunde erst an Arten weniger Singvogelfamilien (Drossel, Grasmücken, Finkenvögel, Ammern, Stare). Es sind schon jetzt Unterschiede in der Steuerung des Zuges zwischen verschiedenen Arten und auch zwischen verschiedenen Populationen derselben Art deutlich geworden, und es ist wahrscheinlich, daß es ein generelles Schema der Vorgänge „beim Zugvogel“ nicht gibt. Die Notwendigkeit umfangreicher vergleichender experimenteller Untersuchungen auf diesem Gebiet ergibt sich von selbst.

10.5.3. Orientierung

Man unterscheidet Richtungsorientierung und Zielorientierung oder Navigation. Erstere befähigt den Vogel, eine bestimmte Zugrichtung einzuhalten, letztere, in einer unbekannten Umgebung die Richtung zu einem Ziel zu bestimmen. Man kann diese beiden Orientierungsleistungen nach „einfacher“ und „komplizierter“ klassifizieren, aber eine schlüssige Erklärung des Mechanismus selbst der „einfacheren“ Richtungsorientierung existiert bis heute nicht, geschweige denn eine für die Navigationsleistungen. Es gibt eine Anzahl geistreicher Hypothesen, die wenigstens Teilvorgänge einsichtig machen, aber widerspruchsfrei ist keine, und es bedarf noch intensiver experimenteller Forschungsarbeit, bis dieses „Geheimnis des Vogelzuges“ entschleiert ist.

Nachgewiesen sind für die Kompaß- oder **Richtungsorientierung** von Vögeln die Benutzung der scheinbaren Bewegung der Sonne um die Erde, die Benutzung der Sternbilder und die Benutzung des Magnetfeldes der Erde. Die Richtungsfindung nach der Sonne basiert wahrscheinlich auf dem Sonnenazimut. Das ist der Winkel zwischen der N-S-Richtung (Ortsmeridian) und der von der auf die Horizontalebene projizierten Sonne und dem Standort bestimmten Geraden. Dieser pro Stunde durchlaufene Sonnenhorizontalwinkel verändert sich während des Tages; das Maximum der Azimutwinkelgeschwindigkeit wird mittags erreicht. Die Größe der Schwankung ist breitenabhängig – am größten am Äquator – und jahreszeitabhängig. Dem Vogel muß die Fähigkeit zugeschrieben werden, diese Veränderungen richtig zu verrechnen. Das Mittel dazu ist offenbar sein Zirkadianrhythmus – die „innere Uhr“ –, dessen Mitwirkung bei der Sonnenkompaßorientierung experimentell bestätigt ist. Wie Transäquatorialzieher mit dem „Vorzeichenwechsel“ der Richtungsbestimmung nach Überquerung des Äquators fertig werden, ist eine offene Frage.

Orientierung nach den Sternen ist ohne Zeitkompensation theoretisch möglich, da sich die N-S-Achse bei ausreichender

Kenntnis der Sternbilder – auf der Nordhalbkugel die Umgebung des Polarsternes – bestimmen läßt. Manches spricht dafür, daß die Vögel ähnlich wie der Mensch aus den Gestaltreizen der Sternmuster Informationen über die Himmelsrichtung gewinnen. Versuche mit Grasmücken unter dem künstlichen Himmel eines Planetariums sprechen auf der anderen Seite dafür, daß die Beobachtung der scheinbaren Drehung des Fixsternhimmels die Grundlage der Richtungsbestimmung sein kann und dann auch einen Zeitkompensationsmechanismus benötigt.

Mit künstlichen Magnetfeldern konnte bei Rotkehlchen, Gartengrasmücke und Brieftaube nachgewiesen werden, daß die Neigung der magnetischen Feldlinien perzipiert und für die Orientierung verwendet wird. Der Nutzen eines nichtvisuellen Systems bei bedecktem Himmel liegt auf der Hand, inwieweit der Magnetkompaß bei anderen Vogelarten verbreitet ist, weiß man noch nicht.

Wenn mit der Richtungsorientierung ein Mechanismus zusammenarbeitet, der den Zug zur richtigen Zeit beendet oder auch Zugrichtungsänderungen zur richtigen Zeit einleitet, so könnte dies ausreichen, den Zugvogel bei Ausbleiben von Verfrachtungen durch Stürme etc. ins Ruhequartier bzw. Brutgebiet zu bringen. Ein solches endogen festgelegtes Zeitschema ist durch Experimente bei verschiedenen Laubsängerarten wahrscheinlich gemacht worden. Bei manchen Arten, so bei der Nebelkrähe, scheint der Zug vorwiegend durch Richtungsorientierung und inneres Zeitprogramm bestimmt zu sein.

In vielen anderen Fällen kommt man aber um die Annahme echter **Navigation** beim Erreichen des Zugzieles nicht herum. Am wahrscheinlichsten ist, daß der Vogel den Zielort aus der Erfahrung kennt, z. B. durch Prägung auf den Geburtsort. Über die Mechanismen der Zielorientierung gibt es zahlreiche Hypothesen, deren experimentelle Bestätigung noch nicht gelungen ist oder wo bei der Deutung experimenteller Befunde dem Vogel Fähigkeiten zugeschrieben werden müssen, die durch sinnes- und nervenphysiologische Erkenntnisse nicht gestützt werden. Man hat die Verwendung der Magnetfeldstärke und der Corioliskraft erwogen, man diskutiert die Fähigkeit der Ermittlung des Kulminationspunktes der Sonnenbahn bei Kenntnis der Daten des Zielortes, ferner die Fähigkeit der Bestimmung der Sonnenhöhe und ihrer zeitlichen Änderung bei Kenntnis der entsprechenden Daten des Zieles, schließlich das Zusammenwirken der Sonnenkompaßorientierung mit einer im Vogel vorhandenen „Landkarte", die die Richtung zum Zielort zu bestimmen erlaubt.

Mit einiger Sicherheit läßt sich zur Zeit sagen, daß die Wegzugrichtung meist angeboren ist, denn auch unerfahrene Jungvögel, die nicht mit erwachsenen Artgenossen vergesellschaftet sind, schlagen die art- oder populationsspezifische Richtung ein. Die Lage des Zielortes (Ruhequartier, Brutheimat) scheint dagegen vorwiegend gelernt zu werden. Lernen des Zugweges und der Zugziele durch Jungvögel ist vor allem bei langlebigen sozialen Arten wie Störchen, Kranichen und Gänsen wahrscheinlich.

10.6. Entstehung und Bedeutung des Vogelzuges

Die Evolution des Zuges ist von seiner arterhaltenden Wirkung aus verständlich. Diese ist dann gegeben, wenn unter sich verändernden Umweltbedingungen das Zusammenfallen von Sommer- und Winteraufenthalt für den Bestand einer Population ungünstige Folgen hat. Vielfache Klimaänderungen haben sich vollzogen. Auftreten eines erblich fixierten Zugtriebes oder seine Verstärkung ermöglichten die Beibehaltung des Brutgebietes und das Ausweichen in ernährungsgünstige Gebiete während der unwirtlichen Jahreszeit. Mit den allmählichen klimatischen Änderungen ist dann auch immer ein weitergehendes Auseinanderrücken von Brutgebiet und Ruhequartier erklärbar, wobei während einer Klimaverbesserung Verlängerung (Prolongation) des Zugweges über das bisherige Brutareal oder das bisherige Ruheziel hinaus zur Neubesiedlung von Brut- und Ruhearealen führt. Arealausweitungen, die teils auf klimatischen, teils auch auf genetischen Änderungen der betreffenden Population beruhen, sind auch in neuerer Zeit bekannt geworden, beispielsweise die Nordexpansion des Kiebitzes in Finnland in den letzten 70 Jahren und das nordostwärts gerichtete Vordringen des Girlitzes in Europa in den vergangenen 180 Jahren. Manche Zugrouten lassen noch recht gut erkennen, wie sich die Besiedlung neuer Gebiete vollzogen hat. Die Steinschmätzer Islands, Grönlands und Nordostkanadas, die zur gleichen Art wie die europäischen Brutvögel gehören, ziehen über den Nordatlantik, England und Westeuropa in das westafrikanische Ruhequartier; beim Heimzug fliegen sie auf der „Straße", auf der ihre Vorfahren einst in die nördlichen Brutgebiete vorstießen. Schafstelze und Nordischer Laubsänger gehen beim Wegzug aus Alaska zunächst über die Behring-Straße nach Asien zurück, woher ihre Vorfahren kamen; der in Nordasien brütende Graubruststrandläufer zieht nach

Amerika weg, von wo aus die Art bis zur Taimyr-Halbinsel vordrang. Aber auch die Inbesitznahme ganz neuer Zuggebiete und Ruhequartiere kommt vor, so bei der Ohrenlerche, die aus Asien nach Nordosteuropa einwanderte und ein neues Winterquartier in Westeuropa etablierte. Andererseits darf man die Vorteilhaftigkeit des Zuges im Sinne der Arterhaltung nicht verabsolutieren. Standvögel existieren ja auch, und sie dürften, bei entsprechenden physiologischen Voraussetzungen, unter gewissen Bedingungen sogar Vorteile gegenüber dem Zugvogel haben, wie z. B. sehr früh für die Festlegung von Revier, Nistplatz, Partner zur Stelle sein zu können.

Die Fähigkeit zu großen Wanderungen ermöglicht vielen Vogelarten die Besiedlung von Gebieten mit einem zeitlich begrenzten Nahrungsangebot. Der Vogelzug ist weiter eine Grundlage für große Artenmannigfaltigkeit nicht nur in den Brutarealen, sondern auch in Durchzugs- und Ruhegebieten, wobei die Besetzung unterschiedlicher ökologischer Nischen eine große Rolle spielt. Er schafft weiter besondere Nahrungsnischen für Beutegreifer, indem in Durchzugs- und Ruhegebieten infolge der Massierung der Zugvögel gute Voraussetzungen für die Aufzucht der Jungen gegeben sind. So brüten die Eleonorenfalken der Ägäis-Inseln spät im Jahr und füttern ihre Nachkommenschaft während des Herbstdurchzuges im September mit Singvögeln.

Der Vogelzug hat nicht nur die Entwicklung bestimmter physiologischer Mechanismen gefördert, sondern er zeigt seine Bedeutung auch in morphologischen Merkmalen, deren adaptiver Charakter bei funktioneller Betrachtungsweise deutlich wird. Am bekanntesten sind die abgestuften Veränderungen im Handflügel bei Formen einer Art mit unterschiedlichem Zugverhalten. Je länger die zu bewältigenden Zugstrecken sind, desto relativ länger und spitzer ist im allgemeinen der Handflügel. Es ist zumindest theoretisch dadurch eine Erhöhung der Vortriebswirkung des Flügelschlages denkbar, sofern alle anderen flugbiologisch relevanten Kenngrößen gleich bleiben.

Schließlich zeigt sich die Bedeutung des Vogelzuges für die Evolution auch darin, daß „bewegliche" Zugvögel in geringerem Grade zur Bildung von Unterarten neigen als „unbewegliche" Standvögel. So gibt es in der Mittel- und Westpaläarktis vom Trauerschnäpper 3 Unterarten, von der Blaumeise 14. Der Genfluß scheint in Zugvogelpopulationen infolge größerer Dispersion höher zu sein. Ganz auffällig ist diese geringe Unterartbildung bei Enten. Partner aus getrennten Brutgebieten finden sich im gemeinsamen Ruhequartier (Synhiemie). Die Trennung der Populationen auch im Ruhequartier (Allohiemie) wirkt drosselnd auf den Genfluß und fördert die Formenbildung. Aber auch Synhiemie muß nicht unbedingt die Unterartbildung bremsen. So kommen die europäischen Unterarten der Schafstelze regelmäßig im Ruhequartier zusammen, aber die Bildung von Mischpaaren ist äußerst begrenzt, weil – anders als bei Enten – das Zusammenfinden der Brutpaare fast nur nach Beendigung des Heimzuges stattfindet.

11. Klassifikation und Abstammung der Vögel

11.1. Taxonomie

In den bisherigen Darstellungen sind immer wieder Vogelgruppen verschiedenen Umfanges als Beispiele genannt worden. Im allgemeinen weiß man heute, was Arten, Gattungen, Familien, Ordnungen etwa bedeuten. Dennoch ist es angezeigt, das Wesen dieser Einheiten im Zusammenhang zu erörtern. Eventuelle Unklarheiten aus früheren Abschnitten lassen sich nach der Lektüre dieses Kapitels schnell beseitigen.

Die Einordnung der Organismen in bestimmte Kategorien oder Taxa, die Taxonomie, führt zu einer **hierarchischen Klassifikation**. Etwa gleichbedeutend mit Taxonomie und Klassifikation werden noch die Bezeichnungen Systematik und System gebraucht, wobei auf eine Erörterung der nicht völligen Identität der Begriffe hier verzichtet wird. Die wichtigste Kategorie ist die Art (Species), von der noch ausführlicher gesprochen wird. Mehrere Arten bilden eine Gattung (Genus), mehrere Gattungen eine Familie, mehrere Familien eine Ordnung und mehrere Ordnungen eine Klasse. Durchweg muß man noch Zwischenkategorien einführen wie Unterklasse, Überordnung, Unterordnung, Überfamilie, Unterfamilie, Untergattung. Grundsätzlich besteht die Forderung, daß die Zusammenfassung von Taxa zur nächsthöheren Kategorie die **stammesgeschichtliche Verwandtschaft** wiedergeben soll, d.h., daß z.B. die in einer Gattung zusammengefaßten Arten untereinander enger verwandt sind als jede von ihnen mit irgendeiner anderen Art, die in einer anderen Gattung steht. Diese „Verwandtschaft" heißt aber Abstammung von einer gemeinsamen Ahnenform. So durchsichtig dieses Konzept erscheint, so groß werden die Schwierigkeiten, wenn es praktiziert wird. Dazu ist ein Blick auf den Vorgang der Evolution zu werfen, wie er sich nach heutigen Erkenntnissen darstellt.

Die **Art** unterscheidet sich von den höheren Taxa dadurch, daß sie eine real existierende Fortpflanzungsgemeinschaft darstellt. Ihre Angehörigen können mit jedem Artgenossen des anderen Geschlechts fruchtbare Nachkommen erzeugen. Das heißt nicht, daß die Angehörigen einer Art hinsichtlich ihrer Erbanlagen alle identisch sind. Im Gegenteil gibt es im Erbgut der Art, ihrem Gen-Pool, eine beträchtliche Mannigfaltigkeit, die durch die geschlechtliche Fortpflanzung aufrechterhalten wird. Der Erbanlagenbestand ist ein relativ stabiles System, weist aber auch Wandlungen durch Mutationen auf. Die Art ist das „Material", mit dem die **Evolution** arbeitet. Änderungen der Umwelt verlangen eine entsprechende Wandlung des genetischen Systems, die durch Auslese solcher Merkmalsträger entsteht, deren in der Erbinformation programmierte Reaktionsnorm den Umweltbedingungen am besten entspricht. Gelingt diese Änderung nicht, stirbt die Art aus.

Die Feststellung der genannten Verwandtschaft wäre einfach, wenn die Aufeinanderfolge der Generationen über die Jahrzehntausende, -hunderttausende und -millionen lückenlos dokumentiert wäre. Das ist bekanntermaßen nicht der Fall, und die Ermittlung des Verwandtschaftsgrades erfolgt auf indirektem Wege mit Methoden der vergleichenden Morphologie und Anatomie, der vergleichenden Verhaltensforschung, der vergleichenden Parasitologie, der Biochemie und Molekularbiologie. In der morphologisch-anatomischen Arbeit spielt die Unterscheidung homologer Organe, die auf eine gemeinsame Ahnenform zurückgehen, von analogen Organen, die auf parallele Anpassungen an gleiche Umweltbedingungen zurückzuführen sind, die Hauptrolle.

Die **Klassifikationsproblematik** kann an Hand der Abb. 69 verfolgt werden. Es sei unterstellt, der lückenlose Zusammenhang der mit Buchstaben bezeichneten Arten sei wirklich bekannt. Die Großbuchstaben bezeichnen jetzt lebende Arten, die Kleinbuchstaben solche, die in früheren Zeitabschnitten lebten. Auf Grund dieses „Stammbaumes" lassen sich die rezenten Arten A bis M in der darunter angegebenen Weise gruppieren. Diese Kategorieneinteilung ist der Querschnitt des Stammbaumes im jetzigen Zeitniveau. Es leuchtet ein, daß die Arten A-B-C, D-E, F-G, I-K-L-M jeweils zur nächsthöheren Kategorie (Gattung) vereinigt werden. Die ersten beiden Gattungen bilden eine Unterfamilie, aber auch die Art H muß mit der Gattung F-G zu einer Unterfamilie vereinigt werden. Dann muß aber aus „Symmetriegründen" die Art H zugleich den Status einer Gattung haben. Diese Erscheinung, daß eine höhere Kategorie nur e i n e nächstniedere enthält, ist nicht selten. Das gleiche trifft für die ausgestorbene Art l zu, die mit der Gattung

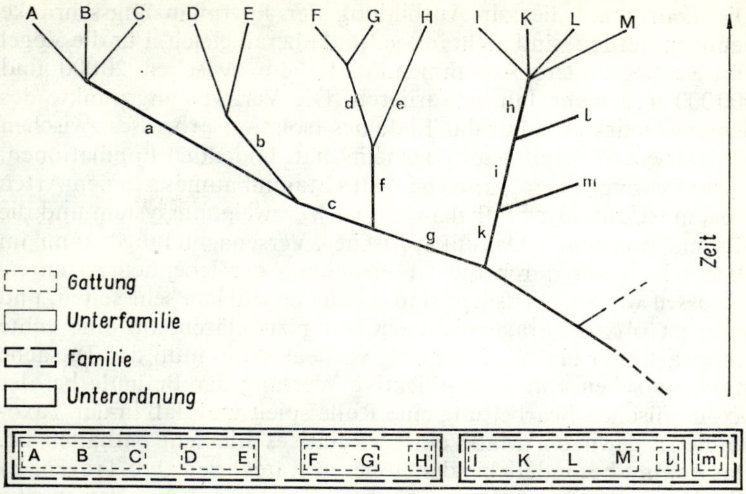

Abb. 69. Prinzip des Zusammenhanges zwischen stammesgeschichtlicher Verwandtschaft und hierarchischer Klassifikation. Erläuterungen im Text.

I-K-L-M zusammen eine Unterfamilie bildet, und es wiederholt sich auf nächsthöherem Niveau bei der ausgestorbenen Art m. Die ausgestorbenen Arten a bis k treten dagegen in der Klassifikation gar nicht auf. Sie sind aber anders „ausgestorben“ als die beiden Arten l und m. Letztere sind blind endende Zweige, die ersteren setzen sich aber in wenigstens einer Tochterart fort. Man könnte sie nun der nächsthöheren Kategorie gleichsetzen (etwa Art a = Gattung A-B-C), aber das geht nicht an, denn diese Arten haben ja zu ihrer Zeit als reale Fortpflanzungsgemeinschaften existiert. Das heißt aber, daß frühere Arten, die in die direkte Vorfahrensreihe rezenter Arten gehören, nicht in der Klassifikation derselben enthalten sein können. Fossile Arten, die hierhin einbezogen werden, sind damit als „blinde“ Seitenzweige charakterisiert.

Es bleiben nun noch zwei Gesichtspunkte nachzutragen. Aus dem simplifizierten Schema darf nicht gefolgert werden, daß die Aufspaltung einer Art momentan erfolgt. Gewöhnlich geht der Ausbildung einer Fortpflanzungsschranke eine räumliche Isolierung von Teilpopulationen der ehemalig einheitlichen Fortpflanzungsgemeinschaft voraus. Der Genfluß zwischen ihnen wird unterbrochen, unterschiedliche Umweltbedingungen in den getrennten Lebensräumen bedeuten verschieden gerichtete Auslesevorgänge.

Die Zeiträume, die zur Ausbildung der Fortpflanzungsschranke benötigt werden, sind nicht immer und überall gleich. Für die Vögel gibt es begründete Annahmen, daß diese zwischen 20000 und 500000 und mehr Jahren variieren. Die Verzweigungspunkte des Schemas markieren nur das Ende des Isolationsprozesses zwischen ehemals eine Fortpflanzungsgemeinschaft bildenden Populationen.

Zum zweiten: Der „Unterbau" des Stammbaumes aus den Arten a bis m ist durchweg unbekannt. Das Verzweigungssystem und die ihm entsprechende klassifikatorische „Verschachtelung" kann im allgemeinen nur durch die Untersuchung der lebenden Arten erschlossen werden. Fossilien sind gerade bei Vögeln sehr selten, und dann ist oft die Frage nicht eindeutig zu klären, ob eine echte Ahnenart oder ein blinder Zweig vorliegt. Man muß der Tatsache ins Auge sehen, daß die subjektive Wertung der Befunde bei der taxonomischen Bearbeitung eine Rolle spielt und daß in der Taxonomie in gewissem Maße ein spekulatives Element enthalten ist. Das kommt besonders bei den höheren Kategorien zum Tragen. Es gibt Klassifikationen der reichlich 8600 lebenden Vogelarten, die 50 oder auch nur 26 Ordnungen unterscheiden. Mit dieser Vielfalt muß man sich abfinden und die Schwierigkeiten der „Übersetzung" einer Klassifikation in eine andere in Kauf nehmen. Die in ihr zum Ausdruck gebrachte taxonomische Aussage ist die nach den Einsichten des Urhebers bestmögliche und wahrscheinlichste, aber keine absolut sichere über die stammesgeschichtliche Verwandtschaft. Eine solche Aussage ist in der Regel auch nur begrenzte Zeit gültig, denn neue Erkenntnisse zwingen zu Änderungen. Das wird manchmal bedauert, und es wird nach „Stabilität" gerufen, aber das würde im Prinzip eine Absage an den wissenschaftlichen Fortschritt bedeuten. Das heißt aber nicht, daß unbedingt die Klassifikation in kurzen Abständen „umgestülpt" werden muß.

Die Art ist die Einheit, in der sich der reale Evolutionsprozeß vollzieht. Es lassen sich aber oft bei einer Art innerhalb des Gesamtverbreitungsgebietes verschiedene abgrenzbare Formen unterscheiden. Diese Unterarten (Subspecies) vertreten sich geographisch (Vikarianz), d.h., sie kommen nicht zusammen am gleichen Brutort vor. In Gebieten, wo Unterarten der gleichen Art aneinandergrenzen, gibt es mehr oder weniger breite Misch- oder Übergangszonen. Oft werden die Unterarten auch als Rassen bezeichnet, aber man sollte diesen Namen den vom Menschen gezüchteten Haustierrassen vorbehalten. Die Aufgliederungsmöglichkeit einer Art in Unterarten kann die beginnende Aufspaltung anzeigen, die zur Artbildung führt, muß es aber nicht. Sie kann unter veränderten Verhältnissen wieder rückgängig gemacht werden, sie kann auch bei genügend langer Isolation zur Ausbildung der Fortpflanzungsschranke führen. Bestehende Unterarten grundsätzlich als „Arten in statu nascendi" zu bezeichnen, ist nicht angängig. Morphologische Unterschiede zwischen Unterarten der gleichen Art können größer sein als die zwischen Arten. Die Arten Zilpzalp und Fitis zeigen erst bei genauer Untersuchung bestimmte Unterschiede, die europäischen Unterarten Rabenkrähe und Nebelkrähe der Art Aaskrähe sind schon äußerlich nicht zu verwechseln. Arten, die Subspecies enthalten, werden als polytypische den monotypischen gegenübergestellt, bei denen sich keine Unterarten unterscheiden lassen.

11.2. Nomenklatur

Im Dienste der internationalen Verständlichkeit ist eine universale Bezeichnung der Taxa erforderlich. Die bisher fast ausschließlich verwendeten deutschen Trivialnamen kommen dafür nicht in Frage. Die verschiedenen Kategorien werden mit lateinischen oder latinisierten Namen belegt. Am wichtigsten ist es, etwas über den „Mechanismus" der Artbenennung zu wissen, der durch die „Internationalen Regeln für die zoologische Nomenklatur" (IRZN) festgelegt ist.

Die Art führt einen Doppelnamen (Binomen). Die Goldammer z.B. heißt *Emberiza citrinella*. Der erste bezeichnet die Gattung, der zweite die Species. Diese Namengebung geht auf den schwedischen Naturforscher Carl von Linné (1707–1778) zurück. Der Benennung zugrunde liegt die Beschreibung eines „Typusexemplars", mit dem der vergebene Name verknüpft ist. Nicht vorgeschrieben, in taxonomischen und tiergeographischen Arbeiten aber vorzuziehen und durchweg so praktiziert, ist der Name des Autors und das Jahr der Beschreibung. Im Beispiel: *Emberiza citrinella* Linné, 1758. Das für das Intaktsein der Nomenklatur wichtige Prioritätsgesetz besagt, daß der am frühesten vergebene Name gültig ist. Es wird aber nicht unter das Jahr 1758 (Erscheinen der 10. Auflage von Linnés „Systema naturae") zurückgegangen. Die IRZN gelten auch für fossile Arten und für Unterarten (s.u.).

Nomenklatur darf nicht mit Taxonomie verwechselt werden. Der Name einer Art ist nur Name, eine in ihm enthaltene Aussage über das Tier, mag sie richtig oder falsch sein, ist ohne Bedeutung. Wenn eine Art in Unkenntnis ihrer bereits existierenden Beschreibung ein zweites oder drittes Mal benannt wird, so sind diese **Synonyme** nicht gültig. Wird eine Art auf Grund fortgeschrittener taxonomischer

Erkenntnisse in eine andere Gattung versetzt, so werden Autor und Jahreszahl eingeklammert.

Beispiel: Der Haussperling wurde als *Fringilla domestica* Linné, 1758 beschrieben. Heute weiß man, daß er in die auch noch zu einer anderen Familie zählenden Gattung *Passer* gehört: *Passer domesticus* (Linné, 1758). Die Unterbringung einer Art in einer Gattung ist eine taxonomische Entscheidung, die wissenschaftlichen Kriterien genügen muß. Je nach der begründeten taxonomischen Auffassung kann z. B. die Lachmöwe zusammen mit Mantel-, Herings-, Silber-, Sturm-, Schwarzkopfmöwe und vielen weiteren Arten in die Gattung Larus gestellt werden – *Larus ridibundus* Linné, 1758 –, oder zusammen mit nur 12 weiteren Arten wie der Schwarzkopfmöwe die Gattung *Chroicocephalus* bilden – *Chroicocephalus ridibundus* (Linné, 1758) –. Wenn als getrennte Arten beschriebene Formen sich als zu einer Art gehörig erweisen – das ist wiederum eine taxonomische Entscheidung –, so gilt der Name der Form, die zuerst benannt wurde.

Die Benennung von Unterarten geschieht durch Anfügen eines dritten Namens hinter den Artnamen. Als Beispiel sei der bekannte Hausrotschwanz gewählt. Am frühesten wurde der im Kaukasus und in Armenien brütende Hausrotschwanz als Art beschrieben: *Motacilla ochruros* Gmelin, 1774. Außerdem beschrieb der gleiche Autor die bei uns heimische Form als *Motacilla gibraltariensis* Gmelin, 1789. Die in Syrien, im Irak und in Palästina brütenden Rotschwänze wurden als *Sylvia semirufa* Hemprich & Ehrenberg, 1832 bekannt. Alle drei „Arten" erwiesen sich neben weiteren auch später beschriebenen asiatischen „Arten" als nicht artlich verschieden (taxonomische Entscheidung). Also waren sie in einer Art mit dem Speciesnamen *ochruros* zu vereinigen (Prioritätsgesetz). Ferner ergab sich die Zuordnung zu der ganz anderen Gattung *Phoenicurus* (taxonomische Entscheidung). Dies führt zum jetzt gültigen Namen *Phoenicurus ochruros* (Gmelin, 1774). Die anderen Speciesnamen wurden für die Art als Synonyme ungültig. Sie stehen aber für die Benennung der als Subspecies unterscheidbaren Formen zur Verfügung. Unsere heimische Unterart heißt *Phoenicurus ochruros gibraltariensis* (Gmelin, 1789), die syrische Form *P. o. semirufus* (Hemprich & Ehrenberg, 1832). Die kaukasischen Vögel erhalten als Subspeciesbezeichnung die Wiederholung des Artnamens: *P. o. ochruros* (Gmelin, 1774). Dies ist die sogenannte Nominatform einer polytypischen Art.

Die Nennung der Untergattung ist nicht vorgeschrieben, kann aber nach dem Gattungsnamen in Klammern erfolgen. Unsere mitteleuropäischen Meisenarten gehören alle zur Gattung *Parus*. Man kann sie auf fünf Untergattungen aufteilen: Tannenmeise – *Parus (Periparus) ater*, Kohlmeise – *P. (Parus) major*, Blaumeise – *P. (Cyanistes) caeruleus*, Haubenmeise – *P. (Lophophanes) cristatus*, Sumpfmeise – *P. (Poecile) palustris*, Weidenmeise – *P. (Poecile) montanus*.

Die Namen für Kategorien oberhalb der Gattung sind nicht verbindlich festgelegt. Es wird aber angestrebt, die Familie nach der typischen Gattung, die Ordnung nach der typischen Familie zu benennen, wobei allerdings die Meinungen oft nicht einheitlich sind, was als „typisch" zu gelten hat. Die Namen der Unterfamilien sind durch die Endung -inae, die der Familien durch -idae, die der Ordnungen durch -formes zu bilden.

11.3. Die Klassifikation der rezenten Vögel

Einige Aspekte der Taxonomie wurden im Vorausgegangenen dargestellt, eine Übersicht über alle Teilfragen war von vornherein nicht möglich. Die Übersicht bis zu den Familien folgt im wesentlichen der Einteilung, wie sie etwa 1970 von amerikanischen Autoren und in „Grzimeks Tierleben" gehandhabt wurde. Auch sie verzichtet auf zu starke Untergliederung und läßt viele gebräuchliche Zwischenkategorien unbenutzt. Nur bei einigen Familien werden Unterfamilien aufgeführt und gegebenenfalls Hinweise angefügt, um die Verbindung zu anderen Klassifikationen zu erleichtern. Die in Europa vertretenen Familien (Unterfamilien) sind durch ● hervorgehoben. Die Zahl der Arten ist in Klammern beigefügt.

Klasse Aves	–	**Vögel**
Unterklasse Neornithes	–	**Neuvögel**
O: Tinamiformes	–	**Steißhühner**
F: Tinamidae	–	Steißhühner (42)
O: Rheiformes	–	**Nandus**
F: Rheidae	–	Nandus (2)
O: Struthioniformes	–	**Strauße**
F: Struthionidae	–	Strauße (1)
O: Casuariformes	–	**Kasuarvögel**
F: Dromaiidae	–	Emus (1)
F: Casuariidae	–	Kasuare (3)
O: Apterygiformes	–	**Kiwis**
F: Apterygidae	–	Kiwis (3)

O: Podicipediformes	–	**Lappentaucher**
F: Podicipedidae	– ●	Lappentaucher (18)
O: Gaviiformes	–	**Seetaucher**
F: Gaviidae	– ●	Seetaucher (4)
O: Sphenisciformes	–	**Pinguine**
F: Spheniscidae	–	Pinguine (16)
O: Procellariiformes	–	**Röhrennasen**
F: Diomedeidae	–	Albatrosse (13)
F: Procellariidae	– ●	Sturmvögel (51)
F: Hydrobatidae	– ●	Sturmschwalben (20)
F: Pelecanoididae	–	Tauchsturmvögel (5)
O: Pelecaniformes	–	**Ruderfüßer**
F- Phaethontidae	–	Tropikvögel (3)
F: Pelecanidae	– ●	Pelikane (6)
F: Phalacrocoracidae	– ●	Kormorane (29)
F: Anhingidae	–	Schlangenhalsvögel (2)
F: Sulidae	– ●	Tölpel (7)
F: Fregatidae	–	Fregattvögel (5)
O: Ciconiiformes	–	**Schreitvögel, Stelzvögel**
F: Ardeidae	– ●	Reiher (59)
F: Balaenicipitidae	–	Schuhschnäbel (1)
F: Scopidae	–	Hammerköpfe, Schattenvögel (1)
F: Ciconiidae	– ●	Störche (17)
F: Threskiornithidae	– ●	Ibisvögel (28)
O: Phoenicopteriformes	–	**Flamingos**
F: Phoenicopteridae	– ●	Flamingos (5)
O: Anseriformes, Anatiformes	–	**Gänseartige, Entenartige**
F: Anhimidae	–	Wehrvögel (3)
F: Anatidae	– ●	Entenvögel (146)
O: Falconiformes	–	**Greifvögel**[1]
F: Cathartidae	–	Neuweltgeier (6)
F: Sagittariidae	–	Sekretäre (1)
F: Accipitridae	– ●	Habichtartige (201)
F: Falconidae	– ●	Falken (54)
O: Galliformes, Phasianiformes	–	Hühnervögel
F: Megapodiidae	–	Großfußhühner (10)
F: Cracidae	–	Hokkos (44)
F: Phasianidae	– ●	Hühner (198)
F: Opisthocomidae	–	Hoatzins (1)
O: Gruiformes	–	**Kranichvögel** [2]
F: Rallidae	– ●	Rallen (133)
F: Mesitornithidae	–	Stelzenrallen (3)

[1]) Die 4 Familien der Greifvögel werden auch als selbständige Ordnungen aufgefaßt.

[2]) Die 11 Familien der Kranichvögel werden auch als selbständige Ordnungen aufgefaßt.

F: Eurypygidae	–	Sonnenrallen (1)
F: Heliornithidae	–	Binsenhühner (3)
F: Rhynochetidae	–	Kagus (1)
F: Gruidae	– ●	Kraniche (14)
F: Aramidae	–	Rallenkraniche (1)
F: Psophiidae	–	Trompetervögel (3)
F: Otitidae	– ●	Trappen (22)
F: Cariamidae	–	Seriemas (2)
F: Turnicidae	– ●	Kampfwachteln (14)
O: Charadriiformes	–	**Wat- und Möwenvögel**[3]
UO: Charadrii	–	Regenpfeiferartige
F: Jacanidae	–	Blatthühnchen (7)
F: Phalaropodidae	– ●	Wassertreter (3)
F: Scolopacidae	– ●	Schnepfenvögel (82)
F: Recurvirostridae	– ●	Säbelschnäbler (7)
F: Charadriidae	– ●	Regenpfeifer (61)
F: Rostratulidae	–	Goldschnepfen (2)
F: Haematopodidae	– ●	Austernfischer (5)
F: Chionididae	–	Scheidenschnäbel (2)
F: Thinocoridae	–	Höhenläufer (4)
F: Glareolidae	– ●	Brachschwalben (17)
F: Dromadidae	–	Reiherläufer (1)
F: Burhinidae	– ●	Triele (9)
UO: Lari	–	Möwenartige
F: Stercorariidae	– ●	Raubmöwen (4)
F: Laridae	– ●	Möwen (42)
F: Sternidae	– ●	Seeschwalben (40)
F: Rynchopidae	–	Scherenschnäbel (3)
UO: Alcae	–	Alken
F: Alcidae	– ●	Alken (20)
O: Columbiformes	–	**Taubenvögel**
F: Columbidae	– ●	Tauben (295)
F: Pteroclididae	–	Flughühner (16)
O: Psittaciformes	–	**Papageien**
F: Psittacidae	–	Papageien (315)
O: Cuculiformes	–	**Kuckucksvögel**
F: Musophagidae	–	Turakos (19)
F: Cuculidae	– ●	Kuckucke (127)
O: Strigiformes	–	**Eulenvögel**
F: Tytonidae	– ●	Schleiereulen (11)
F: Strigidae	– ●	Eulen i.e.S. (123)
O: Caprimulgiformes	–	**Nachtschwalben**
F: Steatornithidae	–	Fettschwalme (1)

---

[3]) Die 3 Unterordnungen gelten teilweise als Ordnungen, außerdem werden die Blatthühnchen auch als selbständige Ordnung in die Nähe der Rallenverwandtschaft gestellt.

F: Podargidae	–	Schwalme (12)
F: Nyctibiidae	–	Tagschläfer (5)
F: Aegothelidae	–	Höhlenschwalme (78)
F: Caprimulgidae	– ●	Ziegenmelker (67)
O: Apodiformes	–	**Seglervögel**
F: Apodidae	– ●	Segler (70)
F: Hemiprocnidae	–	Baumsegler (3)
O: Trochiliformes	–	**Kolibris**
F: Trochilidae	–	Kolibris (310)
O: Trogoniformes	–	**Trogons**
F: Trogonidae	–	Trogons (34)
O: Coliiformes	–	**Mausvögel**
F: Coliidae	–	Mausvögel (6)
O: Coraciiformes	–	**Rackenvögel**[4])
UO: Alcedines	–	Eisvogelartige
F: Alcedinidae	– ●	Eisvögel (84)
F: Todidae	–	Todis (5)
F: Momotidae	–	Sägeracken (8)
F: Meropidae	– ●	Bienenfresser (24)
UO: Coracii	–	Racken
F: Coraciidae	– ●	Racken (17)
UO: Upupae	–	Hopfartige
F: Upupidae	– ●	Hopfe (7)
F: Bucerotidae	–	Nashornvögel (45)
O: Piciformes	–	**Spechtvögel**
F: Galbulidae	–	Glanzvögel (15)
F: Bucconidae	–	Faulvögel (30)
F: Capitonidae	–	Bartvögel (72)
F: Indicatoridae	–	Honiganzeiger (12)
F: Ramphastidae	–	Tukane (37)
F: Picidae	– ●	Spechte (210)
O: Passeriformes	–	**Sperlingsvögel**
UO: Eurylaimi	–	Breitrachen
F: Eurylaimidae	–	Breitrachen (14)
UO: Furnarii	–	Töpfervogelartige
F: Dendrocolaptidae	–	Baumsteiger (48)
F: Furnariidae	–	Töpfervögel (215)
F: Formicariidae	–	Ameisenvögel (224)
F: Rhinocryptidae	–	Bürzelstelzer, Rallenschlüpfer (26)
UO: Tyranni	–	Tyrannenartige
F: Pittidae	–	Pittas (24)
F: Philepittidae	–	Lappenpittas (4)
F: Xenicidae	–	Neuseeland-Schlüpfer (4)
F: Tyrannidae	–	Tyrannen (360)
F: Oxyruncidae	–	Flammenköpfe (1)

[4]) Die 3 Unterordnungen werden auch als selbständige Ordnungen gewertet.

F: Pipridae	–	Schnurrvögel (56)
F: Cotingidae	–	Schmuckvögel (91)
F: Phytotomidae	–	Pflanzenmäher (3)
UO: Oscines, Passeres	–	Singvögel
F: Menuridae	–	Leierschwänze (2)
F: Atrichornithidae	–	Dickichtschlüpfer (2)
F: Alaudidae	– ●	Lerchen (66)
F: Hirundinidae	– ●	Schwalben (70)
F: Motacillidae	– ●	Stelzen (50)
F: Campephagidae	–	Stachelbürzler (70)
F: Pycnonotidae	–	Bülbüls, Haarvögel (115)
F: Laniidae	– ●	Würger (74)
F: Vangidae	–	Blauwürger, Vangawürger (13)
F: Bombycillidae	– ●	Seidenschwänze (8)
F: Dulidae	–	Palmschmätzer (1)
F: Cinclidae	– ●	Wasseramseln (4)
F: Troglodytidae	– ●	Zaunkönige (59)
F: Mimidae	–	Spottdrosseln (31)
F: Prunellidae	– ●	Braunellen (12)
F: Muscicapidae	– ●	Fliegenschnäpperartige[5])
UF: Timaliinae	–	Timalien (245)
UF: Panurinae	– ●	Bartmeisenartige (4)
UF: Orthonychinae	–	Laufflöter (23)
UF: Sylviinae	– ●	Grasmücken (312)
UF: Malurinae	–	Staffelschwänze (90)
UF: Regulinae	– ●	Goldhähnchen (7)
UF: Hyliinae	– ●	Hylien (1)
UF: Polioptilinae	–	Mückenfänger (13)
UF: Muscicapinae	– ●	Fliegenschnäpper (200)
UF: Platysteirinae	–	Kleinschnäpper (40)
UF: Myiagrinae	–	Flachschnabelschnäpper (49)
UF: Rhipidurinae	–	Fächerschwanzschnäpper (24)
UF: Monarchinae	–	Monarchen (52)
UF: Pachycephalinae	–	Dickkopfschnäpper (50)
UF: Turdinae	– ●	Drosseln (300)
F: Aegithalidae	– ●	Schwanzmeisen (8)
F: Remizidae	– ●	Beutelmeisen (11)
F: Paridae	– ●	Meisen (45)
F: Sittidae	– ●	Kleiber (16)
F: Neosittidae	–	Australkleiber (9)
F: Rhabdornithidae	–	Trugbaumläufer (2)
F: Salpornithidae	–	Stammsteiger (1)
F: Certhiidae	– ●	Baumläufer (5)

[5]) Die Einheitlichkeit der Familie wird wahrscheinlich nicht bestehen bleiben. Die Unterfamilien werden auch als selbständige Familien mit Beziehungen zu ganz anderen Singvogelfamilien behandelt.

F: Dicaeidae	–	Mistelfresser, Blütenpicker (56)
F: Nectariniidae	–	Nektarvögel (108)
F: Zosteropidae	–	Brillenvögel (80)
F: Meliphagidae	–	Honigfresser (160)
F: Emberizidae	– ●	Ammernartige
UF: Emberizinae	– ●	Ammern (260)
UF: Thraupinae	–	Tangaren (236)
F: Parulidae	–	Waldsänger (118)
F: Zeledoniidae	–	Zaunkönigdrosseln (1)
F: Drepanididae	–	Kleidervögel (21)
F: Vireonidae	–	Vireos (42)
F: Icteridae	–	Stärlinge (92)
F: Fringillidae	– ●	Finken
UF: Fringillinae	– ●	Edelfinken (3)
UF: Carduelinae	– ●	Hänflinge (122)
F: Ploceidae	–	Webervögelartige[6])
UF: Passerinae	– ●	Sperlinge (29)
UF: Anomalospizinae	–	Kuckucksfinken (1)
UF: Viduinae	–	Witwen (13)
UF: Ploceinae	–	Webervögel (109)
F: Estrildidae	–	Prachtfinken (125)
F: Sturnidae	– ●	Stare (103)
F: Oriolidae	– ●	Pirole (26)
F: Dicruridae	–	Drongos (20)
F: Callaeidae	–	Neuseeland-Lappenvögel (3)
F: Grallinidae	–	Schlammnestkrähen (4)
F: Artamidae	–	Schwalbenstare (10)
F: Cracticidae	–	Flötenwürger (10)
F: Ptilonorhynchidae	–	Laubenvögel (17)
F: Paradisaeidae	–	Paradiesvögel (40)
F: Corvidae	– ●	Rabenvögel (101)

11.4. Abstammung und Evolution der Vögel

Die Vögel haben sich im Erdmittelalter (Mesozoikum) aus **Reptilienvorfahren** entwickelt. Auch die rezenten Vögel und Reptilien zeigen vielfach anatomische Übereinstimmungen, allerdings in unterschiedlichem Maße. Am nächsten stehen den Vögeln die Krokodile, während Eidechsen und Schlangen weiter entfernt sind. Früher hat man alle Reptilien einerseits und die Vögel andererseits als Sauropsiden zusammengefaßt, aber dieses gleichwertige Nebeneinander-

---

[6]) Unterfamilien vielfach als selbständige Familien betrachtet.

stellen der Reptilia und Aves ist nach heutigen Einsichten irreführend.

Die Fossilgeschichte der Reptilien läßt folgenden Ablauf erkennen. Am Anfang der Steinkohlenzeit (Karbon) vor 320 Mill. Jahren gehen aus den damaligen primitiven Reptilien zwei Hauptlinien hervor. Die eine führt unter Abspaltung einiger bald wieder erlöschender Seitenzweige zu den Lepidosauriern oder Schuppenkriechtieren (Brückenechsen, Eidechsen, Schlangen), die von der Mitte des Trias an (vor 215 Mill. Jahren) sich stärker entfalten. Die andere, die Synapsiden, spaltet sich im Perm vor 240 Mill. Jahren abermals in zwei Äste, deren einer eine Fülle von Formen im oberen Perm bis zum oberen Trias (vor 240 bis vor 200 Mill. Jahren) hervorbringt. Zu ihnen gehört die Stammgruppe der Säugetiere, die vom Ende des Trias an in Erscheinung tritt. Die übrigen Formen sterben zu dieser Zeit aus. Der andere Zweig sind im wesentlichen die **Archosaurier,** deren Entfaltung zu Beginn des Trias vor 225 Mill. Jahren einsetzt und im Jura und der Kreide (vor 195 bis vor 70 Mill. Jahren) ein gewaltiges Ausmaß erreicht. Dahin gehören neben vielen kleinen Formen die als Dinosaurier bekannten Riesenreptilien und die Flugsaurier, die mit dem Ende der Kreidezeit vor rund 70 Mill. Jahren ausstarben, aber in diese Gruppe gehören neben den Krokodilen auch die Vögel.

Vogelartige Lebewesen sind das erste Mal im Jura nachgewiesen. Es sind die berühmten **Urvögel** aus dem Solnhofener Plattenkalk in Bayern mit einem Alter von rund 150 Mill. Jahren, von denen sechs Funde vorliegen:

1. Abdruck einer Feder, Fund 1860, Solnhofener Gemeindesteinbruch, Platte in München, Gegenplatte in Berlin.
2. Skelett, 1861, Langenaltheimer Haardt, „Londoner Exemplar“.
3. Skelett, 1877, Blumenberg b. Eichstädt, „Berliner Exemplar“.
4. Skelettreste, 1956, Maxberg b. Langenaltheim, „Maxberger Exemplar“.
5. Skeletteile, 1857, Riedenburg, zunächst für Saurierreste gehalten, 1970 als Urvogel erkannt, „Haarlemer Exemplar“.
6. Skelett, 1951, Petershöhe b. Workerszell, Nähe Eichstädt, „Workerszeller Exemplar“.

Bei den taubengroßen Tieren überwiegen die auf Reptilienvorfahren hinweisenden Merkmale: Die Kiefer tragen in Alveolen stehende Zähne. Das Gehirn ist, nach der Form der Schädelhöhle zu schließen, mehr dem Reptiliengehirn ähnlich. Das Kleinhirn liegt hinter und nicht unter dem Mittelhirn. Die Wirbel sind bikonkav ohne Sattelgelenke, und es ist eine lange Schwanzwirbelsäule ausgebildet, an der Federn zweizeilig ansitzen. Die Rippen tragen keine knöchernen Hakenfortsätze. Es sind auch Bauchrippen vorhanden, die den rezenten Vögeln fehlen. Die Mittelhandknochen sind frei und nicht miteinander und den distalen Handwurzelknochen zu einem Knochen verwachsen. Die Beckenknochen sind nicht fest miteinander und mit der Wirbelsäule verwachsen, sondern nur durch Bindegewebe verbunden. Es ist eine Schambeinsymphyse vorhanden. Nur 5 bis 6 Wirbel sind zum Os sacrum verschmolzen (bei rezenten Vögeln 11 bis 23). Die Fibula hat die gleiche Länge wie die Tibia. Die Mittelfußknochen sind frei (kein verschmolzener Laufknochen).

Abgeleitete Vogelmerkmale sind: die zur Furcula verwachsenen Schlüsselbeine, die verlängerten und nach hinten gerichteten Schambeine, pneumatisierte Knochen, in Schwung-, Steuer- und Deckfedern differenziertes Gefieder, Klammerfuß mit drei Vorderzehen und einer Hinterzehe.

Zwischen den einzelnen Exemplaren von unterschiedlichem Erhaltungszustand gibt es Größen- und Proportionsunterschiede. Diese könnten sich aus verschiedenen Wachstumsstufen erklären. Während bei den rezenten Vögeln das Knochenwachstum bald nach dem Flüggewerden abgeschlossen ist, hält es bei Reptilien noch im geschlechtsreifen Zustand an. Es ist denkbar, daß es auch bei den Urvögeln einen längeren Zeitraum einnahm.

Eine einheitliche taxonomische Auffassung über die Urvogelfunde besteht zur Zeit nicht. Einmal werden alle 6 Funde als zu einer Art gehörig gerechnet: *Archaeopteryx lithographica* von Meyer, 1861. Dann wird die Identität des Federfundes mit den Skeletten in Zweifel gezogen, letztere alle aber zu einer Art gehörig angesehen; 2 Arten: *Archaeopteryx lithographica* von Meyer, 1861 (Feder) und *Archaeopteryx macrura* Owen, 1864 (Typusexemplar London). Weiter wird der Federfund überhaupt als zweifelhaft ausgeklammert, dafür werden aber 2 Arten unterschieden: *Archaeopteryx macrura* Owen, 1864 (Typus London) und *Archaeopteryx siemensi* Dames, 1897 (Typus Berlin). Schließlich werden sogar 2 Gattungen unterschieden: *Archaeopteryx macrura* Owen, 1864 (London) und *Archaeornis siemensi* Dames, 1897 (Berlin).

In der letzten Formation des Erdmittelalters, der Kreidezeit, waren verschiedenste Vogelformen offenbar schon über die gesamte Erde verbreitet. Manche von ihnen zeigen deutliche Beziehungen zu heutigen Ordnungen, so daß sie als Vorfahren derselben gelten können, andere zeigen keine Fortsetzung zu heutigen Vögeln (Abb. 70). Es ist unwahrscheinlich, daß diese Kreidevögel die Nachfahren von *Archaeopteryx* bzw. *Archaeornis* sind, denn die ersten

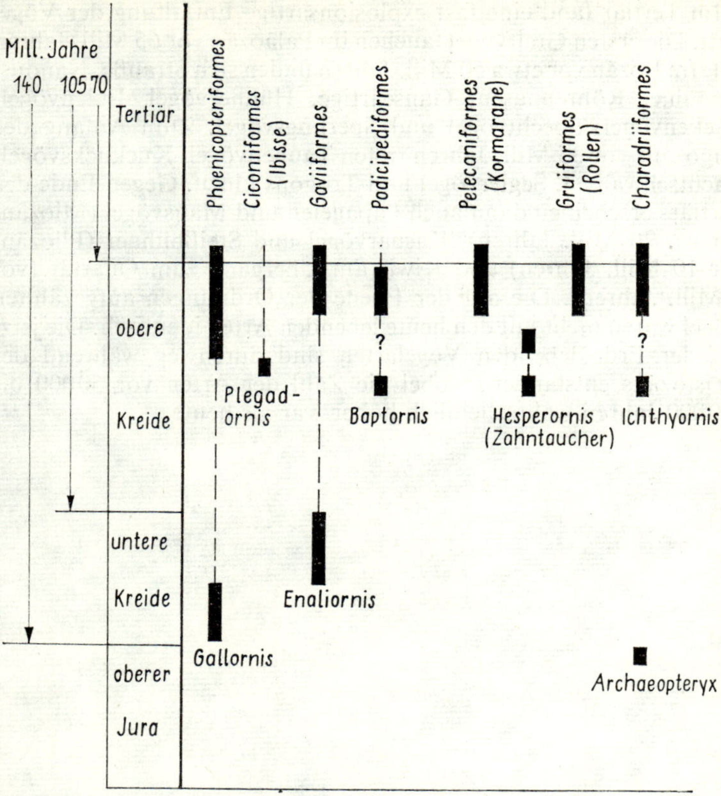

Abb. 70. Vogelformen des Mesozoikums. Nach Brodkorb aus Farner u. King (1971).

„vollwertigen" Vögel (urtümliche Flamingos) sind kaum jünger als die Urvögel. Diese wären dann nur ein Seitenzweig der sich aus ursprünglichen Archosauriern entwickelnden Vögel, deren genaue Herkunft und Ahnenform weiterhin unklar bleiben. Das kommt auch in der heute allgemein akzeptierten Klassifikation der Vögel zum Ausdruck. Der Unterklasse Neornithes, die auch alle fossilen Formen mit Ausnahme der Urvögel enthält, wird die Unterklasse Archaeornithes (urtümliche Vögel) mit der einzigen Ordnung Archaeopterygiformes und der einzigen Familie Archaeopterygidae zur Seite gestellt. Auffällig ist, daß in der Kreidezeit bis jetzt nur Wasser- und Sumpfvögel nachgewiesen sind.

Im Tertiär fand eine fast explosionsartige Entfaltung der Vögel statt. Die ersten Greifvögel tauchen im Paläozän vor 65 Mill. Jahren auf. Im Eozän vor etwa 50 Mill. Jahren finden sich Strauße, Nandus, Pinguine, Röhrennasen, Gänseartige, Hühnervögel, Eulenvögel, Rackenvögel, Spechtvögel und Sperlingsvögel. Zum Anfang des Oligozäns vor 35 Mill. Jahren treten Taubenvögel, Kuckucksvögel, Nachtschwalben, Seglervögel und Trogons hinzu. Gegen Ende des Tertiärs erscheinen dann auch Papageien und Mausvögel (Miozän, vor ca. 20 Mill. Jahren), Kasuarvögel und Steißhühner (Pliozän, vor 10 Mill. Jahren) und Kiwis am Übergang zum Quartär (vor 1 Mill. Jahren). Die auf der Ebene der Ordnungen aufgezählten Vögel waren nicht mit den heute lebenden Arten identisch. Die jetzt auf der Erde lebenden Vogelarten sind durchweg während des Pleistozäns entstanden, wobei die Zahl der Arten vor 50000 bis 100000 Jahren wahrscheinlich höher war als heute.

12. Vogel und Mensch

Nach dem Überblick über die meisten Teilgebiete der Vogelkunde soll noch einmal an die eingangs geäußerten Gedanken angeknüpft werden. Zu allen Zeiten hat der immaterielle, besonders der ästhetische und emotionale Wert des Vogels eine mehr oder weniger große Rolle gespielt, und man sollte ihm in unserer heutigen Kultur die ihm gebührende Beachtung schenken. Höhlenzeichnungen, junpaläolithische Abbildungen in Südfrankreich, Spanien, China und Ägypten zeigen, wie weit schon in jenen Zeiten der Vogel künstlerische Verwertung fand. Poesie, Prosaschrifttum und bildende Kunst aller Völker und Zeitalter verherrlichen den Vogel, seine Farben, seinen Gesang, sein Familienleben, seine Anmut und bedienen sich seiner zur Umschreibung menschlicher Empfindungen. Kein Wunder also, wenn so viele Laien Interesse am Vogel gewinnen und sich für den Schutz und die Erhaltung der Vogelwelt einsetzen und sich bemühen, mit der einheimischen Avifauna vertraut zu werden.

Zu allen Zeiten haben Vögel aber auch zu den materiellen Ressourcen des Menschen gehört und lieferten als Jagdbeute Fleisch und Federn. Ebenso waren und sind die Eier mancher Arten geschätzte Nahrungsmittel. Einige Arten (vor allem Graugans, Stockente, Bankivahuhn, Truthuhn, Felsentaube) sind die Stammformen des heute als Teil der Ernährungsgrundlage des Menschen nicht mehr entbehrlichen Hausgeflügels. Die Entwicklung der Produktivkräfte der menschlichen Gesellschaft, besonders die Entfaltung der Industrie, führten zur immer intensiveren Einwirkung auf die Natur. Das Vordringen vor allem der europäischen Kolonialmächte während der vergangenen Jahrhunderte in fast alle Gebiete des Erdballes, die sich immer verbessernde Transport- und Waffentechnik und eine von heutiger biologischer Einsicht weit entfernte Einstellung zur Lebewelt führten vielerorts zum Raubbau an der Natur. Es ist fast verwunderlich, daß in den letzten 400 Jahren „nur" 65 Vogelarten ausgerottet wurden. Die auch heute noch anwachsende

Weltbevölkerung kann sich ihre Existenzgrundlagen nur durch steigende Produktion unter Inanspruchnahme der natürlichen Quellen sichern. Daß dies ohne Eingriffe in die ursprüngliche Natur nicht zu bewerkstelligen ist, bedarf keiner ausführlichen Erörterung. Es hat keinen Zweck, einem verlorenen „Urzustand" nachzutrauern. Es hat aber viel Sinn, über die Art der Gestaltung der Biosphäre durch den Menschen nachzudenken, die heute leider oft schon eine Verunstaltung geworden ist. Denn trotz seiner teilweisen Emanzipation aus dem Wirken der biologischen Gesetzmäßigkeiten, die das Leben der übrigen Organismen allein beherrschen, braucht auch der Mensch bestimmte biologische Voraussetzungen, die in seiner Umwelt gegeben sein müssen. Es ist aber abzusehen, daß diese Voraussetzungen unter Umständen durch seine eigene Tätigkeit beinträchtigt werden. Die Probleme, die sich durch Anreicherung der Luft mit Schadstoffen oder durch die Verunreinigung der Flüsse, Seen und teilweise auch schon der Meere durch Industrieabfälle, Erdöl, radioaktive Substanzen aufgetan haben, sind allgemein bekannt. Anzuschließen sind die Belastungen, die sich für Binnengewässer durch übernormale Zufuhr der aus landwirtschaftlichen Nutzflächen ausgeschwemmten Mineraldünger ergeben. In der Wasserversorgung treten vielfach bereits Engpässe auf, die die Folge von Flußbegradigungen und Trockenlegungen von Feuchtgebieten sowie zu starker Reduzierung von Waldflächen sind und die u.a. kurzfristig erzielte Erhöhungen von landwirtschaftlichen Erträgen wieder rückläufig werden lassen. Die Auswirkungen der überaus starken Reduzierung der tropischen Regenwälder ist noch gar nicht voll zu übersehen.

Vogelgemeinschaften und Vogelpopulationen reagieren relativ schnell auf Änderungen in ihren Lebensstätten. Insofern gehören ornithologische Arbeiten mit zu den Grundlagen, aus denen sich Maßnahmen der ökologischen Behandlung der Landschaft herleiten lassen. Nicht vergessen werden soll auch die Rolle, die einer Bewahrung der Tier- und Pflanzenwelt bei der Erhaltung von naturnahen Gebieten für den in städtischen Siedlungsgebieten lebenden Menschen zukommt.

Von den rund 240 mitteleuropäischen Brutvogelarten sind etwa 40% in ihrem Bestand gefährdet. Davon entfallen auf Wasser- und Sumpfvögel 21%, auf Greifvögel und Eulen 7%. Bei den reichlich 100 bedrohten Arten sind die negativen Einwirkungen: Zerstörung der Lebensstätten ohne die Folgen von Entwässerungsmaßnahmen (73%), indirekte menschliche Einwirkungen wie Verdrahtung der Landschaft und Verkehr (48%), direkte Verfolgung, auch während des Zuges (45%), Entwässerungsmaßnahmen (42%), Pflanzenschutzmittel (17%). Damit steht die Aufgabe, Artenschutzprogramme und Programme für die Erhaltung von Biozönosen zu entwickeln. Dieser konservierende Naturschutz muß ergänzt werden durch den gestaltenden Naturschutz, da besonders in Industriestaaten die als Reservate ausgewiesenen Gebiete relativ klein sind, die Regulationsfähigkeit ihrer Biozönosen eingeschränkt ist und Einwirkungen aus der Umgebung nicht ausgeschaltet werden können. Hier muß der Mensch tätig werden, selbst in Naturschutzgebieten und Nationalparks, aber er kann es nur erfolgreich auf der Grundlage gesicherter ökologischer Erkenntnisse.

Voraussetzungen für den Schutz von Arten und Lebensgemeinschaften sind gesetzliche Grundlagen zum Natur- und Tierschutz und zur Ausübung der Jagd. Hier steht man bei der großen Aufgabe erst am Anfang, die oft sehr stark voneinander abweichenden Auffassungen und Regelungen in den verschiedenen Staaten einander anzunähern und so zu einem effektiven Schutz der Umwelt zu gelangen. Besonders wichtig ist die internationale Zusammenarbeit in Gebieten mit relativ kleinflächigen Nationalstaaten. Ein hoffnungsvoller Anfang wurde z B. im europäischen Raum mit dem „Übereinkommen über Feuchtgebiete, insbesondere als Lebensraum für Wasser- und Watvögel, von internationaler Bedeutung“ vom Dezember 1975 gemacht.

Wesentlich ist aber die Umsetzung der in Gesetzen und Rechtsvorschriften gegebenen Intentionen in die Praxis. Dies kann nur durch Gewinnung des Interesses einer breiten Öffentlichkeit für die anstehenden Probleme bewerkstelligt werden, wobei allen Bereichen der Volksbildung und der populärwissenschaftlichen Arbeit wissenschaftlicher Gesellschaften und der Massenmedien ein erhöhtes sachkundiges Wirksamwerden abverlangt werden muß. Naturschutz und Vogelschutz im besonderen besteht nicht in erster Linie im Aufhängen von Nistkästen und im Aufstellen von Winterfutterplätzen für Singvögel, so gut und richtig das auch ist. Er erschöpft sich auch nicht in der oft grob vereinfachenden und daher meist falschen Propagierung der Schädlingsbekämpfung durch Vögel. Er verlangt vielmehr die Bereitschaft der Masse der Bevölkerung auf der Basis einer bestimmten Kenntnis der nicht ganz einfachen ökologischen Zusammenhänge, die vorhandenen Absichten, Bestimmungen und Regelungen zu verstehen und zu respektieren und die Durchsetzung bestimmter Maßnahmen, wie z.B. Betretungs-, Nutzungs- und Verfolgungsverbote, zu gewährleisten.

Bei der Betrachtung des Verhältnisses Mensch–Vogel hat natürlich der Naturschutz an erster Stelle gestanden. Es gibt aber noch eine zweite Seite, die nicht verschwiegen werden darf. Durch die tiefgreifenden Veränderungen der Landschaft durch den Menschen und seine Bewirtschaftung des Bodens sind optimale Lebensstätten für zahlreiche Tierarten, darunter auch einige Vogelarten, entstanden, die sich in einem solchen Maß vermehrt haben, daß sie Erträge von Nutzpflanzen erheblich mindern und damit zu „Schädlingen" geworden sind, deren sich der Mensch erwehren muß. Für unser Gebiet ist der Haussperling schon früher genannt worden. Aber auch Star und Amsel sind zu echten Schadfaktoren in Obstanbaugebieten geworden. Die mancherorts viel zu hohen Bestandsdichten von Aaskrähe und Elster sind hier anzuschließen. In semiariden Gebieten Afrikas haben die nomadisierenden Riesenschwärme von Blutschnabelwebern schon Getreideernten total vernichtet. Bei Maßnahmen zur Bestandsregulierung muß vermieden werden, daß andere, insbesondere gefährdete Vögel in Mitleidenschaft gezogen werden, was wiederum die genaue Kenntnis der Arten und ihrer Lebensweise voraussetzt. Das gilt besonders bei der Anwendung von Giften, deren falscher Einsatz katastrophale Nebenwirkungen haben kann. Andererseits wird durch unsachgemäßen „Vogelschutz" die weitere Vermehrung von Schädlingen wie Haussperling und Star gefördert. Grotesk ist es, wenn in Obstplantagen über Schäden geklagt wird, sich in denselben aber zahlreiche Starennistkästen vorfinden. Die oft sehr starken Populationen verwilderter Haustauben in Städten sind nicht nur lästig wegen der erheblichen Verschmutzung der Gebäude, sondern stellen ein ernsthaftes hygienisches Problem dar, da in ihren Ausscheidungen auch für den Menschen gefährliche Krankheitserreger in großer Menge enthalten sind. Die Beseitigung ihrer Brutstätten wird wegen des erforderlichen Aufwandes kaum geübt. Diese Vögel werden im Gegenteil an allen möglichen Stellen intensiv gefüttert.

Beide Aspekte des Einwirkens auf die Tierwelt in der Umgebung des Menschen gehören zur richtigen Anwendung bereits vorhandener und noch zu vertiefender Erkenntnisse. Das verlangt von Mitgliedern entscheidungsbefugter Gremien ein hohes Maß von Sachkenntnis, das man mancherorts hinsichtlich der Rolle der Wirbeltiere in Ökosystemen leider noch vermißt. Denn letztendlich muß der Mensch mit der ihn umgebenden Natur ja zu eigenem Nutz und Frommen richtig umgehen, eingedenk einer sehr alten, oft zitierten, aber weniger oft beherzigten Forderung: Quidquid agis, prudenter agas et respice finem! (Was du auch tust, tue es klug und bedenke den Ausgang!)

13. Bildquellenverzeichnis

Hier sind nur diejenigen Bildquellen zitiert, die nicht im Verzeichnis der weiterführenden Literatur enthalten sind.

Austin, O. L.: The lifespan of the Common Tern *(Sterna hirundo)*. Bird.-Band. **13** (1942): 159–176.

Dobberkau, T., Jander, G., und Otto, W.: Untersuchungen zur Siedlungsdichte der Brutvögel Berliner Friedhöfe. Beitr. Vogelkd. **25** (1979): 129–166.

Frieling, H.: Die Feder. Z. Kleintierk. Pelztierk. **12** (1936): H 2.

Gymnich, A.: Der Segelflugmodellbau in Theorie und Praxis. 3. Aufl. Maier, Ravensburg 1962.

Nachtigall, W., und Wiesner, J.: Profilmessungen am Taubenflügel. Z. vgl. Physiol. **52** (1966): 333–346.

Remane, A., Storch. V., und Welsch, U.: Kurzes Lehrbuch der Zoologie. 2. Aufl. VEB Fischer, Jena 1974.

Rheinwald, G., und Gutscher, H.: Das Alter der Mehlschwalbe *(Delichon urbica)* in Riet. Vogelwarte **25** (1969): 141–147.

Romer, A. S.: Vergleichende Anatomie der Wirbeltiere. Parey, Hamburg–Berlin 1959.

Schmitz, F. W.: Aerodynamik des Flugmodells. 4. Aufl. Lange, Duisburg 1960.

Wiedersheim, R.: Vergleichende Anatomie der Wirbeltiere. 6. Aufl. Fischer, Jena 1906.

Die Abbildungen Nr. 10 und 35 zeichnete Herr W. Berger, Kloster (Hiddensee).

Alle übrigen Zeichnungen fertigte Frau Ingeborg Liebmann, Forschungsstelle f. Wirbeltierforschung der AdW (im Tierpark Berlin), an, wobei Nr. 1, 2, 4, 6, 11, 19, 36, 39, 40, 41, 57, 62, 63, 64 und 69 original von ihr entwickelt wurden.

Das Farbdia für den Umschlag stellte dankenswerterweise Herr Professor Rüppell, Braunschweig, zur Verfügung.

14. Weiterführende Literatur

Die nachfolgende Auswahl aus dem riesigen Schrifttum umfaßt Arbeiten, die Überblicke über mehr oder weniger umfangreiche Sachgebiete geben oder wegen der vorgeführten Methodik lesenswert sind und über umfangreiche Bibliopraphien verfügen. Zur besseren Übersicht wird die Literatur mit Ausnahme der das Gesamtgebiet umfassenden Werke den Kapiteln des Buches entsprechend zitiert. Ornithologische Neuerscheinungen werden in folgenden Referatenorganen behandelt:

Referativnyj Źurnal, Biologija. Viniti, Moskva.
Berichte Biochemie und Biologie. Springer, Berlin–Heidelberg–New York.
The Zoological Record, Aves. Zool. Soc., London.

14.1. Gesamtgebiet der Ornithologie

Berndt, R., und Meise, W.: Naturgeschichte der Vögel. 3 Bde. Franckh, Stuttgart 1959–1963.

Bezzel, E.: Ornithologie (UTB 681). Ulmer, Stuttgart 1977.

Bychowskij, B.E., i Ivanov, A.I. (Hrsg.): Biologija ptic (Biologie der Vögel). Nauka, Moskva 1966 (russ.).

Diesselhorst, G.: Klasse Aves, Vögel. In: Bertalanffy, L. von, und Gessner, F. (Hrsg.): Handbuch der Biologie. Bd. 6. Athenaion, Konstanz 1964.

Farner, D.S., and King, J.R. (Hrsg.): Avian biology. 5 Bde. Acad. Press, New York–London 1971–1979.

Grassé, P.-P. (Hrsg.): Traité de zoologie. Bd. 15 Oiseaux. Masson, Paris 1950.

Groebbels, F.: Der Vogel. 2 Bde. Borntraeger, Berlin 1932–1937.

Grzimek, B., Meise, W., Niethammer, G., Steinbacher, J., und Thenius, E. (Hrsg.): Grzimeks Tierleben. Bde. 7–9. Kindler, Zürich 1968–1974.

Marshall, A.J. (Hrsg.): Biology and comparative physiology of birds. 2 Bde. Acad. Press, New York 1960/61.

Pettingill, O.S. jr.: Ornithology in laboratory and field. 4. Aufl. Burgess, Minneapolis 1970.

STRESEMANN, E.: Aves. In: KÜKENTHAL, W., und KRUMBACH, Th. (Hrsg.): Handbuch der Zoologie. Bd. 7,2. De Gruyter, Berlin–Leipzig 1927–1934.
– Vögel (Aves). In: DITTLER, R., JOOS, G., KORSCHELT, E., LINCK, G., OLTMANNS, F., und SCHAUM, K. (Hrsg.): Handwörterbuch der Naturwissenschaften. Bd. 10. 2. Aufl. Fischer, Jena 1935.
– Die Entwicklung der Ornithologie von Aristoteles bis zur Gegenwart. Peters, Berlin 1951.
THOMSON, A. L. (Hrsg.): A new dictionary of birds. Brit. Orn. Union, London 1964.
TYNE, J. VAN, and BERGER, A. J.: Fundamentals of ornithology. Wiley, New York 1959.
WALLACE, J. G., and MAHAN, H. D.: An introduction to ornithology. 3. Aufl. Macmillan, New York–London 1975.
WELTY, J. C.: The life of birds. 2. Aufl. Saunders, Philadelphia–London–Toronto 1975.
WOLFSON, A. (Hrsg.): Recent studies in avian biology. Univ. Illinois Press, Urbana, Ill. 1955.
YAPP, W. B.: The life and organization of birds. Arnold, London 1970.

14.2. Der Bewegungsapparat

ADOLPHI, H.: Über den Brustkorb und die Wirbelsäule der Vögel. Z. Anat. Entwicklungsgesch. **65** (1922): 1–149, 328–481.
BARNIKOL, A.: Korrelationen in der Ausgestaltung der Schädelform bei Vögeln. Morphol. Jb. **92** (1953): 373–414.
BENNETT, H. S., and PORTER, K. R.: An electron microscope study of sectioned breast muscle of the domestic fowl. Amer. J. Anat. **93** (1953): 61–105.
BOAS, J. E. V.: Biologisch-anatomische Studien über den Hals der Vögel. Kgl. Dan. Vidensk. Selsk., Skr., Natur. Math. Afd. (9) **1** (1929): 101–222.
BOCK, W. J.: The palatine process of the premaxilla in the Passeres. A study of the variation, function, and taxonomie value of a single character throughout an avian order. Bull. Mus. Comp. Zool. Harvard Univ. **122** (1960): 361–488.
– An approach to the functional analysis of bill shape. Auk **83** (1966): 10–51.
BÜHLER, P., Schädelmorphologie und Kiefermechanik der Caprimulgiadae. (Aves). Z. Morphol. Tiere **66** (1970): 337–399.
CHAMBERLAIN, F. W.: Atlas of avian anatomy: osteology, arthrology, myology. Mich. State Coll. Agr. Exp. Station Mem. Bull. **5** (1943).
CLARA, M.: Über den Bau des Schnabels der Waldschnepfe. Z. Mikroskop.-Anat.-Forsch. **3** (1925): 1–108.
CRACRAFT, J.: The functional morphology of the hind limb of the Domestic Pigeon, Columba livia. Bull. Amer. Mus. Natur. Hist. **144** (1971): 171–268.
DUIJM, M.: On the head posture in birds and its relation to some anatomical features. Proc. Kon. Ned. Akad. Wetensch., Ser. C **54** (1951): 202–271.
DZERŽINSKIJ, F. JA.: Čeljustnoj apparat ptic (Der Kieferapparat der Vögel). Zool. Pozvon. 1969 (1971): 16–59 (russ.).

FIEDLER, W.: Beiträge zur Morphologie der Kiefermuskulatur der Oscines. Zool. Jb. Anat. **71** (1951): 235–288.

FÜRBRINGER, M.: Untersuchungen zur Morphologie und Systematik der Vögel, zugleich ein Beitrag zur Anatomie der Stütz- und Bewegungsorgane. 2 Bde. v. Holkema, Amsterdam 1888.

GEORGE, J.C., and BERGER, A.J.: Avian myology. Acad. Press, New York 1966.

GOSLOW, G.E. jr.: Adaptive mechanisms of the raptor pelvic limb. Auk **89** (1972): 47–64.

HOERSCHELMANN, H.: Allometrische Untersuchungen an Rumpf und Flügel von Schnepfenvögeln (Charadriidae und Scolopacidae). Z. Zool. Syst. Evol.-forsch. **4** (1966): 209–317.

HOFER, H.: Die Gaumenlücken der Vögel. Acta Zool. **30** (1949): 209–248.

– Zur Morphologie der Kiefermuskulatur der Vögel, Zool. Jb. Anat. **70** (1950): 427–600.

HUDSON, G.E.: Studies on the muscles of the pelvic appendage of birds II: The heterogenous order Falconiformes. Amer. Midl. Nat. **39** (1948): 102–127.

– and LANZILLOTTI, P.J.: Gross anatomy of the wing muscles in the family Corvidae. Amer. Midl. Nat. **53** (1955): 1–44.

– PARKER, R.A., VAN DEN BERGE, J., and LANZILLOTTI, P.J.: A numerical analysis of the modifications of the appendicular muscles in various genera of gallinaceous birds. Amer. Midl. Natur. **76** (1966): 1–73.

KATTINGER. E.: Sexual- und Subspecies-Unterschiede im Skelettbau der Vögel. J. Orn. **77** (1929): 41–149.

KING, A.S., und MC LELLAND, J.: Anatomie der Vögel (UTB 790). Ulmer, Stuttgart 1978.

LÜDICKE, M.: Wachstum und Abnutzung des Vogelschnabels. Zool. Jb. Anat. **57** (1933): 465–534.

MÜLLER, H.J.: Morphologische Untersuchungen am Vogelschädel in ihrer Bedeutung für die Systematik. J. Orn. **105** (1964): 67–77.

SCHUMMER, A.: Anatomie der Hausvögel. In: NICKEL, R., SCHUMMER, A., und SEIFERLE, E.: Lehrbuch der Anatomie der Haustiere. Bd. 5. Parey, Hamburg–Berlin 1973.

STARCK, D., und BARNIKOL, A.: Beiträge zur Morphologie der Trigeminus-muskulatur der Vögel. Morph. Jb. **94** (1954): 1–64.

STEGMANN, B.: Die funktionelle Bedeutung des Schlüsselbeines bei den Vögeln. J. Orn. **105** (1964): 450–463.

– Funktionell bedingte Eigenheiten am Metacarpus des Vogelflügels. J. Orn. **106** (1965): 179–189.

SY, M.: Funktionell-anatomische Untersuchungen am Vogelflügel. J. Orn. **84** (1936): 199–296.

ZISWILER, V.: Zur Kenntnis des Samenöffnens und der Struktur des hörnernen Gaumens bei körnerfressenden Oscines. J. Orn. **106** (1965): 1–48.

14.3. Das Gefieder

ASSENMACHER, I.: La mue des oiseaux et son déterminisme endocrinien. Alauda **26** (1958): 242–289.

BERTHOLD, P.: Über Haftfarben bei Vögeln: Rostfärbung durch Eisenoxid beim Bartgeier *(Gypaetus barbatus)* und bei anderen Arten. Zool. Zb. Syst. **93** (1967): 507–595.

BORODULINA, T.L.: Morfologičeskie osobennosti prikreplenija perèv v kryle ptic (Morphologische Besonderheiten der Federbefestigung am Vogelflügel). Zool. Ž. **31** (1960): 124–135 (russ.).

– Stroenie krojuščego operenija ptic v svjazi s ich poletom (Die Deckfedern der Vögel und deren Bedeutung zum Flug). Zool. Ž. **43** (1964): 1826–1836 (russ.).

BURCKHARDT, D.: Beitrag zur embryonalen Pterylose einiger Nesthocker. Rev. Suisse Zool. **61** (1954): 551–633.

DATHE, H.: Über die Schreckmauser. J. Orn. **96** (1955): 5–14.

DURRER, H., and VILLIGER, W.: Schillerfarben der Stare (Sturnidae). J. Orn. **111** (1970): 133–153.

ELDER, W.H.: The oil gland of birds. Wils. Bull. **66** (1954): 6–31.

FRANK, F.: Die Färbung der Vogelfeder durch Pigment und Struktur. J. Orn. **87** (1939): 426–523.

HUMPHREY, P.S., and PARKES, K.C.: An approach to the study of molts and plumages. Auk **76** (1959): 1–31.

KEAST, A.: Moult in birds of the Australian dry country relative to rainfall and breeding. J. Zool. **155** (1968): 185–200.

KISCHER, C. W.: Fine structure of the down feather during its early development. J. Morphol. **125** (1968): 185–204.

LILLIE, F.R., and JUHN, M.: The physiology of development of feathers. Physiol. Zool. **5** (1932): 124–184.

LUCAS, A. M., and STETTENHEIM, P.R.: Avian anatomy. Integument. 2 Bde. US Gouvernm. Print Off., Washington 1972.

PORTMANN, A.: Die Vogelfeder als morphologisches Problem. Verh. Naturf. Ges. Basel **74** (1963): 106–132.

RUTSCHKE, E.: Untersuchungen über Wasserfestigkeit und Struktur des Gefieders von Schwimmvögeln. Zool. Jb. Syst. **87** (1960): 441–506.

– Untersuchungen über die Feinstruktur des Schaftes der Vogelfeder. Zool. Jb. Syst. **93** (1966): 223–288.

– Die submikroskopische Struktur schillernder Federn von Entenvögeln. Z. Zellforsch. Mikrosk. Anat. **73** (1966): 432–443.

SCHÜZ, E.: Beitrag zur Kenntnis der Puderbildung bei den Vögeln. J. Orn. **75** (1927): 86–224.

SICK, H.: Morphologisch-funktionelle Untersuchungen über die Feinstruktur der Vogelfeder. J. Orn. **85** (1937): 206–372.

STEGMANN, B.: Die verkümmerte distale Handschwinge des Vogelflügels. J. Orn. **103** (1962): 50–85.

STEINER, H.: Das Problem der Diastataxie des Vogelflügels. Jenaische Z. Naturwiss. **55** (1918): 221–496.

Steiner, H.: Die taxonomische und phylogenetische Bedeutung der Diastataxie des Vogelflügels. J. Orn. **97** (1956): 1–20.

Stephan, B.: Eutaxie, Diastataxie und andere Probleme der Befiederung des Vogelflügels. Mitt. Zool. Mus. Berlin **46** (1970): 339–437.

Stresemann, E.: Inheritance and adaptation in molt. Proc. XIV Int. Orn. Congr. Oxford 1966. Blackwell, Oxford–Edinburgh 1967: 75–80.

– und Stresemann, V.: Die Mauser der Vögel. J. Orn. **107** (1966): Sonderheft.

Thiel, H.: Die Porphyrine der Vogelfeder: Untersuchungen über ihre Herkunft und Einlagerung. Zool. Jb. Syst. **95** (1968): 147–188.

Turček, F.J.: On plumage quantity in birds. Ekol. Pol., Ser. A **14** (1966): 617–634.

Vojtkevič, A.A.: Pero pticy (Die Vogelfeder). Akad. Nauka, Moskva 1962 (russ.).

Völker, O.: Die Farbstoffe im Gefieder der Vögel. Fortschr. Chemie Org. Naturstoffe **18** (1960): 177–222.

Zeidler, K.: Untersuchungen über Flügelbefiederung und Mauser des Haussperlings *(Passer domesticus* L.). J. Orn. **107** (1966): 113–153.

Ziswiler, V.: Die Afterfeder der Vögel: Untersuchungen zur Morphogenese und Phylogenese des sog. Afterschaftes. Zool. Jb. Anat. **80** (1962): 245–308.

14.4. Sinnesorgane, Nervensystem und hormonales System

Al-Hussaini, A.H., and Amer, F.I.: Studies on the developmental anatomy of the bursa fabrici of the fowl. Bull. Zool. Soc. Egypt **14** (1959): 60–96.

Bang, B.G.: Functional anatomy of the olfactory system in 23 orders of birds. Acta Anat. Suppl. **58** (1971): 1–76.

Bargmann, W., and Scharrer, B. (Hrsg): Aspects in neuroendocrinology. Springer, Berlin–New York 1970.

Baylé, J.D., Boissin, J., Daniel, J.Y., and Assenmacher, I.: Hypothalamic-hypophysial control of adrenal cortical function in birds. Neuroendocrinol. **7** (1971): 308–321.

Beidler, L. M. (Hrsg.): Handbook of sensory physiology. Bd. 4. Springer, Berlin–New York 1971.

Benoit, J., et da Lage, C. (Hrsg.): Cytologie de l'adenohypophyse. CNRS, Paris 1963.

Bhattacharyya, T.K., Sinha, D., and Gosh, A.: A comparative histological survey of the avian adrenocortical homologue. Arch. Histol. Jap. **34** (1972): 419–432.

Björkmann, N., and Hellman, B.: Ultrastructure of the islets of Langerhans in the duck. Acta Anat. **56** (1964): 348–367.

Bolze, G.: Anordnung und Bau der Herbstschen Körperchen in Limicolenschnäbeln im Zusammenhang mit der Nahrungsfindung. Zool. Anz. **181** (1969): 313–355.

Cohen, A.I.: The fine structure of the visual receptors of the pigeon. Exp. Eye Res. **2** (1963): 88–97.

CRAIGIE, E.H.: The cerebral cortex in palaeognathine and neognathine birds. J. Comp. Neurol. **73** (1940): 179–234.

DE REUCK, A.V.S., and KNIGHT, J. (Hrsg.): Hearing mechanisms in vertebrates. Churchill, London 1968.

DETWILER, S.R.: Vertebrate photoreceptors. Macmillan, New York 1943.

DONNER, K.O.: The visual acuity of some passerine birds. Acta Zool. Fenn. **66** (1951): 1–140.

– The spectral sensitivity of the pigeon's retinal elements. J. Physiol. (London) **122** (1953): 524–537.

DUIJM, M.: On the position of a ribbon-like central area in the eyes of some birds. Arch. Neerl. Zool. **13** (1958): 128–145.

EPPLE, A.: Pancreatic islets and annual cycle in some avian species. Proc. XIII Int. Orn. Congr. Ithaca 1962. Amer. Orn. Union, Baton Rouge, Louis. 1963: 974–982.

ERULKAR, S.D.: Tactile and auditory areas in the brain of the pigeon. J. Comp. Neurol. **103** (1955): 421–457.

FARNER, D.S., and OKSCHE, A.: Neurosecretion in birds. Gen. Comp. Endocrinol. **2** (1962): 113–147.

FRANZ, V.: Das Vogelauge. Zool. Jb. Anat. **28** (1909): 73–282.

FREYE, H.A.: Das Gehörorgan der Vögel. Wiss. Z. Univ. Halle–Wittenberg **2** (1952/53): 267–297.

GOODRIDGE, A.G.: The effect of insulin, glucagon and prolactin on lipid synthesis and related metabolic activity on migratory and non-migratory finches. Comp. Biochem. Physiol. **13** (1964): 1–26.

GORBMAN, A. (Hrsg.): Comparative endocrinology. Wiley, New York 1959.

GOURDJI, D.: Prolactine et relations photo-sexuelles chez les oiseaux. Colloq. Int. Cent. Nat. Rech. Sci. **172** (1970): 233–258.

GRANIT, O.: Beiträge zur Kenntnis des Gehörsinnes der Vögel. Ornis Fenn. **18** (1941): 49–71.

GREEN, J.D.: The comparative anatomy of the hypophysis with special reference to its blood supply and innervation. Amer. J. Anat. **88** (1951): 225–311.

GRINELL, A.D.: Comparative physiology of hearing. Ann. Rev. Physiol. **31** (1969): 545–580.

GUNDLACH, R.H.: The visual acuity of homing pigeons. J. Comp. Psychol. **16** (1933): 327–342.

– CHARD, R.D., and SKAHEN, J.R.: The mechanism of accomodation in pigeons. J. Comp. Psychol. **38** (1945): 27–42.

HESS, C.: Die Akkomodation bei Tauchervögeln. Arch. vergl. Ophthalm. **1** (1910): 153–164.

HOFFMANN, C.: Vergleichende Physiologie der mechanischen Sinne. Fortschr. Zool. **16** (1964): 268-332.

IL'IČEV, V.D.: Morfo-funkcional'nye osobennosti naružnogo ucha ptic, veduščich sumerečnyj i nočnoj obraz žizni (Morphologisch-funktionelle Besonderheiten des äußeren Ohres dämmerungs- und nachtaktiver Vögel). Dokl. Akad. Nauka SSSR **137** (1961): Nr. 6 (russ.).

– Adaptacii sluchovoj sistemy ptic i ich rol' v èvoljucii (Anpassungen im

Gehörorgan der Vögel und ihre Rolle in der Evolution). Ž. Obšč. Biol. **29** (1968): 31-47 (russ.).

Jones, A. W., and Levi-Montalcini, R.: Patterns of differentiation of the nerve centers and fiber tracts in the avian cerebral hemispheres. Arch. Ital. Biol. **96** (1958): 231–284.

Jørgensen, J. M.: On the structure of the macula lagenae in birds with some notes on the avian maculae utriculi and sacculi. Vidensk. Medd. Dan. Naturh. Foren. **133** (1970): 121–147.

Kajikawa, J.: Beiträge zur Anatomie und Physiologie des Vogelauges. Albrecht v. Graefes Arch. Ophthalm. **112** (1923): 260–346.

Kappers, A. J., and Schadé, J. P. (Hrsg.): Structure and function of the epiphysis cerebri. Elsevier, Amsterdam 1965.

Kartaschew, N. N., und Iljitschew, W. D.: Über das Gehörorgan der Alkenvögel. J. Orn. **105** (1964): 113–136.

Karten, H. J., and Hodos, W.: A stereotaxic atlas of the brain of the Pigeon *(Columba livia)*. Hopkins Univ. Press, Baltimore 1967.

Kitchell, R. L., Ström, L., and Zotterman, Y.: Electrophysiological studies of thermal and taste reception in chickens and pigeons. Acta Physiol. Scand. **46** (1959): 133–151.

Kolossow, N. G., Sabussow, G. H., und Iwanow, J. F.: Zur Innervation des Verdauungskanales der Vögel: Eine experimentell-morphologische Untersuchung. Z. Mikrosk.-Anat. Forsch. **30** (1932): 257–294.

Konishi, M.: Comparative neurophysiological studies of hearing and vokalizations in song-birds. Z. Vgl. Physiol. **66** (1970): 257–272.

Küchler, W.: Jahreszyklische Veränderungen im histologischen Bau der Vogelschilddrüse. J. Orn. **83** (1935): 414–461.

Kuntz, A.: The autonomic nervous system. Lea a. Febiger, Philadelphia 1953.

Malinowský, L.: Die Nervenendkörperchen in der Haut von Vögeln und ihre Variabilität. Z. Mikrosk.-Anat. Forsch. **77** (1967): 279–303.

Mann. I. C.: The function of the pecten. Brit. J. Ophthalm. **8** (1924): 209–226.

Menner, E.: Die Bedeutung des Pecten im Auge des Vogels für die Wahrnehmung von Bewegungen, nebst Bemerkungen über seine Ontogenie und Histologie. Zool. Jb. Physiol. **58** (1938): 481–538.

Nolf, P.: Les nerfs extrinsèques de l'intestin chez l'oiseaux, I–III. Arch. Int. Physiol. **39** (1934): 113–256.

Oehme, H.: Das Auge von Mauersegler, Star und Amsel. J. Orn. **103** (1962): 187–212.

– Vergleichende Untersuchungen an Greifvogelaugen. Z. Morph. Ökol. Tiere **53** (1964): 618–635.

– Der Bewegungsapparat der Vogeliris. Zool. Jb. Anat. **86** (1969): 96–128.

– Vergleichende Untersuchungen über die Färbung der Vogeliris. Biol. Zbl. **88** (1969): 3–35.

Oehmke, H.-J., Priedkalns, J., Vaupel-von Harnack, M., und Oksche, A.: Fluoreszenz- und elektronenmikroskopische Untersuchungen am Zwischenhirn-Hypophysensystem von Passer domesticus. Z. Zellforsch. Mikrosk. Anat. **95** (1969): 109–133.

Oksche, A., Farner, D. S., Serventy, D. L., Wolff, F., and Nicholis, C. A.:

The hypothalamo-hypophysical neurosecretory system of the Zebra Finch *(Taeniopygia castanotis)*. Z. Zellforsch. Mikrosk. Anat. **58** (1963): 846 bis 914.
– MORITA, Y., and VAUPEL-VON HARNACK, M.: Zur Feinstruktur und Funktion des Pinealorgans der Taube *(Columba livia)*. Z. Zellforsch. Mikroskop. Anat. **102** (1969): 1–30.
PAYNE, R.: Acoustic location of prey by Barn Owls *(Tyto alba)*. J. Exp. Biol. **54** (1971): 535–573.
PEARSSON, R.: The avian brain. Acad. Press, London 1972.
PEIPONEN, V.A.: Experimentelle Untersuchungen über das Farbensehen beim Blaukehlchen, *Luscinia svecica* (L.), und Rotkehlchen, *Erithacus rubecula* (L.). Ann. Zool. Soc. Bot. Fenn. „Vanamo" **24** (1963): 1–49.
– Zur Bedeutung der Ölkugeln im Farbensehen der Sauropsiden. Ann. Zool. Fenn. **1** (1964): 281–302.
PILAR, G., and VAUGHAN, P.D.: Electrophysiological investigations of the pigeon iris neuromuscular junctions. Mechanical responses of the pigeon iris muscle fibres. Comp. Biochem. Physiol. **29** (1969): 51–87.
– – Ultrastructure and contractures of the pigeon iris striated muscle. J. Physiol. (London) **219** (1971): 253–266.
POLYAK, S.: The vertebrate visual system. Univ. Chicago Press, Chicago 1957.
PUMPHREY, R.J.: The sense organs of birds. Ibis **90** (1948): 171–199.
– The theory of the fovea. J. Exp. Biol. **25** (1948): 299–312.
RAVIOLA, E., and RAVIOLA, G.: A light and electron microscopic study of the pecten of the pigeon eye. Amer. J. Anat. **120** (1967): 427–462.
ROCHON-DUVIGNEAUD, A.: Les yeux et la vision des vertébrés. Masson, Paris 1943.
SAGITOV, A.K.: Vestibuljarnyj analizator i stepeń podvižnosti kurinych ptic (Vestibularapparat und Beweglichkeit der Hühnervögel). Tr. Samarkandsk. Un-ta, **137** (1964): 5–38 (russ.).
SAXOD, R.: Ultrastructure des corpuscules sensoriels cutanés de Herbst et Grandry chez le canard. Arch. Anat. Microsc. Morphol. Exp. **57** (1968): 379–400.
SCHILDMACHER, H.: Untersuchungen über die Funktion der Herbstschen Körperchen. J. Orn. **74** (1931): 374–415.
SCHWARTZKOPFF, J.: Über Sitz und Leistung von Gehör und Vibrationssinn bei Vögeln. Z. Vgl. Physiol. **31** (1949): 527–608.
– Physiologie der höheren Sinne bei Säugetieren und Vögeln. J. Orn. **101** (1960): 61–91.
– Vergleichende Physiologie des Gehörs und der Lautäußerungen. Fortschr. Zool. **15** (1962): 213–336.
– und WINTER, P.: Zur Anatomie der Vogel-Cochlea unter natürlichen Bedingungen. Biol. Zbl. **79** (1960): 607–625.
SENGLAUB, K.: Das Kleinhirn der Vögel in Beziehung zu phylogenetischer Stellung, Lebensweise und Körpergröße. Z. Wiss. Zool. **169** (1963): 1–63.
SLONAKER, J.R.: A physiological study of the anatomy of the eye and its accessory parts of the English Sparrow *(Passer domesticus)*. J. Morphol. **31** (1918): 351–459.

SSINELNIKOW, R.: Die Herznerven der Vögel. Das intramurale Nervensystem des Vogelherzens. Z. Anat. Entwicklungsgesch. **86** (1928): 540–578.
STAMMER, A.: Die Nervenendorgane der Vogelhaut. Acta Biol. (Szeged) **7** (1961): 115–131.
STINGELIN, W.: Qualitative und quantitative Untersuchungen an Kerngebieten der Medulla oblongata bei Vögeln. Karger, Basel 1965.
THOMSON, A.: The pecten, considered from an environmental point of view. Ibis **5** (1929): 608–639.
VINNIKOV, Ja. A., OSIPOVA, I. A., TITOVA, L. K., i GOVARDOVSKIJ, V. I.: élektronno-mikroskopičeskoe issledovanie kortieva organa ptic (Elektronenmikroskopische Untersuchungen des Cortischen Organs der Vögel). Žurn. Obščej Biol. **26** (1965): 138–150 (russ.).
VINNIKOV, Ja. A., i TITOVA, L. K.: Kortiev organ (Das Cortische Organ). Akad. Nauka SSSR, Moskva–Leningrad 1961 (russ.).
WALLS, G.: The vertebrate eye and its adaptive radiation. Cranbrooke. Bloomfield Hills, Mich. 1942.
WARNER, N. L., and SZENBERG, A.: The immunological function of the bursa of Fabricius in the chicken. Annu. Rev. Microbiol. **18** (1964): 235–268.
WASSILJEW, M.: Über das Tonunterscheidungsvermögen der Vögel für hohe Töne. Z. Vgl. Physiol. **19** (1933): 424–438.
WERNER, C. F.: Das Gehörorgan der Wirbeltiere und des Menschen. Thieme, Leipzig–Stuttgart 1960.
– Schädel-, Gehirn- und Labyrinthtypen bei den Vögeln. Morphol. Jb. **104** (1963): 54–87.
WINGSTRAND, K. G., and MUNK, O.: The pecten oculi of the pigeon with particular regard to its function. Biol. Skr. Dan. Videnskab. Selskab **14** (1965): 1–64.
WINTER. P.: Vergleichende qualitative und quantitative Untersuchungen an der Hörbahn von Vögeln. Z. Morphol. Ökol. Tiere **52** (1963): 365–400.
WOOD, C. A.: The fundus oculi of birds especially as viewed by the ophthalmoscope. Lakeside Press, Chicago 1917.
YOUNG, W. C. (Hrsg.): Sex and internal secretions. 3. Aufl. Wiliams a. Wilkins, Baltimore 1961.

14.5. Stoffwechselorgane und Stoffwechsel

AMES, P.: The morphology of the syrinx in passerine birds. Bull. Peabody Mus. **37** (1971): 1–194.
ANTONY, M.: Über die Speicheldrüsen der Vögel. Zool. Jb. **41** (1920): 547–660.
AKESTER, A. R.: Renal portal shunts in the kidney of the Domestic Fowl. J. Anat. **101** (1967): 569–594.
ASCHOFF, J.: Circadian rhythms in birds. Proc. XIV Int. Orn. Congr. Oxford 1966. Blackwell, Oxford–Edinburgh 1967: 81–105.
– und POHL, H.: Der Ruheumsatz von Vögeln als Funktion der Tageszeit und der Körpergröße. J. Orn. **111** (1970): 38–47.

BARTHOLOMEW, G. A., HOWELL, T. R., and CADE, T. J.: Torpidity in the White-throated Swift, Anna Hummingbird and Poor-will. Condor **59** (1957): 145–155.

– and CADE, T. J.: The water economy of land birds. Auk **80** (1963): 504–539.

BENNETT, T., and COBB, J. L. S.: Studies on the avian gizzard: The development of the gizzard and its innervation. Z. Zellforsch. Mikroskop. Anat. **98** (1969): 599–621.

BERTHOLD, P.: Endogene Jahresperiodik – innere Jahreskalender als Grundlage der jahreszeitlichen Orientierung bei Tieren und Pflanzen. Universitätsverl., Konstanz 1974.

– Circannuale Periodik bei Grasmücken (Sylvia). III. Periodik der Mauser, der Nachtunruhe und des Körpergewichtes bei mediterranen Arten mit unterschiedlichem Zugverhalten. J. Orn. **115** (1974): 251–272.

– GWINNER, E., und KLEIN, H.: Circannuale Periodik bei Grasmücken. I. Periodik des Körpergewichts, der Mauser und der Nachtunruhe bei *Sylvia atricapilla* und *S. borin* unter verschiedenen konstanten Bedingungen. J. Orn. **113** (1972): 170–190.

BLJUMENTAL', T. I., und DOL'NIK, V. R.: Ocenka énergetičeskich pokozatelej ptic v polevych uslovijach (Daten zum Energiestoffwechsel frei lebender Vögel). Ornitologija **4** (1962): 394–407 (russ.).

BOYD, J. D., and SLADEN, W. J. L.: Telemetry studies of the internal body temperatures of Adelie and Emperor Penguins at Cape Crozier, Ross Island, Antarctica. Auk **88** (1971): 366–380.

BOYDEN, E. A.: The development of the cloaca in birds with special reference to the origin of the bursa of Fabricius, the formation of the urodeal sinus, and the regular occurence of the cloacal fenestra. Amer. J. Anat. **30** (1922): 163–201.

BURTON, A. C.: Physiology and biophysics of the circulation. Yearbook Publ., Chicago 1965.

BURTON, P. J. K.: Feeding and the feeding apparatus in waders: a study of anatomy and adaptions in the Charadrii. Brit. Mus. (Nat. Hist.), London 1974.

CADE, T. J., and GREENWALD, L.: Nasal salt secretion in falconiform birds. Condor **68** (1966): 338–350.

CALDER, W. A.: Respiratory and heart rates of birds at rest. Condor **70** (1968): 358–365.

CHAFFEE, R. R. J., and ROBERTS, J. C.: Temperature acclimation in birds and mammals. Ann. Rev. Physiol. **33** (1971): 155–202.

CHEW, R. M.: Water metabolism of desert-inhabiting vertebrates. Biol. Rev. Cambridge Phil. Soc. **36** (1961): 1–31.

DAVIS, E. A. jr.: Seasonal changes in the energy balance of the English Sparrow. Auk **72** (1955): 385–411.

DRUMMOND, G. I.: Muscle metabolism. Fortschr. Zool. **18** (1967): 359–429.

DUNCKER, H. R.: The lung air sac system of birds. Ergebn. Anat. Entwickl.-Gesch. **45** (1971): 1–171.

EBER, G.: Vergleichende Untersuchungen über die Ernährung einiger Finkenvögel. Biol. Abh. **13** (1956): 1–60.

FOELIX, R.: Vergleichend morphologische Untersuchungen an den Speicheldrüsen körnerfressender Singvögel. Zool. Jb. Anat. **87** (1970): 523–587.
FRANKEL, A.I.: Neurohumoral control of the avian adrenal: a review. Pultry Sci. **49** (1970): 869–921.
GAUNT, A.S., and WELLS, M.K.: Models of syringeal mechanisms. Amer. Zool. **13** (1973): 1227–1247.
GOODMAN, D.C., and FISHER, H.J.: Functional morphology of the feeding apparatus in waterfowl, Aves: Anatidae. Illinois Un. Press, Carbondale 1962.
GWINNER, E.: Untersuchungen zur Jahresperiodik von Laubsängern. J. Orn. **110** (1969): 1–21.
HART, J.S.: Climatic and temperature induced changes in the energetics of homeothermes. Rev. Can. Biol. **16** (1957): 133–174.
HARTMAN, F.A.: Heart weights in birds. Condor **57** (1955): 221–238.
IMMELMANN, K.: Untersuchungen zur endogenen und exogenen Steuerung der Jahresperiodik afrikanischer Vögel. Zool. Anz. Suppl. **31** (1968): 340–357.
INOZEMCEV, A.A.: Èlektivnost' pitanija ptic i nekotorye pričiny ee izmenčivosti (Nahrungsauswahl und einige Ursachen ihrer Veränderlichkeit). Ornitologija **6** (1963): 424–450 (russ.).
JAKOBI, V.E., KOKŠAJSKIJ, N.V., i BORODULINA, T.L.: Funkcional'naja morfologija ptic (Funktionelle Morphologie der Vögel). Nauka, Moskva 1964 (russ.).
JENKIN, P. M.: The filter-feeding and food of flamingoes (Phoenicopteri). Phil. Trans. Roy. Soc. London, Ser. B **240** (1957): 401–493.
JENNIAUX, C.: Digestion de la chitine chez les oiseaux et les mammiferes. Ann. Soc. Zool. Belg. **92** (1963): 27–45.
JUNOR, F.J.R.: Estimation of the daily food intake of piscivorous birds. Ostrich **43** (1972): 193–205.
KENDEIGH, S.C.: Effect of air temperature on the rate of energy metabolism in the English Sparrow. J. Exp. Biol. **96** (1944): 1–16.
KERN, A.: Das Vogelherz. Morph. Jb. **56** (1926): 264–315.
KESPAJK, Ju.: Teploprodukcija i puti teplootdači pri polete u lastoček (Wärmeproduktion und Wege der Wärmeabgabe beim Flug der Schwalben). Izv. Akad. Nauka Èst. SSR Biologija **17** (1968): 179–191 (russ.).
KING, A.S.: Structural and functional aspects of the avian lung and air sacs. Int. Rev. Gen. Exp. Zool. **2** (1966): 171–267.
KING, J.R., and FARNER, D.S.: Studies of fat deposition in migratory birds. Ann. N. Y. Acad. Sci. **131** (1965): 422–440.
KOMNICK, H.: Funktionelle Morphologie von Salzdrüsenzellen. 2. Wiss. Konf. Ges. Deut. Naturf. Ärzte Reinhardsbrunn 1964. (1965): 289–314.
LASIEWSKI, R.C.: Oxygen consumption of torpid, resting, active, and flying hummingbirds. Physiol. Zool. **36** (1963): 122–140.
– and CALDER, W.A.: A preliminary allometric analysis of respiratory variables in resting birds. Resp. Physiol. **11** (1971): 152–166.
LITWER, G.: Die histologischen Veränderungen der Kropfwandung bei Tauben zur Zeit der Bebrütung und Auffütterung ihrer Jungen. Z. Zellforsch. Mikrosk. Anat. **3** (1926): 695–722.

LUCAS, A. M., and JAMROZ, C.: Atlas of avian haematology. Agr. Monogr. 25 U. S. Dept. Agric., Washington 1961.

MACCHI, I. A., PHILLIPS, J. G., and BROWN, P.: Relationship between the concentration of corticosteroids in avian plasma and nasal gland function. J. Endrocrinol. **38** (1967): 319–329.

MÄRZ, R.: Gewöll- und Rupfungskunde. Akademie Verl., Berlin 1969.

MCATEE, W. L.: Torpidity in birds. Am. Midl. Natur **38** (1947): 191–206.

MCNAB, B. K.: Body weight and the energetics of temperature regulation. J. Exp. Biol. **53** (1970): 329–348.

NIETHAMMER, G.: Anatomisch-histologische und physiologische Untersuchungen über die Kropfbildung der Vögel. Z. Wiss. Zool. **144** (1933): 12–101.

PAYNTER, R. A. (Hrsg.): Avian energetics. Publ. Nutall Orn. Cl. **15** (1974).

PEAKER, M. (Hrsg.): Avian physiology. Acad. Press, London 1975.

PEIPONEN, V. A.: The diurnal heterothermy of the Nightjar (*Caprimulgus europaeus* L.). Ann. Acad. Sci. Fenn., A 4 **101** (1966): 1–35.

POHL, H.: Über Beziehungen zwischen circadianen Rhythmen bei Vögeln J. Orn. 118 (1971): 266–278.

PRINZINGER, R.: Temperatur- und Stoffwechselregulation der Dohle *Corvus monedula* L., Rabenkrähe *Corvus corone* L. und Elster *Pica pica* L.; Corvidae. Anz. Orn. Ges. Bayern **15** (1976): 1–47.

RAUTENBERG, W.: Vergleichende Untersuchungen über den Energiehaushalt des Bergfinken (*Fringilla montifringilla* L.) und des Haussperlings (*Passer domesticus* L.). J. Orn. **98** (1957): 36–64.

– Die Bedeutung der zentralnervösen Thermosensitivität für die Temperaturregulation der Taube. Z. Vgl. Physiol. **62** (1969): 235–266.

RICHARDS, S. A.: The biology and comparative physiology of thermal panting. Biol. Rev. Cambridge Phil. Soc. **45** (1970): 223–264.

SALT, G. W.: Respiratory evaporation in birds. Biol. Rev. Cambridge Phil. Soc. **39** (1964): 113–136.

SAXENA, B. B.: Unterschiede physiologischer Konstanten bei Finkenvögeln aus verschiedenen Klimazonen. Z. Vgl. Physiol. **40** (1957): 376–396.

SCHILDMACHER, H.: Hoden und Schilddrüse des Gartenrotschwanzes *Phoenicurus ph. phoenicurus* (L.) unter dem Einfluß zusätzlicher Belichtung im Herbst und Winter. Biol. Zbl. **58** (1938): 464–472.

– Physiologische Untersuchungen am Grünfinken *Chloris chloris* (L.) im künstlichen Kurztag und nach „hormonaler Sterilisierung“. Biol. Zbl. **75** (1956): 327–355.

– Legetätigkeit und Fettansatz der Hausgans unter dem Einfluß künstlich veränderter Photoperiode. Arch. Geflügelz. Kleintierk. **6** (1957): 3–15.

– Photoperiodischer Effekt und spektrales Helligkeitsempfinden bei einigen Vogelarten. Biol. Zbl. **82** (1963): 31–44.

SCHMIDT-NIELSEN, K.: The salt-secreting gland of marine birds. Circulation **21** (1960): 955–967.

– Physiology of salt glands. 2. Wiss. Konf. Ges. Deut. Naturf. Ärzte Reinhardsbrunn 1964. (1965): 269–288.

– Energy metabolism, body size, and problems of scaling. Fed. Proc., Fed. Amer. Soc. Exp. Biol. **29** (1970): 1524–1532.

SCHOLANDER, P.F., HOCK, R., IRVING, L., JOHNSON, F., and WALTERS, V.: Body insulation of some arctic and tropical mammals and birds.-Heat regulation in some arctic and tropical mammals and birds. – Adaptation to cold in arctic and tropical mammals and birds in relation to body temperature, insolation, and basal metabolic rate. Biol. Bull. **99** (1950): 225–271.

STAGER, K.E.: The role of olfaction in food location by the Turkey Vulture *(Cathartes aura)*. Los Angeles County Mus. Contrib. Sci. **81** (1964): 3–63.

STETSON, M.H.: The role of the median eminence in control of photoperiodically induced testicular growth in the Whitecrowned Sparrow, *Zonotrichia leucophrys gambelii*. Z. Zellforsch. Mikrosk. Anat. **93** (1969): 369–394.

STIEFEL, A.: Ruhe und Schlaf bei Vögeln. Neue Brehm-Bücherei 487. Ziemsen, Wittenberg 1976.

STURKIE, P.D. (Hrsg.): Avian physiology. 3. Aufl. Springer, New York–Heidelberg–Berlin 1976.

TECHNAU, G.: Die Nasendrüse der Vögel. J. Orn. **84** (1936): 511–617.

TEREZA, S.H.: Stroenie golosovogo apparata ptic (Bau des Stimmapparates der Vögel). Tr. Nauč,-issl. in-ta Zoologii Mosk. Un-ta **4** (1930): H. 1 (russ.).

UTTENDÖRFER, O.: Die Ernährung der deutschen Raubvögel und Eulen und ihre Bedeutung in der heimischen Natur. Neumann, Neudamm 1939.

– Neue Ergebnisse über die Ernährung der Greifvögel und Eulen. Ulmer, Stuttgart 1952.

UTTER, J. M., and LEFEBVRE, E.A.: Daily energy expenditure of Purple Martins *(Progne subis)* during the breeding season: estimates using D_20^{18} and time budget methods. Ecology **54** (1973): 517–604.

WALLGREN, H.: Energy metabolism of two species of the genus Emberiza as correlated with distribution and migration. Acta Zool. Fenn. **84** (1954): 3–110.

WEBER, W.: Zur Histologie und Cytologie der Kropfmilchbildung der Taube. Z. Zellforsch. Mikrosk. Anat. **56** (1962): 247–276.

WEST, J.B.: Ventilation/Blood flow and gas exchange. 2. Aufl. Blackwell, Oxford 1970.

WETMORE, A.: A study of the body temperature of birds. Smithson Misc. Collect. **72** (1921): 1–52.

WHITTOW, C. (Hrsg.): Comparative physiology of thermoregulation. Bd 1–3. Acad. Press, New York 1970–1973.

WINKEL, K.: Vergleichende Untersuchungen einiger physiologischer Konstanten bei Vögeln aus verschiedenen Klimazonen. Ein tiergeographisches Problem. Zool. Jb. Syst. **80** (1951): 256–276.

ZEUTHEN, E.: The ventilation of the respiratory tract in birds. Kgl. Dan. Vidensk. Selsk. Biol. Medd. **17** (1942): 1–51.

ZIMMER, K.: Beiträge zur Mechanik der Atmung bei den Vögeln in Stand und Flug auf Grund anatomisch-physiologischer und experimenteller Studien. Zoologica. **88** (1935): 1–68.

ZISWILER, V.: Vergleichend morphologische Untersuchungen am Verdauungstrakt körnerfressender Singvögel zur Abklärung ihrer systematischen Stellung. Zool. Jb. Syst. **94** (1967): 427–520.

14.6. Bewegungsformen

ANDERSEN, H.T.: Physiological adaptations in diving vertebrates. Physiol. Rev. **46** (1959): 212–243.

BERGER, M., und GÖHDE, W.: Zur Theorie des Segelfluges von Vögeln über dem Meere. Zool. Jb. Physiol. **71** (1965): 217–224.

BILO, D.: Flugbiophysik von Kleinvögeln I und II. Z. Vgl. Physiol. **71** (1971): 382–454; **76** (1972): 426–437.

BOCK, W., and MILLER, W.D.: The scansorial foot of the woodpeckers, with comments on the evolution of perching and climbing feet in birds. Amer. Mus. Nov. **1931** (1959): 1–45.

BROWN, R.H.J.: The flight of birds. Biol. Rev. **38** (1963): 460–489.

CONE, C.D. jr.: Thermal soaring of birds. Amer. Sci. **50** (1962): 180–209.

DATHE, H.H., und OEHME, H.: Typen des Rüttelfluges der Vögel. Biol. Zbl. **97** (1978): 299–306.

DINNENDAHL, L., und KRAMER, G.: Über größenabhängige Änderungen der Körperproportionen bei Möwen *(Larus ridibundus, L. canus, L. argentatus, L. marinus)*. J. Orn. **98** (1957): 282–312.

DOL'NIK, V.R.: Bioènergetika letjaščej pticy (Bioenergetik des Vogelfluges). ž. Obšč. Biol. **30** (1969): 273-291 (russ.).

FISHER, H.I.: The landing forces of domestic pigeons. Auk **73** (1956): 85–105.

GLADKOV, N.A.: Biologičeskie osnovy poleta ptic (Biologische Grundlagen des Vogelfluges). MOIP, Moskva 1949 (russ.).

GRAHAM, R.R.: Safety devices in wings of birds. J. Roy. Aero. Soc. **36** (1932): 24–58.

GRAY, J.: Animal locomotion. Weidenfeld a. Nicolson, London 1968.

GREENEWALT, C.H.: Dimensional relationships for flying animals. Smithson. Misc. Coll. **144** (1962): No. 2.

– The flight of birds. Trans. Amer. Phil. Soc. N. S. **65** (1975): Part. 4.

HART, J.S. and BERGER, M.: Energetics, water economy, and temperature regulation during flight. Proc. XV Int. Orn. Congr. Leiden 1970. Brill, Leiden 1972: 189–199.

HARTMAN, F.A.: Locomotor mechanisms of birds. Smithson. Misc. Collect. **143** (1961): 1–91.

HERTEL, H.: Struktur – Form – Bewegung (Biologie und Technik). Krausskopf, Mainz 1963.

HOLST, E. von: Über „künstliche Vögel" als Mittel zum Studium des Vogelfluges. J. Orn. **91** (1943): 406–447.

– und KÜCHEMANN, D.: Biologische und aerodynamische Probleme des Tierfluges. Naturwiss. **29** (1941): 348–362.

HUMMEL, D.: Die Leistungsersparnis beim Verbandsflug (Ein aerodynamischer Beitrag zur Diskussion über den Winkelflug einiger Zugvögel). J. Orn. **114** (1973): 259–282.

– Die Leistungsersparnis in Flugformationen von Vögeln mit Unterschieden in Größe, Form, Gewicht, J. Orn. **119** (1977): 52–73.

– The aerodynamic characteristics of slotted wingtips in soaring birds. Acta

XVII Congr. Internat. Ornithol. Berlin 1978. Verl. Orn. Ges., Berlin 1980: 391–396.

Idrac, P.: Experimentelle Untersuchungen über den Segelflug mitten im Fluggebiet großer segelnder Vögel. Oldenbourg, München–Berlin 1932.

Jack, A.: Feathered wings. A study of the flight of birds. Methuen, London 1953.

Jakobi, V.: Morfo-funkcional'nye issledovanija poleta ptic semejstva jastrebinych (Morpho-funktionelle Untersuchungen des Fluges der Greifvögel). Tr. Inst. Morfol. živ. Im A.N. Severcova **32** (1960): 142–214 (russ.).

Kleinenberg, S.E. (Hrsg.): Mechanizmy poleta i orientacii ptic (Flug- und Orientierungsmechanismen der Vögel). Nauka, Moskva 1966 (russ.).

Kokšajskij, N.V.: Ènergetika poleta nasekomych i ptic (Energetik des Insekten- und Vogelfluges). ž. Obšč. Biol. **31** (1970): 527–549 (russ.).

– Ob issledovanijach poleta ptic (Über die Untersuchung des Vogelfluges). It. Nauki. Ser. Biol. Zool. Pozv. **1969** (1971): 60–93 (russ.).

– Očerk biologičeskoj aèro-i gidrodinamiki. Polet i plavanie životnych (Grundriß der biologischen Aero- und Hydrodynamik. Fliegen und Schwimmen der Tiere). Nauka, Moskva 1974 (russ.).

Kuročkin, E.N.: Adaptivnye osobennosti stroenija i lokomocija vodnych ptic (Anpassungsbesonderheiten im Bau und in der Lokomotion der Wasservögel). It. Nauki Ser. Biol. Zool. Pozv. **1969** (1971): 94–135 (russ.).

Lilienthal, O.: Der Vogelflug als Grundlage der Fliegekunst. 2. Aufl. Oldenbourg, München–Berlin 1910.

Lorenz, K.: Beobachtetes über das Fliegen der Vögel und über die Beziehung der Flügel- und Steuerform zur Art des Fliegens. J. Orn. **81** (1933): 107–236.

Magnan, A.: Les charactéristiques des oiseaux suivant le mode de vol. Ann. Sci. Nat.-Zoologie-10. Sér., T.V. (1922): 125–334.

McNeill Alexander, R.: Animal mechanics. Univ. Washington Press, Seattle 1968.

Meinertzhagen, R.: The speed and altitude of bird flight (with notes on other animals). Ibis **97** (1955): 81–117.

Nachtigall, W.: Vogelflügel und Gleitflug. Einführung in die aerodynamische Betrachtungsweise des Flügels. J. Orn. **116** (1975): 1–38.

– (Hrsg.): Bewegungsphysiologie–Biomechanik. Fortschr. Zoologie **24** (1977): H. 2/3.

– Der Taubenflügel in Gleitflugstellung: Geometrische Kenngrößen der Flügelprofile und Luftkrafterzeugung. J. Orn. **120** (1979): 30–40.

– und Kempf, B.: Vergleichende Untersuchungen zur flugbiologischen Funktion des Daumenfittichs (Alula spuria) bei Vögeln I. Z. Vgl. Physiol. **71** (1971): 326–341.

Oehme, H.: Der Flug des Fahnendrongos *(Dicrurus macrocercus)*. J. Orn. **106** (1965): 190–203.

– Der Kraftflug der Vögel. Vogelwelt **89** (1968): 20-42.

– Die Flügelprofile von Star und Türkentaube. forma et functio **2** (1970): 266–287.

– Die Flugsteuerung des Vogels I-III. Beitr. Vogelk. **22** (1976): 58–82.

– und Kitzler, U.: Über die Kinematik des Flügelschlages beim unbeschleunigten Horizontalflug. Zool. Jb. Physiol. **78** (1974): 461–512.

OEHME, H. und KITZLER, U.: Die Bestimmung der Muskelleistung beim Kraftflug der Vögel aus kinematischen und morphologischen Daten. Zool. Jb. Physiol. **79** (1975): 425–458.

PEDLEY, T.H. (Hrsg.): Scale effects in animal lokomotion. Acad. Press. London–New York–San Francisco 1977.

PENNYCUICK, C.J.: The mechanics of bird migration. Ibis **111** (1969): 525–556.

– Soaring behaviour and performance of some East African birds, observed from a motor-glider. Ibis **114** (1972): 178–218.

– Animal flight. Arnold, London 1972.

PRANGE, H.D., and SCHMIDT-NIELSEN, K.: The metabolic cost of swimming in ducks. J. Exp. Biol. **53** (1970): 763–777.

RAVELING, D.G., and LEVEBVRE, E.A.: Energy metabolism and theoretical flight range of birds. Bird Band. **38** (1967): 97–113.

RÜGER, A.: Funktionell-anatomische Untersuchungen an Spechten. Z. Wiss. Zool. **184** (1972): 63–163.

RÜPPELL, G.: Flugmanöver des Gartenrotschwanzes (*Phoenicurus phoenicurus* L.). Z. Vgl. Physiol. **71** (1971): 190–200.

– Vogelflug. Kindler, München 1975.

– Die Stoßtauchmanöver des Blaufußtölpels (*Sula nebouxii*) und des Meerespelikans (*Pelecanus occidentalis*). J. Orn. **116** (1975): 168–180.

SCHMIDT-NIELSEN, K.: Locomotion: energy costs of swimming, flying, and running. Science **177** (1972): 222–228.

SCHNELL, G.D.: Recording the flight speed of birds by Doppler radar. Liv. Bird **4** (1965): 79–87.

ŠESTAKOVA, G.S.: Stroenie kryl'ev i mechanika poleta ptic (Flügelbau und Flugmechanik der Vögel). Nauka, Moskva 1971 (russ.).

SIGMUND, L.: Mechanik und anatomische Grundlagen der Fortbewegung bei Wasserralle (*Rallus aquaticus* L.), Teichhuhn (*Gallinula chloropus* L.) und Bläßhuhn (*Fulica atra* L.). J. Orn. **100** (1959): 3–24.

SLIJPER, E.J.: De vliegkunst in het dierenrijk. Brill, Leiden 1950.

SPRING, L. W.: Climbing and pecking adaptations in some North American woodpeckers. Condor **67** (1965): 457–488.

STEINBACHER, G.: Funktionell-anatomische Untersuchungen an Vogelfüßen mit Wendezehen und Rückzehen. J. Orn. **83** (1935): 214–282.

STOLPE, M.: Physiologisch-anatomische Untersuchungen über die hintere Extremität der Vögel. J. Orn. **80** (1932): 163–247.

– und ZIMMER, K.: Der Vogelflug, seine anatomisch-physiologischen und physikalisch-aerodynamischen Grundlagen. Akad. Verlagsges., Leipzig 1939.

– und ZIMMER, K.: Der Schwirrflug des Kolibri im Zeitlupenfilm. J. Orn. **87** (1939): 136–155.

STORER, J.H.: The flight of birds analyzed through slow-motion photography. Cranbrook Inst. Sci. Bull. **28**, Michigan 1948.

STORER, R. W.: Evolution in diving birds. Proc. XII Int. Orn. Congr. Helsinki 1958. Kirjapaino, Helsinki 1960: 694–707.

THIENEMANN, J.: Untersuchungen über die Schnelligkeit des Vogelfluges. J. Orn. **58** (1910): 644–672.

TUCKER, V.A.: Flight energetics in birds. Amer. Zool. **11** (1971): 115–124.
– Bird metabolism during flight: evaluation of a theory. J. Exp. Biol. **58** (1973): 689–709.
– and SCHMIDT-KOENIG, K.: Flight speed of birds in relation to energetics and wind directions. Auk **88** (1971): 97–107.
VINOGRADOV, I.: Aerodinamika ptic-paritelej (Aerodynamik des Segelfluges der Vögel). DOSAAF, Moskva 1951 (russ.).
WEIS-FOGH, T.: Energetics of hovering flight in hummingbirds and in *Drosophila*. J. Exp. Biol. **56** (1972): 79–104.
WINKLER, H., und BOCK, W.J.: Analyse der Kräfteverhältnisse bei Klettervögeln. J. Orn. **117** (1976): 397–418.
WU, T. Y.-T., BROKAW, C.J., and BRENNEN, C. (Hrsg.) Swimming and flying in nature. Bd. 2. Plenum Press, New York–London 1975.
ZIMMER, K.: Der Flug des Nektarvogels *(Cinnyris)*. J. Orn. **91** (1943): 371–387.

14.7. Fortpflanzung

ASCHOFF, J.: Jahresperiodik der Fortpflanzung bei Warmblütern. Stud. Gen. **8** (1955): 742–776.
BENSON, C. W.: The breeding seasons of birds in the Rhodesias and Nyasaland. Proc. XIII Int. Orn. Congr. Ithaca 1962. Amer. Orn. Union, Baton Rouge, Louis. 1963: 623–639.
BERNDT, R., und WINKEL, W.: Die Gelegegröße des Trauerschnäppers *(Ficedula hypoleuca)* in Beziehung zu Ort, Zeit, Biotop und Alter. Vogelwelt **88** (1967): 97–136.
BERTHOLD, P.: Über den Fortpflanzungszyklus südwestdeutscher Stare (*Sturnus vulgaris* L.) und über bedingende Faktoren der Brutreife beim Star. Vogelwarte **22** (1964): 236–275.
– Vergleichende Untersuchungen der Jugendentwicklung eines ausgeprägten Zugvogels, *Sylvia borin*, und eines weniger ausgeprägten Zugvogels, *Sylvia atricapilla*. Vogelwarte **25** (1970): 297–331.
BIEBACH, H.: Energetik des Brütens beim Star *(Sturnus vulgaris)*. J. Orn. **120** (1979): 121–138.
BRISBIN, I.L. jr.: Bioenergetics of the breeding cycle of the Ring Dove. Auk **86** (1969): 54–74.
BULLOUGH, W.S.: The reproductive cycles of the British and continental races of the Starling. Phil. Trans. Roy. Soc. London, Ser. B **231** (1942): 165–246.
CODY, M.L.: A general theory of clutch size. Evolution **20** (1966): 174–184.
COLLIAS, N.E.: The evolution of nests and nestbuilding in birds. Amer. Zoologist **4** (1964): 175–190.
– and COLLIAS, E.C.: Evolution of nest-building in the weaverbirds (Ploceidae). Univ. Calif. Publ. Zool. **73** (1964): 11–162.
DECKERT, G.: Beiträge zur Nestbautechnik deutscher Sylviiden. J. Orn. **96** (1955): 186–206.
DOL'NIK, V.R.: O mechanizme fotoperiodičeskogo kontrolja èndogennogo

ritma polovoj cikličnosti ptic (Über den Mechanismus der photoperiodischen Kontrolle des endogenen Rhythmus des Fortpflanzungszyklus der Vögel). Zool. ž. **43** (1964): 720–734 (russ.).

DRENT, R.H.: Adaptive aspects of the physiology of incubation. Proc. XV Int. Orn. Congr. Leiden 1970. Brill, Leiden 1972; 255–280.

DRURY, W.H. jr.: Studies of the breeding biology of the Horned Lark, Water Pipit, Lapland Longspur and Snow Bunting on Bylot Island, Northwest Territories, Canada. Bird.-Band. **32** (1961): 1–46.

FARNER, D.S. (Hrsg.): Breeding biology of birds. Nat. Acad. Sci., Washington 1973.

FREEMAN, B. M., and LAKE, P.E. (Hrsg.): Egg formation and production. Brit. Poultry Sci., Edinburgh 1972.

FRITH, H.J.: The Mallee-fowl. Angus, Sydney 1962.

GRÜN, G.: Zur quantitativen Bestimmung der Nestlingsnahrung bei Singvögeln. Beitr. Vogelk. **18** (1972): 162–173.

GWINNER, E.: Beobachtungen über die Aufzucht und Jugendentwicklung des Weidenlaubsängers *(Phylloscopus collybita)*. J. Orn. **102** (1961): 1–23.

HAARTMAN, L. VON: Der Trauerfliegenschnäpper, I–III. Acta Zool. Fenn. **56** (1949): 1–104; **67** (1951): 1–60; **83** (1954): 1–96.

– The nesting habits of Finnish birds, I. Passeriformes. Comm. Biol. Soc. Sci. Fenn. **32** (1969): 1–187.

HARRISON, C.: Jungvögel, Eier und Nester aller Vögel Europas, Nordafrikas und des Mittleren Ostens. Parey, Hamburg–Berlin 1975.

HALVIN, J.: Reproduction in the Blackbird (*Turdus merula* L.). Zool. Listy **12** (1963): 195–216.

HEIM DE BALSAC, H.: Rhythme sexual et fécondité chez oiseaux du nordouest de l'Afrique. Alauda **20** (1952): 213–242.

HINDE, R.A.: Aspects of the control of avian reproductive development within the breeding season. Proc. XIV Int. Orn. Congr. Oxford 1966. Blackwell, Oxford–Edinburgh 1967: 135–153.

HIRSCHFELD, H., und HIRSCHFELD, K.: Zur Brut- und Ernährungsbiologie des Wiedehopfes, *Upupa epops* L., unter Berücksichtigung seiner Verhaltensweisen. Beitr. Vogelk. **19** (1973): 81–152.

KENDEIGH, S.C.: Parental care and its evolution in birds. Illinois Biol. Monogr. **222** (1952): 1–356.

– Thermodynamics of incubation in the House Wren, *Troglodytes aedon*. Proc. XIII Int. Orn. Congr. Ithaca 1962. Amer. Orn. Union, Baton Rouge, Louis. 1963: 884–904.

KESSEL, B.: A study of the breeding biology of the European Starling (*Sturnus vulgaris* L.) in North America. Amer. Midl. Natur. **58** (1957): 257–331.

LACK, D.: The significance of clutch-size. I–III. Ibis **89** (1947): 302-352; **90** (1948): 25-45.

– The breeding seasons of European birds. Ibis **92** (1950): 288–316.

– Ecological adaptations for breeding in birds. Methuen, London 1968.

LOFTS, B., and MURTON, R.K.: The role of weather, food and biological factors in timing the sexual cycle of Woodpigeons. Brit. Birds. **59** (1966): 261–280.

– and MURTON, R.K.: Photoperiodic and physiological adaptations regulating avian breeding cycles and their ecological significance. J. Zool. **155** (1968): 327–394.

LÖHRL, H.: Das Nesthäkchen als biologisches Problem. J. Orn. **109** (1968): 383–395.

– Brutverhalten und Jugendentwicklung beim Mauerläufer *(Trichodroma muraria)*. J. Orn. **116** (1975): 229–262.

– Untersuchungen am Kuckuck, *Cuculus canorus* (Biologie, Ethologie, Morphologie). J. Orn. **120** (1979): 139–173.

MACLEAN, G.L.: Clutch size and evolution in the Charadrii. Auk **89** (1972): 299–324.

MAKATSCH, W.: Der Brutparasitismus in der Vogelwelt. Neumann, Radebeul 1955.

– Der Vogel und sein Nest. Neue Brehm-Bücherei 14. 4. Aufl. Ziemsen, Wittenberg 1959.

– Der Vogel und sein Ei. Neue Brehm-Bücherei 3. 4. Aufl. Ziemsen, Wittenberg 1959.

– Der Vogel und seine Jungen. Neue Brehm-Bücherei 41. 2. Aufl. Ziemsen, Wittenberg 1959.

– Die Eier der Vögel Europas. 2 Bde. Neumann, Radebeul 1974/1976.

MARSHALL, A.J.: The refractory period of the testis rhythm and its possible bearing on breeding and migration. Wilson Bull. **63** (1951): 238–261.

– Internal and environmental control of breeding. Ibis **101** (1959): 456–478.

NICE, M. M.: Nesting success in altricial birds. Auk **74** (1957): 305–321.

NICOLAI, J.: Der Brutparasitismus der Viduinae als ethologisches Problem. Z. Tierpsychol. **21** (1964): 129–204.

OWEN, D.F.: The nesting success of the Heron *Ardea cinerea* in relation to the availability of food. Proc. Zool. Soc. London **113** (1960): 597–617.

PAYNE, R.B.: Individual laying histories and the clutch size and the numbers of eggs of parasite cuckoos. Condor **75** (1971): 414–438.

PFLUGFELDER, O.: Lehrbuch der Entwicklungsgeschichte und Entwicklungsphysiologie der Tiere. 2. Aufl. VEB Fischer, Jena 1970.

PORTMANN, A.: Beiträge zur postembryonalen Entwicklung der Vögel. I. Vergleichende Untersuchungen über die Ontogenese der Hühner- und Sperlingsvögel. Rev. Suisse Zool. **45** (1938): 273–348.

RICKLEFS, R.E.: Patterns of growth in birds. Ibis **110** (1968): 419–451.

ROL'NIK, V.V.: Biologija èmbrional'nogo razvitija ptic (Biologie der Embryonalentwicklung der Vögel). Nauka, Leningrad 1968 (russ.).

ROMANOFF, A.L., and ROMANOFF, A.J.: The avian egg. Wiley, New York 1949.

ROYAMA, T.: Factors governing feeding rate, food requirement, and brood size of nestling Great Tits *Parus major*. Ibis **108** (1966): 313–347.

SCHÖNWETTER, M., und MEISE, W.: Handbuch der Oologie. Liefg. 1–27. Akademie Verl., Berlin 1960–1979.

SKUTCH, A.F.: The nesting seasons of Central American birds in relation to climate and food supply. Ibis **92** (1950): 185–222.

– The incubation patterns of birds. Ibis **99** (1957): 69–93.

– Adaptive limitation of the reproductive rate of birds. Ibis **109** (1967): 579 bis 599.

STONEHOUSE, B. (Hrsg.): The biology of penguins. Mac Millan, London 1975.
STUDER-THIERSCH, A.: Beiträge zur Brutbiologie der Flamingos, Gattung *Phoenicopterus*. Zool. Garten N.F. **34** (1967): 159–229.
TENOVUO, R.: Zur brutzeitlichen Biologie der Nebelkrähe (*Corvus corone cornix* L.) im äußeren Schärenhof Südwestfinnlands. Ann. Zool. Soc. Zool.-Bot. Fenn. Vanamo **25** (1963): 1–147.
THALER, E.: Nest und Nestbau von Winter- und Sommergoldhähnchen (*Regulus regulus* und *R. ignicapillus*). J. Orn. **117** (1976): 121–144.
TIENHOVEN, A. van: Reproductive physiology of vertebrates. Saunders, Philadelphia 1968.
VAUGIEN, L.: Recherches biologiques et expérimentales sur le cycle reproducteur et la mue des oiseaux passeriformes. Bull. Biol. Fr. Belg. **82** (1948): 166–213.
VOOUS, K.H.: The breeding seasons of birds in Indonesia. Ibis **92** (1950): 279–316.
WARD, P.: The breeding biology of the Black-faced Dioch *Quelea quelea* in Nigeria. Ibis **107** (1965): 326–349.
WINKEL, W.: Experimentelle Untersuchungen zur Brutbiologie von Kohl- und Blaumeise (*Parus major* und *P. caeruleus*). J. Orn. **111** (1970): 154–174.
WITTENBERG, J.: Freilanduntersuchungen zu Brutbiologie und Verhalten der Rabenkrähe (*Corvus c. corone*). Zool. Jb. Syst. **95** (1968): 16–146.
WÜRDINGER, I.: Vergleichend morphologische Untersuchungen zur Jugendentwicklung von *Anser*- und *Branta*-Arten. J. Orn. **116** (1975): 65–86.

14.8. Verhalten

ALTUM, B.: Der Vogel und sein Leben. 11. Aufl. Schöningh, Paderborn 1937.
ANDREW, R.J.: The displays given by passerines in courtship and reproductive fighting. A review. Ibis. **103a** (1961): 315–348.
ARMSTRONG, E.A.: Bird display and behaviour. 2. Aufl. Drummond, London 1947.
– A study of bird song. Oxford Univ. Press, London 1963.
BAPTISTA, L.F.: Song dialects and demes in sedentary populations of the White-crowned Sparrow (*Zonotrichia leucophrys nuttalli*). Univ. Californ. Publ. Zool. **105** (1975).
BATESON, P.P.G.: The characteristics and context of imprinting. Biol. Rev. **41** (1966): 177–220.
BEACH, F.A.: Hormones and behaviour. Wiley, New York 1948.
– (Hrsg.): Sex and behavior. Wiley, New York 1965.
BECKER, P.H.: Der Einfluß des Lernens auf einfache und komplexe Gesangsstrophen der Sumpfmeise (*Parus palustris*). J. Orn. **119** (1978): 388–411.
BERCK, K.H.: Beiträge zur Ethologie des Feldsperlings (*Passer montanus*) und deren Beziehung zum Haussperling (*Passer domesticus*). Vogelwelt **82** (1961): 129–173; **83** (1961): 8–26.
BERGMANN, H.H., KLAUS, S., MÜLLER, F., und WIESNER, J.: Individualität und

Artspezifität in den Gesangsstrophen einer Population des Haselhuhns. Behaviour **55** (1975): 94–114.

Bliss, E.L. (Hrsg.): Roots of behavior. Harper, New York 1962.

Blume, D.: Ausdrucksformen unserer Vögel. Neue Brehm-Bücherei 342. 2. Aufl. Ziemsen, Wittenberg 1967.

Bruning, D.F.: Social structure and reproductive behavior in the Greater Rhea. Living Bird **13** (1975): 251–294.

Busnel, R.-G. (Hrsg.): Acoustic behavior of Animals. Elsevier, Amsterdam 1963.

Crook, J.H. (Hrsg.): Social behaviour in birds and mammals. Acad. Press, New York 1970.

Croze, H.: Searching image in Carrion Crows. Z. Tierpsychol. Beih. **5** (1970): 1–85.

Curio, E.: Verhaltensstudien am Trauerschnäpper. Parey, Hamburg–Berlin 1959.

– Funktionsweise und Stammesgeschichte des Flugfeinderkennens einiger Darwinfinken (Geospizidae). Z. Tierpsychol. **26** (1969): 394–487.

– The functional organization of antipredator behavior in the Pied Flycatcher: A study of avian visual perception. Anim. Behav. **23** (1975): 1–115.

Daanje, A.: On locomotory movements in birds and the intention movements derived from them. Behaviour. **3** (1951): 48–98.

Davies, S.J.: Patterns of inheritance in the bowing display and associated behaviour of some hybrid Streptopelia doves. Behaviour **36** (1970): 187–214.

Deckert, G.: Zur Ethologie des Feldsperlings *(Passer m. montanus)*. J. Orn. **103** (1962): 428–486.

De Lannoy, J.: Zur Prägung von Instinkthandlungen. Z. Tierpsychol. **24** (1967): 162–200.

De Wall, W. von: Bewegungsstudien an Anatiden. J. Orn. **104** (1963): 1–15.

– „Gesellschaftsspiel“ und Balz der Anatini. J. Orn. **106** (1965): 65–80.

Dilger, W.C.: The comparative ethology of the African parrot genus Agapornis. Z. Tierpsychol. **17** (1960): 649–685.

Eisner, E.: The relationship of hormones to the reproductive behaviour of birds, referring especially to parental behaviour: A review. Anim. Behav. **8** (1960): 155–179.

Fabricius, E.: Zur Ethologie junger Anatiden. Acta Zool. Fenn. **68** (1951): 1–178.

Falls, J.B.: Properties of bird song eliciting responses from territorial males. Proc. XIII Int. Orn. Congr. Ithaca 1962. Amer. Orn. Union, Baton Rouge, Louis. 1963: 259–271.

Ficken, R.W., and Ficken, M.S.: A review of some aspects of avian field ethology. Auk **83** (1966): 637–661.

Goethe, F.: Verhaltensunterschiede zwischen europäischen Formen der Silbermöwengruppe *(Larus argentatus-cachinnans-fuscus)*. J. Orn. **104** (1963): 129–141.

Goodman, I.J., and Schein, M.W. (Hrsg.): Birds: Brain and behaviour. The Lashley Memorial Conference 1971. Acad. Press, New York–London 1974.

Gottlieb, G.: Prenatal behaviour of birds. Quart. Rev. Biol. **43** (1968): 148–174.

GREENEWALT, C. H.: Bird song: Acoustics and physiology. Smiths Inst. Press, Washington 1968.

GÜTTINGER, H. R., und NICOLAI, J.: Struktur und Funktion der Rufe bei Prachtfinken (Estrildidae). Z. Tierpsychol. **33** (1973): 319–334.

GWINNER, E.: Untersuchungen über das Ausdrucks- und Sozialverhalten des Kolkraben (*Corvus corax L.*). Z. Tierpsychol. **21** (1964): 657–748.

HARTSHORNE, C.: Born to sing. Indiana Univ. Press, Bloomington 1973.

HELB, H.-W.: Analyse der artisolierenden Parameter im Gesang des Fitis (*Phylloscopus t. trochilus*) mit Untersuchungen zur Objektivierung der analytischen Methode. J. Orn. **114** (1973): 145–206.

HESS, E. H.: Prägung. Die frühkindliche Entwicklung von Verhaltensweisen bei Tier und Mensch. Kindler, München 1975.

HINDE, R. A.: The conflict between drives in the courtship and copulation of the Chaffinch. Behaviour **5** (1953): 1–31.

– A comparative study of the courtship of certain finches (Fringillidae). Ibis **97** (1955): 706–745.

– (Hrsg.): Bird vocalizations: their relations to current problems in biology and psychology. Cambridge Univ. Press, London–New York 1969.

– Animal behaviour. 2. Aufl. McGraw-Hill, New York 1970.

HJORTH, I.: Reproductive behaviour in Tetraonidae. Viltrevy **7** (1970): 184 bis 586.

HORN, G., and HINDE, R. A.: Short-term changes in neural activity and behaviour. Cambridge Univ. Press, London–New York 1970.

IERSEL, J. J. A. van, and BOL, A. C. A.: Preening of two tern species. A study on displacement activities. Behaviour **13** (1958): 1–88.

IL' IČEV, V. D.: Lokacija ptic. Adaptivnye mechanizmy passivnoj lokacii sov (Orientierung der Vögel. Anpassungsmechanismen in der passiven Orientierung der Eulen). Nauka, Moskva 1975 (russ.).

– Bioakustika (Bioakustik). Vysšaja Škola, Moskva 1975 (russ.).

IMMELMANN, K.: Beiträge zur Biologie und Ethologie australischer Honigfresser (Meliphagidae). J. Orn. **102** (1961): 164–207.

– The influence of early experience upon the development of social behaviour in estrildine finches. Proc. XV Int. Orn. Congr. Leiden 1970. Brill, Leiden 1972: 316–338.

– (Hrsg.): Grzimeks Tierleben, Sonderband Verhaltensforschung. Kindler, Zürich 1974.

– Wörterbuch der Verhaltensforschung. Kindler, Zürich 1975.

JILKA, A., und LEISLER, B.: Die Einpassung der Rohrsängerarten (*Acrocephalus schoenobaenus, A. scirpaceus, A. arundinaceus*) in bezug auf das Frequenzspektrum ihrer Reviergesänge. J. Orn. **115** (1974): 192–212.

JOHNSGRAD, P. A.: Handbook of waterfowl behavior. Cornell Univ. Press, Ithaca 1965.

KLOPFER, P. H.: Social interactions in discriminating learning with special reference to feeding behavior in birds. Behaviour 14 (1959): 282–299.

KLUIJVER, H. N.: Daily routines of Great Tit, *Parus m. major* L. Ardea **38** (1950): 99–135.

KOEHLER, O.: „Zählende“ Vögel und vergleichende Verhaltensforschung. Acta

XI Congr. Internat. Ornithol. Basel 1954. Birkhäuser, Basel–Stuttgart 1955: 588–598.

Koenig, L.: Das Aktionssystem der Zwergohreule *Otus scops scops* (Linné 1758). Parey, Hamburg–Berlin 1973.

Kortlandt, A.: Eine Übersicht der angeborenen Verhaltensweisen des mitteleuropäischen Kormorans, ihre Funktion, ontogenetische Entwicklung und phylogenetische Herkunft. Arch. Neerl. Zool. **4** (1940): 401–442.

Krebs, J.R.: Colonial nesting and social feeding as strategies for exploiting food resources in the Great Blue Heron *(Ardea herodias)*. Behaviour **50** (1973): 99–134.

Kruhk, H.: Predators and anti-predator behaviour of the Blackheaded Gull *(Larus ridibundus)*. Behaviour Suppl. **11** (1964): 1–129.

Lanyon, W.E., and Tavolga, W.N. (Hrsg.): Animal sounds and communication. Amer. Inst. Biol. Sci. Publ. **7** (1961).

Löhrl, H.: Verhaltensmerkmale der Gattungen *Parus* (Meisen), *Aegithalos* (Schwanzmeisen), *Sitta* (Kleiber), *Tichodroma* (Mauerläufer) und *Certhia* (Baumläufer). J. Orn. **105** (1964): 153–181.

Lorenz, K.: Der Kumpan in der Umwelt des Vogels. J. Orn. **83** (1935): 137 bis 213.

– Vergleichende Bewegungsstudien an Anatinen. J. Orn. Erg.-Bd. III (1941): 194–294.

– und Tinbergen, N.: Taxis und Instinkthandlung in der Eirollbewegung der Graugans. Z. Tierpsychol. **2** (1938): 1–29.

Marshall, A.J.: The interstitial cycle in relation to autumn and winter sexual behaviour in birds. Proc. Zool. Soc. London **121** (1952): 727–740.

McFarland, D.J.: On the causal and functional significance of displacement activities. Z. Tierpsychol. **23** (1967): 217–235.

Messmer, E., und Messmer, I.: Die Entwicklung der Lautäußerungen und einiger Verhaltensweisen der Amsel (*Turdus merula merula* L.) unter natürlichen Bedingungen und nach Einzelaufzucht in schalldichten Räumen. Z. Tierpsychol. **13** (1956): 341–441.

Moynihan, M.: Some aspects of reproductive behavior in the Blackheaded Gull (*Larus ridibundus ridibundus* L.) and related species. Behaviour Suppl. **4** (1955).

– Hostile and sexual behaviour patterns of South American and Pacific Laridae. Behaviour Suppl. **8** (1962).

Murton, R.K., Thearle, R.J.P., and Lofts, B.: The endocrine basis of breeding behaviour in the Feral Pigeon *(Columba livia)*. I. Effects of exogenous hormones on the pre-incubation behavior of intact males. Anim. Behav. **17** (1969): 286–306.

Nottebohm, F.: The role of sensory feedback in the development of avian vocalizations. Proc. XIV Int. Orn. Congr. Oxford 1966. Blackwell, Oxford–Edinburgh 1967: 265–280.

Payne, R.B.: Duetting and chorus singing in African birds. Ostrich Suppl. **9** (1971): 125–146.

Pitelka, F.A., Holmes, R.T., and Mac Lean, F.S.: Ecology and evolution of social organization in arctic sandpipers. Amer Zool. **14** (1974): 23–51.

QUERENGÄSSER, A.: Über das Einemsen von Singvögeln und die Reifung dieses Verhaltens. J. Orn. **114** (1973): 96–117.

REDDIG, E.: Der Ausdrucksflug der Bekassine *(Capella gallinago gallinago)*. J. Orn. **119** (1978): 357–387.

RÜPPELL, W.: Physiologie und Akustik der Vogelstimme. J. Orn. **81** (1933): 433–542.

SAUER, F.: Die Entwicklung der Lautäußerungen vom Ei ab schalldicht gehaltener Dorngrasmücken *(Sylvia c. communis)* im Vergleich mit später isolierten und mit wild lebenden Artgenossen. Z. Tierpsychol. **11** (1954): 10–93.

– Über Variationen der Artgesänge bei Gartengrasmücken. J. Orn. **96** (1955): 129–146.

SCHLEIDT, W.M.: Reaktionen von Truthühnern auf fliegende Raubvögel und Versuche zur Analyse ihrer AAM's. Z. Tierpsychol. **18** (1961): 534–560.

SCHOMMER, M., und TSCHANZ, B.: Lautäußerungen junger Trottellummen *(Uria a. aalge)* als individuelle Merkmale. Vogelwarte **28** (1975): 17–44.

SCHÜTZ, F.: Sexuelle Prägung bei Anatiden. Z. Tierpsychol. **22** (1965): 50 bis 103.

SHORT, L.: Habits of some Asian woodpeckers. Bull. Amer. Mus. Nat. Hist. **152** (1973): 253–364.

SICK, H.: Zur Balz der Schmuckvögel (Pipridae). J. Orn. **100** (1959): 269–302.

SMITH, J.N.M.: The food searching behaviour of two European thrushes. Behaviour **48** (1974): 276–302; **49** (1974): 1–61.

TEMBROCK, G.: Biokommunikation, Teil I und II. WTB Bd. 93 und 94. Akademie-Verl., Berlin; Pergamon Press, Oxford; Vieweg, Braunschweig 1971.

– Grundriß der Verhaltenswissenschaften. 2. Aufl. VEB Fischer, Jena 1973.

– (Hrsg.): Verhaltensbiologie unter besonderer Berücksichtigung der Physiologie des Verhaltens (Wörterbucher der Biologie). VEB Fischer, Jena 1978.

TETS, F. van: A comparative study of some social communication patterns in the Pelecaniformes. Orn. Monogr. **2** (1965).

THIELCKE, G.: Die sozialen Funktionen der Vogelstimmen. Vogelwarte **25** (1970): 204–229.

– Vogelstimmen. Springer, Berlin–Heidelberg–New York 1970.

– WÜSTENBERG, K., und BECKER, P.: Reaktionen von Zilpzalp und Fitis *(Phylloscopus collybita, P. trochilus)* auf verschiedene Gesangsformen des Zilpzalps. J. Orn. **119** (1978): 213–226.

THIELCKE-POLTZ, H., und THIELCKE, G.: Akustisches Lernen verschieden alter schallisolierter Amseln (*Turdus mercula* L.) und die Entwicklung erlernter. Motive ohne und mit künstlichem Einfluß von Testosteron. Z. Tierpsychol. **17** (1960): 211–244.

THODAY, J.M., and PARKES, A.S. (Hrsg.): Genetic and environmental influences on behavior. Oliver a. Boyd, Edinburgh 1968.

THORPE, W.H.: Bird-song. Cambridge Univ. Press, London 1961.

– Learning and instinct in animals. Methuen, London 1963.

TINBERGEN, N.: Die Übersprungbewegung. Z. Tierpsychol. **4** (1940): 1–40.

– An objectivistic study of the innate behaviour of animals. Bibl. Biotheor. Leiden **1** (1942): 39–98.

TINBERGEN, N.: Social releasers and the experimental method required for their study. Wilson Bull. **60** (1948): 6–51.
– Derived activities: their causation, biological significance, origin and emancipation during evolution. Quart. Rev. Biol. **27** (1952): 1–32.
– Instinktlehre. Parey, Hamburg–Berlin 1956.
– Die Welt der Silbermöwe. Musterschmidt, Göttingen–Berlin–Frankfurt a. M. 1958.
– Comparative studies of the behaviour of gulls (Laridae). Behaviour **15** (1959): 1–70.
TODT, D.: Die antiphonen Paargesänge des ostafrikanischen Grassängers *Cisticola hunteri prinioides* Neumann. J. Orn. **111** (1970): 332–356.
TRETZEL, E.: Imitation und Variation von Schäferpfiffen durch Haubenlerchen (*Galerida c. cristata* L.). Ein Beispiel für spezielle Spottmotiv-Prädisposition. Z. Tierpsychol. **22** (1965): 784–809.
– Imitation und Transposition menschlicher Pfiffe durch die Amsel *(Turdus merula)*. Nachweis relativen Lernens und akustischer Abstraktion bei Vögeln. Z. Tierpsychol. **24** (1967): 137–161.
TSCHANZ, B.: Trottellummen. Zur Entstehung der persönlichen Beziehungen zwischen Jungvogel und Eltern. Z. Tierpsychol. Beih. **4** (1968): 1–103.
WYNNE-EDWARDS, V. C.: Animal dispersion in relation to social behaviour. Oliver a. Boyd, Edinburgh–London 1962.
ZEIER, H.: Über sequentielles Lernen bei Tauben, mit spezieller Berücksichtigung des „Zähl“-Verhaltens. Z. Tierpsychol. **23** (1966): 161–189.

14.9. Ökologie und Verbreitung

ALEXANDER, W. B.: Die Vögel der Meere. Parey, Hamburg–Berlin 1959.
ALI, S., and RIPLEY, S. D.: Handbook of the birds of India and Pakistan. 10 Bde. Oxford Univ. Press, Bombay–London 1968–1975.
ALLEE, W. C., EMERSON, A. E., PARK, O., PARK, T., and SCHMIDT, K. P.: Principles of animal ecology. Saunders, Philadelphia 1949.
ANDREWARTHA, H. G., and BIRCH, L. C.: The distribution and abundance of animals. Univers. Press, Chicago 1954.
ASHMOLE, N. P., and ASHMOLE, M. J.: Comparative feeding ecology of sea birds of a tropical oceanic island. Peabody Mus. Nat. Hist., Yale Univ., Bull. **24** (1967): 1–131.
AUSTIN, O. L. jr., and KURODA, N.: The birds of Japan: their status and distribution. Bull. Mus. Comp. Zool. Harvard Univ. **109** (1953): 279 bis 637.
BANNERMAN, D. A.: The birds of West and Equatorial Africa. Bd. 1. Oliver a. Boyd, Edinburgh–London 1953.
BÉME, R. L.: Pticy gor južnoi palearktiki. Gebirgsvögel der südlichen Palaearktis. Izd.-ve Mosk. Un-ta, Moskva 1975 (russ.).
BERGMAN, G.: Untersuchungen über die Nistvogelfauna in einem Schärengebiet westlich von Helsingfors. Acta Zool. Fenn. **23** (1939): 1–134.

BERNDT, R., und STERNBERG, H.: Über Begriffe, Ursachen und Auswirkungen der Dispersion bei Vögeln. Vogelwelt **90** (1969): 41–54.
– und WINKEL, W.: Ökoschema, Rivalität und Dismigration als öko-ethologische Dispersionsfaktoren. J. Orn. **115** (1974): 398–417.
– – Glossar für Ornitho-Ökologie. Vogelwelt **98** (1977): 161–192.
BERTHOLD, P.: Methoden der Bestandserfassung in der Ornithologie. Übersicht und kritische Betrachtung. J. Orn. **117** (1976): 1–69.
– Animalische und vegetabilische Ernährung omnivorer Singvogelarten: Nahrungsbevorzugung, Jahresperiodik der Nahrungswahl, physiologische und ökologische Bedeutung. J. Orn. **117** (1976): 145–209.
BEUSEKOM, C.F. van: Ecological isolation with respect to food between sparrowhawk and goshawk. Ardea **60** (1972): 72–96.
BEZZEL, E.: Wasservogelzählungen als Möglichkeit zur Ermittlung von Besiedlungstempo, Grenzkapazität und Belastbarkeit von Binnengewässern. Vogelwelt **96** (1975): 81–101.
– und REICHHOLF, J.: Die Diversität als Kriterium zur Bewertung der Reichhaltigkeit von Wasservogel-Lebensräumen. J. Orn. **115** (1974): 50–61.
BOECKER, M.: Vergleichende Untersuchungen zur Nahrungs- und Nistökologie der Flußseeschwalbe (*Sterna hirundo* L.) und der Küstenseeschwalbe (*Sterna paradisaea* Pont.). Bonner Zool. Beitr. **18** (1967): 15–126.
BOYGHLEY, A.S.: Ecology of populations. 2. Aufl. Macmillan, New York 1973.
BROWN, G.W. jr (Hrsg.): Desert biology. Acad. Press, New York 1968.
CHAPIN, J.P.: The birds of the Belgian Congo. Bull. Amer. Mus. Nat. Hist. **65** (1932): 1–391; **75** (1939): 1–632.
CODY, M.: On the methods of resource division in grassland bird communities. Amer. Natur. **102** (1968): 107–148.
– Competition and the structure of bird communities. Princeton Univ. Press, Princeton 1974.
CREUTZ, G.: Der Trauerschnäpper (*Muscicapa hypoleuca* (Pallas)). Eine Populationsstudie. J. Orn. **96** (1955): 241–326.
CURRY-LINDAHL, K.: Våra Fåglar i Norden. 4 Bde. Natur och Kultur, Stockholm 1959–1963.
CYR, A., und CYR, J.: Welche Merkmale der Vegetation können einen Einfluß auf Vogelgemeinschaften haben? Vogelwelt **100** (1979): 165–181.
DEMENT'EV, G.P., i GLADKOV, N.A.: Pticy Sovetskogo Sojusa (Vögel der Sowjetunion). 6 Bde. Sov. Nauka, Moskva 1951–1954 (russ.).
DROST, R., FOCKE, E., und FREYTAG, G.: Entwicklung und Aufbau einer Population der Silbermöwe, *Larus argentatus argentatus*. J. Orn. **102** (1961): 404–429.
EHLERT, W.: Zur Ökologie und Biologie der Ernährung einiger Limikolen-Arten. J. Orn. **105** (1964): 1–53.
EMMRICH, R.: Das Nahrungsspektrum der Dorngrasmücke (*Sylvia communis* Lath.) in einem Gebüsch-Biotop der Insel Hiddensee. I u. II. Zool. Abh. Mus. Tierk. Dresden **32** (1973): 275–307; **33** (1974): 9–31.
ENEMAR, A.: A ten-year study on the size and composition of a breeding passerine bird community. Vår. Vågelw. Suppl. **4** (1966): 47–94.

FALLA, R.A., GIBSON, R.B., and TURBOTT, E.G.: A field guide to the birds of New Zealand and outlying islands. 2.Aufl. Collins, London 1970.

FORMOZOV, A.N.: La production de graines dans les forêts de conifères de la taiga de l' U.R.S.S. et l'envahissement de l'Europe ossidentale par certain especes d'oie saux. Proc. XII Int. Orn. Congr. Helsinki 1958. Kirjapaino, Helsinki 1960: 216–229.

– Zveri, pticy i ich vzaimovsjazi so sredoj obitanija (Säugetiere und Vögel und ihr Wechselverhältnis mit der Umwelt). Nauka, Moskva 1976 (russ.).

FRITH, H.J.: Waterfowl in Australia. Angus a. Robertson, Sydney 1967.

GAUSE, G.F.: The principles of biocoenology. Quart. Rev. Biol. **11** (1963): 320–336.

GAVRILOV, E.I. (Hrsg.): Biologija ptic v Kazachstane (Biologie der Vögel Kasachstans). Nauka, Alma-Ata 1978 (russ.).

GIBB, J.: Populations of tits and goldcrests and their food supply in pine plantations. Ibis **102** (1960): 163–208.

– and BETTS, M.M.: Food and food supply of nestling tits (Paridae) in Breckland pine. J. Anim. Ecol. **32** (1963): 489–533.

GODFREY, W.E.: The birds of Canada. Nat. Mus. Canada Bull. **203** (1966).

GRACZYK, R.: Studies on varability, biology and economic status of the Blackbird, *Turdus merula* L. Ekol. Pol. Ser. A **9** (1961): 453–485.

GROSSKOPF, G.: Sterblichkeit und Durchschnittsalter einiger Küstenvögel. J. Orn. **105** (1964): 427–449.

HAAPANEN, A.: Bird fauna of the finnish forests in relation to forest succession. I, II. Ann. Zool. Fenn. **2** (1965): 153–196; **3** (1966): 176–200.

HAARTMAN, L. von: Influence of territory upon structure and dynamics of bird populations. Bull. Sport Fisher. Wildl. Res. Washington Rep. **2** (1972): 101–111.

HARRIS, M.: A field guide to the birds of Galapagos, Collins, London 1974.

HARTERT, E.: Die Vögel der paläarktischen Fauna. 3 Bde. (STEINBACHER, F.: Ergänzungsband). Friedländer, Berlin 1903–1938.

HEINROTH, O., und HEINROTH, K.: Die Vögel Mitteleuropas. 4 Bde. Bermühler, Berlin 1924–1931.

HEINZEL, H., FITTER, R., und PARSLOW, J.: Pareys Vogelbuch. Parey, Hamburg–Berlin 1972.

HELLMAYR, C.E., and CONOVER, B.: Catalogue of birds of the Americas and the adjacent islands. Field Mus. Natur. Hist. Zool. Ser. **13** (1942): Part 1 No 1.

HEPPLESTON, P.B.: The comparative breeding ecology of oystercatchers in inland and coastal habitats. J. Anim. Ecol. **41** (1972): 23-51.

HICKEY, J.J.: Survival studies of banded birds. U.S. Fish and Wildl. Ser. Spec. Sci. Rep. **15** (1952): 1–177.

– Peregrine Falcon populations. Their biology and decline. Univ. Wisconsin Press, Madison–Milwaukee–London 1969.

HILDEN, O.: Habitat selection in birds. A review. Ann. Zool. Fenn. **2** (1965): 53–75.

HINDE, R.A.: The biological significance of the territories of birds. Ibis **98** (1956): 340–369.

HOLDGATE, M. W. (Hrsg.): Antarctic ecology. Bd. 1. Acad. Press, London–New York 1970.

HOWARD, E.: Territory in bird life. Collins, London 1948.

HÜE, F., et ETCHECOPAR, R.D.: Les oiseaux du proche et du moyen orient de la Mediterranee aux contreforts de l'Himalaya. Boubee et Cie, Paris 1970.

IL'IČEV, V.D.: Issledovanija po faune Sovetskogo Sojuza (Pticy) (Untersuchungen zur Fauna der Sowjetunion (Vögel)). Izd-vo Mosk. Un-ta, Moskva 1973 (russ.).

ILLIES, J., und KLAUSEWITZ, W. (Hrsg.): Grzimeks Tierleben: Sonderband Ökologie. Kindler, Zürich 1973.

IMMELMANN, K.: Tierische Jahresperiodik in ökologischer Sicht. Ein Beitrag zum Zeitgeberproblem, unter besonderer Berücksichtigung der Brut- und Mauserzeiten australischer Vögel. Zool. Jb. Syst. **91** (1963): 91–200.

IVANOV, A.I.: Katalog ptic SSSR (Katalog der Vögel der UdSSR). Nauka, Leningrad 1976 (russ.).

JÄRVINEN, O., and VÄISINEN, R.A.: Species diversity of Finnish birds. I: Zoogeographical zonation based on land birds. Orn. Fenn. **50** (1973): 93–125.

JOENSEN, A.H.: Waterfowl populations in Denmark 1965–1973. Danish Rev. Game Biol. **9** (1974): 1–206.

JOHANSEN, H.: Die Vogelfauna Westsibiriens. J. Orn. **91** (1943): 3–110; **92** (1944): 1–105, 145–204; **95** (1954): 64-110, 319–342; **96** (1955): 58–91, 382 bis 410; **97** (1956): 206–219; **98** (1957): 155–171, 262–278; **99** (1958): 67–80; **100** (1959): 60–78, 313-336, 417–432; **101** (1960): 316–339, 472–495; **102** (1961): 41–67, 237–269.

KALBE, L.: Ökologie der Wasservögel. Neue Brehm-Bücherei 518. Ziemsen, Wittenberg 1978.

KEAR, J.: Food selection in finches with special reference to interspecific differences. Proc. Zool. Soc. London **138** (1962): 163–204.

KEAST, A., CROCKER, R.L., and CHRISTIAN, C.S. (Hrsg.): Biogeography and ecology in Australia. Junk, Den Haag 1959.

KENDEIGH, S.C., and PINOWSKI, J. (Hrsg.): Productivity, population dynamics, and systematics of granivorous birds. Proc. Gen. Meet. Working Group on Granivorous birds, IBP, PT Section 1970. Pol. Sci. Publ., Warzawa 1973.

KING, B., DICKINSON, M., and WOODCOCK, M.: A field guide to the birds of South-East Asia. Collins, London 1975.

KLOMP, H.: Regulation of the size of bird populations by means of territorial behaviour. Netherl. J. Zool. **22** (1972): 456–488.

KLUIJVER, H.N.: The population ecology of the Great Tit, *Parus m. major* L.. Ardea **39** (1951): 1–135.

– and TINBERGEN, N.: Territory and the regulation of density in titmice. Arch. Neerl. Zool. **10** (1953): 265–289.

KURODA, N.H., and MARIOKA, H.: Check-list of Japanese birds. 5. Aufl. Gakken, Tokio 1974.

LACK, D.: The natural regulation of animal numbers. Clarendon, Oxford 1954.

– Evolutionary ecology. J. Ecol. **53** (1965): 237–245.

– Population studies of birds. Clarendon, Oxford 1966.

– Interrelationships in breeding adaptions as shown by marine birds. Proc.

XIV Int. Orn. Congr. Oxford 1966. Blackwell, Oxford–Edinburgh 1967: 3–42.
– Ecological isolation in birds. Blackwell, Oxford–Edinburgh 1971.
LÖHRL, H.: Populationsökologische Untersuchungen beim Halsbandfliegenschnäpper *(Ficedula albicollis)*. Bonn. Zool. Beitr. **2** (1957): 130–177.
MACDONALD, D.: Birds of Australia. Reed, Sydney 1973.
MACKWORTH-PREAD, C. W., and GRANT, C.H.B.: African handbook of birds. 5 Bde. Langmans, London 1955–1970.
MAKATSCH, W.: Wir bestimmen die Vögel Europas. 2. Aufl. Neumann, Radebeul 1969.
MARGALEV, R.: Perspectives in ecological theory. Chicago Ser. Biol., Chicago 1968.
MARSHALL, A.J.: Food availability as a timing factor in the sexual cycle of birds. Emu **50** (1951): 267–282.
– and COOMBS, C.J.F.: The interaction of environmental, internal and behavioural factors in the Rook (*Corvus f. frugilegus* Linnaeus). Proc. Zool. Soc. London **128** (1957): 545–589.
MAYR, E.: Die Ausbreitung des Girlitz. J. Orn. **74** (1926): 571–671.
MAC ARTHUR, R., RECHER, H., and CODY, M.: On the relation between habitat selection and species diversity. Amer. Natur. **100** (1966): 319–332.
MEBS, T.: Zur Biologie und Populationsdynamik des Mäusebussards *(Buteo buteo)*. (Unter besonderer Berücksichtigung der Abhängigkeit vom Massenwechsel der Feldmaus *Microtus arvalis*). J. Orn. **105** (1964): 247–306.
MEINERTZHAGEN, R.: Birds of Arabia. Oliver a. Boyd, Edinburgh–London 1954.
MEUNIER, K.: Grundsätzliches zur Populationsdynamik der Vögel. Z. Wiss. Zool. **163** (1960): 397–445.
MEYBOHM, E., und DAHMS, G.: Über Altersaufbau, Reifealter und Ansiedlung beim Weißstorch *(C. ciconia)* im Nordseeküstenbereich. Vogelwarte **28** (1975): 44–61.
MEYER DE SCHAUENSEE, R.: A guide to the birds of South America. Oliver a. Boyd, Edinburgh–London 1970.
MILLER, A.H.: Seasonal activity and ecology of the avifauna of an American equatorial cloud forest. Univ. Calif. Berkeley Publ. Zool. **66** (1963): 1–78.
MILLER, R.S.: Pattern and process in competition. Adv. Ecol. Res. **4** (1967): 1–74.
MOREAU, R.E.: The bird faunas of Africa and its islands. Acad. Press, New York 1966.
MOREL, G.: Contribution à la synécologie des oiseaux du Sahal sénégallais. Mem. O.R.S.T.O. M. **29** (1968): 1–179.
MOYNIHAN, M.: The organization and probable evolution of some mixed species flocks of neotropicall birds. Smithson Misc. Colect. **143** (1962): 1 bis 140.
NAUMANN, J.F.: Johann Andreas Naumanns Naturgeschichte der Vögel Deutschlands. 12 Bde. Fleischer, Leipzig 1820–1844. Ergänzungsband 1860. Neuausgabe: HENNICKE, C.R.: Naturgeschichte der Vögel Mitteleuropas. Köhler, Gera 1897–1905.

NAUMOV, N.P.: Èkologija životnych (Ökologie der Tiere). Vysšaja škola, Moskva 1963 (russ.).

NEWTON, I.: The adaptive radiation and feeding ecology of some British finches. Ibis **109** (1967): 33–98.

NICE, M. M.: Studies in the life history of the Song Sparrow. I, II. Trans. Linn. Soc. New York **4** (1937): 1–247; **6** (1943): 1–328.

NIETHAMMER, G.: Handbuch der deutschen Vogelkunde. 3 Bde. Akad. Verlagsges., Leipzig 1937–1942.

– (Bd. 1 u. 2), und GLUTZ VON BLOTZHEIM, U.N. (ab Bd. 3) (Hrsg.): Handbuch der Vögel Mitteleuropas. Bde 1–7. Akad. Verlagsges., Frankfurt a. M. 1966–1977.

NOVIKOV, G.A.: Die geographisch bedingten Unterschiede in der Siedlungsdichte der Waldvögel im europäischen Teil der UdSSR und in den angrenzenden Ländern. Falke **9** (1962): 376–406.

NOWAK, E.: Ausbreitung der Tiere. Neue Brehm-Bücherei 480. Ziemsen, Wittenberg 1975.

ODUM, E.P.: Fundamentals of ecology. 2. Aufl. Saunders, Philadelphia 1959.

OPDAM, P., THISSEN, J., VERSCHUREN, P., and MÜSKENS, G.: Feeding ecology of a population of Goshawk *Accipiter gentilis*. J. Orn. **118** (1977): 35–51.

OZAWA, K.: Distribution of sea birds in Austral summer season in the Southern Ocean. Antarctic Rec. **29** (1967): 1–36.

PALMER, R.S. (Hrsg.): Handbook of North American birds. Bd. 1. Yale Univ. Press, New Haven 1962.

PALMGREN, P.: Quantitative Untersuchungen über die Vogelfauna in den Wäldern Südfinnlands. Acta Zool. Fenn. **7** (1930): 1–218.

PERRINS, C. M.: Population fluctuations and clutch size in the Great Tit, *Parus major*. J. Anim. Ecol. **34** (1965): 601–647.

PERRY, J.S., and ROWLANDS, I. W. (Hrsg.): The environment and reproduction in mammals and birds. Blackwell, Oxford 1973.

PETERSON, R.T.: A field guide to the birds. 2. Aufl. Mifflin, Boston 1959.

– A field guide to western birds. 2. Aufl. Mifflin, Boston 1961.

– MOUNTFORT, G., und HOLLOM, P.A.D.: Die Vögel Europas. 11. Aufl. Parey, Hamburg–Berlin 1976.

PFEIFER, S.: Dichte und Dynamik von Brutpopulationen zweier deutscher Waldgebiete 1949–61. Proc. XIII Int. Orn. Congr. Ithaca 1962. Amer. Orn. Union, Baton Rouge, Louis. 1963: 754–763.

RAND, A.L., and GILLIARD, E.T.: Handbook of New Guinea birds. Weidenfeld a. Nicolson, London 1967.

REICHHOLF, J.: Artenreichtum, Häufigkeit und Diversität der Greifvögel in einigen Gebieten von Südamerika. J. Orn. **115** (1974): 381–397.

– Biogeographie und Ökologie der Wasservögel im subtropisch-tropischen Amerika. Anz. Orn. Ges. Bayern **14** (1975): 1–69.

RICKLEFS, R.E.: An analysis of nesting mortality in birds. Smithson. Contrib. Zool. **9** (1969): 1–48.

RIEHM, H.: Ökologie und Verhalten der Schwanzmeise (*Aegithalos caudatus* L.). Zool. Jb. Syst. **97** (1970): 338–400.

RUTSCHKE, E.: Zur Überwinterung von Gänse- und Entenvögeln auf brandenburgischen Gewässern. Wiss. Z. Päd. Hochsch. Potsdam, Math.-Nat. R. **7** (1962): 61–74.

RUTSCHKE, E. und MIETH, W.: Zur Verbreitung und Ökologie der Großtrappe in den brandenburgischen Bezirken. Veröff. Bez. Heimatmus. Potsdam **12** (1966): 77–130.

RYDZEWSKI, W.: Longevity records. Ring **7** (1973–1975): Nr. 74–82.

SALOMONSEN, F.: Zoogeographical and ecological problems in arctic birds. Proc. XV Int. Orn. Congr. Leiden 1970. Brill, Leiden 1972: 25–77.

SCHIPPER, W. J. A.: A comparsion of prey selection in sympatric harriers, Circus, in Western Europe. Gerfaut **63** (1973): 17–120.

SCHMIDT-NIELSEN, K.: Desert animals. Oxford Univ. Press. London–New York 1964.

SCHOENER, T. W.: Sizes of feeding territories among birds. Ecology **49** (1968): 123–141.

SCHWERDTFEGER, F.: Ökologie der Tiere. 3 Bde. Parey, Hamburg–Berlin 1968 bis 1977.

SELANDER, R. K.: Sexual dimorphism and differential niche utilization in birds. Condor **68** (1966): 113–151.

SIIVONEN, L.: Quantitative bird survey and the short-term fluctuations in numbers. Orn. Fenn. **25** (1948): 37–56.

SLATER, P.: A field guide to Australian birds; Non-Passerines/Passerines. Oliver a. Boyd, Edinburgh 1971–1974.

SLOBODKIN, L. B.: Growth and regulation of animal populations. Holt, New York 1963.

SOIKKELI, M.: Breeding cycle and population dynamics in the Dunlin *(Calidris alpina)*. Ann. Zool. Fenn. **4** (1967): 158–198.

SPITZER, G.: Jahreszeitliche Aspekte der Biologie der Bartmeise *(Panurus biarmicus)*. J. Orn. **113** (1972): 241–275.

STRESEMANN, E., und NOWAK, E.: Die Ausbreitung der Türkentaube in Asien und Europa. J. Orn. **99** (1958): 243–296.

STRESEMANN, E. (Liefg. 1–4), PORTENKO, L. A. (Liefg. 1–4), MAUERSBERGER, G. (Liefg. 2–4), und DATHE, H. (Liefg. 4–6) (Hrsg.): Atlas der Verbreitung palaearktischer Vögel. Akademie-Verl., Berlin 1960–1977.

STOUT, G. D.: The shorebirds of North America. Viking Press, New York 1967.

TICKELL, W. L. N.: The biology of the great albatrosses, *Diomedea exulans* and *Diomedea epomophora*. Antarctic. Res. Ser. **12** (1968): 1–55.

TINBERGEN, N.: The dynamics of insect and bird populations in pine woods. Arch. Neerl. Zool. **13** (1960): 259–473.

TOMPA, F.: Reproductive success in relation to breeding density in Pied Flycatchers, *Ficedula hypoleuca* (Pallas). Acta Zool. Fenn. **118** (1967): 1–28.

TURČEK, F.: Ökologische Beziehungen der Vögel und Gehölze. Slowak. Akad. Wiss., Bratislawa 1961.

VAURIE, C.: The birds of the palaearctic fauna. 2 Bde. Witherby, London 1959/1965.

VOOUS, K. H.: Die Vogelwelt Europas und ihre Verbreitung. Parey, Hamburg–Berlin 1962.

WATSON, A. (Hrsg.): Animal populations in relation to their food resources. Blackwell, Oxford 1970.
– A review of population dynamics in birds. Brit. Birds **66** (1973): 417–437.
WATSON, G. E.: Birds of the Antarctic and Sub-Antarctic. Amer. Geogr. Union, Washington 1975.
WIESNER, J., BERGMANN, H. H., KLAUS, S., und MÜLLER, F.: Siedlungsdichte und Habitatstruktur des Haselhuhns *(Bonasa bonasa)* im Waldgebiet von Białowieza (Polen). J. Orn. **118** (1977): 1–20.
WILLIAMS, J. G.: Die Vögel Ost- und Zentralafrikas. Parey, Hamburg–Berlin 1973.
WINKLER, M.: Untersuchungen zur Statistik und Dynamik von Ökosystemen. Mitt. Zool. Ges. Braunau **2** (1975): 51–150.
ZALETAEV, V. S.: Prirodnaja sreda i pticy severnych pustyn' zakaspija (Umwelt und Vögel der nördlichen Wüsten Transkaspiens). Nauka, Moskva 1968. (russ.).
ZETTEL, J.: Nahrungsökologische Untersuchungen am Birkhuhn *Tetrao tetrix* in den Schweizer Alpen. Orn. Beob. **71** (1974): 186–246.
ZINK, G.: Populationsdynamik des Weißen Storchs, *Ciconia ciconia,* in Mitteleuropa. Proc. XIV Int. Orn. Congr. Oxford 1966. Blackwell, Oxford 1967: 191–215.

14.10. Vogelzug

ALLERSTAM, T., and BAUER, C.-A.: A radar study of the spring migration of the Crane *(Grus grus)* over the southern Baltic area. Vogelwarte **27** (1973); 1–16.
BUB, H.: Vogelfang und Vogelberingung, I–IV. Neue Brehm-Bücherei 359, 377, 389, 409. Ziemsen, Wittenberg 1970–1974.
– Vogelfang und Vogelberingung zur Brutzeit. Neue Brehm-Bücherei 470. Ziemsen, Wittenberg 1974.
BRUDERER, B.: Radarbeobachtungen über den Frühlingszug im Schweizerischen Mittelland. Orn. Beob. **68** (1971): 89–158.
CASEMENT, M. B.: Migration across the Mediterranean observed by radar. Ibis **108** (1966) 461–491.
CREUTZ, G.: Geheimnisse des Vogelzuges. Neue Brehm-Bücherei 75. 7. Aufl. Ziemsen, Wittenberg 1976.
CURRY-LINDAHL, K.: Molt, body weights, gonadal development, and migration in *Motacilla flava*. Proc. XIII Int. Orn. Congr. Ithaca 1962. Amer. Orn. Union, Baton Rouge, Louis. 1963: 960–973.
DEMENT'EV, G. P. (Hrsg.): Migracija ptic i mlekopitajuščich (Wanderungen der Vögel und der Säugetiere). Nauka, Moskva 1965 (russ.).
DOL'NIK, V. R.: Izmenenie sootnošenija životnogo i uglevodnogo obmena kak èndogennyj stimul k migracii u ptic (Veränderungen im Verhältnis von Fett- und Kohlenhydratstoffwechsel als endogener Stimulus für den Zug der Vögel). Zool. Žurn. **45** (1966): 897–909 (russ.).

DOL'NIK, V. R. i BLJUMENTAL', T. I.: Bioènergetika migracij ptic (Bioenergetik des Vogelzuges). Usp. Sovr. Biol. **58** (1964): 280–301 (russ.).

– Autumnal premigratory and migratory periods in the Chaffinch *(Fringilla coelebs)* and some otherte mperate-zone passerine birds. Condor **69** (1967): 435–468.

DORKA, V.: Das jahres- und tageszeitliche Zugmuster von Kurz- und Langstreckenziehern nach Beobachtungen auf den Alpenpässen Cou/Bretolet (Wallis). Orn. Beob. **63** (1966): 165–223.

DORST, J.: The migrations of birds. Heinemann, London–Melbourne–Toronto 1962.

EASTWOOD, E.: Radar ornithology. Methuen, London 1967.

EDELSTAM, C.: The visible migration of birds at Ottenby, Sweden. Vår Fågelvärld, Suppl. **7** (1972).

EMLEN, J. T., and PENNEY, R. L.: Distance navigation in the Adelie Penguin. Ibis **106** (1964): 417–431.

EVANS, P. R.: Migration and orientation of passerine night migrants in northeast England. J. Zool. London **150** (1966): 319–369.

FISHER, H. I.: Experiments on homing in Laysan Albatrosses, *Diomedea immutabilis*. Condor **73** (1971): 389–400.

FLEGG, J. J. M., and ZINK, G.: Standardization in European ornithology. Auspicium **5** (1973): Suppl.

GAVRILOV, E. I. (Hrsg.): Migracija ptic v Azii (Vogelzug in Asien). Nauka, Alma-Ata 1976 (russ.).

GNIELKA, R.: Die Auswertung von Durchzugsdaten für eine Avifauna. Mitt. IG Avifauna DDR **5** (1972): 3–23.

GRIFFIN, D. R.: Bird migration. Nat. Hist. Press, Garden City, N. Y. 1964.

GWINNER, E.: Circannuale Periodik als Grundlage des jahreszeitlichen Funktionswandels bei Zugvögeln. Untersuchungen am Fitis *(Phylloscopus trochilus)* und am Waldlaubsänger *(Ph. sibilatrix)*. J. Orn. **109** (1968): 70–95.

HARENGERD, M., PRÜNBE, W., und SPECKMANN, M.: Zugphänologie und Status der Limikolen in den Riesenfeldern der Stadt Münster. Vogelwelt **94** (1973): 81–118, 121–146.

IL'IČEV, V. D. (Hrsg.): Kol'cevanie v izučenii migracij ptic fauny SSSR (Beringung bei der Untersuchung des Vogelzuges in der UdSSR). Nauka, Moskva 1976 (russ.).

IMBODEN, C.: Zug, Fremdansiedlung und Brutperiode des Kiebitz in Europa. Orn. Beob. **71** (1974): 5–134.

JANUŠEVIČ, A. I. (Hrsg.): Migracija ptic v Azii (Vogelzug in Asien). ILIM, Frunze 1974 (russ.).

JOHNSTON, D. W., and MCFARLANG, R. W.: Migration and bioenergetics of flight in the Pacific Golden Plover. Condor **69** (1967): 156–168.

KING, J. R.: The bioenergetics of vernal premigratory fat desposition in the White-crowned Sparrow. Condor **63** (1961): 128–142.

KLEIN, H., BERTHOLD, P., und GWINNER, E.: Der Zug europäischer Garten- und Mönchsgrasmücken (*Sylvia borin* und *Sylvia atricapilla*). Vogelwarte **27** (1973): 73–134.

KRAMER, G.: Die Sonnenorientierung der Vögel. Verh. Dtsch. Zool. Ges. Freiburg **72–84** (1953).

KUMARI, E.: Visible migration in the East Baltic area. Ibis **100** (1958): 503 bis 514.

LOCKLEY, R. M.: Ocean wanderers. David a. Charles, Newton Abbot–London–Vancouver 1974.

MATTHEWS, G. V. T.: Bird navigation. Cambridge Univ. Press, London–New York 1968.

MC CLURE, E.: Migration and survival of the birds of Asia. SEATO Med. Res. Lab., Bangkok 1974.

MOREAU, R. E.: The Palaearctic-African bird migration systems. Acad. Press, London–New York 1972.

ODUM, E. P., and PERKINSON, J. D.: Relation of lipid metabolism to migration in birds. Seasonal variation in body lipids of the migratory White-throated Sparrow. Physiol. Zool. **24** (1951): 216–230.

– CONNELL, C. E., and STODDARD, H. L.: Flight energy and estimated flight ranges of some migratory birds. Auk **78** (1961): 515–527.

PERDECK, H. C.: Two types of orientation in migrating *Sturnus vulgaris* and *Fringilla coelebs* as revealed by displacement experiments. Ardea **46** (1958): 1–37.

PUTZIG, P.: Der Frühwegzug des Kiebitzes *(Vanellus vanellus)*. J. Orn. **86** (1938): 123–165.

SALOMONSEN, F.: Vogelzug. BLV, München–Basel–Wien 1969.

SCHILDMACHER, H.: Neuere Gesichtspunkte zur Physiologie des Vogelzuges. Beitr. Vogelk. **9** (1963): 87–97.

SCHMIDT-KOENIG, K.: Migration and homing in animals. Springer, Berlin–Heidelberg–New York 1975.

– and KEETON, W. (Hrsg.): Animal migration, navigation and homing. Springer, Berlin–Heidelberg–New York 1978.

SCHÜZ, E.: Grundriß der Vogelzugskunde. Parey, Hamburg–Berlin 1971.

– und WEIGOLD, H.: Atlas des Vogelzugs nach den Beringungsergebnissen bei palaearktischen Vögeln. Friedländer, Berlin 1931.

SEIBERT, H. C.: Differences between migrant and non-migrant birds in food and water intake at various temperatures and photoperiods. Auk **66** (1949): 128–153.

SPURIS, Z. D. (Hrsg.): Èkologija i migracija ptic Pribaltiki (Ökologie und Zug der Vögel des Baltikums). Akad. Nauka Latv. SSR, Riga 1961 (russ.).

STEINBACHER, G.: Der Einfluß der Eiszeit auf die europäische Vogelwelt. Biol. Zbl. **67** (1948): 444–456.

STORM, R. M. (Hrsg.): Animal orientation and navigation. Proc. 27th Ann. Biol. Colloqu. Oregon 1966.

STRESEMANN, E.: Die Wanderungen des Waldlaubsängers *(Phylloscopus sibilatrix)*. J. Orn. **96** (1955): 153–167.

SVÄRDSON, G.: The „invasion“ type of bird migration. Brit. Birds **50** (1957): 314–343.

SZIJ, J.: Probleme des Anatidenzuges, dargestellt an den Verlagerungen des europäischen Kolbenentenbestandes. Ardeola **21** (1975): 153–171.

TICKELL, W. L. N., and GIBSON, J. D.: Movements of Wandering Albatrosses *Diomedea exulans*. Emu **68** (1968): 6–20.

TIMMERMAN, A.: Winterverbreitung der paläarktischen Gänse in Europa, West-Asien und Nord-Afrika, ihre Anzahlen und ihr Management in West-Europa. Vogelwelt **97** (1976): 81–99.

ULFSTRAND, S., ROOS, G., ALLERSTAM, T., and ÖSTERDAHL, L.: Visible bird migration at Falsterbo, Sweden. Vår Vågelwärld, Suppl. **8** (1974).

VYCHOVSKIJ, B. E.: Migracija ptic Pribaltiki (Vogelzug im Baltikum). Nauka, Leningrad 1967 (russ.).

WALTER, H.: Zur Abhängigkeit des Eleonorenfalken *(Falko eleonorae)* vom mediterranen Vogelzug. J. Orn. **109** (1968): 323–365.

WILLIAMSON, K.: Bergmann's rule and obligatory overseas migration. Brit. Birds **51** (1958): 209–232.

WILTSCHKO, W.: Kompaßsysteme in der Orientierung von Zugvögeln. Steiner, Wiesbaden 1973.

WOLFSON, A.: Role of light and darkness in the regulation of the annual stimulus for spring migration and reproductive cycles. Proc. XII Int. Orn. Congr. Helsinki 1958. Kirjapaino, Helsinki 1960: 758–789.

ZINK, G.: Der Zug europäischer Singvögel. Ein Atlas der Wiederfunde beringter Vögel. 1. u. 2. Liefg. Vogelwarte Radolfzell, Möggingen 1973–1975.

14.11. Klassifikation und Abstammung der Vögel

AMADON, D.: The genera of Corvidae and their relationships. Am. Mus. Nov. **1251** (1944): 1–21.

– The Hawaiian honeycreepers (Aves: Drepaniidae). Bull. Amer. Mus. Nat. Hist. **95** (1944): 151–262.

AUSTIN, O. L.: Birds of the world. Simon a. Schuster, New York 1961.

BARTH, E. K.: The circumpolar systematics of *Larus argentatus* and *Larus fuscus* with special reference to the Norwegian populations. Nytt. Mag. Zool. **15,** Suppl. 1 (1968): 1–50.

BEAUMONT, G. de: Guide des vertébrés fossiles. Delachaux et Niestle, Neuchatel 1973.

BEECHER, W. J.: A phylogeny of the oscines. Auk **70** (1953): 270–333.

BLAIR, W. F. (Hrsg.): Vertebrate speciation. Texas Univ. Press, Austin, Tex. 1961.

BOCK, W. J.: The use of adaptive characters in avian classification. Proc. XIV Int. Orn. Congr. Oxford 1966. Blackwell, Oxford–Edinburgh 1967: 61–74.

– Comparative morphology in systematics. Syst. Biol. Nat. Acad. Sci.-Nat. Res. Counc., Publ. **1692** (1969): 411–448.

BOWMAN, R. I.: Morphological differentiation and adaptation in the Galàpagos finches. Univ. Calif. Berkeley, Publ. Zool. **58** (1961): 1–302.

BRODKORB, P.: Catalogue of fossil birds. Bull. Fla. State Mus. **7** (1963): 179 bis 293; **8** (1964): 195–335; **11** (1967): 99–220.

BROWN, L., and AMADON, D.: Eagles, hawks and falcons of the world. 2 Bde. Hamlyn, Feltham–New York 1968.
BURTON, J. A.: Owls of the world. Lowe, London 1973.
CLEMENTS, J. F.: Birds of the world: a check list. Two Cont. Publ., New York 1974.
COLBERT, E. H.: Die Evolution der Wirbeltiere. Fischer, Stuttgart 1965.
DELACOUR, J.: The pheasants of the world. Country Life, London 1951.
– The waterfowl of the world. 4 Bde. Country Life, London 1954–1964.
FISHER, J.: Geschichte der Vögel. VEB Fischer, Jena 1959.
FORSHAW, J. M.: Parrots of the world. Landsdowne Press, Melbourne 1973.
FRIEDMANN, H.: The honey-guides. U.S. Nat. Mus. Bull. **208** (1955).
GILLIARD, E. T.: Birds of paradies and bower birds. Witherby, London 1969.
GOODERS, J.: Birds of the world. 9 Bde. IPC, London 1964–1971.
GOODWIN, D.: Pigeons and doves of the world. Trust. Brit. Mus., London 1967.
GREENEWALT, C. H.: Hummingbirds. Doubleday, New York 1960.
GROSSMAN, M. L., and HAMLET, J.: Birds of prey of the world. Cassell, London 1965.
GYSELS, H.: An electrophoretic component from the lens proteins of the Passeriformes as an important taxonomic characteristic. J. Orn. **106** (1965): 208 bis 217.
HAFFER, J.: Art-Entstehung bei einigen Waldvögeln Amazoniens. J. Orn. **111** (1970): 285–331.
HALL, B. P.: The francolins, a study in speciation. Bull. Brit. Mus. (Nat. Hist.) **10** (1963): 1–204.
– and MOREAU, R. E. (Hrsg.): An atlas of speciation in African passerine birds. Trust. Brit. Mus. (Nat. Hist.), London 1970.
HALL, M. F.: Evolutionary aspects of estrildid song. Symp. Zool. Soc. London **8** (1962): 37–55.
HEBERER, G. (Hrsg.): Die Evolution der Organismen. Bd. 1. Fischer, Stuttgart 1967.
– WENDT, H. (Hrsg.): Grzimeks Tierleben. Ergänzungsband Entwicklungsgeschichte der Lebewesen. Kindler, Zürich 1972.
HINDE, R. A.: Behaviour and speciation in birds and lower vertebrates. Biol. Rev. **34** (1959): 85–128.
IL'IČEV, V. D. (Hrsg.): Adaptivnye osobennosti i èvoljucija ptic (Anpassungsbesonderheiten und Evolution der Vögel). Nauka, Moskva 1977 (russ.).
IMMELMANN, K.: Ökologische und stammesgeschichtliche Betrachtungen zum Prägungsphänomen. Zool. Anz. **183** (1969): 1–12.
JEHL, J. R.: Relationships in the Charadrii (shorebirds): a taxonomic study based on color patterns of the downy young. San Diego Soc. Nat. Hist. Memoir **3** (1968): 1–54.
JOHNSGARD, P. A.: Evolutionary relationships among the North American Mallards. Auk **78** (1961): 3–43.
JOHNSTON, R. F., and SELANDER, R. K.: Evolution in the House Sparrow. II. Adaptive differentiation in North American populations. Evolution **25** (1971): 1–28.
JUDIN, K. A.: O nekotorych principial'nych i metodičeskich voprosach nadvi-

dovoj sistematiki ptic (Über einige prinzipielle und methodische Fragen der Systematik höherer Kategorien bei Vögeln. Zool. Žurn. **49** (1970): 588–600 (russ.).

KAHL, M.P.: Social behavior and taxonomic relationships of the storks. Living Bird. **10** (1971): 151–170.

KARTAŠEV, N.N.: Sistematika ptic (Systematik der Vögel). Vysšaja Škola, Moskva 1974 (russ.).

KÄMPFE, L. (Hrsg.): Evolution und Stammesgeschichte der Organismen. VEB Fischer, Jena 1980.

KEAST, A.: Bird speciation on the Australian continent. Bull. Mus. Comp. Zool. Harvard Univ. **123** (1961): 303–495.

– Faunal elements and evolutionary patterns: some comparsions between the continental avifaunas of Africa, South America and Australia. Proc. XV Int. Orn. Congr. Leiden 1970. Brill, Leiden 1972: 594–622.

KOLBE, H.: Die Entenvögel der Welt. Neumann, Radebeul 1972.

KUHN, O.: Die vorzeitlichen Vögel. Neue Brehm-Bücherei 435. Ziemsen, Wittenberg 1971.

LACK, D.: Darwin's finches. Cambridge Univ. Press, London–New York 1947.

– Evolution illustrated by waterfowl. Blackwell, Oxford–Edinburgh 1974.

LEONE, C.A. (Hrsg.): Taxonomic biochemistry and serology. Ronald Press, New York 1964.

LEVINS, R.: Evolution in changing environments. Princeton Univ. Press, Princeton 1968.

LEWONTIN, R. (Hrsg.): Population biology and evolution. Syracuse Univ. Press, Syracuse, N. Y. 1968.

LORENZ, K.: Phylogenetische Anpassung und adaptive Modifikation des Verhaltens. Z. Tierpsychol. **18** (1961): 139–187.

MACLEAN, G.L.: Die systematische Stellung der Flughühner (Pteroclididae). J. Orn. **108** (1967): 203–217.

MARSHALL, A.J.: Bower-birds. Oxford Univ. Press, London 1954.

MAUERSBERGER, G.: Vögel. Urania Tierreich Bd. 5. Urania, Leipzig–Jena–Berlin 1969.

MAYR, E.: Speciation in birds. Progress report on the years 1938–1950. Proc. X Int. Orn. Congr. Uppsala 1950. Almquist a. Wiksell, Uppsala 1951: 91 bis 131.

– Artbegriff und Evolution. Parey, Hamburg–Berlin 1967.

– Populations, species, and evolution. Harvard Univ. Press, Cambridge, Mass. 1970.

– Grundlagen der zoologischen Systematik. Parey, Hamburg–Berlin 1975.

– and AMADON, D.: A classification of recent birds. Amer. Mus. Nov. **1496** (1951): 1–42.

MOYNIHAN, M.: A revision of the family Laridae (Aves). Amer. Mus. Nov. **1928** (1959): 1–42.

NICOLAI, J.: Rassen- und Artbildung in der Viduinengattung Hypochera. J. Orn. **108** (1967): 309–319.

OSTROM, J.H.: Archaeopteryx and the origin of flight. Quart. Rev. Biol. **49** (1974): 27–47.

PETERS, J. L.: Check-list of birds of the world. Bde. 1–7, 9, 10, 12, 14, 15. Harvard Univ. Press, Cambridge, Mass. 1931–1968.

RENSCH, B.: Neuere Probleme der Abstammungslehre. Die transspezifische Evolution. Enke, Stuttgart 1972.

ROE, A., and SIMPSON, G. G. (Hrsg.): Behavior and evolution. Yale Univ. Press, New Haven, Conn. 1958.

ROMER, A. S.: Vertebrate palaeontology. 3. Aufl. Chicago Univ. Press, Chicago 1966.

SCHNELL, G. D.: A phenetic study of the suborder Lari (Aves). I. a. II. Syst. Zool. **19** (1970): 35–57, 264–302.

SCOTT, P.: Das Wassergeflügel der Welt. Parey, Hamburg–Berlin 1961.

SELANDER, R. K., and JOHNSTON, R. F.: Evolution in the House Sparrow. I. Intrapopulation variation in North America. Condor **69** (1967): 217–258.

SIBLEY, C. G., and AHLQUIST, J. E.: A comparative study of the egg white proteins on non-passerine birds. Peabody Mus. Bull. **39** (1972):

SMITH, N. G.: Evolution of some arctic gulls (Larus): an experimental study of isolating mechanisms. Ornithol. Monogr. **4** (1966): 1–99.

STARK, D.: Neuere Ergebnisse der vergleichenden Anatomie und ihre Bedeutung für die Taxonomie erläutert an der Trigeminusmuskulatur der Vögel. J. Orn. **100** (1959): 47–59.

STEPHAN, B.: Urvögel. Neue Brehm-Bücherei 465. Ziemsen, Wittenberg 1974.

STRESEMANN, E.: The status of avian systematics and its unsolved problems. Auk **76** (1959): 269–280.

THIELCKE, G.: Gemeinsames der Gattung Parus. Ein bioakustischer Beitrag zur Systematik. Vogelwelt Beih. **1** (1968): 147–164.

– Lernen von Gesang als möglicher Schrittmacher der Evolution. Z. Zool. Syst. Evolutionsforsch. **8** (1970): 309–320.

– Die Wirkung erlernter Signale auf die Artbildung. Konstanzer Universitätsreden. Universitätsverl., Konstanz 1973.

TINBERGEN, N: On adaptive radiation in gulls (Tribe Larini). Zool. Mededel. **39** (1964): 209–223.

– Adaptive features of the Black-headed Gull *Larus ridibundus* L. Proc. XIV Int. Orn. Congr. Oxford 1966. Blackwell, Oxford–Edingburgh 1967: 43–59.

VAURIE, C.: A study of Asiatic larks. Bull. Amer. Mus. Nat. Hist. **97** (1951): 431–526.

WALKINSHAW, L. H.: Cranes of the world. Prior, London 1973.

WETMORE, A.: A classification for the birds of the world. Smithson. Misc. Coll. **139** (1960): 1–37.

WICKLER, W.: Über die Stammesgeschichte und den taxonomischen Wert einiger Verhaltensweisen der Vögel. Z. Tierpsychol. **18** (1961): 320–342.

WOLTERS, H. E.: Die Vogelarten der Erde. Liefg. 1–4. Parey, Hamburg–Berlin 1975–1979.

ZISWILER, V.: Numerische Taxonomie und ornithologische Systematik. J. Orn. **108** (1967): 473–479.

14.12. Vogel und Mensch
(s. auch 14. 9.)

BORODULINA, T. L.: Biologija i chozjajstvennoe značenie čajkovich ptic južnych vodoemov SSSR (Biologie und wirtschaftliche Bedeutung der Möwen der südlichen Gewässer der UdSSR). Tr. Inst. Morf. Živ. Im. A. N. Severcova **32** (1960): 3–130 (russ.).

CONRAD, B.: Die Giftbelastung der Vogelwelt Deutschlands. Kilda, Greven 1977.

– und POLTZ, W.: Vogelschutz in Europa. Kilda, Greven 1976.

GAVRILENKO, N. I.: Pozvonočnye životnye i urbanizacija ich v uslovijach goroda Poltavy (Urbanisierung von Wirbeltieren in Poltava). Charkov. Un–ta, Charkov 1970 (russ.).

GREENWAY, J. C.: Extinct and vanishing birds of the world. Amer. Comm. Intern. Wildl. Protect., New York 1958.

GRÜN, G.: Die Ernährung der Sperlinge *Passer domesticus* (L.) und *Passer montanus* (L.) unter verschiedenen Umweltbedingungen. Working Group on Granivorous Birds **8** (1975): 24–103.

HUDSON, R.: Threatened birds of Europe. Macmillan, London 1975.

LÖHRL, H.: Nisthöhlen, Kunstnester und ihre Bewohner. DBV, Stuttgart 1973.

LUTHER, D.: Die ausgestorbenen Vögel der Welt. Neue Brehm-Bücherei 424. 2. Aufl. Ziemsen, Wittenberg 1972.

MURTON, R. K.: Man and birds. Collins, London 1971.

– and WRIGHT, E. N. (Hrsg.): The problems of birds as pests. Acad. Press, London 1968.

– and WESTWOOD, N. J.: Some effects of agricultural change in the English avifauna. Brit. Birds **67** (1974): 41–69.

OELKE, H.: Ökologisch-siedlungsbiologische Untersuchungen der Vogelwelt einer nordwestdeutschen Kulturlandschaft. Mitt. Florist.-Soziol. Arb. (N. S.) **13** (1968): 126–171.

– Natürliche oder anthropogene Populationsveränderungen von Adeliepinguinen *(Pygoscelis adeliae)* im Ross-Meer-Sektor der Antarktis. J. Orn. **119** (1978): 1–13.

PRESST, I., and RATCLIFFE, D. A.: Effects of organochlorine insecticides on European birdlife. Proc. XV Int. Orn. Congr. Leiden 1970. Brill, Leiden 1972: 486–513.

STERN, H., THIELCKE, G., VESTER, F., und SCHREIBER, R.: Rettet die Vögel – wir brauchen sie. Herbig, München–Berlin 1978.

TEMPLE, S. A. (Hrsg.): Endangered birds: Management techniques for preserving threatened species. Univ. Wiscounsin Press, Madison 1978.

UTSCHICK, H.: Die Wasservögel als Indikatoren für den ökologischen Zustand von Seen. Verh. Orn. Ges. Bayern **22** (1976): 395–438.

VINCENT, J.: Red data book. Bd. 2 Aves. IUÇN, Morges 1970.

ZISWILER, V.: Bedrohte und ausgerottete Tiere. Springer, Berlin–Heidelberg–New York 1965.

15. Register

15.1. Verzeichnis der zitierten Vogelnamen

Den zitierten Vogelnamen sind jeweils die entsprechenden wissenschaftlichen Namen nachgestellt. Bei Art- und Gattungsnamen folgt danach die deutsche Bezeichnung der Unterfamilie bzw. Familie, der sie zugehören. Unter Zuhilfenahme der Übersicht bis zu den Familien (S. 207–212) kann der weitere taxonomische Zusammenhang erschlossen werden. Es bedeuten **UA** Unterart, **G** Gattung, **UF** Unterfamilie, **F** Familie, **UO** Unterordnung, **O** Ordnung, **UKL** Unterklasse. Kursiv gedruckte Seitenangaben beziehen sich auf Zitate in Abbildungslegenden.

15.2. Sachregister

Die **halbfett** gedruckten Seitenzahlen verweisen bei mehreren Zitaten auf Seiten mit näheren Erläuterungen zum Stichwort.

Tafelteil

Tafel 1.
Beispiele für unterschiedliche Schnabelformen (s. 5.4.). **a)** Rubinkehlchen *(Calliope calliope)* – relativ unspezialisierter Insektenfresserschnabel. Foto RUDLOFF; **b)** Tigerreiher oder Tigerdommel *(Tigrisoma lineatum)* – Bajonettschnabel zum Erjagen kleinerer Wassertiere. Foto RUDLOFF; **c)** Weißkopfseeadler *(Haliaeëtus leucocephalus)* – Reißhakenschnabel eines Greifvogels. Foto RUDLOFF; **d)** Mittelsäger *(Mergus serrator)* – „gezähnter" Schnabel eines tauchenden Fischjägers. Foto SCHUMACHER.

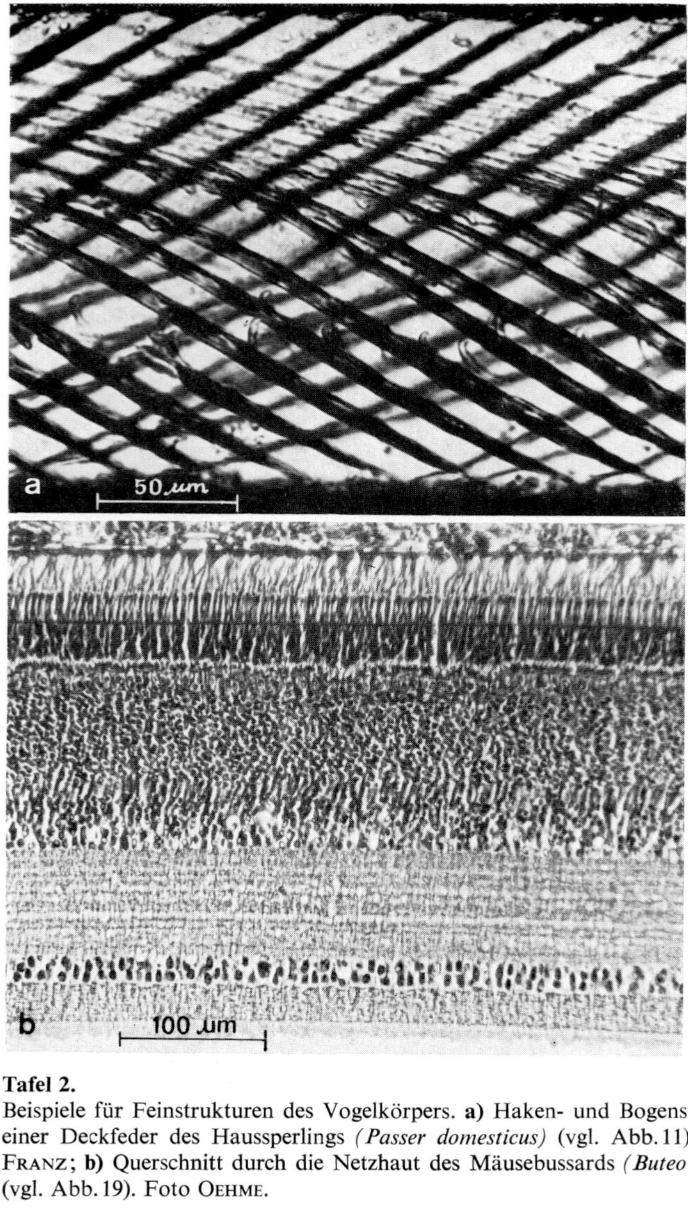

Tafel 2.
Beispiele für Feinstrukturen des Vogelkörpers. **a)** Haken- und Bogenstrahlen einer Deckfeder des Haussperlings *(Passer domesticus)* (vgl. Abb. 11). Foto FRANZ; **b)** Querschnitt durch die Netzhaut des Mäusebussards *(Buteo buteo)* (vgl. Abb. 19). Foto OEHME.

Tafel 3.
Thermoregulation (s. 5.7.). **a)** aufgeplusterter Haussperling *(Passer domesticus)* bei Frostwetter. Foto Oehme; **b)** hechelnder Wiedehopf *(Upupa epops)* in der Sahara. Foto Richter.

Tafel 4.
Schwimmvögel (s. 6.2.). **a)** „reine“ Schwimmvögel liegen korkengleich auf dem Wasser – Lachmöwen *(Larus ridibundus)* ; **b)** Tauchvögel liegen tief im Wasser – Schellentenpaar *(Bucephala clangula)*. Fotos RINNHOFER.

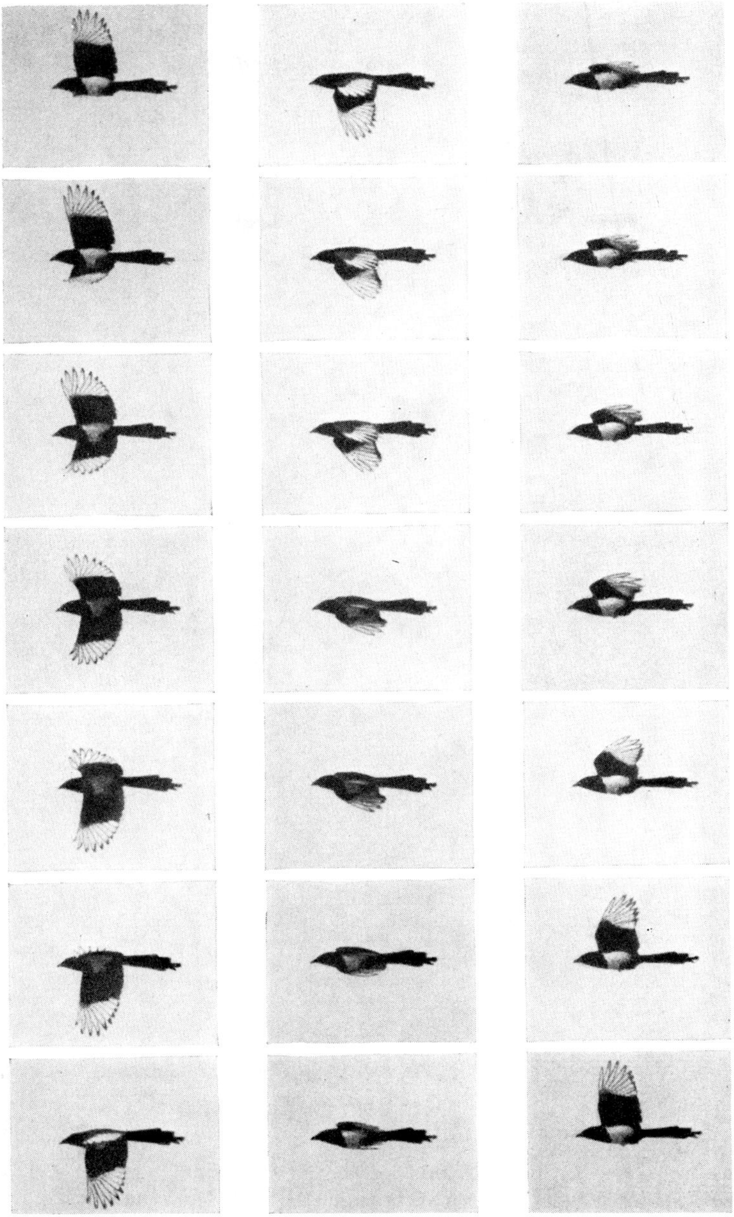

Tafel 5

Tafel 5.
Zeitlupenfilm eines Schlagzyklus der Elster *(Pica pica)*, Bildabstand 0,0125 s. (s. 6.3.). Fotos OEHME.

Tafel 6.
Flugformationen (s. 6.3., 10.5.). **a)** ungeordneter Zugschwarm von Birkenzeisigen *(Acanthis flammea)*; **b)** in Keilformation ziehende Kraniche *(Grus grus)*. Fotos RINNHOFER.

Tafel 6

a

b

Tafel 7.
Nestformen (s. 7.3.). **a)** Bodennest des Kranichs *(Grus grus)*. Foto ROBILLER; **b)** Knüppelhorst des Mäusebussards *(Buteo buteo)*. Foto ROBILLER; **c)** „Pfahlbaunest" des Teichrohrsängers *(Acrocephalus scirpaceus)*. Foto ROBILLER; **d)** kunstvolles Hängenest der Beutelmeise *(Remiz pendulinus)*. Foto DECKERT.

Tafel 8.
Gelege (s. 7.4.). **a)** noch unvollständiges Gelege des Triels *(Burhinus oedicnemus)*. Foto ROBILLER; **b)** Uferschnepfe *(Limosa limosa)*. Foto ROBILLER; **c)** Feldsperling *(Passer montanus)*. Foto ROBILLER

d) Wintergoldhähnchen *(Regulus regulus)*. Foto ROBILLER; **e)** Mischgelege von Sturmmöwe *(Larus canus)* und Flußseeschwalbe *(Sterna hirundo)*. Foto SCHILDMACHER; **f)** „verwittertes“ Gelege der Reiherente *(Aythya fuligula)*. Foto SCHILDMACHER.

Tafel 9.
Gleichaltrige Jungvögel verschiedener Entwicklungstypen (s. 7.5.). **a)** eintägige Rebhuhnkücken *(Perdix perdix)*; **b)** eintägige Singdrosseln *(Turdus philomelos)*. Fotos Robiller.

Tafel 10.
Schutzzeichnung von Jungvögeln (s. 3.3., 7.5.). **a)** Europäischer Ziegenmelker *(Caprimulgus europaeus)*. Foto ROBILLER; **b)** Kiebitz *(Vanellus vanellus)*. Foto DECKERT.

Tafel 11.
Komfortverhalten (s. 8.4., 8.5.). **a)** individuelle Gefiederpflege – badender Hökkerschwan *(Cygnus olor)*. Foto RINNHOFER; **b)** soziale Gefiederpflege beim Löffler *(Platalea leucorodia)*. Foto RUDLOFF.

Tafel 12.

Koloniebrüter (s. 8.5.). **a)** Vogelfelsen an der norwegischen Küste mit Baßtölpeln *(Sula bassana)* oben, Trottellummen *(Uria aalge)* Mitte und Dreizehenmöwen *(Larus tridactylus)* unten. Foto BEHMANN; **b)** Kormorankolonie Niederhof bei Stralsund *(Phalacrocorax carbo)*. Foto BERGER.

Tafel 13.
Jahreszeitliche Veränderungen eines Habitats (s. 7.7., 9.3., 10.1.). **a)** Landschaftsaufnahme vom Kimberley – Plateau in Nordwestaustralien auf dem Höhepunkt der Trockenzeit; **b)** Aufnahme etwa vom gleichen Standort kurz nach Beginn der Regenzeit. Fotos IMMELMANN.

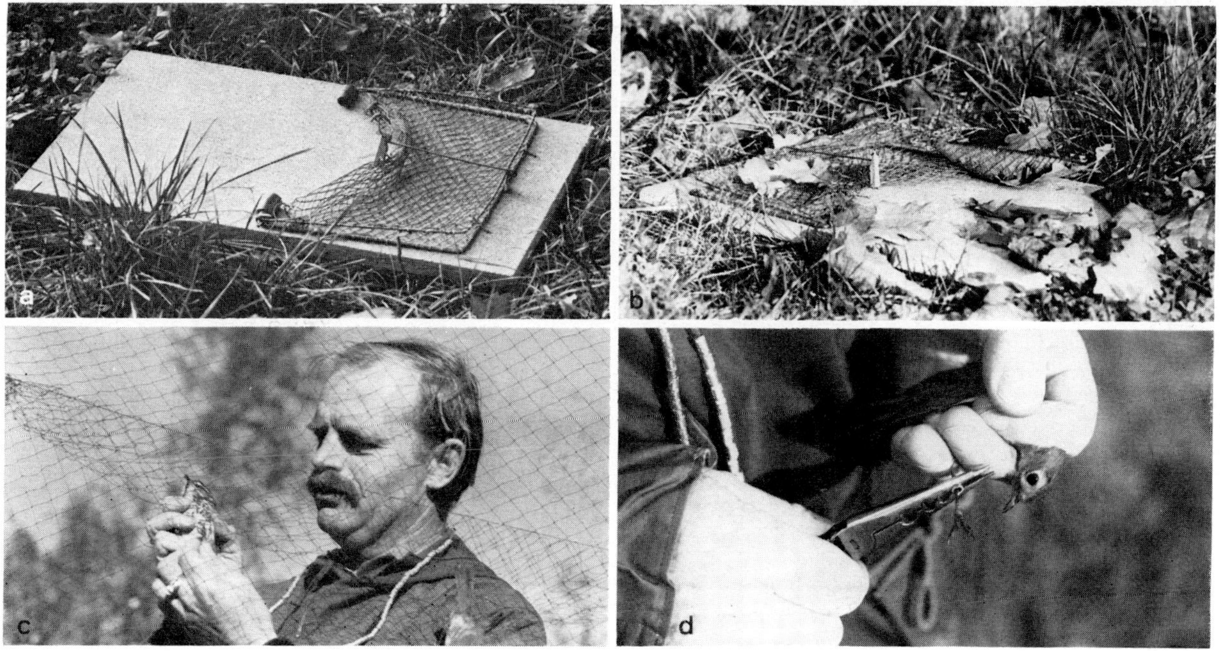

Tafel 14.
Vogelzugforschung und Beringung I. (s. 10.2.). **a)** Schlagnetz zum Fang kleiner Insektenfresser. Foto OEHME; **b)** fängisch gestelltes „getarntes“ Schlagnetz. Foto OEHME; **c)** Fang mit dem Japannetz. Foto THIERFELDER; **d)** Beringung eines Rotkehlchens *(Erithacus rubecula)*. Foto BERGER.

Tafel 15.
Vogelzugforschung und Beringung II. Vollständiger Ringsatz der Vogelwarte Hiddensee (s. 10.2.). **a)** Schwanenring (Höckerschwan, Seeadler); **b)** Adlerring (Uhu, Großtrappe); **c)** Storchring (Weißstorch, Graugans); **d)** Storchkennring (Weißstorch); **e)** Bussardring (Schreiadler, Silbermöwe); **f)** Krähenring (Eisente, Austernfischer); **g)** Möwenring (Lachmöwe, Rebhuhn); **h)** Türkentaubenring (Türkentaube, Zwergtaucher); **i)** Kiebitzring (Kampfläufer, Kuckuck); **k)** Drosselring (Star, Flußseeschwalbe); **l)** Seglerring (Mauersegler); **m)** Kleinvogelring (Buchfink, Singdrossel); **n)** Goldhähnchenring (Zaunkönig, Gartenrotschwanz). Die wissenschaftlichen Artnamen können dem Verzeichnis der zitierten Vogelnamen (S. 261) entnommen werden. Foto FRANZ.

Tafel 16.
Urvogel, Berliner Exemplar *(Archaeopteryx macrura = Archaeornis siemensi)* (s. 11.4.). Foto BARTHEL/HELMS.